Allitera Verlag

AF010135

Musikpädagogische Schriften
der Hochschule für Musik und Theater München

Herausgegeben von
Wolfgang Mastnak, Hans-Ulrich Schäfer-Lembeck und Stephan Schmitt

Band 3

Hans-Ulrich Schäfer-Lembeck (Hg.)
Musikalische Bildung – Ansprüche und Wirklichkeit
Reflexionen aus Musikwissenschaft und Musikpädagogik

Musikalische Bildung – Ansprüche und Wirklichkeiten

Reflexionen aus Musikwissenschaft und Musikpädagogik

Beiträge der Münchner Tagung 2011

Unter Mitarbeit von Klaus Mohr
herausgegeben von Hans-Ulrich Schäfer-Lembeck

Allitera Verlag

Weitere Informationen über den Verlag und sein Programm unter:
www.allitera.de

Dezember 2011
Allitera Verlag
Ein Verlag der Buch&media GmbH, München
© 2011 Buch&media GmbH, München
Umschlaggestaltung: Kay Fretwurst, Freienbrink
Herstellung: Books on Demand GmbH, Norderstedt
Printed in Germany · ISBN 978-3-86906-225-9

Inhalt

Vorwort 7

Wolfgang Auhagen
Geleitwort 9

Hans-Ulrich Schäfer-Lembeck
Einleitung 11

Jörg Zirfas
Die Kunst der Ästhetischen Bildung 19

Christian Rolle
Wann ist Musik bildungsrelevant? 41

Franz Körndle
Musikgeschichte und Schillers Konzept von einer ästhetischen Erziehung 56

Susanne Fontaine
Von fremden Ländern und Menschen
Überlegungen zum kompetenten Umgang mit Musik 70

Bernd Clausen
»Schiefe Relationen«. Annotate zu einem musikpädagogisch angeleiteten
Nachdenken über Musik 78

Constanze Rora
Musik im Alltag – Musik in der Schule
Thesen zum Gebrauchswert musikalischer Bildungsinhalte 107

Stefan Orgass
Hölzernes Eisen oder zu bohrendes Brett?
Überlegungen zu einem bildungsrelevanten Kerncurriculum des Fachs Musik –
auf der Grundlage von Studien zu einer Historik der Musik 119

Hans Schneider
Spielräume für bildende Erfahrungsmöglichkeiten 207

Manuel Gervink
Filmmusik als Bildungsgut? 220

Joachim Kremer
Bildung ohne Wissen und Inhalte?
Oder: Worum geht es bei der Beschäftigung mit Musik? 236

Franz Niermann
Gegen-Stände
Gedanken im Anschluss an die Münchner Tagung über musikalische Bildung 253

Hinweise zu den Autorinnen und Autoren 270

Vorwort

Musikalische Bildung – Immer wieder war davon die Rede in den Gesprächen, die im Rahmen von regelmäßigen Konsultationen stattfanden zwischen Mitgliedern der *AG Schulmusik* in der *Rektorenkonferenz der Musikhochschulen der Bundesrepublik Deutschland* (RKM) und der *Fachgruppe Musikwissenschaft in den Musikhochschulen* innerhalb der *Gesellschaft für Musikforschung* (GfM), dem Fachverband der in Deutschland in Studium, Forschung und Lehre tätigen Musikwissenschaftler. Die Mitglieder beider Gruppierungen, der einerseits die Studiengangsleiter der Schulmusikstudiengänge an den Musikhochschulen, zumeist Professoren der Musikpädagogik, angehören, andererseits Vertreter der Musikwissenschaft, ebenfalls durchweg Hochschullehrer an Musikhochschulen, verdichteten ihre Gespräche in dem Vorhaben, unterschiedliche Blickwinkel und Aspekte auf einer Tagung zusammenzubringen, um hier einen fachlich konzentrierteren Austausch auf der Basis einer personell breiteren Beteiligung zu erhalten.

Die Tagung konnte in München durchgeführt werden, nachdem das Präsidium der dortigen Hochschule für Musik und Theater zunächst ideelle und dann auch erhebliche finanzielle Unterstützung zugesagt hatte. Namentlich vom Präsidenten der Hochschule, Prof. Dr. Siegfried Mauser, wurde die Idee des Tagungsvorhabens in dankenswerter Weise von Anfang an sehr begrüßt und befürwortet. Er war es auch, der dafür gesorgt hat, dass dem *Musikpädagogischen Institut für Lehrerfortbildung und Unterrichtsforschung* (MILU) an der Hochschule Mittel zur Verfügung gestellt wurden, sodass eine Durchführung der Tagung möglich wurde.

Ganz entscheidend haben für das Zustandekommen, und dann auch für das Gelingen des Tagungsvorhabens, die als Referentinnen und Referenten mitwirkenden Kolleginnen und Kollegen aus Musikhochschulen und Universitäten gesorgt. Sie waren bereit, der Einladung nach München Folge zu leisten, ihre Aufgeschlossenheit an der Tagungsthematik in Arbeit und in einen konkreten Beitrag umzusetzen und dabei ein nicht unbedingt übliches, in Teilen durchaus strenges Setting der Veranstaltung zu akzeptieren und es mit Leben zu erfüllen. Darüber hinaus stellten sie auch noch (und dazu noch sehr zeitnah) eine ausführliche schriftliche Fassung ihrer Überlegungen für das nunmehr hier vorgelegte Buch zur Tagung zur Verfügung. Dafür kommt ihnen höchste Anerkennung und ganz herzlicher Dank zu.

Vielmals zu danken ist auch der *Gesellschaft für Musikforschung*, die die Drucklegung des vorliegenden Tagungsberichts mit einem stattlichen Beitrag unterstützt, außerdem ihrem derzeitigen Präsidenten, Prof. Dr. Wolfgang Auhagen, der seine Unterstützung des Tagungsvorhabens nicht nur durch seine Anwesenheit auf der Tagung, der Teilnahme an der Podiumsdiskussion des letzten Tags, sondern auch durch ein Geleitwort für diesen Band zum Ausdruck gebracht hat.

Dankbar zu erinnern ist auch daran, dass eine größere Gruppe von Damen und Herren der Hochschule aus Verwaltung, Haustechnik und Studentenschaft durch ihre Mitarbeit dazu beigetragen hat, dass alles reibungslos funktionieren konnte. Wenn auch im Hintergrund, so doch an zentraler Stelle, wirkte dabei Klaus Mohr, der als Geschäftsführer des ausrichtenden *Musikpädagogischen Instituts für Lehrerfortbildung und Unterrichtsforschung* der Hochschule für Musik und Theater München umsichtig für Planung und Durchführung der Tagung Sorge getragen hat. Ihm danke ich auch für seine engagierte Mitarbeit bei Lektorat und Redaktion dieses Berichtsbands.

München, im September 2011
Der Herausgeber

Geleitwort

Der Bildungsbegriff wird seit mehreren Jahren diskutiert. Aufgrund seiner Begriffsgeschichte, in deren Verlauf er maßgebliche Prägung in der Zeit der Aufklärung erhielt, scheint er ein Ideal zu repräsentieren, das nicht mehr ohne weiteres in der heutigen Zeit Gültigkeit beanspruchen kann. So wird beispielsweise in den vorläufigen Leitsätzen des Forums Bildung von 2001 der Bildungsbegriff zwar beibehalten, aber unter dem Punkt »Kompetenzansatz statt Wissenskanon« heißt es:

> »In einer auf Pluralität und ständigem Wandel gegründeten Gesellschaft kann der Weg zur Realisierung dieses umfassenden Bildungsbegriffs nur über den Erwerb von Kompetenzen führen, die den Einzelnen zur Orientierung und zum produktiven Umgang mit Pluralität und Wandel befähigen.«[1]

Der neue Schlüsselbegriff ist hier derjenige der Kompetenz, hinter dem sich ein Konzept verbirgt, in dem handlungs- und kommunikationsorientierte Fertigkeiten eine entscheidende Rolle spielen, das mittlerweile aber selbst wieder kritisch gesehen wird und bei dem sich auch in Bezug auf Musik die Frage stellt, wie tragfähig es ist und welche Aspekte es umfasst bzw. umfassen sollte.

Im Rahmen der Tagung »Musikalische Bildung – Ansprüche und Wirklichkeiten«, die vom 12. bis 14. Mai 2011 an der Hochschule für Musik und Theater München stattfand, wurden Fragen musikalischer Bildung von Musikpädagogen und Musikwissenschaftlern in einer Reihe von Vorträgen aus verschiedenen Blickwinkeln thematisiert und diskutiert. Die Idee des Tagungsvorhabens entstand im Zusammenhang mit Gesprächen der *AG Schulmusik* in der *Rektorenkonferenz der Musikhochschulen* (RKM) mit der *Fachgruppe Musikwissenschaft in den Musikhochschulen* innerhalb der *Gesellschaft für Musikforschung* (GfM). Neben Fragen, die den Musikunterricht an Schulen betreffen, ging es in der Tagung unter anderem um die Ausbildung zukünftiger Lehrerinnen und Lehrer, aber auch um ganz grundsätzliche Themen wie beispielsweise den Zugang zu Musik »fremder« Kulturen und die Rolle von fachlichem Wissen bei der Beschäftigung mit Musik. Die Gespräche von Vertreterinnen und Ver-

---

[1] Online verfügbar unter: www.whg-lu.de/is2000/wvh/texte/forum_bildung.htm (zuletzt geprüft am 28.09.2011).

tretern unterschiedlicher Disziplinen erwiesen sich als sehr ertragreich, gerade weil sie von unterschiedlichen Perspektiven aus geführt wurden und übereinstimmende, aber auch differierende Positionen zu Kernfragen deutlich werden ließen. Der vorliegende Band vermittelt einen Eindruck von dem Facettenreichtum der angesprochenen Themen.

Ich möchte dem Präsidenten der Hochschule für Musik und Theater München, Herrn Prof. Dr. Siegfried Mauser, dafür danken, dass die Tagung in seinem Hause stattfinden konnte. Mein Dank gilt ferner der Arbeitsgruppe, die die Tagung konzipiert und vorbereitet hat. Sie setzte sich aus den Musikpädagogen Prof. Dr. Stefan Orgass (Essen) und Prof. Dr. Hans-Ulrich Schäfer-Lembeck (München) sowie den Musikwissenschaftlern Prof. Dr. Joachim Kremer (Stuttgart) und Prof. Dr. Franz Körndle (Augsburg) zusammen.

Der Dialog zwischen Musikpädagogik und Musikwissenschaft muss und soll fortgesetzt werden, denn angesichts der Komplexität von Bildungsfragen und des Phänomens Musik kann eine einzelne Tagung sicher nicht zu abschließenden Ergebnissen führen. Die Münchner Tagung hat aber ein deutliches Zeichen gesetzt, dass es der richtige Weg ist, solche komplexe Themen von unterschiedlichen Positionen aus zu beleuchten. Hierfür möchte ich allen aktiven Teilnehmerinnen und Teilnehmern der Tagung danken.

München, im September 2011
Wolfgang Auhagen,
Präsident der *Gesellschaft für Musikforschung*

Hans-Ulrich Schäfer-Lembeck

Einleitung[1]

I.

In den Gesprächen im Vorfeld der Tagung wurde von Vertretern der beiden Fachsystematiken Musikwissenschaft und Musikpädagogik die Frage artikuliert, ob es in Sachen musikalische Bildung nicht eine spezielle und gemeinsame Zuständigkeit der beiden Fächer Musikpädagogik und Musikwissenschaft gebe. Es wurde gefragt, wo diese Zuständigkeit spezieller anzusiedeln sei, wie man sie genauer bezeichnen oder unterscheiden könne. Man verständigte sich zunächst darauf, dass in einer gemeinsamen Verantwortung für musikalische Bildung es sehr sinnvoll, wenn nicht notwendig erscheint, in einer direkten, hochschul- und fachübergreifenden Kooperation Positionen auszuarbeiten, zu differenzieren und abzugleichen. Gerade in Zeiten eines vielfältigen und dynamischen kulturellen Wandels, herausgefordert aber auch von der Situation von Studien- und Schulreformen wurde es als lohnend wie geboten angesehen, verschiedene, einerseits musikpädagogische, andererseits musikwissenschaftlich inspirierte und begründete Vorstellungen musikalischer Bildung miteinander ins Gespräch zu bringen und zu diskutieren. Die auf Musik als Kunst und als gesellschaftlich-kulturelle Praxis bezogenen Wissenschaften würden auf diese Weise Gelegenheit erhalten, ihre Beiträge zu artikulieren, zu präzisieren und allgemeineren Diskursen zuzuführen.

In den Gesprächen zur Konkretisierung des Tagungsvorhabens, die durch eine Vorbereitungsgruppe geführt wurden, in der zwei Musikwissenschaftler (Joachim Kremer und Franz Körndle) sowie zwei Musikpädagogen (Stefan Orgass und der Herausgeber) vertreten waren, bestand Konsens dahingehend, dass nach den Versuchen zu Bestimmungen des Verhältnisses von Musikpäda-

---

[1] Der erste Abschnitt dieser Einleitung geht auf den Text zurück, den die Referentinnen und Referenten im Vorfeld der Tagung zur Orientierung und Vorbereitung erhalten hatten, er wird hier in einer etwas überarbeiteten und erweiterten Form vorgelegt; der zweite Abschnitt greift die bei der Eröffnung der Tagung vom Gastgeber bzw. Herausgeber vorgetragenen Gedanken auf.

gogik und Musikwissenschaft wie z. B. schon 1971[2] und 1975[3] und dann in einer Art »Zehnjahresrhythmus« an verschiedenen Orten zunächst 1977,[4] dann 1986[5] und schließlich 1996[6] angestellt wurden, zuletzt in einer Reihe von neueren Einzelbeiträgen,[7] dann nach vielfältigen, im musikpolitischen Raum angesiedelten Bemühungen um Musikalische Bildung,[8] eine gebündelte Beschäftigung mit dem Themenbereich in der Konstellation dieser beiden Fachsystematiken der Musik jetzt durchaus sinnvoll und an der Zeit wäre. Die genannten Wissenschaftler verständigten sich auf die genaue Formulierung des Tagungsthemas und erarbeiteten das konkrete Tagungskonzept.

Der Untertitel *Ansprüche und Wirklichkeiten* fußte auf der übereinstimmenden Einschätzung, dass mit Vorstellungen von »Musikalischer Bildung« ganz unterschiedliche Erwartungen, Ansprüche oder Wünsche verbunden werden können, dass »Musikalische Bildung« also in durchaus unterschiedlicher Weise bedacht und angestrebt werden kann. Wenn also mit einer Pluralität von Erscheinungen, Beschreibungen oder Konzeptionen von »Musikalischer Bildung« zu rechnen ist und wenn zusätzlich davon ausgegangen wurde, dass weder der Musikwissenschaft noch der Musikpädagogik eine Deutungshoheit bezüglich dessen zuzuschreiben ist, was unter »Musikalischer Bildung« zu verstehen ist, dann enthielt die ausgedrückte Übereinstimmung bezüglich einer prinzipiellen Gleichberechtigung vielgestaltiger, unterschiedlicher, auch einander widerstrebender Sichtweisen und Blickpunkte zwar die Vorstellung ausdrücklicher Toleranz anderer Positionen, nicht aber den Gedanken einer Koexistenz von allem und jedem – sozusagen auf einer Linie zu einem Fluchtpunkt völliger Beliebigkeit hin. So sollte Unterschiedlichkeit in Sichtweisen und Befunden abgewogen und erstritten werden.

---

[2] Fachtagung der *Gesellschaft für Musikforschung* in Hannover.

[3] STEPHAN 1976.

[4] GIESELER/KLINKHAMMER 1978.

[5] EDLER/HELMS/HOPF 1987.

[6] KRAKAUER 1997.

[7] Siehe unter Literaturangaben S. 16f.

[8] Z. B. DEUTSCHER MUSIKRAT 2005 oder 2011 die Tagung »Schulische und außerschulische musikalische Bildung – Wie kann eine erfolgreiche Verzahnung gelingen?« (Landesmusikakademie NRW in Heek) oder die gemeinsame Resolution von Verband deutscher Musikschulen (VdM) und Rektorenkonferenz der Musikhochschulen in der Bundesrepublik Deutschland (RKM) für ein »neues Gesamtkonzept musikalischer Bildung und Ausbildung« (Online verfügbar unter: www.miz.org/artikel/2011_Resolution_VdM_RKM.pdf (zuletzt geprüft am 28.09.2011).

Einleitung

Um das freie Feld möglicher Zugänge zum Thema vorzustrukturieren, fokussierte die Vorbereitungsgruppe sechs Bezugsrichtungen, die zur Kontextualisierung des zentralen Begriffs »Musikalische Bildung« dienlich sein sollen; sie wurden den Referenten bzw. Moderatoren von Foren und Workshops mitgeteilt (und sind hier durch auf Konkretisierung zielende Fragen ergänzt):

1. Praxen musikalischer Bildung
   Worin unterscheiden sich Formen von Praxis, die mit musikalischer Bildung zu tun haben? In welchen Praxen geschieht etwas, das mit guten Gründen mit musikalischer Bildung zu tun hat und genannt werden kann?

2. Bildung oder Kompetenz?
   Inwieweit unterscheiden sich Bildung und Kompetenz als Leitvorstellungen für Lehr-/Lernprozesse? Welche Leitdifferenzen sind mit dem einen, welche mit dem anderen Begriff verbunden? Welche Auswirkungen auf fachsystematische, bildungspolitische, bildungsorganisatorische Zusammenhänge können diesbezüglich beobachtet werden?

3. Standardisierung
   Wie sind aktuelle Forderungen in Bezug auf die Notwendigkeit der Modellierung von fachspezifischen Kompetenzen und (dann auch operationalisierbaren und womöglich gestuft angeordneten) Standards in Hinsicht auf Vorstellungen von musikalischer Bildung einzuschätzen?

4. Anwendbarkeit
   Legen Überlegungen zur musikalischen Bildung Konsequenzen in praktisch-organisatorischer Hinsicht nahe? Oder ergeben sich aus einer Bezugnahme zu Anwendungskontexten Modifikationen oder Ausrichtungen von Begriffen musikalischer Bildung?

5. Bildung als soziale oder individuelle Kategorie?
   Wird musikalische Bildung eher sozial oder individuell charakterisiert oder verortet? Welche Rolle spielen z. B. eher material-inhaltliche Fokussierungen, welche Interaktion, Kulturalität, Gesellschaftlichkeit betreffende? Welche Leitkategorien, Beobachtungspunkte und Indikatoren werden herangezogen?

6. Störungen und Widerstände musikalischer Bildung
   Inwieweit kann von Störungen musikalischer Bildung gesprochen werden, was wird wo irritiert, behindert oder ausgehungert, wie und wodurch wird solches vollzogen und welche Gründe können dafür angegeben werden? Auf welche Widerstände treffen Vorstellungen oder Praxen musikalischer Bildung? Welche Zusammenhänge werden gesehen und welche Erklärungen gegeben?

Für die Ausrichtung der Tagung wurde eine doppelte Perspektive angelegt: Einerseits Fortsetzung und Bereicherung eines interdisziplinär angelegten wissenschaftlichen Diskurses im Themenbereich Musikalische Bildung in Perspektivierungen musikwissenschaftlicher wie musikpädagogischer Art und andererseits Inspiration und Fortschreibung von diesbezüglichen Vorstellungen im Rahmen von erster und dritter Phase der Lehrerbildung, indem deren Vertreterinnen und Vertreter eingeladen wurden, an diesem Diskurs teilzuhaben. So wurden, um nicht allein im wissenschaftlichen Terrain zu verbleiben und um Bezüge zum Thema nicht auf die institutionelle Plattform Musikhochschule zu beschränken, zu dieser im Kern auf Theoriebildung gerichteten wissenschaftlichen Tagung neben den Fachwissenschaftlern aus Musikpädagogik und Musikwissenschaft (auch der Universitäten), Vertreter der Erziehungswissenschaft, Lehrkräfte des Fachs Musik am Gymnasium, Studierende für dieses Lehramt sowie eine interessierte Fachöffentlichkeit eingeladen. Außerdem wurde zu Workshops eingeladen, in denen mit konkreten Themen zum Tagungsthema gearbeitet wurde.

II.

In einer unmittelbar vor der Tagung eingetroffenen Nachricht von Detlef Altenburg, dem Weimarer Ordinarius für Musikwissenschaft, der seine ursprüngliche Absicht einer Mitwirkung auf der Münchner Tagung aus unabweisbaren Gründen leider nicht umsetzen konnte, wurde die aus seiner Sicht gegebene Wichtigkeit der Tagung auf folgende Weise artikuliert:

> »Ich hoffe, dass der nun beginnende Dialog keine Eintagsfliege bleibt [...]. Es wäre schön, wenn dies der Beginn wäre für einen längst überfälligen regelmäßigen Dialog über die zentralen Fragen unserer gemeinsamen Aufgabe in der Ausbildung von Musiklehrern.«

Gerade wenn man dem Gemeinsamkeit postulierenden Tenor folgen möchte, dürfte doch gleichzeitig unübersehbar bleiben, dass von deckungsgleichen Vorstellungen in Bezug auf musikalische Bildung oder auch in Hinsicht auf die Ausgestaltung von Lehrerbildung keineswegs immer ausgegangen werden kann. Als Beispiel dafür könnten jene Beiträge aus dem Kontext der Universität Münster genannt werden, die unlängst ins weitere Gespräch Eingang gefunden haben.[9]

---

[9] DISKUSSION MUSIKPÄDAGOGIK 2009a und 2009 bzw. SCHLÄBITZ 2009a, HEIDRICH 2009, SCHLÄBITZ 2009b.

Genauso ließe sich aber eine Begebenheit vom Schauplatz der Tagung anführen. An der Münchner Musikhochschule wurde vor kürzerer Zeit in einer Diskussion im Kontext der Studienreformen der Lehramtsstudiengänge einerseits dafür argumentiert, dass wissenschaftsgeleitetes Nachdenken, Beobachten und Sprechen über Musik als zentrale Befähigung zukünftiger Musiklehrkräfte anzusehen sei. Demgegenüber wurde in einer Gegenposition die vorgenannte Bestimmung ein fragwürdiger intellektueller Akzent genannt, im Rahmen des wissenschaftlichen Unterrichts gehe es doch in erster Linie um die Weitergabe der abendländischen Musikgeschichte und um ein Staunen darüber, was es da alles gebe. Wozu ein überzogener Intellektualismus geführt habe, könne man ja in der Entwicklung neuester Musik sehen. – Dass in diesen Äußerungen, die von Vertretern von Musikwissenschaft und Musikpädagogik getätigt worden waren, Bezugnahmen auf Vorstellungen von musikalischer Bildung stattgefunden haben – wenn auch nur implizit –, scheint unabweisbar; ebenso, dass diese Positionen – auch in Hinsicht auf Konsequenzen in der Lehrerbildung – disparat genannt werden können und weitere Gespräche am Platze wären.

Genauer zu artikulieren und offenzulegen, auf welche Vorstellungen von musikalischer Bildung Bezug genommen wird und einen Austausch darüber anzustellen, war das Anliegen der Münchner Tagung. Und es darf ein erfolgreicher Aspekt genannt werden, wenn es in deren Beiträgen und Gesprächen gelungen ist, über die etwas schroffen Gegensätzlichkeiten in den oben genannten Beispielen hinauszukommen. Dass neben Schnittflächen, die erfolgreich ausgelotet werden konnten, Unterschiede in Blickpunkten und Blickweisen dennoch geblieben sind, wird auch bei der Lektüre der in diesem Buch vorgelegten Schriftfassungen der Vorträge auszumachen sein. Gleiches gilt für die aus einer Perspektive der Beobachtung und im Rückblick auf die Tagung entstandenen Texte von Joachim Kremer (Musikwissenschaft) und Franz Niermann (Musikpädagogik). Unterschiede bleiben, die Tagung selbst aber ist ohne »Störfälle« ausgekommen (wie man jene oben angedeuteten Beispiele durchaus nennen könnte) und hatte einen geradezu harmonischen Verlauf genommen. Dass das so war, könnte erheblich mit musikalischer Bildung zu tun haben, falls man die Sichtweise praktiziert, dass für solche – neben Vernünftigkeit – zentral und konstitutiv ist: die Achtung vor anderen Personen und Positionen.

Literatur (Auswahl)

AUHAGEN, WOLFGANG (2009): *Audiovisuelle Wahrnehmung aus musikpsychologischer Sicht. Anregungen für die Musikpädagogik*, in: *Diskussion Musikpädagogik*, Heft 41, S. 12ff.

BRUHN, HERBERT (2009): *Schulreformen ohne wissenschaftliche Fundierung. Was trägt die Musikwissenschaft zur Stabilisierung ihres Vermittlungsfachs bei?*, in: *Diskussion Musikpädagogik*, Heft 41, S. 17ff.

DEUTSCHER MUSIKRAT (Hg.) (2005): *Musik bewegt. Positionspapiere zur Musikalischen Bildung*. Online verfügbar unter: www.miz.org/artikel/Deutscher_Musikrat_Positionspapiere_Musikalische_Bidlung.pdf (zuletzt geprüft am 21.09.2011)[10]

DISKUSSION MUSIKPÄDAGOGIK (2009a): *Musikgeschichte in der Musiklehrerausbildung*, Heft 43, 3. Quartal

EBD. (2009b): *Die Systematische Musikwissenschaft in ihrer Bedeutung für die Musikpädagogik*, Heft 41, 1. Quartal

EDLER, ARNFRIED/HELMS, SIEGMUND/HOPF, HELMUT (Hg.) (1987): *Musikpädagogik und Musikwissenschaft*. Wilhelmshaven

ENDERS, BERND/RICHTER, CHRISTOPH (2009): *Über die Bedeutung der Systematischen Musikwissenschaft für den Musikunterricht*, in: *Diskussion Musikpädagogik*, Heft 41, S. 4ff.

FONTAINE, SUSANNE (2009): *Wider die Geschichtsvergessenheit. Musikgeschichte und Musikwissenschaft im Rahmen der Ausbildung von Musikern und Musikpädagogen*, in: *Diskussion Musikpädagogik*, Heft 43, S. 17ff.

GIESELER, WALTER/KLINKHAMMER, RUDOLF (Hg.) (1978): *Musikwissenschaft und Musiklehrerbildung. Inhaltliche, bildungspolitische und institutionelle Perspektiven, Forschung in der Musikerziehung*. Mainz u. a.

HEIDRICH, JÜRGEN (2009): *Si tacuisses ... Zu Norbert Schläbitz: Für eine musikpädagogisch relevante Musikwissenschaft*, in: *Diskussion Musikpädagogik*, Heft 43, S. 59ff.

JACOB, ANDREAS (2007): *Musikalische Bildung aus Sicht der Musikwissenschaft*, in: DERS. (Hg.) (2007): *Musik – Bildung – Textualität*. Erlangen, S. 9ff.

KOPIEZ, REINHARD (2009): *Systematische Musikwissenschaft als Bezugswissenschaft der Musikpädagogik. Sechs Anknüpfungspunkte*, in: *Diskussion Musikpädagogik*, Heft 41, S. 8ff.

KRAKAUER, PETER MARIA (Hg.) (1997): *Artgenossen und andere Feinde. Musikwissenschaft für die Musikpädagogik?* Regensburg

KREMER, JOACHIM (2009): *Von der Geschichtlichkeit der Musik. Oder: Bildungsanspruch und Musikunterricht*, in: *Diskussion Musikpädagogik*, Heft 43, S. 4ff.

DERS. (2009): *Das Erkennen und Nutzen von Potentialen: Die Musikwissenschaft im Studiengang Schulmusik*, in: *TransPositionen*, Heft 3/September 2009, S. 12f.

---

[10] Statt »Bildung« heißt es im Link tatsächlich »Bidlung«.

ORGASS, STEFAN (2007): *Musikalische Bildung in europäischer Perspektive. Entwurf einer kommunikativen Musikdidaktik.* Hildesheim

ROLLE, CHRISTIAN (1999): *Musikalisch-ästhetische Bildung. Über die Bedeutung ästhetischer Erfahrung für musikalische Bildungsprozesse.* Kassel

SCHLÄBITZ, NORBERT (2007): *Musikwissenschaft – systemtheoretisch beobachtet. Eine kritische Positionsbestimmung.* Online verfügbar unter: http://www.musik.uni-osnabrueck.de/veranstaltungen/BEITRAEGE/Schlaebitz_SystemischesAllerlei.pdf (zuletzt geprüft am 21.09.2011)

DERS. (2009a): *Für eine musikpädagogisch relevante Musikwissenschaft,* in: Diskussion Musikpädagogik, Heft 41, S. 23ff.

DERS. (2009b): *Die Historische Musikwissenschaft. Schwanengesang der Disziplin und Plädoyer für eine grundlegende Reformierung,* in: Diskussion Musikpädagogik, Heft 44, S. 52ff.

STEPHAN, RUDOLF (Hg.) (1976): *Schulfach Musik* (Veröffentlichungen des Instituts für Neue Musik und Musikerziehung Darmstadt, Band 16). Mainz

Jörg Zirfas

Die Kunst der Ästhetischen Bildung

1. Ein Anfang mit PISA

Karl Valentin meinte einmal, Kunst sei zwar schön, mache aber viel Arbeit. Das ist auch mit der Kunst der Ästhetischen Bildung nicht anders. Auch sie ist eine Kunst, die es uns nicht immer leicht macht. Denn schließlich geht es ihr nicht nur um die Künste und die Kultur, sondern vor allem um unsere Sinne, unseren Körper und unser Leben. Und es geht auch um das, was anders und fremd ist und gegebenenfalls auch bleiben wird.

Unter Ästhetischer Bildung lässt sich auf den ersten Blick vieles verstehen: So wird sie gelegentlich als grundlegende Bildung der Empfindsamkeit gegenüber Mensch und Natur, als Entwicklung der Einbildungskraft, des Geschmacks und des Genusses, als Befähigung zu Spiel und Geselligkeit, als Herausbildung der ästhetischen Urteilskraft und Kritik, als Erschließung von (neuen) Ausdrucksformen und Handlungsperspektiven oder auch als Zivilisierung des Lebens verstanden. Ästhetische Bildung umfasst sowohl aktive wie rezeptive Komponenten und bezieht sich sowohl auf ästhetische Aktivitäten und Darstellungsformen, wie auf Kenntnisse von Kunst und Kultur und die Reflexion künstlerischer und kultureller Prozesse und Resultate.

Ästhetische Bildung ist als eine eigenständige, grundlegende Form der Bildung zu verstehen. Denn nur so kann man auch der enormen Bedeutung der Ästhetik und der Ästhetischen Bildung im menschlichen Leben gerecht werden. Alle öffentlichen und privaten Handlungsfelder, alle sozialen Gruppen und soziokulturellen Milieus, die Entwicklung und Darstellung von Identität, die Erfahrung des Eigenen und Fremden, die Artikulation und kulturelle Ausgestaltung existentieller Lebenserfahrungen, der Lebensalltag und dessen Transzendenz sind auf grundlegende Weise durch ästhetische Prozesse bestimmt. Ästhetische Bildung ist enorm bedeutsam für die Selbst- und Weltwahrnehmung, für Gestaltungs- und Partizipationspraxen und für Motivations- und Sinnstiftungsprozesse. Nach allem, was wir wissen, trägt sie in entscheidender Weise zur Persönlichkeitsbildung und zur Weiterentwicklung der Gesellschaft bei, ohne dass ihre Voraussetzungen, Prozesse und Effekte immer eindeutig zu bestimmen und zu klären gewesen wären.

Ein Moment, das in vielen Diskussionen um Ästhetische Bildung immer wieder unterschlagen wird, soll hier und im Folgenden betont werden: die Fremdheit. Denn wer von Bildung, auch von ästhetischer, spricht, setzt implizit oder explizit auf die Kunst bezogene Fremdheitserfahrungen voraus. Anders formuliert: Nur wenn ich in den Künsten Erfahrungen von Differenzen des Wissens und Könnens, Krisenerfahrungen und Kontingenzerfahrungen, Irritationserfahrungen und Widerstandserfahrungen, Erfahrungen der Fremdheit des Anderen aber auch der Selbstfremdheit, mache, können sich auch Transformationen meiner ästhetischen Selbst- und Weltbezüge, mithin ästhetische Bildungsprozesse ereignen.[1] Die Kunst der Ästhetischen Bildung, so lassen sich diese Feststellungen bündeln, ist die *kunstbasierte Auseinandersetzung mit dem Fremden*. Vor diesem Hintergrund werde ich nicht – und dazu verleitet der Titel »Die Kunst der Ästhetischen Bildung« vielleicht – im Sinne des Genitivus objectivus auf programmatisch praktische oder didaktische Hinweise zur Einübung der Künste eingehen, sondern die Momente benennen, die die Ästhetische Bildung selbst zu einer Kunst machen. Und ich denke, dass für die Bedeutung der Ästhetischen Bildung eine *nur* kompetenzbezogene Ausrichtung der Pädagogik zu kurz greift.

In jüngster Zeit ist auf jeden Fall viel von Kompetenz die Rede. Seit PISA sind es vor allem die mathematischen, naturwissenschaftlichen und schriftbezogenen Kompetenzen, die sogenannten literacies, die im Mittelpunkt der öffentlichen pädagogischen Debatten stehen. Dabei scheint es offensichtlich zu sein, dass diese Kompetenzen für ein Leben in modernen Gesellschaften zwar bedeutsam, aber nicht hinreichend sind; auch körperliche, geistige, moralische und ästhetische Kompetenzen müssen hinzukommen, will man denn ein modernes, anspruchsvolles und umfassendes Konzept von Bildung verwirklichen.

Sieht man sich den für PISA in Anschlag gebrachten psychologischen Kompetenzbegriff genauer an,[2] so zielt dieser erst einmal sehr formal auf den Sachverhalt, eine spezifische Handlungsanforderung in einer speziellen Situation bewältigen zu können. Kompetenzen lassen sich insofern daran ablesen, dass Menschen kontextuell situierte Aufgaben und Herausforderungen aufgrund von implizitem Wissen, Sachangemessenheit, Motivation, entsprechenden Fertigkeiten und Selbstwirksamkeitsüberzeugungen zu meistern in der Lage sind. Dementsprechend hat die OECD (2002) als sogenannte Schlüsselkompetenzen

---

[1] Vgl. KOLLER/MAROTZKI/SANDERS 2007; WESTPHAL/LIEBERT 2009.
[2] WEINERT 1999.

für ein erfolgreiches Leben in modernen Gesellschaften folgende Dispositionen benannt: *Selbstständigkeit* als Fähigkeit der Interessen- und Verantwortungsvertretung, der Lebensgestaltung und des eigenständigen, sozialen Handelns, *Interaktivität* als Fähigkeit, Zeichen und Sprache, Wissen und Informationen sowie neue Technologien gebrauchen zu können und *Sozialität* als Fähigkeit, mit anderen zusammenzuarbeiten und Konflikte austragen zu können.

Wenn man den PISA-Untersuchungen folgt, so liegt es nahe, auch in den Künsten wie Musik, Theater, bildende Kunst etc. domänenspezifische Kompetenzen zu identifizieren – und wenn man denn will und kann, auch abzutesten. Dabei könnte man z. B. den drei traditionellen ästhetischen Perspektiven, nämlich der Werkästhetik, Produktionsästhetik und Rezeptionsästhetik folgen. Eine solche Bildung lässt sich dann, und das wird in prägnanter Weise immer wieder unternommen, qualifikationstheoretisch begründen und mit entsprechenden, etwa schulunterrichtlichen, Maßnahmen pädagogisch begleiten. Die Frage ist nur, ob die besondere Qualität der Bildung in den und durch die Künste damit wirklich beschrieben werden kann – zumal dann, wenn diese Qualität im Umgang mit dem Fremden im Gegenstand, aber auch in sich selbst besteht.

2. Zur Bedeutung der Kunst

Nun ist die Kunst ein schwieriger Begriff, auch und gerade, wenn man ihn als Pädagoge versucht zu erläutern. Man kann, und das wird häufig auch so praktiziert, zu einer Nominaldefinition greifen und sagen, dass Kunst das ist, was Künstler mit Kunst als Beruf oder ohne Beruf praktizieren; oder man kann sagen: Kunst ist das, was der Kunstmarkt, wozu auch die Kunstwissenschaften sich rechnen lassen, so nennt. Auch lange Zeit beliebte Unterscheidungen, wie die zwischen legitimer und illegitimer Kunst oder die zwischen hoher und subversiver Kunst, sind obsolet geworden. Und gelegentlich ist es sehr fraglich, ob man es mit guter oder auch schlechter Kunst oder mit den schönen oder den nicht so schönen Künsten zu tun hat. Wenn im Folgenden von Kunst bzw. von der Kunst der Ästhetischen Bildung die Rede ist, so geht es vor allem um die »klassischen« Künste wie Musik, Theater, bildende Kunst und Literatur. Es geht also, metaphorisch gesprochen, um die Musen als »schöne Damen«, nicht als »Mägde«. Natürlich bleiben dadurch eine Reihe von Künsten, die über Jahrhunderte hinweg bis heute zu einer Kunst im Sinne von *techne* oder *ars* erklärt worden waren, unberücksichtigt, wie etwa das Steuern eines Schiffs, das Kochen, das Heilen, das Kriegführen oder auch das Erziehen. Man könnte in diesem Sinne auch die

Ästhetische Bildung *cum grano salis* von der kulturellen Bildung differenzieren: Während die erstere die Auseinandersetzung mit den »schönen« Künsten betrifft, bezieht sich die letztere auch auf die »nützlichen« Künste.

Warum aber ist die Kunst in der Bildung so wichtig?[3] Otto Friedrich Bollnow ist dieser Frage phänomenologisch nachgegangen. Er schreibt:

> »Die in der menschlichen Leibesorganisation gegebenen Sinnesorgane [werden] erst durch die menschliche Arbeit, worunter hier vor allem die Werke der Kunst zu verstehen sind, zu eigentlich menschlichen Sinnen. Erst durch das Hören der Musik wird das Ohr zu einem für die Schönheit der Musik empfindlichen Organ. Erst durch die Betrachtung der Werke der bildenden Kunst wird das Auge zu einem für die Schönheit der Form und der Farbe aufgeschlossenen Organ.«[4]

Oder allgemeiner: »Erst durch die Beschäftigung mit den Werken des objektivierten Geistes, in diesem Fall mit den Werken der Kunst als Erzeugnissen menschlicher Gestaltung, werden die Sinne zu Organen einer differenzierten Auffassung.«[5] Der Mensch ist erst dann »im vollen Sinne Mensch, wenn er die ganze Breite der bisher verkümmerten Sinne zur Entfaltung gebracht hat«.[6] Es ist ein »Kreisprozess« zwischen gestalteter Wirklichkeit und Entwicklung der entsprechenden Auffassungsorgane im Menschen: »Die gelungene Gestaltung einer bisher ungestalteten oder weniger gestalteten Wirklichkeit entwickelt im Menschen ein ihr entsprechendes Organ des Auffassens, und so leben wir in einer Welt, wie die Kunst uns sie zu sehen gelehrt hat.«[7]

In dieser knappen Formulierung – »Wir leben in einer Welt, wie die Kunst uns sie zu sehen gelehrt hat« – ist ein höchst komplizierter Verweisungszusammenhang eingefangen, der nicht nur das phänomenologische Glaubensbekenntnis umfasst – wir leben eben nicht in einer Welt, wie sie ist, sondern in einer Welt, wie wir sie sehen und die sich damit, als unsere, von allen anderen Welten unterscheidet –, sondern zugleich auf überraschende Weise den Lehrmeister eingrenzt: Nicht der Alltag, nicht die Arbeit, nicht die Wissenschaft gibt hier den Lehrmeister, sondern die Kunst. Die menschliche Entfaltung der Sinne kann nur in der Auseinandersetzung mit der entfalteten Kunst gelingen. Die Entwicklung der Sinne, der Sinnlichkeit, ist kein bloßes Naturereignis, das natürlichen Entwicklungsgesetzen folgt, sondern die Entwicklung der Sinne ist ihrerseits kulturell konstituiert. Das Auffassungsvermögen entsteht und entwickelt sich

---

[3] Vgl. LIEBAU/ZIRFAS 2008, S.11f. und LIEBAU 2007, in: BILSTEIN 2007, S. 85.
[4] BOLLNOW 1988, S. 31.
[5] Ebd.
[6] Ebd., S. 32.
[7] Ebd.

erst in der Begegnung und der Auseinandersetzung mit den kulturellen und künstlerischen Objektivationen.[8]

Klaus Mollenhauer und seine Mitarbeiter[9] haben empirisch gezeigt, dass für eine substantielle Ästhetische Bildung der Bezug auf die Kunst konstitutiv und unverzichtbar ist. Dies gilt übrigens nicht nur für die domänenspezifischen Kompetenzen, sondern auch für die allgemeinen Schlüsselkompetenzen, Kreativität, Wahrnehmungsfähigkeit etc., die in der Moderne immer wichtiger werden. Die Künste bieten, so Matthias Winzen,[10] die differenzierteste Form der Wahrnehmung der Wahrnehmung; allein damit ließen sie sich als pädagogisch notwendig begründen. Man scheint das Leben in der modernen Welt also am besten durch die Künste zu lernen – oder englisch ausgedrückt: »Art makes life more interesting than art.« Denn die Kunst hat im Vergleich zu Alltagsgegenständen vielfältige strukturelle Vorteile.

1. Im Umgang mit der Kunst sind wir – in der Regel – von existentiellen Sorgen, von objektiven Wahrheitsinteressen und auch von pragmatischen Handlungsinteressen befreit. Zweckfreiheit der Kunst lautet der diesbezügliche Sachverhalt. Dadurch werden wir frei zu sehen, zu hören oder zu reflektieren; aber auch frei zum Experimentieren, zum Spielen und zum Üben. Und wir sehen und spüren dann auch, was wir vielleicht immer übersehen haben, aber auch das, was wir nie in den Blick bekommen können und was in einer spielerischen Aneignung möglich und was gegebenenfalls auch unmöglich, d. h. fremd sein und bleiben wird.

2. Der Umgang mit der Kunst spannt uns zweitens ein in die Dialektik von Bezug- und Distanznahme: Wir lassen uns auf Kunstwerke so ein, dass wir gleichwohl – mehr oder weniger bewusst – vergegenwärtigen, *dass* und *wie* wir uns auf sie einlassen. Folgen wir dem Philosophen Dieter Henrich, so vergegenwärtigt uns die Kunst »Prozesse des bewußten Lebens in einem wirklichen Vollzug und zugleich doch so, daß sie nicht auch schon wirklich von uns vollzogen sind. Die Distanz in der Betrachtung wird also nicht aufgehoben. Aber sie wirkt nunmehr dahin, daß deren Gehalte uns ergreifen können.«[11] Indem wir uns mit den Künsten auseinandersetzen, entfernen wir uns so von unserer Lebenswelt, dass wir uns ihr im spielerisch geschaffenen distanzier-

---

[8] Vgl. LIEBAU/ZIRFAS 2008, S. 12.
[9] MOLLENHAUER 1996.
[10] WINZEN 2007.
[11] HENRICH 2001, S. 132.

ten Raum der Möglichkeiten umso intensiver wieder widmen können. Wir lernen dabei etwas über die Konstruktivität, aber auch über die Nichtkonstruktivität, die Fremdheit von Gegenständen und über das Konstruieren selbst.

3. Im künstlerischen Produktions- und Rezeptionsprozess werden wir von etwas ergriffen, dessen wir selbst nicht vollkommen Herr sind. Wir werden in ein artistisches Spiel verwickelt, in dem nicht der Spieler, sondern das Spiel im Mittelpunkt steht. Das Spiel wird zum Subjekt, das Individuen und Kunst so miteinander in Beziehung setzt, dass nicht nur das Individuum bereichert wird, sondern auch die Welt als reichere erscheint. Künstlerisches Spielen ist in einem Zwischenraum zu situieren, der sich einerseits einer strikten Intentionalität der Spielenden verschließt und ihnen andererseits Handlungs- und Ausdrucksmöglichkeiten bietet. Somit ist das Spiel – sei es das rezeptive Spiel der Wahrnehmung und Beurteilung, sei es das produktive Spiel des Gestaltens und Stilisierens – nur begrenzt intentional pädagogisch instrumentalisierbar, entzieht es sich doch aufgrund seiner spezifischen unfunktionalen Funktionalität eindeutigen Lern- und Bildungsprogrammen. Spielen ist durch Unberechenbarkeit, Offenheit, Ambivalenz, Freiheit und Fremdheit gekennzeichnet.

4. Im Umgang mit der Kunst werden wir nicht nur mit dem Gegenstand, sondern auch mit uns selbst konfrontiert; der Umgang mit der Kunst verweist immer auch auf das, was wir nicht verstehen oder nicht praktizieren können, auf blinde Flecken unseres eigenen Selbst- und Weltverhältnisses. Kunstwerke und kunstspezifische Handlungsformen sind Katalysatoren für Bildungsprozesse, indem sie uns mit den Anderen und Fremden konfrontieren. Dass Kunst Menschen in einer, mit kaum einer anderen Lebenspraxis zu vergleichenden, Intensität zu bilden imstande ist, haben Erzieher zwar seit Platons Zeiten immer wieder gefürchtet, aber auch in ihrem Sinne instrumentell zu nutzen gewusst. Kunstwerke und kunstspezifische Handlungsformen sind immer auch Ausdruck und Reflexion eines, je nach historisch-kultureller Situation, spezifisch gestalteten menschlichen Selbst- und Weltverhältnisses, das in seiner Gestaltung, Wahrnehmung und Erfahrung für die Pädagogik immer – und auch und gerade in seinen kunstkritischen und -negierenden Tendenzen – hoch bedeutsam war. Und obwohl sich ästhetische Wahrnehmungen und Erfahrungen auch an nicht künstlerischen Gegenständen gewinnen lassen, besitzen kunstförmige Gegenstände eine erhöhte bildungstheoretische wie -praktische Bedeutsamkeit. Denn sie sind in der Lage, ein *verdichtetes* Spiel von Erscheinungen und Bedeutsamkeiten zu evozieren, das, wenn man

so will, Selbst- und Weltverhältnisse und die in ihnen enthaltenen Selbst- und Weltfremdheiten in einer intensiven Form zur Verfügung stellt. Denn Kunst hat es *von Hause aus* mit Wahrnehmung und Gefühl, Gestaltung und Darstellung, eben mit Sinnlichkeit und Körperlichkeit zu tun.

Zusammenfassend: Im Umgang mit der Kunst wird die Selbst- und Welterfahrung zur Fremdheitserfahrung. Die Grundsituation der Ästhetischen Bildung ist die Erfahrung eines Fremden, auf die das Subjekt eine Antwort finden muss: Es fällt uns etwas auf, das wir bislang noch nicht wahrgenommen haben, und was wir nicht auf einen Begriff bringen können; wir müssen etwas leisten, das wir bislang noch nicht gekonnt haben. Damit wird das Fremde in der ästhetischen Erfahrung zum Ausdruck einer möglichen Welt (Musil); die ästhetische Erfahrung dekonstruiert die bislang gültigen Selbst- und Weltdeutungen, weil mit ihr spielerische Möglichkeitsspielräume verknüpft sind: Wir sehen nun mit anderen Augen, wir hören mit anderen Ohren.[12] Und wir wissen, dass wir nicht alles hören und werden hören können. Wer etwa Musik macht und hört, dem wird dadurch die Welt zugleich vertraut und befremdlich.

3. Die Kunst der Ästhetischen Bildung

Nun versucht man in den jüngsten Zeiten des ökonomischen Neoliberalismus oftmals, wie eingangs im Kontext der Kompetenzdebatten implizit schon angesprochen, die Künste dadurch zu legitimieren, dass man eine Fülle von Qualifikationen mit ihnen in Verbindung bringt, die man in den Künsten für das Leben lernen kann. Und auch in den neueren empirischen Studien zur Ästhetischen Bildung wird oftmals Transferforschung betrieben, um ihre Nützlichkeit für viele Lebensbereiche herauszuarbeiten. Doch warum müssen die Künste eigentlich immer soviel leisten? Von keiner anderen Wissenschaft oder Kunst verlangt man in der Schule eine derartige Fülle von Qualifikationen und Kompetenzen. In der Regel wird von der Mathematik oder der Informatik nicht zwingend gefordert, dass sie auch noch eine Fülle von anderen Kompetenzen bewirken müssen. Man hat in diesen Fächern nicht das Problem, ihre Funktionalität und Leistungsfähigkeit mit Rekursen auf die Entfaltung der Persönlichkeit, auf die Entwicklung von Sozialität oder in der Vermittlung von Produktivität, Kreativität oder Kritikfähigkeit unter Beweis zu stellen. Man muss sich fragen, ob man

---

[12] Vgl. KAISER 1998; ROLLE 1999; VOGT 2001, 2004.

die Ästhetische Bildung unter dem Zwang der sozialen, politischen und ökonomischen Legitimität stellen sollte, oder ob es nicht einen Eigensinn der ästhetischen Fächer gibt, die ihnen eine eigene Dignität und Legitimität verleiht. Wenn es auch durchaus eine Nützlichkeit der Ästhetischen Bildung in den genannten Perspektiven gibt, so sollte sie gegebenenfalls nicht prima vista unterstellt werden. Dazu ein Wort von Theodor W. Adorno aus seiner *Musiksoziologie*.[13] »Was eine Funktion hat, ist ersetzlich; unersetzlich nur, was zu nichts taugt.« Vielleicht kann man – mit Kant – ein wenig moderater formulieren und nicht direkt das Untaugliche als das wahre Reich der Freiheit verstehen. Dann lässt sich sagen: Es ist nichts zweckloser wie auch zweckmäßiger als die spielerische Ästhetische Bildung, als die Freiheit und Scheinhaftigkeit der zwecklosen Zweckmäßigkeit der Künste. Und wahrscheinlich lassen sich die funktionalen Aspekte der Künste dann am ehesten verwirklichen, wenn man sich in Bildung und Unterricht auf ihre nicht-funktionalen ästhetischen Momente konzentriert.[14] Es scheint kein Zufall zu sein, dass in den klassischen Positionen Ästhetischer Bildung in der Regel nicht von Wirkung, sondern von ästhetischer Erfahrung oder Ästhetischer Bildung gesprochen wurde.

Statt auf Funktions- und Transferforschung sollte man stärker auf Strukturforschung – oder auch auf Prozess-, Biografie-, Institutionenforschung – der Ästhetischen Bildung setzen und damit die Eigenlogik der Ästhetischen Bildung gegenüber anderen Fächern stärken. Und man sollte auch nicht unbedingt nur auf die für die Wirtschaft anschlussfähigen Schlüsselqualifikationen blicken – auch dann macht der Umgang mit den Künsten bildungspraktisch Sinn.[15] Für eine Perspektive der Strukturforschung möchte ich jetzt anhand von vier Momenten von Bildung einen Vorschlag machen: Die Kunst der Ästhetischen Bildung besteht 1. in der Auseinandersetzung mit symbolischen Systemen, 2. im Erlernen von Kunst- und Kulturtechniken, 3. in der Entwicklung von Lebenskunst und 4. im methodisch-kritischen Umgang. Ich folge dabei einem Lernmodell, das mein Kollege Michael Göhlich und ich in vier Momente, nämlich in: Wissen lernen, Können lernen, Leben lernen und Lernen lernen ausdifferenziert haben.[16] Hierbei werde ich immer auf die Momente von Fremdheit eingehen.

---

[13] ADORNO 1973, S. 291.
[14] ZIRFAS 2009.
[15] Vgl. KLEPACKI/ZIRFAS 2009.
[16] GÖHLICH/ZIRFAS 2007.

A. Ästhetische Bildung als Auseinandersetzung mit symbolischen Systemen

Menschen wachsen in kulturell symbolischen Zusammenhängen auf und sie entwickeln und bilden sich in ihnen. Sie orientieren sich in einer Welt, die nicht nur von Gegenständen und Perspektiven strukturiert ist, sondern auch durch Darstellungsaktivitäten und -modalitäten, die ihnen etwas sichtbar machen, in Zeichensystemen, die ihnen etwas über sich selbst zu erkennen geben, von praktischen Wissensbeständen, die ihnen sagen, wie sie sich zu benehmen haben und von sozialen und moralischen Wertschätzungen und Verpflichtungen, die sie auffordern, bestimmte Maßnahmen zu ergreifen und eben andere zu unterlassen. Dazu gibt es Sprachen, Bilder, Metaphern und Symbole einer Kultur, die zwischen Individuum und Gesellschaft, zwischen Innen und Außen, aber auch zwischen Vergangenheit, Gegenwart und Zukunft, zwischen Bildungsinhalten und Bildungsprozessen vermitteln. Das zentrale Prinzip der Kultur ist Symbolisierung.

Und die grundlegende Kategorie für Ästhetische Bildung ist die wechselseitige Relation von Subjekt und Kultur. Bildung ist die subjektive Seite der Kultur, Kultur die objektive Seite der Bildung. Jede Form Ästhetischer Bildung steht unter den Bedingungen einer kulturellen Gesamtlage und Tradition, in die Erzieher, Zögling und Erziehung selbst in den unterschiedlichsten Funktionen hineinwachsen und -wirken.

In diesem Sinne ist Ästhetische Bildung etwa als *ästhetische Alphabetisierung* verstanden worden. Wer diesem Verständnis folgt, verfolgt ein hermeneutisches Konzept der Ästhetik. Davon abzugrenzen ist ein Ästhetikmodell, das man *phänomenologisch* nennen könnte. Hierbei kommt es nicht, wie in dem hermeneutischen Modell, darauf an, kulturell und artistisch fremde Zeichen in die eigene Zeichenwelt zu integrieren und verstehbar zu machen, sondern darauf, sich auf das Spiel der Erscheinungen und ihrer Interpretationsmöglichkeiten einzulassen. Im Mittelpunkt stehen dabei die Fragen des kontemplativen Sich-Versenkens, des Sich-Erfreuens und Genießens oder auch der Ablehnung und des Ekels vor kulturellen und artistischen Objektivationen. Steht beim hermeneutischen Modell die Frage der Verstehbarkeit des Fremden im Mittelpunkt, so beim phänomenologischen Modell die Frage nach dem sinnlichen und imaginativen Sich-Einlassen auf einen Gegenstand, das mit emotionalem, rationalem und imaginativem Spiel der Veränderung und Fremdheit verbunden ist. Im Folgenden soll nur die ästhetisch-hermeneutische Perspektive kurz beleuchtet werden.

Klaus Mollenhauer, einer, wenn nicht der wichtigste theoretische und empirische Forscher ästhetischer und kultureller Bildungsprozesse, bestimmt diese ästhetische Alphabetisierung folgendermaßen: als Lernvorgang, »in dem nicht-sprachliche kulturelle produzierte Figurationen in einem historisch bestimmte Bedeutungsfeld lokalisiert, das heißt als bedeutungsvolle Zeichen ›lesbar‹ werden«.[17] Anders formuliert: Nur derjenige versteht etwas von der Kunst und Kultur, der sie auch zu »lesen« versteht. Um sie aber »lesbar« zu machen, braucht es eine ästhetische Alphabetisierung, braucht es Kenntnisse hinsichtlich der Symboliken und Metaphoriken, Zeichensysteme und Bedeutungsgeschichten, der kulturellen Verweisungen und Distinktionen. Die Fähigkeit, Kunst und Kultur zu verstehen, wird von Gerhard Schulze, dem Erfinder der Erlebnisgesellschaft, sogar als die Schlüsselkompetenz der Zukunft verstanden: »Neue und sinnvoll scheinende Lernwege: diese Einstellung des Blicks in die weitere Zukunft verspricht am meisten. Es geht darum, ein Gespür für Richtungen zu entwickeln, ohne sich auf Übergangszustände, Szenarien und konkrete Einzelprojekte zu fixieren.«[18]

Nun muss man das von Mollenhauer oder auch implizit von Schulze vorgeschlagene Programm einer ästhetischen Alphabetisierung durch neuere Forschungen im Bereich der Sozio- und Gesprächslinguistik noch ergänzen und ausdifferenzieren. Heiko Hassensteins Analyse der Kunstkommunikation[19] gibt hier wichtige Hinweise für ein solches Programm Ästhetischer Bildung: So lässt sich das Anforderungs- und Problemprofil einer Auseinandersetzung über Kunst durch vier Felder bestimmen:

1. Bewertung (Was ist davon zu halten?): Hier geht es um Hinweise und Darstellung von Gefallen/Geschmack, Rang/Wert, Wirkung/Eindruck, Qualität sowie um die Frage, ob etwas als Kunst oder Nicht-Kunst bzw. als Hoch- oder Trivialkultur zu gelten habe;
2. Erläuterung (Was weiß ich darüber?): Hier geht es um Hinweise und Darstellung von Werk, Biografie, Tradition und Gattung von kulturellen Artefakten, Institutionen und Handlungszusammenhängen;
3. Deutung (Was steckt dahinter?): Hier geht es um Hinweise und Darstellung von Intention, Symbolik, Bedeutungen;
4. Beschreibung (Was gibt es zu sehen, hören, tasten, schmecken, riechen?): Hier geht es um Hinweise und Darstellung von Materialität, Größe, Formen, sinnliche Erfassbarkeit und Beschreibbarkeit.

---

[17] MOLLENHAUER 1990, S. 11.
[18] SCHULZE (2003): *Die beste aller Welten*, zitiert nach ZACHARIAS 2005, S. 105.
[19] HASSENSTEIN 2006.

Denn Ästhetische Bildung meint, und das ist entscheidend, nicht nur das bloße Kennenlernen von Symbolsystemen, sondern die bildende Auseinandersetzung mit ihnen. Mit der Ästhetischen Bildung gehen Prozesse der intensiveren Wahrnehmung, der differenzierteren Reflexion und Urteilsbildung, der systematischeren Erinnerung, der Verortung, Navigation und Strukturierung des kulturellen Wissens einher. Die Künste liefern damit ästhetische Interpretations- und Reflexionsspielräume. Man könnte sagen, dass die Künste eine besondere Form der Wissenschaft ausmachen: Sie bilden die Wissenschaft einer mittleren Abstraktionsebene, die konkrete Wahrnehmungserfahrungen mit theoretischen Abstrahierungen verbindet. Die Künste können hier Aufmerksamkeiten und Wahrnehmungsperspektiven für die Möglichkeiten des Spiels zwischen eintauchendem Gewahrsein, symbolischer Interpretation und reflexiver Distanznahme erzeugen. Im Experimentieren mit bestimmten Wahrnehmungsformen und unterschiedlichen Erkenntniszugängen und ihren Verhältnissen untereinander wird das sinnlich-wahrnehmende Selbst- und Welterlebnis gebildet. Und wer könnte heute behaupten, dass es in der modernen Situation der Unübersichtlichkeit gerade auch von Symbol- und Zeichensystemen – Peter Sloterdijk spricht hier von einem »Zeichengestöber« – nicht auf eine genaue Wahrnehmung ankommt?

Ästhetische Bildung lässt sich in diesem Sinne als eine Transformation von grundlegenden ästhetischen Selbst- und Weltverhältnissen, die durch die Konfrontationen mit dem Neuen, dem Nichtgewussten und fremden symbolischen Welten bedingt wird, definieren. Die Kunst der Ästhetischen Bildung besteht dementsprechend darin, einen kognitiven Wechselprozess zwischen dem Selbst und dem Kunstgegenstand auf den Weg zu bringen, indem das Ich ein anderes, aber auch der Gegenstand ein anderer und schließlich auch das Verhältnis von Ich und Kunstgegenstand ein anderes wird – ohne dass es zu einer vollständigen Erkenntnis der genannten Trias kommen könnte. Das ästhetische Spiel des Erkennens hat notwendige blinde Flecken. Kurz: Ästhetische Bildung ist Auseinandersetzung mit symbolischen Systemen mit Hilfe der Kunst.[20]

B. Ästhetische Bildung als Erlernen von Kunsttechniken

Sowohl bei Mollenhauer als auch bei Hassenstein fehlt nun eine Alphabetisierung, die man als *performative* bezeichnen könnte, und die die performativen Wirkungen des Umgangs mit der Kunst betrifft.[21] Denn die Einengung auf

---

[20] Vgl. LIEBAU/ZIRFAS 2008.
[21] Vgl. WULF/ZIRFAS 2007.

die semiotischen und diskursiven Ebenen der Kultur übersieht die mit Kunst verbundenen sinnlich-leiblichen, die sozio-rituellen sowie die stilistisch-inszenatorischen Dimensionen und Effekte, die mit künstlerischen Übungs- und Bildungsprozessen einhergehen. Das *Können-lernen* lässt sich hier mit einer *künstlerischen Pragmatik* oder auch mit *artistischen Techniken* in einen Zusammenhang bringen. In künstlerischen Übungs- und Bildungsprozessen geht es zentral um Leibesübungen, d. h. um eine verkörperlichte Handlungsfähigkeit. Körperliches, Sprachliches, Emotionales und Soziales wird als Können nicht zur objektivierten, wissbaren Sache, denn dieses Können kann nicht vom Akteur gelöst, sondern nur mittels Mimesis, tastendem Versuchen, wiederholendem Üben und Ähnlichem erlernt werden. Pädagogisch betrachtet werden hier Projektlernen, Übungs- und Trainingsprozesse, leibliches und imaginatives Lernen, Spielen, Experimentieren, Suchen etc. relevant.

Hierzu formuliert Plessner unmissverständlich: »Musik deuten heißt Musik machen. Ihr Sinngehalt lässt sich von ihrer Realisierung nicht trennen.«[22] Die hermeneutische Ästhetik konvergiert mit einer praktischen, die Rezeption geht in der Produktion der Kunst auf. Plessner begründet diesen Sachverhalt vor allem leiblich. Nur derjenige, der eine Kunst handelnd ausübt, kann sie auch körperlich nachvollziehen. Oder anders: Kunst verstehen heißt, sie körperlich ausdrücken zu können: »Töne haben gefühlsmäßige Wirkungen, weil sie Impulswert für Haltung und Motorik unseres leibhaften Daseins besitzen. Deshalb werden wir von einer taktmäßig betonten Folge von Tönen mitgenommen und in ihren Rhythmus hineingezogen. Sie gehen ›durch und durch‹«.[23]

Plessner macht die praktische Bedeutung des Kunstausübens noch einmal an der Differenz zwischen den körperlichen Kompetenzen des Musikers und seinem leiblichen Verstehen auf der einen und dem unmusikalischen Laien auf der anderen Seite deutlich: Der Unmusikalische »[...] kann sich dem zwingenden Zug der Klänge, ihren nach Lösungen drängenden Spannungen, dem Spiel überraschender Umwege und Stauungen nicht überlassen. Er ›kommt nicht hinein‹ und deshalb ›sagt es ihm nichts‹. Er sucht nach Gründen und rational bzw. sprachlich mitteilbaren Motiven, wo zwar Motivationen, aber keine Motive und Gründe sind; er sucht etwas hinter den Tönen, statt auf die Töne zu hören«.[24] Wenn auch vielleicht nicht in dieser Absolutheit, machen die Aussagen von Plessner auf verkörperlichte Handlungsmuster, hier auf habitu-

---

[22] PLESSNER 2003b, S. 471.
[23] PLESSNER 2003a, S. 190.
[24] Ebd., S. 191.

elle musikalische Schemata aufmerksam, die für ästhetische Bildungsprozesse enorm bedeutsam sind.

Hierbei kann man – durchaus leistungs- und kompetenzbezogen – von einer immanenten Steigerungslogik der artistischen Pragmatik sprechen: von dem (durchaus mechanischen) Einstudieren von Praktiken, etwa die grundlegenden Bewegungsübungen über das ordentliche Beherrschen von Techniken und Werken, bis hin zum kreativen und experimentellen Umgang mit diesen selbst. Letztlich zielt das Können-Lernen der Kunst auf eine Virtuosität, in der nicht nur eine natürliche Selbstverständlichkeit, sondern auch die spielerische Leichtigkeit einer artistischen Pragmatik zum Ausdruck kommt. Kunst macht Arbeit, braucht Übung, muss mithin gelernt werden. Dieses übende Lernen betrifft nicht nur den Gegenstand, oder den Lernenden selbst, sondern auch im Besondern die Methode des Lernens. Und Kunst ist dann gekonnt, wenn sie mühelos erscheint.

Genauer muss man hier unterscheiden zwischen einem Können-Lernen *für* die Kunst, einem Können-Lernen *in* der Kunst und einem Können-Lernen *durch* die Kunst. Am Beispiel des Theaterspielens etwa bedeutet diese Differenzierung, dass man, um Theaterspielen zu können, zunächst einige körperliche Übungen vollzogen und internalisiert haben muss: Hier lernt man *für* das Theater etwa Gehen, Stehen, Sprechen und so weiter. Wenn man dann Theater spielt, muss man Inszenierungsformen vor Zuschauern proben und einstudieren und lernt somit *im* Theaterspiel Formen der inszenierten Kommunikation mit den Mitspielenden und Formen der Kommunikation mit dem Zuschauer. Und schließlich kann man *durch* das Theaterspielen etwas für das Leben lernen, etwa sich in Alltag und Beruf besser zu präsentieren.

Dass die Kunst für die methodische Ausbildung des Können-Lernens als Lernen für, in und durch die Kunst vielfältige Anschlusszonen bietet, hängt damit zusammen, dass sie sich auf Freiheiten und Unbestimmtheiten einlässt. Hier entfällt die berühmte Fehlerkontrolle, die in reformpädagogischen Modellen etwa bei Montessori oder Kerschensteiner, dem Lernenden anzeigt, wann er zu Ende gelernt hatte. Das Können-Lernen der Kunst hat einen unendlichen und unbestimmten Charakter – und zwar auf allen drei genannten Ebenen: im Erlernen von Grundtechniken, im Lernen von künstlerischen Praktiken und im Erlernen der Anwendung von Künsten in vielfältigen sozialen Situationen. Dazu sind vielfältige, oftmals kleinteilige und anstrengende Lernprozeduren zu bewältigen, die ein praktisches Können auf organischer, sinnlicher und performativer Ebene ebenso umfassen wie ein rituelles, konzeptuelles, soziales, emotionales oder metakognitives Lernen. Wer immer die Möglichkeit hatte, Musiker beim

Einüben eines Stückes zu beobachten bzw. wer selbst diese Proben am eigenen Körper erleben durfte, weiß, wovon die Rede ist. Kurz: Ästhetische Bildung ist unendliche Arbeit am eigenen leiblichen Ungenügen.

C. Ästhetische Bildung als Lebenskunst

Der Slogan »Leben lernen« ist zurzeit en vogue; so hat etwa der 1996 erschienene sogenannte Delors Bericht der UNESCO »Learning: the treasure within« als eine zentrale Perspektive für globale Bildungsprogramme das Lernen für das Leben hervorgehoben und so entstand in der Zusammenarbeit mit der BKJ (Bundesvereinigung Kulturelle Kinder- und Jugendbildung) in München das »Praxisforschungsprojekt – Leben lernen«, ein Modellprojekt zur Entwicklung und Untersuchung von Bildungs- und Kooperationsprozessen an der Schnittstelle von Schule und kultureller Bildung im Hinblick auf eine ästhetische Lernkultur. Mit dem Begriff des Leben Lernens ist ein komplexer Sachverhalt angesprochen, der nicht nur bis in die Antike zurückreicht, sondern auch für die Moderne in vielfältigen Formen ausbuchstabiert werden kann. Ein wichtiger Aspekt, auch für den Kontext der Ästhetischen Bildung, ist die Lebenskunst.[25]

Der Begriff der Lebenskunst, der wohl von Schlegel 1798 zum ersten Mal verwendet wurde, ist in jüngster Zeit wieder populär geworden, lässt sich aber, wie hinreichend belegt, bis in die Antike zurückverfolgen. Lebenskunst ist zentriert um die Frage, wie der Mensch auf der Basis seiner eigenen klugen Wahl ein gutes, gelingendes und schönes Leben verwirklichen kann.[26] Lebenskunst bedeutet heute, eigene Gesetzlichkeiten auszubilden, die Richtlinien seines Lebens selbst erfinden, ästhetische Selbsterfindung mit spielerisch-ethischer Selbstbeherrschung konvergieren zu lassen. Die Idee eines schönen Lebens verknüpft performativ Produktions- mit Werkästhetik, aber auch mit Rezeptionsästhetik. Ihr geht es um ein erfülltes Leben, um die Einheit von Bewusstsein und Erfahrung, Genuss und Gebrauch eines bejahenswerten, schönen und originellen Daseins.

Aber auch die im Zentrum der Lebenskunst stehende Frage nach der richtigen Wahl der Kriterien, Ziele, Wertungen, Haltungen für ein schönes Leben kann mit Aspekten der Ästhetischen Bildung in Verbindung gebracht werden. Gerade der Umgang mit Kunst – mit Bildern, Musik, Theater etc. – und die mit ihr einhergehende Ästhetische Bildung ermöglichen kreative Wahl- und Entscheidungsprozesse sowie Formen des kreativen Selbstverstehens. Kunst-

---

[25] ZIRFAS 2007.
[26] Vgl. BRENNER/ZIRFAS 2002.

werke können in diesem Sinne als spezifische experimentelle und spielerische Formen menschlicher Selbstverständnisse gelten. Kunstwerke und kunstspezifische Handlungsformen bringen uns in einer spezifischen Weise vor uns selbst, sodass in ihrer Erfahrung der alltägliche Weltbezug in der Wahrnehmung des Kunstwerks aufgehoben ist. In diesem Sinne sind Kunstwerke ein besonderer Ausdruck der ästhetischen Erfahrungsfähigkeit des Menschen, die mit ihrer modellhaften Intensität eine besondere Relevanz, nämlich Infragestellungen, Bestätigungen oder auch Veränderungen von Selbst- und Weltverständnissen für das Subjekt zeitigen können.

Um ein schönes Leben wählen und um sich für ein solches entscheiden zu können, braucht es eine spezifische Wahrnehmungsfähigkeit, eine aisthetische Sensibilität und daher eine ästhetische *Wahrnehmungsschulung*.[27] Ästhetische Bildung zielt hier nicht primär auf rationalistische Urteilsbildung, sondern auf die Verbesserung von Aufmerksamkeits- und Spürensqualitäten, auf die Bildung von Aufmerksamkeitsrichtungen und auf Formen, Intensitäten und Auswirkungen des affizierten Gefühlslebens, kurz: auf ästhetische Wahrnehmungen und Erfahrungen. Im Vorherrschen der Vollzugsorientierung in der ästhetischen Wahrnehmung wird einerseits die Wahrnehmungstätigkeit selbst zum Zweck der Wahrnehmung; andererseits rückt im Verweilen der Wahrnehmung auch ihr Objekt stärker in den Fokus und drittens sind mit der sinnlichen Wahrnehmung auch emotionale Wahrnehmungsprozesse und leiblich, propriozeptive Spürensqualitäten verknüpft. Mit dem Verweilen in der Gegenwärtigkeit der Wahrnehmung ist primär keine Theoretisierung der Leistungen, Bedingungen und Implikationen dieser Wahrnehmung, sondern ein anderer Erfahrungshorizont von Welt, Anderer und Ich verbunden. Dieser lässt sich für die Lebenskunst fruchtbar machen, weil er größere Entscheidungs- und Handlungsspielräume eröffnet. In und mit ästhetischen Wahrnehmungen kann es Menschen gelingen, ihre Wahrnehmungs-, Denk- und Handlungsmuster neu zu bilden, gegebenenfalls sogar ihr Leben neu zu entwerfen: als entdeckende *Bastelei* von Lebensformen, die neu kombiniert andere Lebenspraxen ergeben oder als erfindende *Konstruktion*, die in der Neuerschaffung von Lebensstilen eine originelle Existenz ermöglicht. Ästhetische Bildung der Lebenskunst bedeutet eine selbst bestimmte, Sinnen entfaltende und sich der Wirklichkeit und vor allem der Kunst aussetzende Anstrengung des Körpers und des Gemüts im Hinblick auf die Wahl eines schönen Lebens.

Das Leben als Kunstwerk verweist auf die Formgebung, auf die Gestaltung

---

[27] Vgl. ZIRFAS 2007, S. 261f.

des Lebens vor dem Hintergrund eines bewussten Umgangs mit Perspektiven und Stilisierungen. Der antike Philosoph Plotin (205–270) verwendet dafür die Metapher, man solle seine eigene Statue meißeln, d. h. zu dem werden, der man immer schon ist. Auch wenn die Vorstellung des *bios*, d. h. des Lebens als Kunstwerk, durchaus faszinierend wirkt, so sei doch, etwa mit Blick auf die Habitustheorie von Pierre Bourdieu, an die extreme Hartnäckigkeit des menschlichen Materials in Form von verkörperten Wahrnehmungs-, Denk- und Handlungsmustern erinnert. Nietzsche zog daraus die Konsequenz, dass ein wirklich grundlegendes, radikales lebensgeschichtliches Lernen nicht möglich ist, sondern nur das Kennenlernen und Hinnehmen schicksalsgegebener Kontingenz: »Das Lernen verwandelt uns, es thut Das, was alle Ernährung thut, die auch nicht bloss ›erhält‹ –: wie der Physiologe weiss. Aber im Grunde von uns, ganz ›da unten‹ giebt es freilich etwas Unbelehrbares, einen Granit von geistigem Fatum, von vorherbestimmter Entscheidung und Antwort auf vorherbestimmte ausgelesene Fragen. [… Hier kann man] nicht umlernen, sondern nur auslernen, – nur zu Ende entdecken, was darüber bei ihm ›feststeht‹.«[28] Das schöne Leben lässt sich nicht so einfach herausmeißeln, Leben ist ein hartnäckiges, sperriges Material. Lebenskunst verweist hier darauf, dass es nicht nur um inspirierte, artifizielle Kreativität, sondern auch – und vor allem – um Lebenstechniken und Lebensfertigkeiten, d. h. um Askesepraktiken und Exerzitien geht.

D. Ästhetische Bildung als Methode der Kontingenzformung

Neben dem Leben lernen ist, vor allem in didaktischen Zusammenhängen, in den letzten Jahren das Lernen lernen sehr präsent. Das Theorem Lernen zu lernen zielt auf einen reflektierten Umgang mit Lerninteressen, -strategien, -gegenständen, -prozessen und -ergebnissen, d. h. darauf, einen theoretischen und praktischen Umgang mit dem Lernen des Wissens und Könnens zu erwerben, sodass sich Lernkompetenzen herausbilden, die jegliches Lernen unterstützen, bereichern sowie effektiver und effizienter gestalten. Das Lernen lernen läuft in Bildungsprozessen sozusagen immer mit; es ist der Begleiter der wissens-, könnens- und lebenszentrierten Bildung. Meine These, die ich hier nicht differenziert entfalten kann, lautet, dass vor allem die Begegnung mit den Künsten diejenige Form des Lernen lernens darstellt, die aus methodischer Sicht die weitestreichenden und intensivsten Formen des Lernens darstellt.

Wobei hier der Umgang mit den Künsten die Menschen vor allem im Umgang

---

[28] NIETZSCHE 1999, Aphorimus 231, S. 170.

mit dem für die Moderne zentralen Sachverhalt der Kontingenz schult. Denn wer das Lernen lernen will, muss sich in der Moderne vor allem mit Fragen der Unbestimmtheiten, der Flexibilitäten, des Unübersichtlichen und der Kontingenz in den Bildungsprozessen selbst beschäftigen. Doch wer den Umgang mit den Künsten lernt, kann auch den Umgang mit der Kontingenz lernen – der Kontingenz der Rezeption, der Produktion und des Lebensbezugs. Es war wiederum Nietzsche, der auf die Kunst als denjenigen Bereich menschlichen Lebens hingewiesen hat, der den Umgang mit der Kontingenz einüben kann: Hier können wir große Kontingenzen en miniature bewältigen, kleine Unbestimmtheiten in große oder auch reale in artifizielle überführen und durchspielen; in der und durch die Kunst kann man lernen, sich inszenierten Ernstfällen auszusetzen und existentielle Tragiken zu ertragen. Die Künste stellen Muster der Kontingenzerzeugung und -bewältigung sowie der Kontingenzformung zur Verfügung.

Denn die moderne Kunst lässt sich beschreiben als ein Spiel mit der Kontingenz, als Spiel mit Bedeutungen, mit der Integration und Desintegration von Zeichen und Elementen der Performance, mit kulturellen Rahmungen und Wahrnehmungsformen. Dementsprechend liegt der Wert der Kunst heute in dem Versuch, über die Kontingenz von Selbst- und Weltverhältnissen anhand von besonderen, nämlich sinnlich materiellen Gegenständen und Geschehnissen, zu reflektieren.[29] In der unübersichtlichen und unübersehbaren, den überdeterminierten und fragmentierten Strukturen moderner Kunstwerke werden manifest oder latent krisenhafte Prozesse der Verständigung und Interpretation inauguriert. Der Umgang mit Kunst nun übt den Umgang mit der Kontingenz ein; denn in ihr hat das »Unkalkulierbare, Unvorhersehbare, Unwägbare und Unplanbare«[30] seinen Ort. Daher erscheint es sinnvoll, Ästhetische Bildung nicht auf funktionalisierbare Nützlichkeiten für ökonomische, politische etc. Belange zu beziehen, sondern auf den Umgang mit Kontingenz selbst.[31] Und dieser Umgang lässt sich nicht funktionalisieren. Kunst und Ästhetik können sich in der Moderne gerade durch ihre Nutzlosigkeit legitimieren, indem sie Menschen eine »Ahnung vermitteln, dass es eine Welt jenseitig der Zweckmäßigkeiten gibt: eine reiche, bunte und vielfältige Welt der Bilder, der Klänge, der gestalteten Dinge«.[32] Der Umgang mit Kunst vermittelt so ein Gefühl für die reiche Welt der Kontingenz. Kurz: Ästhetische Bildung ist Kontingenzformung

---

[29] Vgl. BERTRAM 2005.
[30] BILSTEIN 2007, S. 169.
[31] ZIRFAS 2009.
[32] BILSTEIN 2007, S. 176.

mit Hilfe der Kunst. Man lernt hier methodisch, das Unerwartete, das Zufällige und Fremde als Bestandteil des eigenen Bildungsprozesses zu verstehen, was einerseits zur Kontingenzbewältigungskontingenz und andererseits aber auch zur Kontingenzkompensationskompetenz führen kann.[33]

E. Ästhetische Fremdheit

Ich denke, dass es gute Gründe dafür gibt, die Kunst der Ästhetischen Bildung mit 1. einer Auseinandersetzung mit ästhetischen Zeichensystemen, 2. dem Erlernen von basalen Kunsttechniken, 3. der Entwicklung von Lebenskunst und schließlich als 4. methodischen Umgang mit der Kontingenz zu verstehen. Anders formuliert: Ästhetische Bildung zielt auf Wahrnehmung und Erkenntnis, Inszenierung und Darstellung, Ausdruck und Stilisierung sowie auf Perspektivismus und Kommunikation. Ästhetische Bildung, so wird hier deutlich, zielt auf zweierlei: auf *Reflexivität*, auf Verstehen, Interpretieren, Distanzieren und Kritisieren und auf *Partizipation*, auf Teilhabe, Inklusion, Entfaltung und Verantwortung.

Die Folgerungen für eine praktische pädagogische Umsetzung liegen vor dem Hintergrund dieser Überlegungen auf der Hand: Es gilt, Menschen mit Hilfe der Künste die Möglichkeit zu bieten, ihre Wahrnehmungs- und Erkenntnisformen zu schulen, um eine Deutungs- und Symbolisierungskompetenz zu erlangen, die Inszenierungs- und Darstellungstechniken zu erproben, um ein performatives Wissen zu gewinnen, Ausdrucks- und Stilisierungsprozesse anzustoßen, um die Mitgestaltungsfähigkeiten zu vergrößern und Perspektivismus- und Kommunikationsmöglichkeiten zu entwickeln, um künstlerische und kulturelle Übersetzungsleistungen zu gewährleisten.[34]

Bei diesen Betrachtungen sind wir immer auch auf Formen des Fremdseins gestoßen: auf Formen des Nichtwahrnehmen-, Verstehen- und Begreifenkönnens, auf Formen der praktischen Imperfektheit und des artistischen Ungenügens, auf die Unmöglichkeiten, seinem Leben den gewünschten Stil zu geben und auch auf die Nichtfunktionalisierbarkeit von Kontingenz.

Diese Fremdheitsformen müssten natürlich im Einzelnen phänomenologisch genauer bestimmt werden. Doch insgesamt lassen sich als Fremdheitserfahrungen jene Erfahrungen benennen, die nicht nur einen Bruch mit den üblichen

---

[33] Vgl. LIEBAU/ZIRFAS 2010.
[34] Vgl. LIEBAU/ZIRFAS 2009.

Wahrnehmungen und Lebensformen, sondern einen mit der Wahrnehmung und den Lebensformen selbst markieren. Denn Fremdheit ist – im Unterschied zur Andersheit als Erfahrung der Differenz – eine Erfahrung des Entzugs – ob man nun Fremdheit als Fremdartiges, als Unbekanntes, als Unerkennbares oder Unerreichbares bestimmt. Fremdheit bleibt außer-ordentlich, lässt sich vom Individuum nicht restlos auflösen. Wenn Fremdes auf den Begriff gebracht, wenn es verstanden und gekonnt wird, ist es nicht mehr fremd.

Die Künste bieten wohl eine Möglichkeit, Fremdheitserfahrungen sowohl auf kognitiver, als auch auf der leiblich-körperlichen Ebene in einem intensiven experimentellen Setting zu vollziehen. So können z. B. im theatralen Kontext fremde Körperformen ausprobiert, sich mimetisch angeeignet und mit dem eigenen Habitus in Beziehung gesetzt werden, wobei die inkorporierten theatralen Formen einen Charakter der Nichtassimilierbarkeit behalten. Und so können reflexiv Bezüge zu einer anderen Identität aufgebaut werden, gerade mit mehr oder weniger Bewusstsein darum, dass man weiß, nicht der Fremde zu sein, den man spielt. Fremdheitserfahrungen haben einen reflexiven Charakter, der das bislang Un-erhörte, Un-gesehene, Un-erahnte hören, sehen und ahnen lässt, ohne in diesen Momenten aufzugehen. Fremdheitserfahrungen bringen das andere zur Geltung, indem sie eine Bewegung des Selbst auf dasjenige in Gang bringen, das sich dem Subjekt stets entzieht. Das Fremde ist Ausgangspunkt einer Bildungsbewegung, die einem Einbruch in die Erfahrung gleichkommt.[35] Nicht umsonst ist in Humboldts Bildungstheorie die Entfremdung die zentrale Bildungsfigur. Denn in der Erfahrung des Fremden verfremdet sich die eigene Erfahrung.

Indem das Fremde mich in den angesprochenen Formen irritiert, verstört oder fasziniert, tangiert es mein Selbstverhältnis in mehrfacher Hinsicht: in aisthetischer und ästhetischer Weise, da er selbstverständliche Geschmackskriterien in Frage stellt, in moralischer Perspektive, da er neue – und vielleicht unannehmbare – Positionen äußert, im habituellen Bezug, da er andere Formen von Körperlichkeit zum Ausdruck bringt, in sozialer Hinsicht, da er andere Umgangsformen an den Tag legt und so weiter. Mit der Fremdheitserfahrung kommt es also zu einem Thematischwerden der unhinterfragten Selbstbeziehung und es kommt zu einer Dezentrierung der bislang gültigen Selbst- und Welterfahrung. Grund für diese Dezentrierung ist die reflexive Verfasstheit des Menschen, der zu sich, zur Welt und zu anderen Menschen ein Verhältnis entwickelt und entwickeln muss. Damit ist der Mensch stetig in Fremdheiten – in eigene und an-

[35] ZIRFAS 2004.

dere – verwickelt. Der Mensch ist als derjenige, der er ist, zugleich derjenige, der sich nicht hat, der sich stetig sich selbst entzieht. Insofern kann Ästhetische Bildung nie endgültig sein, weil es keine abschließende Form gibt, in der der Mensch sein ihm Fremdes aufgehoben hätte.

Kurz: Die Kunst der Ästhetischen Bildung ist die kunstbasierte, d. h. spielerische und experimentelle Auseinandersetzung mit dem Fremden.

Literatur

Adorno, Theodor W. (1973): *Einleitung in die Musiksoziologie.* Frankfurt am Main

Baumgarten, Alexander Gottlieb (1983): *Texte zur Grundlegung der Ästhetik.* Hamburg

Bertram, Georg W. (2005): *Kunst. Eine philosophische Einführung.* Stuttgart

Bilstein, Johannes/Dornberg, Bettina/Kneip, Winfried (Hg.) (2007): *Curriculum des Unwägbaren. I. Ästhetische Bildung im Kontext von Schule und Kultur.* Essen

Ders. (2007): *Paradoxien des Unnützen,* in: Bilstein/Dornberg/Kneip (Hg.) (2007), S. 165ff.

Brenner, Andreas/Zirfas, Jörg (2002): *Lexikon der Lebenskunst.* Leipzig

Bollnow, Otto-Friedrich (1988): *Zwischen Philosophie und Pädagogik.* Aachen

Göhlich, Michael/Zirfas, Jörg (2007): *Lernen. Ein pädagogischer Grundbegriff.* Stuttgart

Hassenstein, Heiko (2006): *Gibt es eine Sprache der Kunstkommunikation?,* in: Mattenklott, G./Vöhler M. (Hg.): *Paragrana. Internationale Zeitschrift für Historische Anthropologie,* Band 15, Heft 2: *Sprachen ästhetischer Erfahrung.* Berlin, S. 65ff.

Henrich, Dieter (2001): *Versuch über Kunst und Leben. Subjektivität – Weltverstehen – Kunst.* München/Wien

Kaiser, Hermann J. (1998): *Das Eigene und das Fremde. Konstitutionsprobleme ästhetischer Erfahrung,* in: Fellsches, J./Hohmann, W. L. (Hg.): *Toleranz. Das Fremde – Macht – Identität.* Essen, S. 41ff.

Klepacki Leopold, Zirfas, Jörg (2009): *Ästhetische Bildung: Was man lernt und was man nicht lernt,* in: Liebau, E./Zirfas, J. (Hg.): *Die Kunst der Schule. Über die Kultivierung der Schule durch die Kunst.* Bielefeld, S. 111ff.

Koller, Hans-Christoph/Marotzki, Winfried/Sanders, Olaf (Hg.) (2007): *Bildungsprozesse und Fremdheitserfahrung. Beiträge zu einer Theorie transformatorischer Bildungsprozesse.* Bielefeld

Liebau, Eckart (2007): *Kulturelles Lernen,* in: Bilstein/Dornberg/Kneip (Hg.) (2007), S.83ff.

Liebau, Eckard/Zirfas, Jörg (Hg.) (2008): *Die Sinne und die Künste. Perspektiven Ästhetischer Bildung.* Bielefeld

DIESS. (Hg.) (2009): *Die Kunst der Schule. Über die Kultivierung der Schule durch die Kunst.* Bielefeld

DIESS. (Hg.) (2010): *Dramen der Moderne. Kontingenz und Tragik im Zeitalter der Freiheit.* Bielefeld

NIETZSCHE, FRIEDRICH (1999): *Jenseits von Gut und Böse*, in: DERS.: Kritische Studienausgabe 5, hg. von COLLI, G./MONTINARI, M. München, S. 9ff.

MOLLENHAUER, KLAUS (1990): *Die vergessene Dimension des Ästhetischen in der Erziehungs- und Bildungstheorie*, in: LENZEN, D. (Hg.):*Kunst und Pädagogik. Erziehungswissenschaft auf dem Weg zur Ästhetik?* Darmstadt, S. 3ff.

DERS. (1996): *Grundfragen ästhetischer Bildung.* Weinheim/München

OECD (2002): *Organisation for Economic Cooperation and Development: Definition and Selection of Competencies: Theoretical and Conceptual Foundations. Strategy paper.* Online verfügbar unter: http://www.oecd.org/dataoecd/48/22/41529556.pdf (zuletzt geprüft am 17.11.2011)

PLESSNER, HELMUTH (2003a): *Zur Anthropologie der Musik* (1951), in: DERS.: *Ausdruck und menschliche Natur. Gesammelte Schriften*, Band VII. Frankfurt am Main, S. 184ff.

DERS. (2003b): *Zur Hermeneutik nichtsprachlichen Ausdrucks* (1967), in: DERS.: *Ausdruck und menschliche Natur. Gesammelte Schriften*, Band VII. Frankfurt am Main, S. 461ff.

ROLLE, CHRISTIAN (1999): *Musikalisch-ästhetische Bildung. Über die Bedeutung ästhetischer Erfahrung für musikalische Bildungsprozesse.* Kassel

VOGT, JÜRGEN (2001): *»Das Eigene und das Fremde«. Nur ein Modethema der Musikpädagogik?*, in: EHRENFORTH, K.-H. (Hg.): *Musik – unsere Welt als andere. Phänomenologie und Musikpädagogik im Gespräch.* Würzburg, S. 59ff.

DERS. (2004): *Ästhetische Erfahrung als Fremdheitserfahrung oder: Was kann die Interkulturelle Musikpädagogik von Adorno lernen?*, in: INSTITUT FÜR NEUE MUSIK UND MUSIKERZIEHUNG DARMSTADT (Hg.): *welt@musik – Musik interkulturell*, Band 44. Mainz, S. 304ff.

WEINERT, FRANZ. E. (1999): *Konzepte der Kompetenz. Gutachten zum OECD Projekt »Definition and Selection of Competencies: Theoretical and Conceptional Foundations (DeSeCo)«.* Neuchâtel

WESTPHAL, KRISTIN/LIEBERT, WOLF-ANDREAS (2009): *Fremdheit: Wissenschaft und Künste im Dialog über Bildung.* Weinheim/München

WINZEN, MATTHIAS (2007): *Eine eigene Form der Wissenschaft: Kunst*, in: BILSTEIN/DORNBERG/KNEIP (Hg.) (2007), S. 133ff.

WULF, CHRISTOPH/ZIRFAS, JÖRG (Hg.) (2007): *Pädagogik des Performativen. Theorien, Methoden, Perspektiven.* Weinheim/Basel

ZACHARIAS, WOLFGANG (2005): *Kunst und Kultur bilden – und wie?! Spekulationen zur Zukunft des Berufsfeldes Kulturvermittlung/Kulturpädagogik*, in: MANDEL, BIRGIT (Hg.): *Kulturvermittlung – zwischen kultureller Bildung und Kulturmarketing.* Bielefeld, S. 97ff.

Zirfas, Jörg (2004): *Kontemplation – Spiel – Phantasie. Ästhetische Erfahrungen in bildungstheoretischer Perspektive,* in: Mattenklott, Gundel/Rora, Constanze (Hg.): *Ästhetische Erfahrung in der Kindheit. Theoretische Grundlagen und empirische Forschung.* Weinheim/München, S. 77ff.

Ders. (2007): *In Schönheit leben und sterben. Ästhetische Bildung der Lebenskunst,* in: Liebau, E./Zirfas, J. (Hg.): *Schönheit. Traum – Kunst – Bildung.* Bielefeld, S. 236ff.

Ders. (2009): *Die zwecklose Zweckmäßigkeit des Schultheaters. Über Funktionalitäten, Disfunktionalitäten und A-Funktionalitäten ästhetischer Bildung,* in: Bilstein, J./Kneip, W. (Hg.): *Curriculum des Unwägbaren. II. Die Musen als Mägde: Von der Veränderung der Künste in der Schule.* Oberhausen, S. 77ff.

Christian Rolle

Wann ist Musik bildungsrelevant?

Bildungsstandards und das Technologiedefizit der Musikpädagogik

Wenn wir heute über musikalische Bildung sprechen, dann können wir die derzeit bestimmenden Diskurse über Unterricht und Schule nicht ignorieren, denn sie sind es, weshalb wir über musikalische Bildung sprechen müssen. Zentrale Begriffe dieser Diskurse lauten »Kompetenzen«, »outcomes« und »Leistungsstandards«. Da ist von dem Wunsch die Rede, das Bildungssystem effektiv zu steuern, und vom Ziel, der nachwachsenden Generation die erforderlichen life skills zu vermitteln, was den Verdacht auf sich zieht, hier solle das Humankapital für globalisierte Arbeitsmärkte gebildet werden. Es werden Lernziele operationalisiert, weil auf diese Weise Messverfahren und Tests entwickelt und Vergleichsstudien durchgeführt werden können. Die damit angesprochenen aktuellen Diskurse und Reformbestrebungen im Bildungssystem erzeugen einen gewissen Druck, der die Musikpädagogik zwingt, (erneut) Rechenschaft abzulegen über einige zentrale Begriffe des Fachs und über die Unterrichtspraxis, die sie verantwortet. Wir Musikpädagogen befinden uns dabei – so wird häufig gesagt – in einem Dilemma: Einige von uns bemühen sich, Anschluss zu finden zu der Rede von Kompetenzen beispielsweise, damit wir wahrgenommen werden, mitreden und Einfluss nehmen können auf das, was sonst ohne uns geschieht. Gleichzeitig ist ein gewisses Unbehagen zu verspüren: Entfernen wir uns nicht schon dadurch, dass wir uns gedanklich einlassen auf Worte wie Bildungsmonitoring und Qualitätsmanagement zu sehr von dem, was musikalische Bildung (und damit die Musikpädagogik) ausmacht? Wo bitte bleiben da Kunst und Kultur? Wo der ästhetische Zugang zur Welt, wo das sich selbst bildende Subjekt?[1]

Die Schwierigkeiten, vor die sich die Musikpädagogik gestellt sieht, scheinen wieder einmal die Diagnose von Luhmann und Schorr[2] zu bestätigen, die Erziehung habe ein Technologiedefizit, das Folge eines Technologieverbots sei, das sich

---

[1] Vgl. KNIGGE u. a. 2008; darin VOGT 2008.
[2] LUHMANN/SCHORR 1982.

die Pädagogik auferlegt habe. Nun ist es ja nicht so, dass diejenigen, die sich skeptisch zu den Steuerungsfantasien von Bildungstechnologen äußern, gegen eine gute Schule und besseren Unterricht etwas einzuwenden hätten; und es geht auch nicht darum, die lauteren Absichten der auf Qualität und Schulentwicklung bedachten Verfechter von Bildungsstandards in Zweifel zu ziehen. Tatsächlich gibt es eine Reihe einheimischer Begriffe der Musikpädagogik, mit denen sich durchaus ein Anschluss herstellen ließe: Dort, wo im Musikunterricht gelernt und musikbezogenes Wissen angeeignet wird, oder dort, wo wir vom Erwerb oder der Entwicklung musikalischer Fähigkeiten sprechen und von der Bedeutung, die Üben dabei hat, ist die Rede von Kompetenzen, Standards und Leistungsmessungen so weit weg nicht. Doch »musikalische Bildung«, dieser zentrale Begriff der Musikpädagogik, erweist sich als widerständig. Das liegt daran, dass beim Wort Bildung größere Aufgaben anklingen: Da denken wir an Emanzipation und Selbstbestimmung, an Aufklärung, humanistische Werte und eine bessere Welt, denn »Bildung«, das hat (jedenfalls jenseits der Rede von bildungsbürgerlichen Bildungsgütern) immer eine kritischen, auch gesellschaftskritischen Ton.[3]

Ziele musikalischer Bildung

Die Musikpädagogik hängt sehr am Bildungsbegriff und täte sich schwer mit einem Verzicht. Dass es über den Erwerb von musikbezogenen Kenntnissen und Fähigkeiten hinaus um Bildung geht im Musikunterricht, zeigt ein Blick in die Lehrpläne deutscher Bundesländer, die neuerdings häufig Bildungspläne heißen, aber das allein bedeutet nicht viel. Papier ist bekanntlich geduldig und es gibt manchen, der argwöhnt, Bildung sei das, wovon nur die Einleitungen von Musikrahmenplänen erzählen, um anschließend – ohne dass ernsthaft ein Zusammenhang hergestellt würde – die üblichen musikbezogenen Inhalte und Lernziele zu präsentieren. Und neuerdings, so der Verdacht, folgen auf die bekannte Bildungslyrik der Vorworte halt Kompetenzbeschreibungen und Kerncurricula. Diesem Vorwurf sollten wir ein Stück weit nachgehen und prüfen, ob und wie zentrale Begriffe der Musikpädagogik zusammengebunden werden in der Textsorte »Lehrplan«, die ja ein Spiegel (bzw. wenn die Verzögerung zu groß wird, manchmal auch eher ein Nachhall) des Stands musikdidaktischer Fachdiskussionen ist, die dort bis zu einem gewissen Grade, d. h. soweit es die Textfunktion erfordert und erlaubt, abgebildet sind. In Baden-Württemberg finden wir folgende einleitenden Worte:

---

[3] Vgl. z. B. PEUKERT 1998 und PONGRATZ 2010.

> »Das Fach Musik zeichnet sich durch den ästhetischen Zugang zur Welt über den Gehörsinn aus. Das Spezifische dieses Zugangs entfaltet sich im Zusammenspiel und in der Wechselwirkung von
> - körperlich-sinnlicher Wahrnehmung,
> - Bewusstwerdung der emotionalen Wirkung und
> - gedanklicher Auseinandersetzung.«[4]

In den 2011 in Kraft getretenen Bildungsstandards Musik für Hessen hat man sich bemüht, Kompetenzorientierung und Bildungsbeitrag des Fachs zusammenzubringen. Das Ergebnis ist über weite Strecken plausibel. Zu Beginn allerdings gibt es Stellen, an denen man stolpert, weil Begriffe unterschiedlicher, wenn nicht unverträglicher theoretischer Herkunft sehr dicht beieinander stehen:

> »Kinder begegnen Musik mit Neugier und Freude. Das Fach Musik erhält und fördert die Fähigkeit, Musik lustvoll wahrzunehmen und sich durch Musik auszudrücken. Dabei kommt dem Handlungslernen eine wichtige Bedeutung zu. In der Primarstufe sind nachhaltige musikalische Prägungen möglich. Daher sind kontinuierlich und systematisch erworbene musikalische Kompetenzen unverzichtbar für die Entfaltung der Persönlichkeit. Im Fach Musik der Sekundarstufe I wird dieser begonnene Prozess vertiefend fortgesetzt.«[5]

Der Gedanke, dass »systematisch Kompetenzen« erworben werden müssen zur »Entfaltung der Persönlichkeit«, weil in der Primarstufe »nachhaltige Prägungen« möglich sind, kann einen etwas schwindelig machen. Der strittige Anspruch, der zur Debatte steht, nämlich dass musikalische Kompetenzen unverzichtbar sind für die Persönlichkeitsentfaltung, wird begründet mit Feststellungen über Eigenarten von Kindern und von Musik, unter die sich ein eher verhaltensbiologischer Begriff wie »Prägung« eingeschlichen hat. Das soll nicht als billige Kritik an Lehrplanautoren missverstanden werden, die im Team vermutlich unter Zeitdruck bei geringer schulischer Entlastung und gebunden durch ein Korsett ministerieller – vielleicht nicht in jeder Hinsicht hilfreicher – Vorgaben Texte formulieren müssen. Es geht lediglich darum, die Probleme anzudeuten, die wir Musikpädagogen haben mit den Kompetenzdebatten; Schwierigkeiten, denen auch Lehrplanautoren nicht entkommen können.

Auffallend ist, wie in vielen Lehrplänen die Unersetzbarkeit von Musik geradezu beschworen wird. Ganz offensichtlich ist der Musikunterricht in der Defensive. Manchmal klingt das wie ein flehender Hilferuf. In Hessen heißt es unmittelbar vor der eben zitierten Stelle:

---

[4] MINISTERIUM FÜR JUGEND, KULTUS und SPORT BADEN-WÜRTTEMBERG 2004, S. 270.
[5] HESSISCHES KULTUSMINISTERIUM 2011, S. 11.

> »Musik ist ein wesentlicher und durch nichts zu ersetzender Bestandteil menschlicher Kultur. Sie ist Teil der ästhetisch-expressiven Erlebniswelt unserer Kinder.«[6]

Wer wollte das bestreiten? Warum muss das betont werden, als ob irgendjemand (eine kultur- und erlebnisfeindliche Regierungskoalition vielleicht?) die Absicht hätte, Musik abzuschaffen oder jedenfalls ihre Ausübung zu verbieten? In Deutschland zumindest droht diese Gefahr bis auf Weiteres nicht. Musik als Bestandteil unserer Kultur durch etwas anderes ersetzen? Welch ein absurder und zugleich schrecklicher Gedanke: Wo immer wir das Radio einschalten, ertönen Sprachkurse, jugendliche Skater hören auf ihren MP3-Playern Mathematikvorlesungen und abends im Konzertsaal schauen wir uns chemische Experimente an, die abwechselnd mit Technikvorführungen auf dem Spielplan stehen. Musik existiert nicht mehr.

Was der Musik nicht ernsthaft droht, könnte dem Schulfach Musik durchaus passieren. Nur lässt sich auf die unersetzbare Bedeutung von Musik eine Legitimation schulischen Musikunterrichts nicht zureichend gründen. Denn während eine Welt ohne Musik schwer vorstellbar sein mag, ist eine Schule ohne Musikunterricht an vielen Orten und zu vielen Zeiten Realität (gewesen). In Baden-Württemberg finden wir dementsprechend eine weiter reichende und auf das Schulfach gemünzte Begründung.

> »Der unersetzbare Beitrag des Faches Musik zur Bildung besteht darin, den Schülerinnen und Schülern sowohl kreative Gestaltungsmöglichkeiten, emotionales Erleben und künstlerische Erfahrungen mit Musik zu ermöglichen als auch Musik-Verstehen und rationale Argumentation zu vermitteln.«[7]

Emotionales Erleben und künstlerische Erfahrungen mit Musik ermöglichen – das kann nur das Fach Musik leisten, das muss es aber auch leisten, wenn es einen legitimen Platz in der Schule haben will. Damit wird behauptet, dass weder andere Schulfächer noch das außerschulische Musikleben, an dem die Schülerinnen und Schüler sowieso teilhaben, dieses Erleben und diese Erfahrungen für alle in ausreichender oder angemessener Weise zu bieten haben. Außerdem bekommen Kinder und Jugendliche nur im Musikunterricht hinreichend Gelegenheit, die zum Verstehen von Musik und zur musikbezogenen Argumentation erforderlichen Fähigkeiten zu erwerben. Dass es sich dabei um bedeutsame Erfahrungen und für Menschen wichtige Kompetenzen handelt, wird vorausgesetzt.

---

[6] Ebd.
[7] MINISTERIUM FÜR JUGEND, KULTUS und SPORT BADEN-WÜRTTEMBERG 2004, S. 270.

Transfereffekte

Eine solche Argumentation vertraut nicht auf Zweck-Mittel-Relationen, sie beruft sich nicht auf die positiven Auswirkungen der Beschäftigung mit Musik auf andere Lebensbereiche und Kompetenzen. Nach solchen Transfereffekten wurde in den letzten 15 Jahren häufig gesucht und sie spielten und spielen in Legitimationsdiskursen eine gewichtige Rolle. »Mozart macht schlau«[8] heißt es dann zum Beispiel oder »Sozialer Frieden durch Musik«[9] oder Ensemblemusizieren wird als Kommunikationstraining empfohlen. Der Gedanke, dass Transfereffekte musikpädagogisch relevant seien, wirkt noch dort, wo jemand feststellt, dass Mozart doch nicht schlau macht oder jedenfalls nicht bloß der, sondern Hip-Hop auch.[10] »Kinder optimal fördern mit Musik« lautete der Titel des Buchs, mit dem die Ergebnisse der Studie von Hans-Günther Bastian[11] einer breiteren Öffentlichkeit bekannt gemacht wurden. Wir sollten uns aber lieber nicht auf Transfereffekte verlassen, um die Unersetzbarkeit des Musikunterrichts zu begründen, denn da hat das Fach Darstellendes Spiel die Nase möglicherweise vorn. Bei Plath[12] finden wir eine Sammlung vermeintlicher Wirkungen theaterpädagogischer Praxis, die schwer zu toppen ist. Gefördert werden soziale und emotionale Intelligenz, Kreativität, Empathie, selbstständiges Denken, abstraktes Denkvermögen, Spontaneität, Selbstvertrauen, Durchsetzungsvermögen, Ausstrahlung, Verantwortungsbewusstsein, Teamgeist, Beziehungsfähigkeit und Fantasie.

Man darf daran zweifeln, ob sich derartige wünschenswerte Wirkungen (wir sollten wohl besser von Nebenwirkungen sprechen) ästhetischer Bildung tatsächlich nachweisen lassen. Es mangelt an wirklich überzeugenden empirischen Evidenzen.[13] Das Problem ist aber vor allem, dass wir, wenn wir uns derartige Legi-

---

[8] Der viel zitierte Mozart-Effekt geht zurück auf RAUSCHER u. a. 1993.

[9] So heißt ein musikpädagogisches Projekte an einer Grundschule in Trier (http://gs-reichertsberg.bildung-rp.de/sozialerfrieden.htm) und, leicht verändert: »Sozialer Friede durch aktives Musizieren«, eine Fördermaßnahme an einer Grundschule in Saarbrücken (http://musikschule.saarbruecken.de/assets/2009_9/1251974951_pro_sozialer_friede.pdf).

[10] Wissenschaftlich-kritisch widmete sich dem Thema 2006 eine BMBF-Publikation (SCHUMACHER 2006), doch ist der Mozart-Effekt längst Teil der Alltagskommunikation geworden (siehe z. B. Internetartikel wie http://www.yaez.de/Lernen/474-Mozart-macht-doch-nicht-schlau.html; zuletzt geprüft am 21.11.2011).

[11] BASTIAN 2001, siehe auch BASTIAN 2000.

[12] PLATH 2009, S. 13.

[13] Zur Musik vgl. GEMBRIS u. a. 2001; SCHUMACHER 2006. PLATH (a. a. O.) scheint die Sache – jedenfalls im Hinblick auf Theaterpädagogik – anders einzuschätzen, wenn sie schreibt: »Ob-

timationsweisen zu eigen machen, genau der Instrumentalisierung musikalischer Bildung das Wort reden, die wir denen vorwerfen, die sich nach PISA auf die Rede von Bildungsmonitoring und Bildungsstandards, outcomes und Kompetenzen eingelassen haben. Denn wer auf Transfereffekte-Legitimationen setzt, droht in eine Argumentationsfalle zu tappen, in der Bildung dazu dient, dem Arbeitsmarkt die Fachkräfte zur Verfügung zu stellen, die er braucht, damit der Wirtschaftsstandort Deutschland erhalten und gestärkt werden kann, weshalb wir die Kernfächer stärken müssen – und sei es auf Kosten der künstlerischen Fächer.

Transfereffekte tauchen in Musiklehrplänen nicht selten auf, häufig in Form von überfachlichen Kompetenzen. Während die Rahmenpläne anderer Fächer die Aufgabe formulieren, solche überfachlichen Kompetenzen *auch noch* zu fördern, d. h. im Unterricht nicht allein an die fachlichen Inhalte zu denken, sondern darüber hinaus auf z. B. personale und Sozialkompetenz zu achten, scheinen fachliche und andere Ziele bei Musik irgendwie zu verschmelzen. Laut den Richtlinien und Lehrplänen für die Grundschule in Nordrhein-Westfalen, Lehrplan Musik[14] gilt es im Musikunterricht vor allem, Freude und Interesse an Musik zu wecken.

> »Dabei werden« – heißt es weiter – »Einfühlungsvermögen, Kreativität, Konzentration sowie Motivations-, Kommunikations- und Teamfähigkeit gefördert. Musik kann neben ihrer Rolle als Gegenstand des Fachunterrichts schulische Lernprozesse unterstützen, indem sie eine dem Lernen förderliche Atmosphäre erzeugt. Sie dient auch als Mittel zur Entspannung, Meditation oder Unterhaltung.«

Das Vertrauen ist groß und weit, dass die Musik selbst all dies leistet, durch ihre bloße Präsenz in der Schule, ohne dass besondere Überlegungen vonnöten wären, in welcher besonderen Weise Musikunterricht gestaltet werden muss, damit diese wünschenswerten Ziele erreicht werden können.

Ästhetische Bildung

Gegen das Crescendo der Reden von Kompetenzen und Bildungsstandards und Transfereffekten beharren viele musikdidaktische Konzeptionen darauf, dem Erfahrungs- und/oder dem Praxisbegriff einen zentralen Platz zuzuweisen. Be-

> wohl diese Wirkungen inzwischen sogar wissenschaftlich und durch die Gehirnforschung nachgewiesen sind, werden an Schulen weiterhin andere Prioritäten gesetzt.«

[14] MINISTERIUM FÜR SCHULE und WEITERBILDUNG DES LANDES NORDRHEIN-WESTFALEN 2008, S. 87.

sonders deutlich tritt der Gegensatz hervor, wenn die Zielperspektive musikalischer Bildung noch spezifischer mit Hilfe der Begriffe ästhetische Erfahrung oder ästhetische Praxis bestimmt wird. Musikalisch-ästhetische Bildung, die damit gemeint ist, lässt sich nicht als Erwerb von musikbezogenem Wissen und musikalischen Fähigkeiten verstehen (auch wenn beides im Prozess musikalischer Bildung eine Rolle spielen mag). Musikalische Bildung bedeutet stattdessen, dass Menschen (in der Schule: dass die Schülerinnen und Schüler) ästhetische Erfahrungen im Umgang mit Musik machen. Die Rede von Kompetenzen findet hier nur schwer einen Anknüpfungspunkt. An ihre Stelle tritt die Forderung nach ästhetischer Praxis im Musikunterricht.

Das ist erläuterungsbedürftig. In guter bildungstheoretischer Tradition lässt sich Bildung als unabschließbarer Prozess der Erfahrung verstehen.[15] Ein solches Verständnis vermeidet zunächst alle materialen Bestimmungen, die Bildung inhaltlich mit diesem oder jenem Wissenskorpus in Verbindung bringen. Vielmehr wird Bildung eher als Veränderung, als Wissen im Wandel beschrieben. Bildung als Prozess der Erfahrung bedeutet ein Risiko für diejenigen, die ihn durchlaufen, insofern sie bereit sein müssen, andere zu werden und sich neu in der Welt zu orientieren. Positiv gesehen erwerben wir in Bildungsprozessen veränderte Möglichkeiten der Selbst- und Weltbeschreibung. Sich selbst und die Welt in anderer Weise beschreiben zu können, bedeutet sich zu verändern. Ich kann anders und Anderes wahrnehmen, anders und Anderes empfinden, anders und Anderes denken und damit anders handeln und Anderes tun. Bildung ist immer Selbst-Bildung, insofern ein jeder seinen Bildungsprozess selbst durchläuft, selbst durchlaufen muss. Das kann ihm oder ihr niemand abnehmen. Auf der anderen Seite tun wir das nie in einem eigenen, abgeschlossenen Raum, sondern in Auseinandersetzung mit anderen bzw. in Auseinandersetzung mit kulturellen Überlieferungen, gesellschaftlicher Wirklichkeit, in Prozessen der Aneignung oder Erschließung, die nicht nur mich, sondern auch das verändern, was angeeignet oder erschlossen wird.

Wenn wir uns – pädagogisch gewendet – in unseren musikdidaktischen Überlegungen vom Bildungsbegriff leiten lassen, bedeutet das, immer wieder die Frage zu stellen »Wann ist Musik bildungsrelevant?« oder auch »In welchen Formen sollte Musik in der Schule vorkommen, damit sie Bedeutung für die Bildungsprozesse hat, die wir uns dort wünschen?« Im Unterricht können bildende Erfahrungen

---

[15] Siehe z. B. MENZE 1995, S. 350, der erläutert, Bildung sei in dieser Tradition nur formal bestimmbar »als ein komplexer Prozess […], in dem eine als wünschenswert ausgegebene Persönlichkeitsstruktur hervorgebracht werden soll.« Eine vergleichbare Auffassung des Begriffs *education* finden wir bei DEWEY 1993.

initiiert, sie können aber auch verhindert werden. Schule kann die Schülerinnen und Schüler stärken und ihre Bildungsprozesse unterstützen oder sie gefangen halten. Das gilt auch für den Musikunterricht. Es kommt also darauf an und wir sollten darauf achten, wie wir das Wort »musikalische Bildung« verwenden. Wir entfernen uns von den eben angestellten Überlegungen, wenn wir dabei (nun doch wieder, könnte man uns vorwerfen) an so etwas wie musikbezogenes Wissen denken. Das Attribut »musikalisch« spezifiziert den bildenden Erfahrungsprozess: musikalische Bildung, das verweist auf die musikalischen oder musikbezogenen Erfahrungen, die einen Beitrag zum Bildungsprozess leisten.

Wenn wir es ernst damit meinen, Musikpädagogik in den theoretischen Kontexten ästhetischer Bildung zu verorten, führt uns das zu der Schlussfolgerung: Musik ist bildungsrelevant als *ästhetische* Praxis und das heißt dort, wo die Beteiligten Musik ästhetisch wahrnehmen, sei es beim Musik machen, Improvisieren, Komponieren und so weiter oder beim Musik hören, Tanzen, Interpretieren und so weiter.[16] Denn dort, wo wir der Musik, mit der wir in der einen oder anderen Weise umgehen, in ästhetischer Einstellung begegnen oder von ihr zu einer ästhetischen Haltung verlockt werden, können wir besondere, nämlich ästhetische Erfahrungen machen. Musik als ästhetische Praxis – darunter fällt jede Art musikalischer Praxis, in der die Beteiligten das, was erklingt, in irgendeiner Weise ästhetisch wahrnehmen (bzw. das, was schon verklungen ist oder was erst noch erklingen soll, ästhetisch imaginieren).

Das auf diesen Seiten so häufig (ich hoffe nicht inflationär) gebrauchte Wort »ästhetisch« bedarf einiger Erläuterungen. Ästhetische Wahrnehmung ist vollzugsorientiert.[17] Wer ästhetisch wahrnimmt, ist nicht daran interessiert, etwas als etwas zu identifizieren. Erkenntnis im Sinne des Bemühens, das, was ich sehe oder höre, schmecke oder empfinde, auf den richtigen Begriff zu bringen, ist nicht das Ziel. »Es ist ein Grundzug aller ästhetischen Verhältnisse, dass wir uns in ihnen, wenn auch in ganz verschiedenen Rhythmen, Zeit für den Augenblick nehmen«, formuliert Seel.[18] In Muße verweilen wir beim Gegenstand unserer Anschauung.

Schule zum Ort musikalisch-ästhetischer Bildung zu machen bedeutet, dass

---

[16] Siehe dazu ausführlich ROLLE 1999; vgl. auch ROLLE 2010.

[17] Zur Kennzeichnung dieser Besonderheit, die den spezifischen Modus ästhetischer Wahrnehmung von der alltäglichen Aufmerksamkeit auf die Welt zu unterscheiden versucht, wurden in der Geschichte ästhetischer Theorie häufig auch Begriffe wie »selbstzweckhaft« und »selbstbezüglich« verwendet. Die hier angestellten Überlegungen orientieren sich terminologisch insbesondere an den Darstellungen von SEEL 1991, 1996 und 2000.

[18] SEEL 2000, S. 44.

Musik dort als ästhetische Praxis vorkommt. Dabei muss (gleichzeitig) klar sein, dass die ästhetischen Erfahrungen, die die Beteiligten machen können, unkalkulierbar sind, d. h. sie lassen sich auch bei bester Unterrichtsplanung nicht garantieren. Aussichtsreiche Angebote schaffen – mehr können wir nicht versprechen.

Ist ästhetische Bildung möglich?

Auch das kann noch bezweifelt werden. Es war der Erziehungswissenschaftler Klaus Mollenhauer, der mit einer Reihe von Aufsätzen Ende der 1980er-Jahre eine grundsätzliche Debatte auslöste, ob die Schule als Ort ästhetischer Bildung tauge. Er war skeptisch, ob die künstlerischen Schulfächer in der Lage seien, das Versprechen, mit dem sie ihren Platz im Bildungssystem legitimieren, einzulösen. Die Diskussion wurde lebhaft geführt,[19] in der Allgemeinen Pädagogik genauso wie in den Fachdidaktiken, sodass man zumindest für die 1990er-Jahre von einer Renaissance ästhetischer Bildung sprechen kann (ziemlich genau 200 Jahre nach Schillers Briefen zur ästhetischen Erziehung von 1795). Mollenhauers Skepsis wird in folgendem Zitat deutlich:

> »Ästhetische Wirkungen [...] sind Sperrgut in einem Projekt von Pädagogik, das seine Fluchtpunkte in klaren Verstandesbegriffen und zuverlässigen ethischen Handlungsorientierungen sucht. [...] Um also die Künste und die Beschreibungen ästhetischer Wirkungen in jenes Projekt integrieren zu können, muss – um im Bilde zu bleiben – das Sperrgut zerstückelt werden, damit es in die pädagogische Kiste passt.«[20]

Ästhetische Bildung – so der Gedanke – müsse jeder für sich, gewissermaßen ganz »subjektiv« vollziehen. Der kollektive Rahmen von Schule mit ihren allgemeinen Lernzielen sei dafür vermutlich nicht geeignet. Die Begegnung mit Kunst sei – wenn wir sie ernst nehmen und uns darauf einlassen – etwas Persönliches, Privates, Ergreifendes, Existentielles, Emotionales und führe zu keinem Ergebnis, das man am Ende der Stunde von der Tafel abschreiben könne.

Die Gefahren der Zurichtung von Kunst durch Pädagogik liegen auf der Hand: Verharmlosung durch Dekontextualisierung, Verniedlichung durch didaktische Reduktion, Entmündigung und Entsinnlichung durch Belehrung, Lernzielorientierung und schulische Selektionsmechanismen. In den Fachdidaktiken ist oft

---

[19] Siehe unter anderem LENZEN 1990, OTTO 1994, KAISER 1995, ROLLE/VOGT 1995, SCHULZ 1997, ROLLE 1999.
[20] MOLLENHAUER 1990, S. 484.

genug darauf hingewiesen worden, dass das, was Musik für Menschen bedeuten kann, nicht in der regelgerechten didaktischen Analyse von Werken und der lehrplangemäßen Kenntnis von Musikgeschichte aufgeht. Klassenmusizieren ist häufig nicht besser. Was als musikpraktischer Zugang beschworen wird, führt zu oft weg in kunstferne musische Gefilde, wo bestenfalls wunderschön gesungen und gespielt, dabei aber vielerorts ohne Verstand geträllert und gefidelt wird. Diesen Irrwegen musikpädagogischer Praxis gilt seit langem die Selbstkritik der Disziplin.

Doch ist das unausweichlich? Unter pragmatischen Gesichtspunkten – so weit ist Mollenhauer recht zu geben – wäre von ästhetischer Erfahrung besser abzuraten; statt zuverlässig der Orientierung im Leben zu dienen, kann sie oft genug eher Unruhe und Verunsicherung zur Folge haben. Daraus muss man jedoch nicht die Schlussfolgerung ziehen, dass ästhetische Bildung, wenn sie in der Schule ihren Platz finden soll, in einer Weise »didaktisiert« und »pädagogisiert« werden müsse, die der ästhetischen Erfahrung gewissermaßen den existentiellen Stachel zieht. Unausweichlich erscheint das nur dann, wenn wir die Kunst mystifizieren, um ihre Kraft und die Bedeutung ästhetischer Erfahrung zu verdeutlichen. Das aber ist nicht nötig. Ästhetische Erfahrung ist zwar abgehoben vom Alltag pragmatischer Entscheidungen, aber nicht das ganz Andere, sondern immer noch Teil menschlichen Lebens. Auch darf man der Schule mehr zutrauen, als in dem pejorativen Gebrauch der Worte »Didaktisierung« und »Pädagogisierung« zum Ausdruck kommt. Bildung jenseits kistenförmiger Pädagogik bleibt Auftrag von Schule; über die Ausstattung der Schülerinnen und Schüler mit dem, was sie für das Leben und Überleben in der Welt, wie sie ist, brauchen, hinaus.

Daran zweifelt Mollenhauer keinen Moment. Doch plädiert er für Realismus und Bescheidenheit. Der Unterricht in den künstlerischen Fächern müsse sich mit ästhetischer Alphabetisierung begnügen und die Fähigkeit zum Lesen ästhetischer Symbole schulen. Statt zu Räumen ästhetischer Erfahrung zu werden, sind Kunst- und Musikstunden der Ort, an dem das Verstehen der Sprachen der Künste, ihrer Codes und Zeichen geübt wird, bevor dann später (in höheren Klassenstufen oder im Leben nach der Schule) die Kunstwerke gelesen werden.[21] Musikunterricht als Propädeutikum. Ästhetische Bildung bleibt dem Einzelnen überlassen.

Auch in den Debatten um Bildungsstandards und Kompetenzen bestreitet niemand, dass der ästhetisch-expressive Modus der Welterfahrung zum unver-

---

[21] Siehe z. B. MOLLENHAUER 1989, S. 227 oder MOLLENHAUER 1990, S. 485.

zichtbaren Kernbestand moderner Allgemeinbildung gehört.[22] Doch sollte sich der Fachunterricht realistisch-pragmatisch um die Förderung von Basiskompetenzen kümmern. Einem solchen Ratschlag liegt ein Literacy-Konzept des Ästhetischen zugrunde: als sei die Welt der Kunst so etwas wie eine fremde Sprache, die es zu verstehen gälte; mit besonderen Vokabeln und grammatischen Regeln, die wir (zunächst am besten anhand einfacher Beispiele und Übungen) lernen müssten, um kompetente Leser und Sprecher zu werden. Es ist aber fraglich, ob ein solches Modell einer kulturellen Basis-Lese-Fähigkeit den Welten der Musik gerecht wird. Es gibt so viele verschiedene Musiksprachen, die sich schneller wandeln, als ihre Wörterbücher überarbeitet werden könnten. Vor allem aber gehört es zur Eigenart ästhetischer Bedeutungen, dass sie sich nur im Vollzug ästhetischer Erfahrung verstehen lassen. Wenn sich die Schülerinnen und Schüler nicht ernsthaft einlassen auf die Musik, wird sie ihnen nichts sagen, so sehr ich mich als Lehrer auch bemühe, sie über die verwendeten rhetorischen Figuren zu belehren. Insofern dürfte es irreführend sein, von »ästhetischer Alphabetisierung« zu sprechen.[23] Analyse kann die ästhetische Erfahrung bereichern, aber nicht ersetzen.

Wann ist Musik bildungsrelevant?

Musikpädagogische Praxis, der daran gelegen ist, musikalische Bildung aus den Vorworten zu befreien, sollte sich nicht aufs Propädeutikum didaktisch reduzieren lassen. Statt bloß Alphabetisierung für die eine oder andere Musiksprache zu leisten, sollte sie Räume für ästhetische Erfahrung eröffnen. Denn wenn aus den künstlerischen Fächern Kritik geübt wird am ökonomischen Nutzendenken in Bildungsgeschäften, müssen sie sich messen lassen an ihrem Versprechen, Orte ästhetischer Bildung zu sein. »Wann ist ästhetische Erfahrung bildungsre-

---

[22] So steht es in der sogenannten Klieme-Expertise (KLIEME u.a. 2007, Abb. S. 68), die sich in diesem Punkt an BAUMERT (2002) anlehnt.

[23] Man könnte versucht sein, bei einem Programm ästhetischer Alphabetisierung im Feld der Musik an das Erlernen der Notenschrift zu denken. Auch das ist irreführend, wie GEUEN 2006 betont: »Im Unterschied zu den Indikatoren, die in der PISA-Untersuchung für die Umschreibung von Lesekompetenz (Reading Literacy) herangezogen werden, bildet Literalität im Sinne eines vielfältigen Umgangs mit der Schriftlichkeit (bzw. mit auf Schriftlichkeit verweisenden Ordnungsprinzipien) keine unabdingbare Voraussetzung für Bedeutungszuweisungen im musikalischen Bereich. Auch auf hohem Abstraktionsniveau können sich Musikverstehenskompetenzen außerhalb von Notentexten und musiktheoretisch fundierten analytischen Strategien konstituieren.«

levant?«, fragt Schulz[24] in einem Aufsatz und gibt einige Hinweise. Wenn wir an seine Überlegungen anschließen, lassen sich (ohne dass damit ein Anspruch auf Vollständigkeit erhoben würde) folgende Punkte benennen, von denen sich Musik in der Schule leiten lassen kann:

1. Musik wird bildungsrelevant als ästhetische Praxis, die Erfahrungsräume eröffnet. Nicht für sich als klingendes Ereignis, nicht als Werk oder Musikstück hat Musik Relevanz für Bildungsprozesse, sondern erst und nur in Handlungskontexten, in denen wir so mit Musik umgehen, dass sie – in Anlehnung an eine Formulierung von Dewey[25] – zur Erfahrung werden kann. Gelegentlich ist davon die Rede, ein Werk möge für sich selbst sprechen, und man sagt dann, es bedürfe keiner Vermittlung. Tatsächlich wird es in vielen Fällen so sein, dass wir keiner Pädagogen bedürfen, um uns mit Musik spielend oder hörend, komponierend oder analysierend auseinanderzusetzen. Aber es muss zumindest irgendjemand da sein, der hinhört, oder den wir dazu bewegen können hinzuhören, damit sich sagen lässt, die Musik habe Bedeutung für meine, seine oder ihre Bildung. Bildungsrelevanz ist kein Wert, der einem Musikwerk unabhängig von Menschen zukommt.

2. Musik wird bildungsrelevant, wenn sie Erfahrungen ermöglicht, die ich so noch nicht gemacht habe. Die musikalische Praxis darf sich nicht in der routinierten Wiederholung des Bekannten erschöpfen. Wenn ich den Schülerinnen und Schülern nur das biete, was sie sowieso schon kennen, und das in einer Weise, die ihnen längst geläufig ist, habe ich meinen Auftrag als Musikpädagoge verfehlt. Die Frage ist dabei nicht (siehe Punkt 1), wie viele in der Schulklasse ein Musikstück schon kennen, das zum Gegenstand gemacht wird, sondern ob sie es schon in dieser Weise gehört haben oder ob der Umgang ein anderer ist als gewohnt, sodass sich die Wahrnehmung verändert. Wenn Schüler einen Pop-Titel, den sie schon dutzende Male gehört haben, selbst auf Instrumenten im Klassenarrangement spielen, kann das eine neue Erfahrung bedeuten. Wenn sie über Monate, gar Jahre nichts anders tun, droht Routine, die zwar zur Professionalisierung verhelfen mag, zur musikalischen Bildung jedoch kaum noch etwas beiträgt. Angesichts von Klassen, die aus 30 Schülern mit unterschiedlichen Kenntnissen, Vorerfahrungen, Vorlieben und Einstellungen bestehen, bedeutet das Kriterium »Es müssen neue Erfahrungen ermöglicht werden« für die Unterrichtsplanung vor allem, differenzierte und

---

[24] Schulz 1997.
[25] Dewey 2009.

offene Arbeitsaufträge zu geben und Arbeitsprozesse zu initiieren, in denen die Beteiligten selbst Entscheidungen treffen und unterschiedliche Wege gehen können.

3. Musik wird bildungsrelevant, wenn die musikalische Praxis, die stattfindet, Momente von Reflexion umfasst. Erfahrungen machen heißt, das, was wahrgenommen, erlebt und getan wurde und wird, zu verarbeiten. Das muss nicht in jedem Fall verbal geschehen, aber in vielen Fällen bedeutet dies: Es muss Räume geben zum (gemeinsamen) Nachdenken, zum Erfahrungsaustausch, zum Unterrichtsgespräch.[26] Die Chancen zum kollektiven Lernen, die die Schule bietet, gilt es zu nutzen. Die Intersubjektivität ästhetischer Erfahrung erweist sich dort, wo Verständigung stattfindet, ästhetischer Streit über divergierende Auffassungen und Einschätzungen. Es muss Raum zur eigenständigen Beurteilung geben, aber Urteilsvermögen erwerben wir nur im Dialog.

Literatur

BASTIAN, HANS-GÜNTHER/KORMANN, ADAM/HAFEN, ROLAND (2000): *Musik(erziehung) und ihre Wirkung. Eine Langzeitstudie an Berliner Grundschulen.* Mainz

BASTIAN, HANS-GÜNTHER (2001): *Kinder optimal fördern – mit Musik. Intelligenz, Sozialverhalten und gute Schulleistungen durch Musikerziehung.* 4. Auflage Mainz

BAUMERT, JÜRGEN (2002): *Deutschland im internationalen Bildungsvergleich,* in: KILLIUS, NELSON/KLUGE, JÜRGEN/REISCH, LINDA (Hg.): *Die Zukunft der Bildung.* Frankfurt am Main, S. 100–150

DEWEY, JOHN (1993): *Demokratie und Erziehung. Eine Einleitung in die philosophische Pädagogik.* Weinheim

DERS. (2009): *Kunst als Erfahrung.* Frankfurt am Main

GEMBRIS, HEINER/KRÄMER, RUDOLF-DIETER/MAAS, GEORG (Hg.) (2001): *Macht Musik wirklich klüger? Musikalisches Lernen und Transfereffekte.* Augsburg

GEUEN, HEINZ (2006): *Kompetenzvermittlung und Bildungsstandards. Probleme und Chancen für den allgemein bildenden Musikunterricht.* Vortrag auf der Fachtagung *Kunst – Musik – Bildung – Schule. Zur künstlerisch-kulturellen Bildung in der Schule.* Online verfügbar unter: http://www.schulministerium.nrw.de/BP/Lehrer/Veranstaltungen/Materialien_zu_vergangenen_Veranstaltungen/KunstMusikBildungSchule/Geuen.html (zuletzt geprüft am 14.10.2011)

---

[26] Vgl. ROLLE/WALLBAUM 2011.

HESSISCHES KULTUSMINISTERIUM (2011): *Bildungsstandards und Inhaltsfelder – Das neue Kerncurriculum für Hessen. Sek. I Gymnasium. Musik.* Wiesbaden. Online verfügbar unter: http://www.iq.hessen.de/irj/IQ_Internet?cid=679c48b5f877edabdccf7c0a601a6c7a (zuletzt geprüft am 14.10.2011)

KAISER, HERMANN-JOSEF (1995): *Musikerziehung/Musikpädagogik,* in: HELMS, SIEGMUND/SCHNEIDER, REINHARD/WEBER, RUDOLF (Hg.): *Kompendium der Musikpädagogik.* Kassel, S. 9–41

KNIGGE, JENS (u. a.) (Hg.) (2008): *Bildungsstandards und Kompetenzmodelle für das Fach Musik?,* in: Vogt, Jürgen (u. a.) (Hg.): *Zeitschrift für Kritische Musikpädagogik. Sonderedition: Bildungsstandards und Kompetenzmodelle für das Fach Musik?* Online verfügbar unter: http://www.zfkm.org/sonder2008.html, S. 1–2 (zuletzt geprüft am 17.11.2011)

LENZEN, DIETER (Hg.) (1990): *Kunst und Pädagogik. Erziehungswissenschaft auf dem Weg zur Ästhetik?* Darmstadt

LUHMANN, NIKLAS/SCHORR, KARL EBERHARD (1982): *Das Technologiedefizit der Erziehung und die Pädagogik,* in: DIES. (Hg.): *Zwischen Technologie und Selbstreferenz. Fragen an die Pädagogik.* Frankfurt am Main, S. 11–40

MENZE, CLEMENS (1995): *Bildung,* in: LENZEN, DIETER/MOLLENHAUER, KLAUS (Hg.): *Theorien und Grundbegriffe der Erziehung und Bildung.* Enzyklopädie Erziehungswissenschaft, Band 1. Stuttgart, S. 350–356

MINISTERIUM FÜR JUGEND, KULTUS UND SPORT BADEN-WÜRTTEMBERG (2004): *Bildungsplan Musik am Gymnasium.* Online verfügbar unter: http://www.bildung-staerkt-menschen.de/service/downloads/Bildungsstandards/Gym/Gym_Mu_bs.pdf (zuletzt geprüft am 14.10.2011)

MINISTERIUM FÜR SCHULE UND WEITERBILDUNG DES LANDES NORDRHEIN-WESTFALEN (2008): *Richtlinien und Lehrpläne für die Grundschule in Nordrhein-Westfalen.* Düsseldorf. Online verfügbar unter: http://www.standardsicherung.schulministerium.nrw.de/lehrplaene/lehrplaene-gs (zuletzt geprüft am 14.10.2011)

MOLLENHAUER, KLAUS (1989): *Ästhetische Bildung,* in: LENZEN, DIETER (Hg.): *Pädagogische Grundbegriffe,* Band 1. Reinbek, S. 222–229

DERS. (1990): *Ästhetische Bildung zwischen Kritik und Selbstgewissheit,* in: *Zeitschrift für Pädagogik,* Nr. 36, S. 481–494

OTTO, GUNTER (1994): *Lernen und ästhetische Erfahrung. Argumente gegen Klaus Mollenhauers Abgrenzung von Schule und Ästhetik,* in: KOCH, LUTZ/MAROTZKI, WINFRIED/PEUKERT, HELMUT (Hg.): *Pädagogik und Ästhetik.* Weinheim, S. 145–159

PEUKERT, HELMUT (1998): *Zur Neubestimmung des Bildungsbegriffs,* in: MEYER, MEINERT A./REINARTZ, ANDREA (Hg.): *Bildungsgangdidaktik. Denkanstöße für pädagogische Forschung und schulische Praxis.* Opladen, S.17–29

PLATH, MAIKE (2009): *Biographisches Theater in der Schule. Mit Jugendlichen inszenieren: Darstellendes Spiel in der Sekundarstufe.* Weinheim

PONGRATZ, LUDWIG A. (2010): *Sackgassen der Bildung. Pädagogik anders denken.* Paderborn

Rauscher, Frances H./Shaw, Gordon L./Ky, Katherine N. (1993): *Music and spatial task performance*, in: Nature Vol. 365/1993, S. 611

Rolle, Christian (1999): *Musikalisch-ästhetische Bildung. Über die Bedeutung ästhetischer Erfahrung für musikalische Bildungsprozesse.* Kassel

Ders. (2010): *Musikdidaktische Reflexionen: Was heißt musikalische Bildung durch Inszenierung ästhetischer Erfahrungsräume?*, in: Wallbaum, Christopher (Hg.): *Perspektiven der Musikdidaktik*. Hildesheim, S. 197–223

Rolle, Christian/Vogt, Jürgen (1995): *Ist ästhetische Bildung möglich? Eine Herausforderung, mehrere Entgegnungen und viele Fragen*, in: Musik und Unterricht, Heft 34, S. 56–59

Rolle, Christian/Wallbaum, Christopher (2011): *Ästhetischer Streit im Musikunterricht. Didaktische und methodische Überlegungen zu Unterrichtsgesprächen über Musik*, in: Kirschenmann, Johannes/Richter, Christoph/Spinner, Kaspar (Hg.): *Reden über Kunst. Fachdidaktisches Forschungssymposium in Literatur, Kunst und Musik.* München, S. 509–535

Schulz, Wolfgang (1997): *Wann ist ästhetische Erfahrung bildungsrelevant?*, in: Ders.: *Ästhetische Bildung. Beschreibung einer Aufgabe.* Weinheim und Basel, S. 110–132

Schumacher, Ralph (2006): *Macht Mozart schlau? Die Förderung kognitiver Kompetenzen durch Musik*, in: BMBF (Hg.) (2006): *Bildungsforschung*, Band 18. Bonn / Berlin. Online verfügbar unter: http://www.bmbf.de/pub/macht_mozart_schlau.pdf (zuletzt geprüft am 14.10.2011)

Seel, Martin (1991): *Eine Ästhetik der Natur.* Frankfurt am Main

Ders. (1996): *Ethisch-ästhetische Studien.* Frankfurt am Main

Ders. (2000): *Ästhetik des Erscheinens.* München/Wien

Vogt, Jürgen (2008): *Musikbezogene Bildungskompetenz – ein hölzernes Eisen? Anmerkungen zu den ›Theoretischen Überlegungen zu einem Kompetenzmodell für das Fach Musik‹*, in: Vogt, Jürgen (u. a.) (Hg.): *Zeitschrift für Kritische Musikpädagogik.* Sonderedition: *Bildungsstandards und Kompetenzmodelle für das Fach Musik?* Online verfügbar unter: http://www.zfkm.org/sonder2008.html, S. 34–41 (zuletzt geprüft am 14.10.2011)

Franz Körndle

Musikgeschichte und Schillers Konzept von einer ästhetischen Erziehung

Zweifellos darf der Name Till Eulenspiegel mitsamt den damit assoziierten Geschichten zum Fundus deutschen Bildungsguts zählen. Manchem mag seit Kindheitstagen jene wunderbare Fassung im Ohr sein, die Erich Kästner im Jahr 1938 geschaffen hat, und die immer noch als Klassiker im Buchhandel verfügbar ist.[1] Vielleicht ist von da her sogar die Geschichte vertraut, in der Till Eulenspiegel nach Nürnberg kommt, wo er sich mit schriftlichen Anschlägen an Kirchen und Rathaus als Arzt ausgibt. Der Leiter des überfüllten Spitals beauftragt Eulenspiegel daraufhin, seinen Kranken zu helfen. Eulenspiegel geht ins Spital, spricht mit jedem Kranken einzeln und tut sehr geheimnisvoll. Falls er die Kranken heilen solle, dann müsse er den schwächsten von ihnen zu Pulver verbrennen, um daraus das Medikament für den angestrebten Heilungsprozess aller anderen zu gewinnen. Sobald er also mit dem Leiter des Spitals zur Tür hereinkäme, würde er rufen: »Welcher da nit kranck ist, der kum heruß!« Wenn dann einer nicht in Gefahr kommen wollte, als Letzter übrig zu bleiben, solle er laufen, so schnell er könne: »Daz verschlaff du nit.« Sie können sich denken, wie die Geschichte ausgeht.

Die hier eingesetzten wörtlichen Zitate stammen allerdings nicht aus Kästners Nacherzählung, sondern gehen auf die ursprüngliche Fassung zurück, die inhaltlich vollkommen identisch ist.[2] Kästner hat dem originalen Text nichts hinzugefügt oder etwas weggelassen.

Wir können diese Erzählung als Sinnbild nehmen für jede Art von Reformen, ob Universitätsreform oder Bildungsreform, das ist hier alles denkbar. Viel schlimmer als diese Möglichkeiten einer Interpretation der vorgetragenen Botschaft ist freilich der Gedanke, in der heutigen Bildungslandschaft handele es sich gar nicht um wirkliche Kranke. Wir stellen uns damit die Frage, ob uns

[1] KÄSTNER 1980.
[2] BOTE 1978: *Die 17. Histori*, S. 51–54.

nicht oft genug eingeredet wird, wir befänden uns im Kontext eines Spitals und uns sei nur mit den Mitteln des Dr. Eulenspiegels zu helfen. So ist es durchaus in manch jüngerer Diskussion über das Fach Musikwissenschaft zu erfahren.[3]

Die einleitende Geschichte soll freilich nicht dazu dienen, um jetzt nach dem wirklich Lahmsten der genannten Patienten zu fragen, sondern um zu zeigen, wie modern ein Buch, geschrieben und gedruckt im 16. Jahrhundert, bis heute sein kann. Zu allem Überfluss setzt das Eulenspiegelbuch mit der Geburt des Narren im Jahr 1300 an und spielt demnach im sogenannten finsteren Mittelalter.

Über die Aktualität der Eulenspiegeleien werden wir uns also auch nach genau 500 Jahren seit Erscheinen des ersten Drucks im Jahr 1511 leicht einig werden, wenn wir uns aber über die Relevanz von Musik aus eben dieser Zeit verständigen wollten, wäre dies, so fürchte ich, nicht in gleicher Weise der Fall. Und bei einem weiteren Zurückgehen in der Musikgeschichte würden die Zustimmungspunkte synchron geringer werden. Dabei ist jedoch die ältere Musikgeschichte nach wie vor spannend, sie wird von den Studierenden ja auch überraschend gerne und mit großem Interesse angenommen. Zwei Punkte sind freilich zu bedenken: Der Zugang zur Musik der älteren Zeit wird zunehmend vom Publikum sogenannter Mittelaltermärkte bestimmt,[4] und mit der zunehmenden Entkirchlichung werden zentrale Wissensinhalte überhaupt nicht mehr vermittelt.[5] Während die Folgen einer zunehmenden Distanz zur christlichen Religion und ihren Konfessionen für die Bildung in Frankreich längst diskutiert werden,[6] wird man in Deutschland erst allmählich darauf aufmerksam, wie das Allgemeinwissen um religiöse Themen in einem rasanten Schwinden begriffen ist. Christlich geprägte Kunst und Musik geschichtlicher Epochen sind damit mehr und mehr mit einem Nichtverstehen und der daraus folgenden Ignoranz konfrontiert. Das kann durchaus bedeuten, dass die historische Dimension, der Kontext, in dem Musik einst entstand, für irrelevant erklärt wird, letztlich aber lediglich auf Unbildung rekurriert.

Nehmen wir Beispiele zu Hilfe. Wir können – wie das gerne geschieht – den sogenannten Gregorianischen Choral herausgreifen und als Kontinuum der Musikgeschichte auffassen. Diese Melodien waren in den frühesten Zeiten des Christentums entstanden und werden seither ununterbrochen mündlich, aber auch schriftlich, von Hand notiert, aber auch in Gestalt des Drucks von Ge-

---

[3] Etwa SCHLÄBITZ 2007, 2009a, 2009b; hierzu kontrovers: HEIDRICH 2009, KREMER 2009.
[4] SCHMEER 2008.
[5] Vgl. SCHREINER/ELSENBAST/SCHWEITZER 2006, S. 9–12.
[6] WILLAIME 2006.

neration zu Generation, von Jahrhundert zu Jahrhundert tradiert. Hier wächst Musikgeschichte zwar immer noch an einem Ast weiter und weiter, wird aber vermutlich in absehbarer Zeit – diese düstere Prognose möchte ich wagen – komplett der Esoterik überlassen sein und vielleicht einigen spezialisierten Sängern sowie den Musikologen.

Wir haben selbstverständlich auch das Recht auf eine andere Sichtweise. Die Musikgeschichte lässt sich auch wie ein Selbstbedienungsladen betreten. Dann kann man die Buchstabenfolge am Ende liturgischer Antiphonen AEVOVAE durchaus als mittelalterliche Meditationsformel lesen. Man kann dann auch behaupten, »ein sauber gestimmtes Klavier ist ja nicht rein gestimmt, sondern gleichschwebend temperiert, d. h. die Oktave wird nach der Methode des Andreas Werkmeister [sic!] (16. Jahrhundert) in 12 gleiche Halbtonschritte unterteilt, damit die damals aufkommende mehrstimmige Musik mit ihren Akkorden und Modulationen auf dem Tasteninstrument spielbar wurde«.[7] Im Baumarkt gibt es keine Bedienungsanleitung für die Musikgeschichte. Darin hätte stehen können, dass die merkwürdige Buchstabenreihe als Abkürzung für die Worte »Saeculorum Amen« zu verstehen ist, die an das Ende des Psalmvortrags anzuhängen wäre. Dabei wurden U und V gleichbedeutend eingesetzt. Auch wäre leicht in Erfahrung zu bringen, dass Andreas Werckmeister (1645–1706) nicht die gleichschwebende Stimmung erfand, und die Mehrstimmigkeit bereits im hohen Mittelalter gepflegt wurde. Ich möchte nun nicht behaupten, dass jemand, der über dieses Wissen verfügt, gebildet wäre oder gar musikalische Bildung erworben hätte, aber umgekehrt sieht es so aus, als könne man auf der Basis einer soliden Unbildung schon über »mittelalterliche Meditationsformeln« sprechen.

Generell scheint keine Einigkeit zu bestehen, was unter dem Etikett »Musikgeschichte« zu verstehen sei. Von den frühesten Anfängen des Fachs und verstärkt seit dem Bemühen um die Anerkennung als akademische Disziplin befasst sich ein Zweig der Musikwissenschaft mit der Musikgeschichte.[8] Als ob er den allgemein vermuteten Konsens zum Gegenstand in Frage stellen wollte, fragte Carl Dahlhaus zu Beginn des heute schon legendären Funkkollegs Musikgeschichte »Was ist Musikgeschichte?«[9] Dahlhaus hatte die dazu gehörige Diskussion bereits zehn Jahre zuvor in seinem Buch *Grundlagen der Musikgeschichte*,[10] wobei er die »Krise des historischen Denkens« selbst schon

---

[7] HAMEL 1976, S. 143.
[8] HEINZ 1968, S. 113–150.
[9] DAHLHAUS 1987.
[10] DAHLHAUS 1977.

als Geschichte darstellen konnte,[11] auch wenn sich an der vor 25 Jahren aktuellen Einschätzung, dass »die Historiker [sich] von einem Verlust des Interesses an Geschichte bedroht und manchmal sogar in ihrer institutionalisierten Existenz gefährdet« fühlten,[12] im Grunde bis in die Gegenwart nichts geändert hat. Mit Dahlhaus kann aber heute noch gelten, dass »man die Herkunft einer Sache kennen müsse, um deren Wesen zu begreifen«.[13]

Es wird also hilfreich sein, sich erneut klarzumachen, welches Spektrum abgedeckt sein sollte, wenn von Musikgeschichte die Rede ist. Ein vor wenigen Jahren geführtes Gespräch hielt sich mir in der Erinnerung fest wegen der damals vorgebrachten Bemerkung, Filmmusik sei nicht Gegenstand der Musikgeschichte. Erst sehr viel später wurde mir klar, dass aller Wahrscheinlichkeit nach gemeint war, Filmmusik sei nicht Bestandteil des ungeschriebenen Kanons an musikgeschichtlichen Werken. Sollte dies zutreffen, dann hätten wir es zu tun mit Kompositionen, die zwar in einer historischen Abfolge entstanden wären, deren Einbindung in die Geschichte aber letztlich allein durch musikalische Kriterien bestimmt wäre, also von Musik der Generalbasszeit, von Kompositionen aus der Epoche der dominantischen Tonalität etc. zu sprechen wäre. Suspekt müssten einer solchen Auffassung von Musikgeschichte dann bereits alle Begriffe sein, die sich außerhalb der eigenen Fachterminologie verankern, etwa »Barockmusik« oder »Romantik«.

Innerhalb eines Symposiums zu »Geschichtlichkeit in außereuropäischer und europäischer Musik« auf dem internationalen musikwissenschaftlichen Kongress 1981 in Bayreuth befasste sich Friedhelm Krummacher mit der »Geschichtlichkeit in europäischer Musik«.[14] Krummacher hebt die Geschichte des Komponierens heraus, wenn also »eine Stufe auf der ihr vorangehenden basiert, während frühere Phasen schon wieder zurücktreten«,[15] und spricht von »Geschichtsbewußtsein, das selbstgewiß auf die Gegenwart als Kulmination von Musik sah«.[16] Wie Krummacher sieht auch Fritz Reckow – freilich eingeschränkt auf mittelalterliche Musik – als ein Kriterium von Geschichtlichkeit »die Tatsache permanenten Wandels«.[17]

---

[11] Ebd., S. 9 (unter Bezugnahme auf TROELTSCH, ERNST: *Der Historismus und seine Probleme*, 1922).
[12] Ebd., S. 12.
[13] Ebd., S. 12.
[14] KRUMMACHER 1984.
[15] Ebd., S. 6.
[16] Ebd., S. 7.
[17] RECKOW 1984, insbesonders S. 15.

Hans Heinrich Eggebrecht versuchte, diesen Wandel auf den »Gehalt« von Musik zu beziehen, womit er eine Kette von Reaktionen und Reflexionen auslöste, die sich bevorzugt an den höchst unterschiedlichen Interpretationen von »Gehalt« festmachten.[18] Letztlich beruht aber auch der Ansatz Eggebrechts auf der Vorstellung einer weitgehend kontinuierlichen Kompositionsgeschichte. Gegen diese Auffassung von Musikgeschichte lässt sich die Geschichtlichkeit von Musik aber auch anders betrachten, nämlich im Hinblick auf die Prägung »durch die jeweilige historische Situation: abhängig von Entstehungsbedingungen, von Bestimmung und Funktion«.[19] Die historische Kohärenz wird hier vor allem durch die Biografie geleistet. Zur Präzisierung könnte sogar von Musik in der Geschichte gesprochen werden. In vielen Fällen wird diese Art der Perspektive den Rang von Kompositionen in keiner Weise schmälern, wenn die jeweilige Beziehung eines künstlerischen Unikats zum historischen Kontext hervorgehoben wird. Diesen Weg beschritt unlängst eine Veranstaltung innerhalb des *Münchner Kontaktstudiums Geschichte* (2009), das sich ganz der Musik gewidmet hatte.[20]

Das Benennen des Begriffs Bildungsreform zu Beginn dieses Beitrags impliziert, sich das unentwegte Reden von einer Bildungskrise ins Bewusstsein zu rufen. So wie sich Historiker refrainartig über die Generationen hinweg einen Verlust von Geschichte aufsagen, beschwören andere eben eine Bildungskrise, vor der aktuellen dürfte zuletzt eine am Anfang der 1980er-Jahre,[21] eine etwas weiter zurückliegende in den 1960er-Jahren[22] stattgefunden haben. Weit entfernt davon, die aktuelle Entwicklung der Bildung, und besonders die der musikalischen Bildung in ihrer potentiellen Krisenhaftigkeit zu unterschätzen, muss doch auf die Periodizität solcher Ereignisse hingewiesen werden, um zu fragen, ob wir aus der Geschichte nicht doch etwas lernen können. Ich lenke damit bewusst hin zu Friedrich Schiller, dessen Name gerade im Zusammenhang mit dem Begriff einer ästhetischen Bildung genannt wird.

In einem Artikel für die Wochenzeitung *Die Zeit* vom 4. Januar 2005 befasste sich Iris Radisch[23] mit Schillers Schlüsseltext *Über die ästhetische Er-*

---

[18] EGGEBRECHT 1979, S. 7–42. Hierzu: ORGASS 2007, S. 571–595.
[19] RECKOW 1984, S. 15; DAHLHAUS 1977, S. 35–50.
[20] GROOTE 2011.
[21] HAEFNER 1982.
[22] PICHT 1964.
[23] Online verfügbar unter: http://www.zeit.de/2005/02/L-Schiller-Briefe (zuletzt geprüft am: 28.09.2011).

ziehung des Menschen in einer Reihe von Briefen.²⁴ Dabei konstatierte sie, dass die Kunst – und wir dürfen die Musik da zweifellos einschließen – dass also die »Kunst und ihr Wahrheitsanspruch« heute nicht auf dem Königsthron der Gesellschaft Platz genommen haben. Und weiter: »Das, merkwürdig genug, war zu Schillers Zeiten nicht anders.« Radisch nennt Schillers Text »Eine mitreißende Utopie: Freiheit durch Kunst.« Ähnlich klingt es mehrfach auch bei Rüdiger Safranski.²⁵ Folgerichtig provoziert der berühmte und immer wieder zitierte Abschnitt »Der Mensch ist nur da ganz Mensch, wo er spielt« Radisch zu der durchaus gewagten These, Schiller habe überhaupt nicht gewusst, »was ein Spiel ist«. Sie hätte möglicherweise zu anderen Schlüssen gelangen können, wäre ihr damals ein Artikel bewusst gewesen, der auf der Website der Friedrich-Schiller-Universität Jena publiziert worden war, denn mit einer gewissen Selbstverständlichkeit wollte sich die den Namen des Dichters tragende Forschungs- und Ausbildungsstätte zum Schillerjahr nicht nehmen lassen, Eigenes und Wichtiges beizutragen.²⁶ Birgit Sandkaulen befasste sich exakt mit der Frage nach dem Spiel. Schiller selbst formuliert hierzu ja auch: »Wir verlassen eine schöne Musik mit reger Empfindung, ein schönes Gedicht mit belebter Einbildungskraft, ein schönes Bildwerk und Gebäude mit aufgewecktem Verstand; […] weil auch die geistreichste Musik durch ihre Materie noch immer in einer größern Affinität zu den Sinnen steht, als die wahre ästhetische Freiheit duldet«.²⁷ Dies führte Sandkaulen zu der Annahme, Schiller habe im Spiel dieser Art die Chance gesehen, »in die Erfordernisse des Gemeinsinns einzuüben«.²⁸ Und Sandkaulen argumentiert weiter mit der Musik: »Die ganze Gesellschaft spielt, nur hat sie das Medium gewechselt. Jetzt sitzt sie nicht im Konzertsaal, sondern vor dem Fernseher.«²⁹ Man ist versucht zu ergänzen: Sie sitzt vor dem Computer – und vielfach spielt sie Krieg.

Wir können in den verkaufsträchtigen Animationsspielen wie *World of Warcraft* auch Musik hören. Gemessen an den Verkaufszahlen wird sich die Relevanz dieser Klangereignisse kaum irgendwie überbieten lassen. Es spricht noch nicht einmal etwas dagegen, sich als Musikwissenschaftler damit zu beschäftigen. Es wird dann aber eine berechtigte Frage sein, worin der Unterschied beste-

---

²⁴ SCHILLER 1860, Band 12, S. 57.
²⁵ SAFRANSKI 2005, S. 25, DERS. 2009, S. 410; GANTER 2009, S. 19 und S. 96.
²⁶ SANDKAULEN 2009.
²⁷ SCHILLER 1860, Band 12, S. 82.
²⁸ SANDKAULEN 2009.
²⁹ Ebd.

hen soll zu älteren Produkten genau dieses Genres. Gerne kam man in der Zeit um 1800 in den bürgerlichen Salons zusammen, und der Hausherr setzte sich irgendwann ans Clavier, etwa um die neuesten Nachrichten von den Schlachten gegen die Truppen Napoleons musikalisch darzustellen, also eines der ungezählten Schlachtengemälde, die uns meist zu Recht vergessene Komponisten hinterlassen haben.[30] Unschwer erkennt man Parallelen: Offensichtlich macht es Spaß, die kämpferische Auseinandersetzung gefahrlos zu suchen, Verwundung oder sogar Tod in sicherer Entfernung im Spiel zu erleben oder selbst herbeizuführen. Krieg am Computerbildschirm oder Schlacht im Salon, es verschmilzt hier, aber bitte immer mit Musik. Ob ein derartiges und fraglos in weiten Kreisen gepflegtes Gesellschaftsspiel wie eben die Schlacht im Salon, entstanden ja gerade in der Zeit Schillers, tatsächlich seine Idee, über das Spiel zur Bildung zu finden, verkörpern würde, bleibe dahingestellt. Und doch erreicht die oft durchaus simple, ästhetisierte Auseinandersetzung mit geschichtlichem Geschehen eine Vertiefung des Erinnerns, zumal wenn es der Komposition gelingt, den Zuhörer mit musikalischen Effekten in ihren Bann zu ziehen, Freude über einen errungenen Sieg zu vermitteln und Trauer über die in der Schlacht Gefallenen anzudeuten. Zahlen und Fakten bedeuten eben doch weniger als die persönliche Anteilnahme, wie eben auch Immanuel Kant in seiner *Kritik der reinen Vernunft* postulierte, dass »eine Rückführung der Erkenntnis auf den reinen Verstand ohne sinnliche Anschauung nicht möglich sei«.[31]

Wir können daher das Anliegen einer sinnlichen Erfahrung auch auf die Musikgeschichte selbst übertragen. Und das meine ich zunächst wörtlich. Nehmen wir ein Manuskript aus dem 14. Jahrhundert und ein anderes aus dem 16. Jahrhundert, dann werden wir zunächst gar nicht über die Musik, sondern über das äußerliche Erscheinungsbild zu reden haben. Im einen Fall wird uns bereits die Art der Aufzeichnung als Kalligrafie faszinieren, im anderen Fall die weit über die musikalische Notation hinausweisenden Miniaturen. Und wir erfahren über die hier vorgestellte Optik allein schon eine ganze Menge, etwa über den Schreibvorgang, über das Hinzuziehen von Malern, die ihre Miniaturen um die Musik herum positionieren mussten. Damit entstehen neue Fragen, etwa nach der Korrelation von Bild und Musik, nach der Bildung von Komponisten, Schreibern und Malern. Erst dann wird auch eine Positionierung innerhalb der Geschichte selbst sinnvoll. Wir werden dann sogar zwingend von Musik in der Geschichte sprechen müssen (Abb. 1 und 2).

[30] KÖRNDLE 2011.
[31] KANT 1966, S. 167–172.

Musikgeschichte – ästhetische Erziehung

Abb. 1 (Barcelona, Biblioteca de Catalunya, ms. 971, fol. 7v)

Die Handschrift auf Pergament besticht durch ihr graphisches Erscheinungsbild. Die kalligraphisch sorgfältige Aufzeichnung präsentiert die Stimmen Discantus und Tenor aus dem Agnus Dei *aus der* Misa de Barcelona *(um 1360).*

Abb. 2 (München, Bayerische Staatsbibliothek, Musikabteilung, Mus. ms. A, Band II, S. 57)

Die aufwändige Buchmalerei aus der Werkstatt des Hofmalers Hans Mielich zeigt zwischen den beiden Vokalstimmen Sopran und Bass aus dem 5. Bußpsalm von Orlando di Lasso (entstanden zwischen 1565 und 1570) das Konzil von Trient. Neben den sorgfältigen Miniaturen gerät die großflächige Notation fast zur Nebensache. Es besteht jedoch eine enge inhaltliche Beziehung der Bilder zum Text »in conveniendo populos in unum et reges ut serviant Domino« (wenn sich dort Königreiche und Völker versammeln, um den Herrn zu verehren).

Musikgeschichte – ästhetische Erziehung

Die Musik selbst, der Gegenstand unseres Fachs, gerät mit der visuellen Anziehungskraft der älteren Manuskripte leicht in den Hintergrund, und über das konkrete Erklingen wissen wir tatsächlich kaum etwas. Musik entsteht immer nur im Augenblick und ist mit dem letzten Ton, mit dem letzten Akkord Vergangenheit. Wenn wir überhaupt etwas über die Klangvorstellungen der Musikgeschichte erfahren wollen, bleibt uns neben dem Medium der Notenschrift, nur das erhaltene Musikinstrumentarium. Man könnte so weit gehen und als These formulieren, dass die Musikgeschichte als Klanggeschichte in den Musikinstrumenten verborgen ist. Für ein Verständnis müssen wir erst dahinein gelangen. Die technischen Wissenschaften können uns dafür die nötigen Werkzeuge bereitstellen. Dabei entsteht ein vollkommen eigenständiger spielästhetischer Prozess über die ganz eigene Faszination an den Möglichkeiten der technischen Geräte mit ihren bildgebenden Verfahren. Nennen wir sie hier die Spielzeuge, die wir brauchen, um die so ganz anders gearteten sinnlichen Komponenten eines Musikinstruments kennenzulernen. Wir sehen hier die mit Hilfe moderner Röntgentechnik erzeugte Reise durch eine Orgelpfeife aus dem Jahr 1609 (Abb. 3).

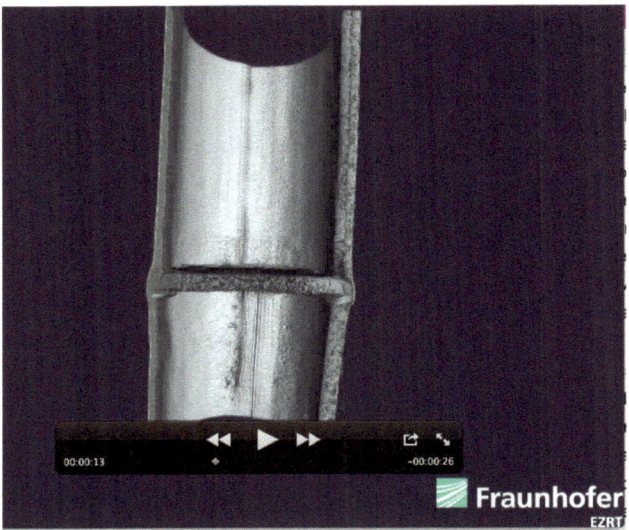

Abb. 3: Orgelpfeife (Marx Günzer 1609, heute Gabelbach bei Augsburg)
Mit Hilfe des modernen Röntgen-CT kann sogar eine Orgelpfeife, die zu großen Teilen aus Blei besteht, durchstrahlt werden. Dadurch wird im virtuellen Querschnitt die Materialstruktur sichtbar (Fraunhofer-Entwicklungszentrum Röntgentechnik EZRT Fürth).

In Ruhe betrachtet können uns diese Bilder Informationen über die Legierung, den Herstellungsprozess und damit eine Idee von den Klangvorstellungen des Erbauers geben. Wir nähern uns nicht nur über die Seite des Materials an, sondern können auch Spuren von Werkzeugen entdecken, mit denen der Klang beeinflusst wurde. Mit der sinnlichen Erfahrung des Materials und des handwerklichen Umgangs damit können wir zu einer Entdeckungsreise in die Musikgeschichte aufbrechen. Dann bekommen wir womöglich auch Lust, diese Musik zu hören und vielleicht sogar neu zu erleben.

Freilich kann und sollte dieses ganz eigentümliche Hinführen zur Musik aus der Geschichte, das sogar den Weg eines Zusammenwirkens von Geistes- und Naturwissenschaften weisen dürfte, nicht überschätzt werden. Eine Bündelung musikologischer Methoden macht die Musikgeschichte durchaus interessant und aktuell; wir dürfen uns jedoch wie bei Schiller sicher sein, dass es Utopie bleiben wird, Bildung für die große Masse zu erreichen, Utopie genauso wie die Idee, »die schwache Menschheit« über Kunst und Liebe zur Erlösung zu führen, wie es Gustav Klimt in seinem Beethovenfries von 1902 (heute in der Wiener Secession) versucht hat.[32]

Machen wir uns nichts vor: Wenn wir von musikalischer Bildung und von Musikgeschichte sprechen, werden wir es immer mit wenigen zu tun haben. Und Fälle von mangelndem Zuhörerzuspruch gab es auch schon immer. Als Wolfgang Amadé Mozart im Herbst 1777 auf seiner Reise nach Paris in Augsburg Station machte, um die neuartigen Claviere von Johann Andreas Stein kennenzulernen, versuchte der Stadtpfleger Jakob Wilhelm Benedikt Langenmantel, für ihn ein akademisches Konzert zu organisieren. Die Bemühungen waren gleichwohl nur von geringem Erfolg gekrönt, der junge Mozart spielte und dirigierte vor leeren Rängen. Die »Bettel-Akademie« brachte mit Mühe zwei Dukaten ein.[33] Auch Ludwig van Beethoven blieb das frustrierende Erlebnis eines katastrophal schlechten Besuchs bei einer musikalischen Akademie nicht erspart. Im Jahr 1808 brachte er seine 5. und 6. Symphonie sowie eine Arie, Teile der C-Dur-Messe und die Chorfantasie am 22. Dezember im unbeheizten Theater an der Wien erstmals zur Aufführung. Auch wenn der Beethoven-Biograf Alexander Wheelock Thayer ein wenig pathetisch formuliert: »Können wohl die Annalen der Tonkunst irgendein Konzertprogramm mit lauter neuen Werken – und solchen Werken! – sämtlich von demselben Komponisten, namhaft machen,

---

[32] Schweppenhäuser 2007, S. 151; Bisanz-Prakken 1977, S. 26 und S. 32–34.
[33] Abert 1978, S. 451f.

welches mit dem obigen den Vergleich aushielte?«[34] Der Besuch war spärlich, die Qualität der Aufführung allem Anschein nach sogar ausgesprochen mäßig.[35] Die kalten Temperaturen des winterlichen Wien ließen die Menschen zuvorderst an ihr körperliches Wohlbefinden denken und offenbar gerne auf das kulturelle Epochenereignis verzichten.

Es ist möglich, nach den Intentionen Schillers von einer ästhetischen Erziehung auch die Musikgeschichte sinnlich zu erfahren, die Annäherung kann sich dabei durchaus über das Gehör hinaus einer mehrdimensionalen Wahrnehmung bedienen, wodurch sich sicher ungeahnte Möglichkeiten eröffnen. Auf die angeblich statistisch erfassbare Relevanz sollten wir uns dabei freilich nicht verlassen.

Literatur

ABERT, HERMANN (1978): *W. A. Mozart*. Neubearbeitete und erweiterte Ausgabe von Otto Jahns Mozart. Erster Teil: 1756–1782. 9. Auflage. Leipzig

BISANZ-PRAKKEN, MARIAN (1977): *Der Beethovenfries. Geschichte, Funktion und Bedeutung*. Salzburg

BOTE, HERMANN (1978 n. 1510/11) (zugeschrieben): *Dil Ulenspiegel*, Straßburg (Grüninger) 1510/11, Neuausgabe: *Ein kurtzweilig Lesen von Dil Ulenspiegel*. Stuttgart

DAHLHAUS, CARL (1977): *Grundlagen der Musikgeschichte*. Köln

DERS. (1987): *Was ist Musikgeschichte?*, in: *Funkkolleg Musikgeschichte. Europäische Musik vom 12.–20. Jahrhundert*, Studienbegleitbrief 1. Weinheim/Basel/Mainz

EGGEBRECHT, HANS HEINRICH (1979): *Zur Methode der musikalischen Analyse*, in: DERS.: *Sinn und Gehalt. Aufsätze zur musikalischen Analyse*. Wilhelmshaven

GANTER, MICHAEL (2009): *Friedrich Schillers Utopie vom ›Bau einer wahren politischen Freyheit‹ in seiner Abhandlung ›Ueber die ästhetische Erziehung des Menschen in einer Reihe von Briefen‹*. Frankfurt am Main

GROOTE, INGA MAI (Hg.) (2011): *Musik in der Geschichte. Zwischen Funktion und Autonomie*. in: KÖRNER, HANS-MICHAEL (Hg.): *Münchner Kontaktstudium Geschichte*, Band 13. München

HAEFNER, KLAUS (1982): *Die neue Bildungskrise. Herausforderung der Informationstechnik an Bildung und Ausbildung*. Basel

HAMEL, PETER MICHAEL (1976): *Durch Musik zum Selbst. Wie man Musik neu erleben und erfahren kann*. 2., bearbeitete Auflage. Bern/München/Wien

HEIDRICH, JÜRGEN (2009): *Si tacuisses …: Zu Norbert Schläbitz: ›Für eine musikpäda-*

---

[34] WHEELOCK THAYER 1971, S. 78.
[35] Ebd., S. 78–85.

gogisch relevante Musikwissenschaft‹: Eine Replik, in: Diskussion Musikpädagogik, Heft 43, S. 59–62

HEINZ, RUDOLF (1968): *Geschichtsbegriff und Wissenschaftscharakter der Musikwissenschaft in der zweiten Hälfte des 19. Jahrhunderts. Philosophische Aspekte einer Wissenschaftsentwicklung.* Regensburg, S. 113–150

KÄSTNER, ERICH (1980): *Till Eulenspiegel*, Nacherzählung, 2. Auflage. Hamburg

KANT, IMMANUEL (1966): *Kritik der reinen Vernunft*, hg. von HEIDEMANN, INGEBORG. Stuttgart

KÖRNDLE, FRANZ (2011): *Schlacht im Salon. Musikalischer Gefechtslärm in der Zeit um 1800*, in: GROOTE (Hg.) (2011), S. 65–75

KREMER, JOACHIM (2009): *Von der Geschichtlichkeit der Musik, oder: Bildungsanspruch und Musikunterricht*, in: Diskussion Musikpädagogik, Heft 43, S. 4–10

KRUMMACHER, FRIEDHELM (1984): *Zeitstruktur und Kunstanspruch. Über Geschichtlichkeit in europäischer Musik*, in: MAHLING, CHRISTOPH HELLMUT/WIESMANN, SIGRID (Hg.) (1984): *Bericht über den internationalen musikwissenschaftlichen Kongress Bayreuth 1981.* Kassel/Basel/London, S. 3–11

ORGASS, STEFAN (2007): *Musikalische Bildung in europäischer Perspektive. Entwurf einer kommunikativen Musikdidaktik.* Hildesheim/Zürich/New York

PICHT, GEORG (1964): *Die deutsche Bildungskatastrophe, Analyse und Dokumentation.* Olten und Freiburg

RECKOW, FRITZ (1984): *Zur Formung einer europäischen musikalischen Kultur im Mittelalter. Kriterien und Faktoren ihrer Geschichtlichkeit*, in: MAHLING, CHRISTOPH HELLMUT/WIESMANN, SIGRID (Hg.) (1984): *Bericht über den internationalen musikwissenschaftlichen Kongress Bayreuth 1981.* Kassel/Basel/London, S. 12–29

SAFRANSKI, RÜDIGER (2004): *Schiller oder die Erfindung des Deutschen Idealismus.* München

DERS. (2009): *Schiller als Philosoph: eine Anthologie.* Frankfurt am Main

SANDKAULEN, BIRGIT (2009): *Allerlei Spiele. Anmerkungen zu Schillers ästhetischer Erziehung.* Online verfügbar unter: http://www.uni-jena.de/Sonderausgabe_Schiller_aesthetische_Erziehung.html (zuletzt geprüft am 28.09.2011).

SCHILLER, FRIEDRICH (1860): *Sämtliche Werke in zwölf Bänden*, Band 12. Stuttgart

SCHLÄBITZ, NORBERT (2007): *Musikwissenschaft – systemtheoretisch beobachtet. Eine kritische Positionsbestimmung.* Online verfügbar unter: http://www.musik.uni-osnabrueck.de/veranstaltungen/BEITRAEGE/Schlaebitz_SystemischesAllerlei.pdf (zuletzt geprüft am 21.09.2011)

DERS. (2009a): *Für eine musikpädagogisch relevante Musikwissenschaft*, in: Diskussion Musikpädagogik, Heft 41, S. 23ff.

DERS. (2009b): *Die Historische Musikwissenschaft. Schwanengesang der Disziplin und Plädoyer für eine grundlegende Reformierung*, in: Diskussion Musikpädagogik, Heft 44, S. 52ff.

SCHMEER, IVAN (2008): *Musik in der Mittelalter-Szene. Stilrichtungen, Repertoire und Interpretation.* Hamburg

SCHREINER, PETER/ELSENBAST. VOLKER/SCHWEITZER, FRIEDRICH (Hg.) (2006): *Europa – Bildung – Religion. Demokratische Bildungsverantwortung und die Religionen.* Münster

SCHWEPPENHÄUSER, GERHARD (2007): *Ästhetik. Philosophie Grundlagen und Schlüsselbegriffe.* Frankfurt am Main

WHEELOCK THAYER, ALEXANDER (1971): *Ludwig van Beethovens Leben.* Hildesheim

WILLAIME, JEAN-PAUL (2006): *Unterricht über Religionen in der öffentlichen Schule in Frankreich*, in: SCHREINER/ELSENBAST/SCHWEITZER (2006), S. 227–244

Susanne Fontaine

Von fremden Ländern und Menschen
Überlegungen zum kompetenten Umgang mit Musik[1]

»Von seltsamen Ländern und Menschen« lautet die Überschrift zum ersten Teil eines Bestsellers[2] in der deutschen Übersetzung. Ganz offenkundig liegt hier ein Fall von musikalischer Inkompetenz vor.[3] Es geht hier nicht darum, den renommierten Übersetzer bloßzustellen; das Erstaunliche ist weniger der Fehler selbst, als vielmehr der Umstand, dass die falsche Rückübersetzung offenbar niemandem unter den vielen Beteiligten an der Produktion dieses Bandes aufgefallen ist.[4] Der Kunstgriff des Schriftstellers, durch das Titelzitat eines weithin bekannten Klavierstücks aus Robert Schumanns »Album für die Jugend« eine Welt von Assoziationen aufzurufen, ist damit zerstört. Wer es merkt, reagiert verärgert und sozial distanzierend im Sinne Bourdieus.[5] Schwer vorstellbar, dass in Bereichen von Sport oder Wirtschaft solche Inkompetenz folgenlos bliebe.

---

[1] Dies ist die nur geringfügig überarbeitete Vortragsfassung der Tagung vom 12. bis 14.5.2011 in München. Annette Theis-Brüser und Uwe Kany (beide Berlin) haben den Text im Vorfeld der Tagung kritisch gelesen. Ihnen sei stellvertretend für alle, die trotz des Schulalltags den Kopf über Wasser behalten und das Interesse an ihrem Fach mit Leidenschaft vertreten, herzlich gedankt.

[2] Powers 2011.

[3] Übersetzungen von Belletristik der letzten Jahrzehnte liefern einen Fundus von Beispielen für musikalische Inkompetenz. Hier wird etwa Klaviermusik aus Partituren gespielt, besteht Musik aus Noten statt aus Tönen, und es werden Stücke des 18. Jahrhunderts in b-Moll aufgeführt.

[4] Herzlichen Dank an Stefan Lerche und Robert Sutcliffe (beide Hamburg) für ihre Auskünfte zu Fragen englisch-deutscher und deutsch-englischer Übersetzung.

[5] Vgl. Bourdieu 1987.

Bestandsaufnahme

Wer seit etwa 30 Jahren, also im Zeitraum von rund einer Generation, beobachtend an Musikleben und Musikausbildung in Westdeutschland teilnimmt, kann Folgendes feststellen:

Das Sachwissen über die sogenannte Klassische Musik nimmt drastisch ab, auch bei akademisch Gebildeten, die sich ansonsten über Kino, Theater oder Pop auf einem hohen intellektuellen Niveau verständigen. »Klassische Musik« wird oft zum Genussmittel für ein Publikum von gewisser Kulinarik, das sie zugleich, wie andere Prestigeobjekte, als Bestandteil ihres Habitus zur sozialen Distinktion einsetzen. Zugleich verschwindet Musik aus dem öffentlichen Diskurs bzw. wird auf Besprechung neu erschienener Tonträger reduziert, geht es kaum mehr um das Repertoire als vielmehr um die wie Popstars gehandhabten Interpreten. Im umgekehrten Verhältnis dazu, und nur dadurch möglich, stehen überspannte Erwartungen an Musik und musikalische Bildung wie Glück, Steigerung der Intelligenz oder Verbesserung des Sozialverhaltens. Festzustellen bleibt, dass dies alles Ziele sind, in denen es nicht um die Musik selbst geht, sondern um andere Ziele, zu deren Erreichen die Musik als Vehikel instrumentalisiert wird.

Die Instrumentalisierung der Musik zu höheren Zielen war ein Rettungsversuch in stürmischen Zeiten: Musik und ihre Pflege galt und gilt immer noch als besondere Angelegenheit des Bürgertums. Für die Gegenwart wirkt sich aus, dass in Westdeutschland im Zuge der Kritik am Bürgertum nach 1968 die Debatten um Bildungskanons und Inhalte auch die Schulmusik trafen und schon sehr bald zu Öffnungen des Kanons und des Musikbegriffs führten.[6] Diese Diskussionen sind nicht abgeschlossen.[7] Das Bedürfnis nach kanonisiertem Bildungsgut

---

[6] Erinnert sei an die ausgedehnten Kontroversen über den Werk-Begriff und die sogenannte »Opusmusik« in den 70er- und 80er-Jahren des 20. Jahrhunderts sowie an die aus der Erweiterung der Vorstellung dessen, was Gegenstand des Musikunterrichts sei, erwachsenen Konzepte von Schulbüchern wie *Resonanzen* (NEUHÄUSER/REUSCH/WEBER) oder *Sequenzen* (FRISIUS).

[7] Davon zeugt im Alltag unausgesprochen etwa die Anordnung von CDs in den Regalen einschlägiger Geschäfte, ebenso die Art, in der Stadtmagazine Rubriken über das tägliche Musikprogramm bilden und füllen. Explizit spiegeln etliche bildungspolitische und wissenschaftliche Publikationen der letzten Jahre die Fortsetzung dieser Diskussion. Neu ist, dass die Positionierung der Teilnehmer an der Debatte als »konservativ« ihre Eindeutigkeit zu verlieren beginnt (CADENBACH 2006 und 2007, KAISER 2006, VOGT/ROLLE/HESS; für den freundlichen Hinweis auf die beiden letzten Publikationen danke ich Hans-Ulrich Schäfer-Lembeck herzlich).

hat seinen Ausdruck in Buchtiteln wie *Alles was man wissen muß* gefunden.[8] Auch die verstärkte Nachfrage nach Lateinunterricht, Plätzen an Privatschulen oder an grundständigen Gymnasien in einem Bundesland wie Berlin gehört in diesen Zusammenhang. Die Verunsicherung der Erwachsenen über Inhalte geht zusammen mit dem Wunsch, die Kinder und Jugendlichen möchten später situativ angemessen reagieren können.

Wundermittel »Kompetenz«

Dies ist der Moment, in dem der Begriff »Kompetenz« ins Spiel kommt. »Kompetenz« ist inzwischen allgegenwärtig: Waren wir früher z. B. erfreut über eine Sachbearbeiterin, die uns auf dem Finanzamt kompetent über die Tücken des Umsatzsteuerrechts informieren konnte, so werden wir heute im Wahlkampf mit »Kompetenzteams« anstelle von Schattenkabinetten konfrontiert, mit »Competence Centers«, die früher im Westen »Kundendienst« und im Osten »Reparaturstützpunkt« hießen. Und ein Badezusatz der Firma Sebastian Kneipp wirbt für sich mit dem Packungsaufdruck »Naturkompetenz. Wirksam – verträglich«.

Über dergleichen Banalitäten ist die Perspektive auf den »Europäischen« und den daraus abgeleiteten »Deutschen Qualifikationsrahmen für lebenslanges Lernen« zu erweitern. Er klassifiziert alle Bürger von EU-Mitgliedstaaten in ein Raster von acht Kompetenzstufen. Ob diese Maßnahme wirklich zu größerer gesellschaftlicher Durchlässigkeit führt und dem deutschen Fachkräftemangel abzuhelfen vermag, oder ob sie eher dazu dient, Arbeitsverträge unter Umgehung von Tarifabsprachen abzuschließen, sei dahin gestellt. An dieser Stelle sei er vor allem genannt, um die Dimensionen deutlich zu machen, die der Wechsel von Inhalten zu Handlungsoptionen mit sich bringt, ein Wechsel, der eben nicht nur in der Schule und der Hochschule stattgefunden hat, sondern auch in der Politik und vor allem in der Wirtschaft. Inflationär angewandt, ist der Begriff heute über pädagogische und bildungspolitische Kontexte hinaus zum Joker geworden. Er steht für das utopische Glücksversprechen, es sei möglich, inhaltlich und situativ offen, aber dennoch zielführend zu handeln, und sogar, prospektiv

---

[8] SCHWANITZ' *Bildung* war die erste einer ganzen Reihe von Publikationen, die entstanden, um der allgemeinen Verunsicherung in Fragen des Bildungskanons entgegenzuarbeiten. Sehr lesenswert zu der ganzen hier angesprochenen Debatte ist KONRAD PAUL LIESSMANNS nicht unpolemische *Theorie der Unbildung*. In diesen Kontext gehören auch die gesellschaftspolitischen Diskussionen um »Cocooning« und »neue Bürgerlichkeit«.

andere Menschen, nämlich Kinder und Jugendliche, für alle Wechselfälle des Lebens zu wappnen.

An dieser Stelle lohnt sich ein Blick auf die Herkunft des Begriffs. In der an Noam Chomsky anschließenden Linguistik meint »Kompetenz« eine innere Strukturiertheit von Sprechern.[9] »Kompetenz« ist Gegenbegriff zu und Voraussetzung von »Performanz«, als die der jeweilige konkrete Sprachgebrauch verstanden wird. Kompetenz bildet die Grundlage für die Fähigkeit, vor allem von Muttersprachlern, eigenschöpferisch, aber nicht ohne Bezug zu einem Regelwerk sprachlich innovativ zu werden und Dinge zu sagen, die man nicht vorher von einem anderen Sprecher gelernt hat. Sprachkompetenz in diesem Sinne meint, neue und unvorhergesehene Dinge neu und angemessen in Sprache fassen zu können, und zwar so, dass alle anderen Sprecher dieser Sprache verstehen können, was gesagt wird, obwohl sie es noch nie zuvor gehört haben.[10] Schon innerhalb der Sprachwissenschaft ist Chomskys Begriff der »Kompetenz« diskutiert und modifiziert worden[11], bevor er über die Pragmatik und den Kontext von Spracherwerbstheorie bzw. Sprachhandlungstheorie seinen Weg in die Psychologie und in die Pädagogik, vor allem in die Fremdsprachendidaktik, genommen hat.[12] Die Reise dieses Begriffs durch die verschiedenen Disziplinen, durch akademische, pädagogische und politische Kontexte dauert inzwischen länger als ein halbes

---

[9] Vgl. dazu Dresselhaus 1979.

[10] Hierin dürfte der Ansatzpunkt für den aktuellen Begriffsgebrauch im bildungspolitischen Kontext liegen. Die in der deutschen Bildungspolitik zugrunde gelegte Definition von »Kompetenz« geht auf den Psychologen Franz Weinert zurück. Ihre Besonderheit besteht in der Betonung der Kriterien von aufbauender Stufung und Testbarkeit. Vgl. dazu Klieme 2009, insbesonders S. 21 und S. 72 sowie dazu die Themenhefte Zeitschrift *Diskussion Musikpädagogik* (Heft 27 von 2005) der Zeitschrift der Bundesarbeitskreis der Seminar- und Fachleiter/innen e. V., Landesgruppe Berlin, darin speziell den auf das Fach Musik bezogenen, sehr differenziert Vor- und Nachteile abwägenden Beitrag von Kany (insbesondere. S. 37). Dort findet sich die zugespitzte Definition: »Kompetenzen sind, kurz, das, was wir als Lehrer schon immer erreichen wollten, aber nie in [dem] Maße erreicht haben, wie wir uns das gewünscht hätten.«

[11] Vgl. Dresselhaus 1979, insbesonders S. 157–179 sowie Geier (1981) – für diesen Hinweis danke ich Dörte Schmidt (Berlin) herzlich. Die Kritik an Chomskys Kompetenzbegriff wurde zunächst von der Sozio- und der Psycholinguistik erhoben. In den letzten Jahren flammte sie, ausgelöst durch Erkenntnisse aus der Neurophysiologie, erneut auf. Dabei stellte sich nicht nur die Frage nach der Repräsentanz von Kompetenz im Gehirn, sondern auch erneut nach Chomskys Nativismus und seinen politischen Folgen.

[12] Mein herzlicher Dank gilt Astrid Reich (Bochum) und Torsten Schlak (Berlin) für ihr Update in Sachen Linguistik und Spracherwerb. Eine Rekonstruktion der Geschichte und Reisewege des schillernden und immer weiter zerlaufenden Begriffs »Kompetenz« durch die verschiedensten Zusammenhänge wäre ein lohnendes Unterfangen.

Jahrhundert an. Unterwegs haben sich, vergleichbar dem Spiel »Stille Post«, Verschiebungen, Einschränkungen und vor allem Erweiterungen seiner Bedeutung ereignet, die keineswegs widerspruchsfrei sind. Das Vergessen der Ursprungszusammenhänge und die Erweiterung des Begriffs haben, vor allem in Zeiten leerer öffentlicher Kassen und eines daraus resultierenden Effizienzdenkens, dazu geführt, dass »Kompetenz« vor allem ein Wunschbegriff geworden ist. Er gibt der Hoffnung Ausdruck, in der Gegenwart per Ausbildung Menschen zu einem angemessenen Verhalten in Situationen zu führen, die erst in der Zukunft in einer Art und Weise eintreffen, die jetzt noch nicht zu übersehen sind. Bei diesem Transfer, der seinen Ausgang in der Linguistik und in der Spracherwerbstheorie nahm, wird aber gerne vergessen, dass die sprachliche Eigenleistung zwar auf der Basis von Strukturen stattfindet, aber niemals funktioniert, wenn nicht vorher, auch in der Muttersprache, Strukturen mit Inhalten gefüllt, Vokabeln gelernt und regelkonforme Sätze geübt wurden.

Kompetenter Umgang mit Musik

Eines ist klar: Umfassende Kompetenz in Sachen der Musik ist ein Ziel, das niemand je erreichen kann, weder an einer Schule, noch einer Musikschule, auch nicht an einer Musikhochschule oder Universität. Selbst dieses inhaltlich offene Konzept ist damit überstrapaziert. Wer das aus dem Blick verliert, gibt sich dem Wunschdenken oder einer Allmachtsfantasie hin. Was kann man also tun, wenn das Ziel ist, Menschen in musikalischen Dingen in den Stand zu versetzen, sich selbstbestimmt und angemessen, kurz: erwachsen zu verhalten, auch in Situationen, die von den Ausbildern nicht vorhersehbar waren? Ohne Vollständigkeit zu beanspruchen, werden im Folgenden drei Punkte vorgeschlagen.

1. Weder kann ein Lehrer oder eine Hochschullehrerin das Wunschbild der umfassenden musikalischen Kompetenz ins Werk setzen, noch sind Schüler oder Studentinnen diesem Anspruch gewachsen. Alle, die in der musikalischen Bildung und Ausbildung tätig sind, müssen bedenken, wer sie sind und wen sie vor sich haben. Darauf bezieht sich die Forderung, Kompetenzen sollten in verschiedenen, progressiven Abstufungen definiert werden. Problematischer ist allerdings der Anspruch, der Erwerb dieser Kompetenzen solle messbar sein, besonders in Fächern wie Musik, Deutsch, Kunst, Geschichte oder Re-

ligion.¹³ Unabhängig davon, ob nun Lernziele oder Kompetenzen formuliert werden, stellt sich die Frage nach der Angemessenheit. Sonst kommen groteske und inflationäre Dinge zustande, für die in manchen Fällen wohl der Begriff der »groben Irreführung« angemessen wäre, etwa der Erwerb »interkultureller Kompetenz« innerhalb der 15 Doppelstunden eines Semesters oder die Suggestion, ein Kind befände sich mit Beethoven auf Augenhöhe, weil es in der 5. Klasse ein Musical »komponiert« hat, was immer darunter verstanden wird. Hier empfiehlt sich ein sorgfältiger und bescheidener Umgang mit Begriffen.

2. Mit dem Handlungsrahmen sollte bewusst gearbeitet werden: Was ist die Stellung des Schulfachs Musik unter den anderen Fächern an einer allgemeinbildenden Schule? Wo steht das akademische Fach Musikwissenschaft? Hier scheint im Bereich der Schule vor allem eine Gefahr im Verzug: Wird der Musikunterricht in dem bereits genannten Sinne instrumentalisiert oder verkommt er zum Ausgleichsangebot zu anderen Fächern, wird seine Existenz zur Diskussion gestellt. Ähnliches ergibt sich aus der Tendenz, den schulischen Musikunterricht vor allem an Ganztagsschulen in die Nachmittagsstunden zu schieben, ins Freizeitprogramm, oder auch darin, einen überwiegend auf das Musizieren in Gruppen ausgerichteten Unterricht anzubieten. Auch damit wird Musik aus dem Kanon der ordentlichen Schulfächer hinausgedrängt, und die Schulmusik begibt sich ins Revier der Musikschulen, deren Lehrkräfte zurecht anders ausgebildet sind als Lehrkräfte an allgemeinbildenden Schulen. Mittelfristig gesehen machen sich die Schulmusiker auf solchen Wegen überflüssig. Die Langzeitfolgen, etwa für das Konzertleben, sind immens.

3. Es sei für Sachlichkeit plädiert, für das, was lehr- und lernbar ist, nicht nur in der Schule, sondern auch in der Hochschule, der Erwachsenenbildung und der Publizistik. Diese Sachlichkeit sollte so weit gehen, dass Hörer von Musik, gleich welchen Alters, einen Fundus an Vorerwartungen entwickeln können, um Normen und Abweichungen zu erkennen. Ein sachlicher Umgang mit Musik bedeutet, dass man der Kanondebatte nicht entkommt, ganz im Gegenteil: Man braucht Informationen über Musikleben, über ein Repertoire in bestimmten Kontexten, auch über Gattungstraditionen oder stilistische Merkmale, um Kritikfähigkeit zu entwickeln. Solche Sachlichkeit kann durchaus praktische Realien umfassen, z. B wie man ein Stück anfängt und aufhört

---

¹³ So ist es signifikant, dass sich mit Jochen Krautz ein Kunstdidaktiker und Altphilologe, tätig an einer anthroposophisch fundierten Hochschule, kritisch gegen den Kompetenzerwerb als Bildungskonzept zu Wort gemeldet hat (vgl. KRAUTZ 2009).

oder die Steuerungsprozesse in einer Gruppe – hier gibt es einschlägige Beispiele aus dem Bereich der Elementaren Musikpädagogik.[14]

Solche Sachlichkeit im Umgang mit Musik hilft, überzogene Erwartungen, hohles Bildungsgut, inflationäre Bewertungen und auch marktwirtschaftlichen Missbrauch zu erkennen und ihnen mit gesunder Skepsis zu begegnen. Sie hilft auch zu erkennen, wenn etwa von seltsamen Menschen in keineswegs entlegenen Ländern Sparmaßnahmen als bildungspolitischer Fortschritt verkauft werden.

Ein sachlicher Umgang mit Musik eröffnet die Chance, auf verschiedensten Niveaus Menschen zu erreichen und auch diejenigen an Bord zu behalten, die unabhängig von allen Glücksversprechen einfach nur wissen und erfahren wollen, was es mit der so oft mystifizierten Musik nun eigentlich auf sich hat und warum sie, wie Literatur, Geschichte, Religion und bildende Kunst einen integralen, identitätsstiftenden Bestandteil unserer Gesellschaft darstellt, auch wenn sie nicht ökonomischen Zielen dient, und sich musikalische Bildung in wesentlichen Teilen dem aktuellen Denken in Kompetenzen und ihrem messbaren Erwerb entzieht.

Literatur

BOURDIEU, PIERRE (1987): *Die feinen Unterschiede. Kritik der gesellschaftlichen Urteilskraft.* Frankfurt am Main

CADENBACH, RAINER (2006): *Zwischen Basis und Ballast. Reflexionen zur aktuellen Kanon-Diskussion*, in: *Musiktheorie. Zeitschrift für Musikwissenschaft,* Heft 21 (2006), Heft 1, S. 69–78

DERS. (2007): ›*Was ist Musik?*‹, *oder: Die Mühen des Begriffs – Disparate Antworten auf eine eigentlich philosophische Frage*, in: TADDAY, ULRICH (Hg.): *Musikphilosophie* (= Musik-Konzepte, Sonderband, N. F.). München, S. 183–203

DISKUSSION MUSIKPÄDAGOGIK (2005): Themenheft *Bildungsstandards – Kompetenzen,* Heft 27

DRESSELHAUS, GÜNTER (1979): *Langue/Parole und Kompetenz/Performanz. Zur Klärung der Begriffspaare bei Saussure und Chomsky. Ihre Vorgeschichte und Bedeutung für die moderne Linguistik.* Frankfurt am Main u. a.

FRISIUS, RUDOLF (u. a.) (Hg.) (1972): *Sequenzen. Musik Sekundarstufe 1. Für Zehn- bis Sechzehnjährige aller Schularten.* Stuttgart

---

[14] Zu sehen etwa in den Produktionen des Potsdamer Ensembles »BodySounds« um Werner Beidinger zu Beginn des Jahrtausends.

GEIER, MANFRED (1981): *Linguistisches Apriori und angeborene Ideen. Kommentar zu den Kantischen Grundlagen einer generativ-transformationellen Sprachtheorie*, in: Kant-Studien 72 (1981), Heft 1, S. 68–78

KAISER, HERMANN J. (u.a.) (2006): *Bildungsoffensive Musikunterricht? Das Grundsatzpapier der Konrad-Adenauer-Stiftung in der Diskussion*. Regensburg

KANY, UWE (2008): *Konkrete Utopie? oder Von der (Un)Möglichkeit einer kompetenzorientierten Musiklehrerausbildung*, in: BUNDESARBEITSKREIS DER SEMINAR- UND FACHLEITER/INNEN E. V., LANDESGRUPPE BERLIN (Hg.): *Betrifft: Lehrerausbildung und Schule*, Heft 2/2008, S. 35–41. Online verfügbar unter: www.bak-online.de/lvb/berlin/BLuS_Heft2_2008.pdf (zuletzt geprüft am: 20.09.2011)

KLIEME, ECKHARD (u.a.) (Hg.) (2007): *Zur Entwicklung nationaler Bildungsstandards. Eine Expertise*, in: BUNDESMINISTERIUM FÜR BILDUNG UND FORSCHUNG, REFERAT BILDUNGSFORSCHUNG (Hg.) (2007): *Bildungsforschung*, Band 1, Nachdruck 2009. Berlin/Bonn. Online verfügbar unter: www.bmbf.de/pub/zur_entwicklung_nationaler_bildungsstandards.pdf (zuletzt geprüft am: 06.05.2011)

KRAUTZ, JOCHEN (2009): *Bildung als Anpassung? Das Kompetenz-Konzept im Kontext einer ökonomisierten Bildung*, in: Fromm Forum 13, S. 87–100

LIESSMANN, KONRAD PAUL (2006): *Theorie der Unbildung. Die Irrtümer der Wissensgesellschaft*. Wien

NEUHÄUSER, MEINOLF/REUSCH, ARNOLD/WEBER, HORST (1973): *Resonanzen. Arbeitsbuch für den Musikunterricht*. Frankfurt am Main u. a.

POWERS, RICHARD (2011): *Das grössere Glück*. Frankfurt am Main

SCHWANITZ, DIETRICH (1999): *Bildung. Alles was man wissen muß*. Frankfurt am Main

VOGT, JÜRGEN/ROLLE, CHRISTIAN/HESS, FRAUKE (Hg.) (2010): *Inhalte des Musikunterrichts*. Sitzungsbericht 2009 der Wissenschaftlichen Sozietät Musikpädagogik, Reihe: Wissenschaftliche Musikpädagogik, Band 4. Münster

Bernd Clausen

»Schiefe Relationen«. Annotate zu einem musikpädagogisch angeleiteten Nachdenken über Musik

Post festum

Spätestens seit 1971[1] finden an der Schnittstelle der Musiklehrerbildung periodisch auftretende und in der Literatur gut dokumentierte Begegnungen zwischen Fachvertretern aus den Musikwissenschaften und der Musikpädagogik statt. Gleichwohl damit für die Münchner Tagung 2011 der Anspruch erhoben werden könnte, auf eine gewisse Tradition zurückzublicken und mit dem Rückgriff darauf ein Wissenszuwachs mit dem Ziel eines besseren gegenseitigen Verständnisses zu vermuten wäre, bleibt beim Autor dieses Beitrages in der Erinnerung ein anderer Eindruck zurück. So sind die folgenden Ausführungen nicht nur post festum zu verstehen, sondern gehen über eine ausschließliche Zusammenfassung des seinerzeit auf der Tagung gehaltenen Vortrags hinaus.

Ein Impuls für diese Modifizierung liegt in der Beobachtung, dass auf der Tagung die Thematik augenscheinlich ohne Berücksichtigung bereits vollzogener Diskussionen verhandelt wurde und zwar von den Vertretern beider Disziplinen. Ein weiterer wird durch den Eindruck gespeist, dass der für den Vortrag genutzte, ursprünglich der Studentenbewegung entlehnte und als Allusion intendierte Beitragstitel (»Abschied vom Elfenbeinturm«), vermutlich als Vorwurf missverstanden wurde. Während die erstgenannte Beobachtung freilich eine subjektive Einschätzung bleibt, ist die Wahl des Vortragstitels zu erläutern.

[1] Beispielsweise fand 1971 die Jahrestagung der *Gesellschaft für Musikforschung* (GfM) in Hannover statt. Während sie in der Zeitschrift *Die Musikforschung* (GfM, S. 492) unter »Mitteilungen« nur knapp erwähnt wird, berichtet Sievers, dass es auf dieser Jahrestagung »um ein verständnisvolleres Verhältnis zwischen den Experten der Schulmusik und den professionellen [sic!; BC] Musikwissenschaftlern« ging. Obwohl neben »harten aber versöhnlichen Kontroversen, auch Mißverständnisse« zu Tage traten, taten sich »doch akzeptable Perspektiven« (SIEVERS 1971, S. 565) auf.

Dieses Motto des 6. Deutschen Studententags (Berlin 1960) ist zwar historisch und kontextuell deutlich konnotiert, allerdings klingt sein Aufforderungscharakter noch 51 Jahre später durchaus nach. In der Lebensgegenwart des 21. Jahrhunderts, in denen sich Fragen zur musikalischen Bildung ohne Einbezug politischer, soziologischer und transnationaler Perspektiven kaum noch beantworten lassen, ähneln die damaligen Anliegen (Selbstbestimmung, Politik, Internationalisierung) heutigen Bemühungen, übertragen auf unseren thematischen Zusammenhang also festzustellen, wie und ob Musikunterricht in der Schule von heute auf ein Leben vorbereiten kann. So war die Entlehnung in dem Sinne zu verstehen, den veränderten Erwartungen und Ansprüchen an den Musikunterricht der allgemeinbildenden Schulen in einer zweifellos transkulturellen Weltgesellschaft mit einem »musikpädagogisch angeleiteten Nachdenken über Musik« zu begegnen.[2]

Vor dem Hintergrund des Gesagten wird an Stelle lediglich einer schriftlichen Darstellung des im Vortrag Gesagten im Folgenden nicht nur der ad id tempori ausgebliebene Blick in die Vergangenheit getan, sondern versucht, die unter den Bedingungen des Vortrags etwas holzschnittartig gebliebene Darstellung nun differenzierter zu halten.

Zunächst wird ausschnitthaft der Dialog beider Disziplinen nachgezeichnet, um die Merkmale eines musikpädagogisch angeleiteten Nachdenkens über Musik deutlicher zu fassen. Berücksichtigt wird dabei die Einbeziehung musikethnologischer Sichten auf Musik, die seit den 1960er-Jahren in verschiedenen Gestalten den Fachdiskurs in der Musikpädagogik von einer einseitigen Fokussierung auf nur eine musikkulturelle Praxis zu relativieren bzw. auszuweiten sucht. An zwei wesentlichen Stationen (1977 und 1981/83) wird einerseits der bis heute erkennbare Paradigmenwechsel von Konzeptionen zu einem inter- bzw. transkulturellen Musikunterricht erklärt. Andererseits soll daran deutlich werden, dass als musikbezogene fachsystematische Bezugsdisziplin für die Musikpädagogik nicht allein die Historische Musikwissenschaft fungiert, die bis dahin in einer stark bevorzugten Position zu sein scheint.

---

[2] Diese Formulierung geht zurück auf Hans Bäßler, der die Anleitung zu einem »musikpädagogisch angeleiteten Nachdenken über Musik« in das Zentrum seiner Hochschuldidaktik stellt.

Bernd Clausen

1 Blickrichtungen

1.1 Grundsätzliche Überlegungen

Zwei prinzipielle Vorüberlegungen liegen diesem Beitrag zu Grunde, die im Anschluss näher ausgeführt werden:

1. Musikpädagogisch angeleitetes Nachdenken über Musik ist nicht normativ, weil sich Musik dem Menschen jeweils individuell mitteilt.
2. Schülerinnen und Schüler sind musikalisch schon (vor-)*gebildet*, weil Musik als gesellschaftliche Gebrauchspraxis stets präsent ist.[3]

Eine mögliche Konsequenz der ersten Überlegung ist, dass musikalische Bildung als Aufgabe des Musikunterrichts nicht primär in der Einführung in die vornehmlich im 19. Jahrhundert entwickelten Rituale des Umgangs mit Musik und in der Rekonstruktion von Bedeutungen vor dem Hintergrund eines normativen Kulturverständnisses besteht, dessen Mittelpunkt die europäische (Kunst-)Musik ist. Normativ wird hier – knapp zusammengefasst – in einem kulturphilosophischen Sinne verstanden als »Rekonstruktion zur Festschreibung von Unterschieden«, die »in hierarchischen Ordnungen« abgebildet werden.[4] Konkretisieren ließe sich das mit Blick auf Gramit, der jene Orte herausarbeitet, an denen im 19. Jahrhundert die über Sprache vollzogene Grenzziehung zwischen Volksmusik, Musik im Volkston und Kunstmusik stattfand, Kritiker einen mächtigen Sprachcode und spezifische gesellschaftliche Gruppen im Konzertwesen Rituale entwickelten – etwas, das zum Teil bis heute fortwirkt. Damit werden exemplarisch jene oben genannten, zu eng gefassten Fokussierungen erkennbar.

Dass solche keineswegs nur in früheren Zeiten gehandhabt wurden, ist z. B. zu erkennen, wenn Clemens Kühn in einem kleinen (als »Glosse« verkleideten) Beitrag die These äußert und erläutert, dass bei der Auswahl der Inhalte des Musikunterrichts der »Ausgangspunkt die abendländische Kunstmusik« sei.[5]

> »Andere Musikkulturen haben so lange keinen Platz im Musikunterricht, solange Schüler keine blasse Ahnung haben von ihrer *eigenen* Kultur. Denn nur *diese* Kompetenz macht sie innerlich gefestigt, urteilsfähig und – so paradox das klingt – erst tauglich zu *wirklicher*, da *fundierter* Offenheit gegenüber Fremdem.«[6]

---

[3] Vgl. Kaiser 2002, S. 11.
[4] Konersmann 2003, S. 16.
[5] Kühn 2009.
[6] Ebd., S. 3 (Hervorhebungen im Original).

Die Feststellung, Schülerinnen und Schüler hätten »keine blasse Ahnung von ihrer eigenen Kultur«, schreibt einerseits implizit fest, was diese »eigene Kultur« sein soll und ignoriert andererseits deren usuelle Praxen, bei denen Musiken ganz anderer Provenienzen »substantieller Bestandteil ihrer Lebensformen« sind.[7]

Die Ausweisung einer solchen Sichtweise als ein ›Sollen von Musikunterricht‹, auf das Kühn ja in seinen »unzeitgemäßen Thesen zu einem zeitgemäßen (sic!) Musikunterricht« hinaus will, mag im Einzelnen begründbar sein, für die Musikpädagogik bzw. für die Planung von Musikunterricht insgesamt reicht eine derartige Fokussierung und Präferierung bestimmter Inhalte jedoch nicht aus.

Die Ausführungen zur zweiten Vorüberlegung wurden soeben mit dem Hinweis auf Kaiser schon angedeutet. In seinem Aufsatz, dem das obige Zitat entnommen wurde, trifft er mehrere Unterscheidungen. Wichtig daraus für diesen Zusammenhang ist einerseits die zwischen »Musik als Tätigkeit, Musik als Schulfach und Musikunterricht«. Sie steht »für drei unterschiedliche Phänomene«,[8] die nicht nur voneinander verschiedene Gestalten annehmen, sondern auch andere Intentionen verfolgen. Andererseits hilft diese von Kaiser beschriebene Differenz zwischen einer »herstellenden musikalischen *Tätigkeit* und einer musikalischen *Praxis*« die Aufgaben eines schulischen Musikunterrichts zu bestimmen: Schülerinnen und Schüler verfügen demnach in Hinsicht auf Musik nicht nur über ein poietisches Vermögen, sondern zugleich über eine musikalische Gebrauchspraxis (usuelle Praxis):

> »Mit usuell meine ich: Musik gehört als substantieller Bestandteil ihrer Lebensformen zu ihnen, ohne dass sie sich dessen bewusst werden und damit bewusst musikalische Tätigkeit als konstitutiv für diese Lebensform in ihr Leben aufnehmen können.«[9]

Zentral für den Musikunterricht an allgemeinbildenden Schulen ist für Kaiser die Transformation »einer usuellen in eine verständige Musikpraxis«. Bildend zu wirken bedeute »usuelle Musikpraxis in eine verständige Musikpraxis zu überführen«.[10]

---

[7] KAISER 2002, S. 11. Zur Argumentationsfigur KÜHNS, den Menschen als »Mängelwesen« zu bestimmen, um daraus eine »Bildungsbedürftigkeit« abzuleiten, siehe beispielhaft die Ausführungen von KAISER 2006, S. 72ff.
[8] KAISER 2002, S. 2.
[9] KAISER 2002, S. 11.
[10] KAISER 2002, S. 12.

Bernd Clausen

Musikpädagogisch angeleitetes Nachdenken über Musik, das im Übrigen mehr als nur diese beiden Merkmale birgt, wird im Folgenden verstanden als eine Haltung, die versucht, den Weg hin zu einer »verständigen Musikpraxis« zu gestalten. Es schließt zugleich eine transkulturelle Einstellung mit ein, da nicht davon ausgegangen werden kann, jene usuellen Praxen seien einseitig normativ aufgeladen.

1.2 Historische Musikwissenschaft und Musikpädagogik

Das Verhältnis beider Disziplinen zueinander zu beschreiben, ist nicht einfach und keine letztlich abgeschlossene Aufgabe, zumal für die Musikpädagogik derartige Bemühungen grundlegend waren und offenbar nach wie vor eine hohe Wichtigkeit haben. Der Dialog zwischen historisch und pädagogisch (musik-)wissenschaftlich ausgerichteten Blickrichtungen reicht dabei weit zurück und birgt in sich zugleich die »Entwicklung der Musikpädagogik als Wissenschaft«. In dem gleichnamigen Buch von 1970 entwirft Sigrid Abel-Struth zum ersten Mal eine aus fünf Aspekten bestehende »Typologie musikpädagogischer Begründungsversuche«[11] zu den »wissenschaftlichen Anfängen« der Musikpädagogik und thematisiert dabei auch das Verhältnis zwischen Musikpädagogik und Musikwissenschaft. Dort erscheint als vierter Aspekt »Musikpädagogik als Partizipation«[12] in zwei Modi:

- Musikalische Fachlehre als Beitrag der Musikwissenschaft zur Musikpädagogik;
- Musikpädagogik als Angewandte Musikwissenschaft.[13]

Es ist ein Zeugnis für die in dieser Zeit einsetzenden Bemühungen, Musikpädagogik als eigenständige Disziplin, auch im Verhältnis zu den Nachbardisziplinen Pädagogik, Musiktheorie und Musikwissenschaft zu modellieren, wenn Abel-Struth diesen Abschnitt wie folgt beschließt, wobei sie auf Erich Valentin und seine 1959 artikulierte Vorstellung einer Partnerschaft beider Disziplinen Bezug nimmt:

> »Der Aspekt der eigenen Disziplin, des Teiles einer anderen Wissenschaft und die Partnerschaft mit der Musikwissenschaft sind nebeneinander gestellt. Insgesamt belegen die Widersprüche, die zwischen Musikwissenschaft und Musikpädagogik in gegenständlicher wie wissenschaftstheoretischer Hinsicht bestehen, die Unsicherheit sowie die Notwendigkeit der sachlichen Klärung, die durch die neue Hinwendung zur musikalischen Sache in der Fachdidaktik gerade jetzt zusätzliche neue Akzente erhält.«[14]

[11] ABEL-STRUTH 1970, S. 81 bzw. 1985, S. 82ff.
[12] Ebd., S. 104ff. bzw. S. 87ff.
[13] ABEL-STRUTH 1970, S. 107f.
[14] ABEL-STRUTH 1970, S. 114.

15 Jahre später findet sich diese Typologie um einen Aspekt erweitert und knapper zusammengefasst im »Grundriss der Musikpädagogik« wieder.[15] Die Autorin weist zwar darauf hin, dass die »Versuche, wissenschaftliche Musikpädagogik zu begründen, [...] bereits eine eigene Geschichte vorweisen«[16] können; außerdem sei Musikpädagogik als Hochschulfach »mit dem Auftrag zu Forschung und Lehre in den Hochschulen aller Bundesländer eingeführt.«[17] Allerdings merkt sie kritisch an:

> »Daß den bisherigen Ansätzen wissenschaftlicher Musikpädagogik noch kein wirklich befriedigender Erfolg beschieden war, hat Ursachen gewiß darin, daß die wissenschaftlichen Bemühungen insgesamt noch jung sind. Doch man hat sich auch mit der Frage auseinanderzusetzen, ob weitere, tiefere Ursachen nicht im Wesen der bisherigen wissenschaftlichen Begründungsversuche selbst zu suchen sind.«[18]

Nun ist seit Abel-Struth die Musikpädagogik, das zeigt die rege Forschungs- und Publikationstätigkeit, z. B. im *Arbeitskreis Musikpädagogische Forschung* (AMPF), als wissenschaftliche Disziplin längst etabliert. Das bedeutet jedoch nicht, dass die Theoriebildung einer musikpädagogischen Forschung, was Epistemologie, Gegenstandsbereiche und methodisches Instrumentarium betrifft, beendet ist. Wie jede Wissenschaft ist Musikpädagogik von Diversität in den Meinungen und einem lebendigen Diskurs geprägt. Ein nur kursorischer Blick zeigt, dass Nachbardisziplinen wie die Sozial- und Erziehungswissenschaften in den letzten Jahren, insbesondere qualitative Methodologien für die musikpädagogische Forschung an Bedeutung gewonnen haben. Historische Musikwissenschaft als Bezugsdisziplin taucht auf der didaktischen Ebene zuweilen vor allem dann auf, wenn es um musikgeschichtliche Inhalte und Aspekte geht.

In den Debatten zwischen Vertretern der Musikpädagogik und der Musikwissenschaft ist des Öfteren darauf hingewiesen worden, dass es problematisch sei, von *der* Musikwissenschaft oder *der* Musikpädagogik zu sprechen. Um dem Vorwurf mangelnder Differenzierung in einem beiderseits sowieso von Individual- und Gruppenmeinungen geprägten, recht komplexen Diskurs vorzubeugen, schließe ich mich trotz der zeitlichen Ferne der meines Erachtens nach wie vor gültigen Einschätzung von Carl Dahlhaus an:

> »In manchen Situationen kann es jedoch nützlich sein, grob zu simplifizieren; und es scheint, als sei in dem Verhältnis zwischen Musikwissenschaft und Musikpädagogik, einem prekären,

---

[15] ABEL-STRUTH 1985, S. 82ff.
[16] Ebd., S. 90.
[17] Ebd.
[18] ABEL-STRUTH 1970, S. 114.

> durch Misstrauen gefährdeten Verhältnis, ein Punkt erreicht, wo es vernünftig ist, nicht nur nach ausgleichenden, differenzierenden Formeln des ›Sowohl-als-auch‹ zu suchen, über die man sich mühelos verständigen kann, sondern auch einige der Schwierigkeiten beim Namen zu nennen, die aus der *schiefen Relation* zwischen Grundtendenzen der voneinander ebenso unabhängigen wie wegstrebenden Disziplinen erwachsen.«[19]

Auch innerhalb der Historischen Musikwissenschaft sind Gegenstandsbereiche und Fragestellungen stets in Bewegung.[20] Die angloamerikanischen Diskurse um eine »New Musicology« und/oder einer »Critical Musicology«, die seitens der deutschen Fachvertreter gegenwärtig durchaus kontrovers diskutiert werden, wurden allerdings in der Musikpädagogik bisher kaum bemerkt.[21] Es persistiert vielmehr eine spezifische Wahrnehmung von Historischer Musikwissenschaft, auf die vor kurzem Norbert Schläbitz[22] in mehreren Beiträgen Bezug genommen hat. Zweifellos wäre sich an dieser Stelle ausführlicher seiner Position zuzuwenden, doch belasse ich es bei wenigen Bezugnahmen, weil im Folgenden ein anderer Fokus auf das Tagungsthema gerichtet werden soll. Dieser erklärt sich aus der Absenz der Musikethnologie (als vormals Vergleichender Musikwissenschaft) in den Gesprächen auf dieser Tagung bzw. aus der Notwendigkeit im Hinblick auf Verständnisse von musikalischer Bildung zu thematisieren, welche Rolle hier Themen und Inhalte spielen. Denn seit den 1960er-Jahren werden aus fachdidaktischer Perspektive die »Vermittlung«[23] bzw. die »Umsetzung musikethnologischer Erkenntnisse«[24] in Schulpraxis und Unterricht, die »Musik der *Fremdkulturen*«[25] oder die sogenannte Außereuropäische Musik als Unterrichtsgegenstand[26] in den Blick genommen. Aus Sicht der Fachsystematik wird über »interkulturelle«[27] oder »transkulturelle«[28] Musikpädagogik/-didaktik diskutiert. Auch hier kann von einem Zusammentreffen bzw. von einem Dialog zwischen fachwissenschaftlichen und fachdidaktisch ausgerichteten Blickrichtungen gesprochen werden.

[19] DAHLHAUS 1978, S. 57 (Hervorhebung vom Autor).
[20] Siehe z. B. ALTENBURG/BENNWITZ/LEOPOLD/MAHLING 2001.
[21] Siehe dazu beispielsweise HOOPER 2006 sowie MUNGEN 2003 (in ANSOHN/TERHAG 2003).
[22] SCHLÄBITZ 2009a; b; c.
[23] KUCKERTZ 1978, S. 173ff.
[24] REINHARDT 1978.
[25] VOGELSÄNGER 1970, S. 17 (Hervorhebung im Original).
[26] HICKMANN 1987, S. 270 u. a.
[27] MERKT 1993 und 2009; SCHÜTZ 1997; BÖHLE 1996; STROH 2009 u. a.
[28] SCHÜTZ 1998.

2 Musikethnologie und Musikpädagogik

2.1 Vorbemerkung

Der Wunsch und das Interesse, noch andere als ›abendländische Kunstmusiken‹ im Musikunterricht zu thematisieren und damit der Griff der Musikpädagogen zu musikethnologischer Fachliteratur ist nicht neu.[29] Abgesehen von verstreuten Hinweisen, wie z. B. bei Paul Mies (1928) und die hin und wieder in Lehrwerken und Fachbeiträgen auftauchenden *Lieder anderer Völker*, ist für die Zeit nach 1945 vor allem auf einen Bericht der UNESCO-Kommission von 1967 hinzuweisen, der den Titel trägt »Der Zugang Jugendlicher zu den Zeugnissen außereuropäischer Kulturen«.[30] Das Vorwort macht Haltung und Intention dieser Aufsatzsammlung gleichermaßen deutlich:

> »Um so wichtiger ist es für den Fortbestand der ständig wachsenden menschlichen Gemeinschaft, daß ihre Mitglieder lernen, ihre gegenseitige Fremdheit nicht als Belastung und Gefahr, sondern als Aufforderung und Reiz zu immer neuen befruchtenden Entdeckungen zu betrachten.«[31]

Erstaunlicherweise finden sich hier schon Schlagworte wieder, die 30 Jahre später bei Waldenfels (etwa das Fremde als Aufforderung oder Reiz zu verstehen) differenziert ausgeführt sind. Darüberhinaus ist das Stichwort »Interkulturalität« – freilich ohne in dieser Weise genannt zu werden – schon vorweggenommen. Gleichzeitig machen diese und andere Beispiele deutlich, dass vornehmlich Vertreter der Musikethnologie sich bemüht sahen, andere Musiken einem breiteren Hörerkreis bekannt zu machen, wobei – und dies zeigt das UNESCO-Bändchen – das Kennenlernen der »anderen« Kulturen als zukunftsorientierte, erzieherische Aufgabe gesehen wird. Dass sich die Musikethnologie (wobei hier zwischen der deutschen und etwa der anglo-amerikanischen nicht weiter unterschieden werden kann) recht bald auf dem Weg in einen Umbruch befand, der um 1980 schließlich zu einer Wende (*interpretative turn*) und seit den späten 1990er-Jahren gleichzeitig zu einer Krise der deutschen Musikethnologie führte, wird bis heute häufig übersehen. Beispielhaft und darüber hinaus für unseren Zusammenhang aufschlussreich sind die Ausführungen von Karl Heinrich Ehrenforth zur »Geschichte der musikalischen Bildung«. Die durch die Überschrift verheißene Thematik wird – begründet, aber dennoch in Unkenntnis des gegenwärtigen Diskussionsstands in

---

[29] Auch der »Demonstrationssammlung« von Hornbostel kann in gewissem Maße pädagogische Implikationen unterstellt werden. Vgl. BOHLMANN 2002, S. 27ff.
[30] Siehe dazu die musikbezogenen Beiträge von KOCH 1967 und BORRIS 1967.
[31] Deutsche UNESCO-Kommission 1967, S. 5.

der Musikethnologie – aus europäischer Perspektive dargestellt. Musikethnologie kommt lediglich in Bezug auf die Musik »Früher Hochkulturen« zum Tragen, eine Einschränkung, die mit Blick auf Nettl und Simon nicht angemessen ist.[32]

Selbstredend kann in diesem Beitrag nicht auf den *interpretative turn* eingegangen werden, den die Musikethnologie – Artur Simon[33] spricht von »Ethnomusikologie« – in den letzten Jahrzehnten, nicht zuletzt angeregt durch die Schriften von Clifford Geertz, vollzogen hat.[34] Ebenso ist eine ausdifferenzierte Darstellung der unterschiedlichen Positionen in der Musikethnologie hier nicht zu leisten. Zu den auf der Münchner Tagung zu hörenden wenigen, dazu fachlich und kritisch kaum validierten Ausführungen zum Themenkreis Globalisierung und musikalische Bildung ist zweierlei hinzuzufügen:

(1) Zunächst wird der vor 33 Jahren gestellten Prognose eines *cultural grey-out*[35] (nach der sich die Musiken der Welt zu einem farblosen musikalischen Einheitsbrei homogenisieren könnten) in der musikethnologischen Forschung seit geraumer Zeit widersprochen. So stellt beispielsweise Nettl fest, *cultural grey-out* ließe sich im 21. Jahrhundert nicht beobachten. Obwohl Kolonialismus, Kapitalismus und Globalisierung ihre Wirkkräfte ausübten, sei es weit schwerer eine pejorative Beurteilung dieser Resultate in Hinsicht auf Musik zu geben, weil uns eine Bewertung aus einer Außenperspektive kaum zustünde.[36]

(2) Philip V. Bohlmann u. a. treten der Rede von einem *cultural grey-out* (oder in ähnlicher Diktion dem auch in deutschen Diskursen zuweilen fallenden Schlagwort der ›globalen‹ oder ›kulturellen Vereinheitlichung‹) mit dem Hinweis auf das Stichwort Diversität entgegen.[37] Entscheidend für einen sol-

---

[32] Das von Ehrenforth zusätzlich angeführte und durchaus kritisch zu sehende Argument von »Prägung« kann hier nicht weiter diskutiert werden.

[33] SIMON 2008.

[34] Auf die ebenfalls gut dokumentierten Auseinandersetzungen zwischen Historischer Musikwissenschaft und Musikethnologie (insbesondere zu dem hier näher betrachteten Zeitraum der 1970er-Jahre siehe LAADE 1976) wird hier nicht näher eingegangen.

[35] LOMAX 1968, S. 4.

[36] NETTL 2005, S. 434.

[37] »The music cultures of cities today demonstrate patterns of ethnic, racial, and religious diversity that differ from one another, but grow from the distinctive ways that each city accommodates emigration from the outside, migration within the city, and the constant remixing of old and new neighbourhoods.« (BOHLMAN 2002, S. 163) Die meines Erachtens mangelhafte deutsche Übersetzung von »diversity« mit »Vielfalt«, beispielsweise in den deutschsprachigen UNESCO-Dokumenten, habe ich bereits an anderer Stelle kritisch angemerkt (CLAUSEN 2009).

chen Blickwinkel ist die Kenntnisnahme musikalischer Praxen in der Welt als hochkomplexes Netzwerk transnationaler, globalisierter und glokalisierter Kommunikationsmodi, in denen musikalische Praxen in gleicher Weise eingebunden sind wie Kleidermoden oder Spielfilme.[38] Sie werden als Segregation, Kompartmentalisation, Synkretismus und so weiter beschrieben und entziehen sich als kulturelle Aushandlungsprozesse generell einer pauschalen Bewertung.[39]

2.2 Rückblick: *Stürmische Zeiten*

Als stürmische Zeiten beschrieben im Rückblick die beiden Musikpädagogen Wolf Dieter Lugert und Volker Schütz[40] die musikpädagogischen Entwicklungen der 1970er-Jahre. In dieser Phase der curricularen Neuausrichtung, in der es darum ging sowohl neue Begründungszusammenhänge für die Musik als Unterrichtsgegenstand als auch Inhalte (wie z. B. die sogenannte Rock-/Popmusik) zu erschließen, gelangte mit der Außereuropäischen Musik ein Unterrichtsgegenstand in den Fachdiskurs, der bis dato kaum relevant war. So bemerkt beispielsweise Vogelsänger:

> »Es müssen also zu Erhellung der musikalischen Umwelt neben exemplarischen Werken aus dem Bereich der ›Kunstmusik‹ verschiedener Epochen und Stile in einem ›aufsammelnden‹ [...] und ›orientierendem Unterricht‹ [...] auch die Formen der ›Umgangs- und Gesellschaftsmusik‹ und die *Musik der ›Fremdkulturen‹* Platz finden. Nur so kann der Schüler lernen, sich in dem heutigen Überangebot von Musik zurechtzufinden, darin einen wohlbegründeten Standort einzunehmen, nicht jeder musikalischen Modetorheit auf den Leim zu gehen und auch den musikalischen Ausdrucksformen fremder Kulturen mit Achtung und Verständnis zu begegnen.«[41]

Das Stichwort »Fremdkulturen« ist damit in den musikpädagogischen Diskurs

---

[38] An dieser Stelle sei ebenfalls der Ansatz der Musikethnologin Beverly Diamond erwähnt, musikalische Gebrauchspraxen indigener Musiken nicht mehr über den Identitätsbegriff zu beschreiben, sondern über sogenannte alliance studies (DIAMOND 2007).
[39] Siehe auch LETTS 2006. Hinzuweisen ist in diesem Zusammenhang vor allem auf die *urban ethnomusicology*, die unter dem Stichwort von der Schule als Lebensraum oder Schule als Element der Stadtteilkultur als Bezugsdisziplin für die Musikpädagogik hilfreich sein könnte. Zur *urban ethnomusicology* siehe beispielsweise den Überblicksartikel REYSE 2009. Eine in der deutschen Musikpädagogik bisher kaum beachtete musikpädagogische Richtung, die in die Nähe gestellt werden kann, ist *community music*. Siehe dazu *International Journal of Community Music*.
[40] LUGERT/SCHÜTZ 1991, S. 7.
[41] VOGELSÄNGER 1970, S. 17 (Hervorhebungen im Original).

eingeführt und wandert von nun an in unterschiedlichen Gestalten und Deutungsmustern, zumeist jedoch randständig durch die Literatur. Im gleichen Jahr wie Vogelsänger geht auch Heinz Antholz in seiner Zielformulierung für einen Musikunterricht als »Introduktion in Musikkultur« von einem »dynamischoffenen Kulturbegriff« aus, der »in Zeit und Raum [ausgreife]. Seine Toleranzspanne schließt Fremdkulturen nicht aus«.[42] Antholz verdeutlicht vor der zitierten Stelle mit dem Hinweis auf den Zusammenhang von »werkendem Wirken und wirkendem Werk« sein spezifisches Werkverständnis, lässt aber die Frage nach dem Werk (im Sinne des zuvor erwähnten Exemplarischen) vor dem Hintergrund eines solchen Kulturbegriffs unbeantwortet.

Zwar waren zentrale Probleme und Themenbereiche schon in einem Aufsatz von Siegfried Borris aus dem Jahr 1966 sowie in den Beiträgen des oben bereits erwähnten Bändchens der Deutschen UNESCO-Kommission von 1967 bereits angedeutet, doch erst Helms wendet sich in mehreren Beiträgen dieser Thematik intensiver zu, auch und vor allem auf der Ebene des Lehrmaterials.[43] Begleitet wurde dies unter anderem durch eine terminologische Diskussion um die angemessene Bezeichnung des Themenfelds. So stellt beispielsweise Jenne fest:

»Im Begriff *außereuropäische Musik* schwingt konnotativ die Einschätzung jedes Genre europäischer Musik als einer zentralen, primären, überlegenen Musikkultur zugehörig mit. So muß er als in der Tradition des europäischen Kolonialismus und kulturellen Überlegenheitsdünkels stehend empfunden werden.«[44]

Wird in diesen ersten Aufsätzen noch der Begriff »Außereuropäische Musik« als eurozentristisch kritisiert, so betrachtet Hickmann[45] diese Diskussion offenbar als beendet.[46] Ob damals wie heute allerdings und womöglich gar nicht so selten ein Eurozentrismus über die Auswahl der Unterrichtsgegenstände, quasi durch die Hintertür wieder hineinkommt, indem beispielsweise Musik aus Afrika, Südamerika oder der Türkei im Gegensatz zu Musik aus Asien thematisiert wird, wie es häufiger geschieht, bleibt eine an anderer Stelle noch zu prüfende Hypothese.

Blickt man ein wenig genauer in die musikpädagogische und in die musik-

---

[42] ANTHOLZ 1970, S. 125.
[43] HELMS 1974, 1975 und 1976.
[44] JENNE 1979, S. 612 (Hervorhebung im Original).
[45] HICKMANN 1987, S. 272.
[46] In Hinsicht auf das Vokabular; vgl. den Hinweis von HICKMANN auf HELMS (1974, S. 1), der den neutraleren Begriff »außereuropäische Musik« verwendet habe, um den Begriff »Folklore« zu vermeiden.

wissenschaftliche Fachliteratur dieser Jahre, so stellt man fest, dass einem Unterricht in »außereuropäischer Musik« aus fachwissenschaftlicher Perspektive durchaus zögerlich begegnet wird. So zitiert beispielsweise Hickmann in ganz ähnlicher Weise wie ihr vorangehende Autoren in ihrem Beitrag Kuckertz in Bezug auf die »Behandlung außereuropäischer Musik im Unterricht«:

- »Bereicherung der musikalischen Welterfahrung durch Schule, Rundfunk, Fernsehen, Konzerte fremdländischer Musiker, Reisen in fremde Länder.
- Veranschaulichung der materiellen Existenz und des geistigen Lebens, also des gesamten sozialen Umfeldes der Menschen außerhalb unseres Kulturkreises; zugleich Verdeutlichung unserer eigenen Musik und ihrer Hintergründe.
- Erweiterung der Chance zur Völkerverständigung und zum Abbau von Diskriminierung und stereotypen Vorstellungen.«[47]

Allerdings enthalten die bis heute inspirierenden Ausführungen und deren Erträge ein merkwürdig vorsichtig formuliertes Postskriptum. In diesem möchte Hickmann dem Eindruck entgegentreten, ihre vorangegangenen Überlegungen seien lediglich für Musiklehrer bestimmt; doch sie gälten auch für Hochschullehrer, die Musiklehrer ausbilden. Hier warnt die Autorin vor »laienhaften Vorstellungen im Bereich der Musikethnologie«, wobei »vorschnelle Definitionen zu wenig sinngemäßen Begründungen für die Einbeziehung außereuropäischer Musik in den Unterricht und damit zu Lernzielformulierungen führten«.[48]

Ein Unterricht, der den Schüler mit musikalischen Ausdrucksformen bekannt machen soll, die entweder nicht unmittelbar im Erlebnis- und Erfahrenskontext seiner Lebensgegenwart präsent sind oder dort als usuelle Praxen gewissermaßen lediglich ›subkutan‹ hineinwirken (aber eben nicht »verständig«!), steht bis heute vor der Schwierigkeit, dass die Musiklehrerbildung diesbezügliche Lerninhalte und Praktiken, sowohl was die Didaktik der Hochschule wie die der Schule betrifft, nicht in gleicher Weise berücksichtigt, wie es die oben genannten Argumente implizieren könnten: Z. B. ist das Bezugsmusikinstrument für den Musikunterricht an allgemeinbildenden Schulen in der Bundesrepublik Deutschland stets ein europäisches; bei eventuell zu studierenden Zweitinstrumenten gilt dies in der Regel ebenso. In gleicher Weise betrifft dies den Bereich der musikbezogenen Fachwissenschaften (Musikwissenschaften wie Musiktheorie), sodass Inhalte, die über die kulturellen Kontexte (Mittel-)Europas hinausgehen, in der Lehrerbildung mitunter gar nicht repräsentiert sind.

Während in der Erziehungswissenschaft der 1970er-/1980er-Jahre die Aus-

---

[47] KUCKERTZ 1981, zitiert nach HICKMANN 1987, S. 275.
[48] HICKMANN 1987, S. 286.

länderpädagogik die Gastarbeiterpädagogik ablöste und anschließend die Vokabel »Interkulturelle Erziehung« Fuß fasste, vollzog sich parallel dazu ein ähnlicher Perspektivwechsel im musikpädagogischen Fachdiskurs. Zwei Beiträge, die wichtige Dokumentationen dieser Diskussion zwischen Musikwissenschaft/Musikethnologie und Musikpädagogik darstellen, stammen von Walter Gieseler und sollen im Folgenden näher betrachtet werden. Im Rahmen der konkreten Themenstellung des vorliegenden Bandes erhält der erste zusätzliches Gewicht, da er im Umfeld einer Tagung von Musikwissenschaftlern und Musikpädagogen steht, auf die bisher rezeptionsgeschichtlich beiderseitig zu wenig (auch 2011) rekurriert wird.

2.3 Gießen 1977: Musikwissenschaft und Musiklehrerausbildung

Unter der Überschrift »Musikwissenschaft und Musiklehrerausbildung« tagte 1977 in Gießen die Bundesfachgruppe Musikpädagogik.[49] In dem ein Jahr später veröffentlichten Tagungsband finden sich insgesamt vier Beiträge zum Veranstaltungsblock »Umsetzung von musikethnologischen Erkenntnissen in der Schulpraxis«, in dem neben zwei Musikpädagogen (Jens Peter Reiche, Helmut Tschache) zwei Musikethnologen zu Wort kommen.

Kurt Reinhard (der ausdrücklich betont, dass er kein Schulmusiker sei) weist auf »einige der wichtigsten Erscheinungen der nicht-europäischen Musik hin«[50] und empfiehlt für die Arbeit in der Schule eine Orientierung an den Erkenntnissen der Musikethnologie:[51]

> »Hier genügt es, die von den Vergleichenden Musikwissenschaften erarbeiteten Ergebnisse zur Kenntnis zu nehmen, sinnvoll für den Musikunterricht aufzubereiten und erfolgreich den Schülern zu vermitteln.«[52]

Als für den Musikunterricht »sinnvoll« benennt er auf der inhaltlichen Ebene Aspekte wie z. B. das »natürliche Tonsystem« (d. h. unterschiedliche Lösungsmöglichkeiten der Systematisierung von Tonvorräten) sowie das Aufzeigen von Bezugnahmen bzw. Entlehnungen (Exotismus) und Ähnlichkeiten (Wiederholungsprinzip), auch in Hinsicht auf Musikinstrumente.[53] Als einen Gesichts-

---

[49] Vgl. dazu den Bericht in *Die Musikforschung* (BIRTEL 1978).
[50] REINHARD 1978, S. 168.
[51] Vgl. auch REINHARD 1968.
[52] REINHARD 1978, S. 169.
[53] Ebd., S. 170f.

punkt greift Reinhard beispielhaft zugleich den in der Musikethnologie durchaus umstrittensten heraus.

> »Obwohl die Vergleichende Musikwissenschaft nicht mehr, wie in ihren Anfangstagen, die Maxime vertritt, dass die sogenannten Primitivkulturen für uns heute einen Zustand wiederspiegeln, den wir Abendländer in gleicher Form vor ein paar Jahrtausenden durchlaufen haben, dürfen wir gewisse Urelemente aufzeigen, die der gesamten Menschheit – mit gewissen Abweichungen freilich – eigen sind bzw. waren.«[54]

Dass er einerseits darauf hinweist, evolutionistische Vorstellungen seien zwar obsolet, andererseits gäbe es jedoch so etwas wie »Urelemente« mutet dabei wie eine vorsichtig geschlagene Brücke zur Didaktik an, die aus den beiden Schlüsselwörtern *Gemeinsamkeiten* und *Unterschiede* besteht.

Josef Kuckertz geht in seinem Beitrag davon aus, musikethnologische Ergebnisse sollten im schulischen Musikunterricht je nach »in ihrer Bedeutung für unsere Musikkultur heute« vermittelt werden.

> »Generell kann man davon ausgehen, daß die Beschäftigung mit der Musik außerhalb unseres eigenen Kulturkreises unsere Erfahrung weitet [...] oder auch ein tieferes Verständnis für die Eigenart unserer Traditionen [...] herbeiführen.«[55]

Er unterstreicht in seinem Beitrag die Bedeutung des Hörens und Verstehens außereuropäischer Musik.

> »Zur Schulung des Hörens und Verstehens benötigt man Musikaufnahmen und Beschreibungen. Besuche von Darbietungen auswärtiger Musiker bei uns und Reisen in ferne Länder sind daneben ein vorzüglicher Anschauungsunterricht, wenn erst ein Zugang zu dem betreffenden Musikstil gewonnen ist. Angesichts der Fülle der bisher eingebrachten Musikaufnahmen und der zuweilen großen Schwierigkeiten bei ihrer Erschließung sollte man jedoch nicht versuchen, einen für alle zugänglichen Kanon von Thesen oder Stichpunkten auszuarbeiten und diesen zwingend in jeden Lehrplan einzubauen.«[56]

Im weiteren Verlauf (und vermutlich im Vortrag durch ein Hörbeispiel unterstützt) exemplifiziert Kuckertz diesen im weitesten Sinne höranalytischen Ansatz mit indischer Musik.

Gleichwohl ist die (Schul-)Praxisferne dieser und ähnlicher Vorstellungen offensichtlich: Einerseits wird die Erschließung des klingenden Materials als schwierig bezeichnet, andererseits warnt Kuckertz vor Kanonbildung.

---

[54] Ebd., S. 169.
[55] KUCKERTZ 1978, S. 173.
[56] Ebd., S. 174.

Am Beitrag von Reiche wird evident, dass die musikpädagogische Sicht auf fachwissenschaftliche Erträge eine andere ist.[57] Er beginnt seinen Beitrag mit einer Kritik an der Validität von Transkriptionen mit dem Hinweis darauf, dass in der Herstellung dieses Dokumentationsmaterials der (fremde) Betrachter bereits involviert sei und »wir mit dem Bestandteil der fremden Kultur einen Bestandteil eigenen Verhaltens in die Vergleichende Musikwissenschaft einbringen.«[58]

> »Dieser Vorgang setzt sich auf anderen Ebenen, z. B. der sprachlichen, fort und erklärt nicht zuletzt, warum nicht allein die Einzeldarstellung, sondern eigentlich erst der Vergleich verschiedener Kulturen und ihrer Musik dem vertieften Verständnis von Musik dient.«[59]

Bemerkenswert an den Ausführungen ist, dass Reiche nicht nur das prospektive Lehrmaterial (Transkriptionen) als ein subjektbezogenes Abbild versteht und damit zugleich das Wissenschaftsverständnis hinterfragt, sondern als Konsequenz den »interkulturellen Vergleich« als für den Musikunterricht bedeutsam hervorhebt. Einzeldarstellungen von Musikkulturen, wie etwa die Fachvertreter der Musikethnologie vorschlagen, gewinnen nun eine andere Bedeutung. Der Gegenstand wird, abgesehen davon, dass er die Lust, sich mit Neuem auseinanderzusetzen oder ein Bedürfnis »sich mit gesellschaftlichen Minoritäten zu solidarisieren« befriedigt, lediglich zum Anlass.

> »Bei dem Konzept, das wir für die Einführung des Faches in die Lehrerbildung an der Hamburger Musikhochschule entwickelt haben, sind wir von der Überlegung ausgegangen, daß sich wissenschaftspraktisches Know-how [...] und wissenschaftstheoretische Reflexion [...] aus der Betrachtung des Gegenstandes in Gang setzen lassen. Dieser Gegenstand war von vornherein – bezogen auf die Unterrichtseinheit – nicht als Einzeldarstellung einer bestimmten Musikkultur, sondern als interkultureller Vergleich angelegt.«[60]

Für die Musiklehrerbildung müsse die Aufgabe darin bestehen, »aus dem Lehrinhalt heraus eine Differenz zur kulturellen Situation zu zeigen, in die sich der Studierende eingebunden findet«.[61] Dies führe zu einer vergleichenden Sicht auf die »abendländische Musik«. Entscheidend ist für Reiche aber etwas anderes:

---

[57] Reiche greift in seinen Ausführungen auf ein in der Hamburger Musikhochschule entworfenes Curriculum zurück, in dem die Musikwissenschaften im Verlaufe von acht Semestern die Lehrinhalte in 18 Einzelaspekten kanonisiert hat.
[58] REICHE 1978, S. 177.
[59] Ebd.
[60] Ebd., S. 178.
[61] REICHE 1978, S. 179.

»Was im Rahmen der Lehrerausbildung durch das Studium der Vergleichenden Musikwissenschaft an Einsichten gewonnen werden kann, betrifft die Bezüge, die zwischen Inhalten, Methoden und Theorien bestehen; es zielt – da Vergleichende Musikwissenschaft sich inzwischen selbst zum Gegenstand hat – auf die Vermittlung und die Kritik musikwissenschaftlichen Verhaltens.«[62]

Während also bei Reinhard und Kuckertz die Inhaltsebene stärker aus einem materialen bildungstheoretischen Blickwinkel angesteuert wird und damit Züge von Abbilddidaktik trägt, stellt Reiche Propädeutik und Haltungsveränderung in den Vordergrund.[63]

2. April 1981: Musikethnologie – einmal anders betrachtet

Vier Jahre später veröffentlicht Gieseler einen Artikel, der zusammen mit dem vorangegangen Sammelband als Beleg für den oben erwähnten Paradigmenwechsel angesehen werden kann. Nach der Sichtung einschlägiger Fachliteratur gelangt er für den Zeitraum von 1969 bis 1979 zu der Einschätzung, »dass Musikethnologie vornehmlich unter dem Zeichen des ›sehr weit weg‹ verstanden wurde.«[64] Zunächst würdigt er die Musikethnologie als wissenschaftliche Disziplin. Aber aus einem musikpädagogischen Blickwinkel betrachtet, stellt er fest:

»So bleibt die Musikethnologie (von ihren Gegenständen her) etwas Exotisches. Als didaktisches Ziel aufzustellen, die Behandlung außereuropäischer Musik in der Schule diene nicht nur dazu, diese Musik allein, sondern vor allem fremde Völker kennenzulernen, ist gut und verdienstvoll, aber angesichts Indiens oder Kolumbiens nicht so leicht zu verwirklichen.«[65]

Dann folgt der zentrale Absatz:

»Warum kann Musikethnologie nicht einmal anders werden: nicht als Vorführung exotischer Musik in der Schule (wobei »exotisch« das immer fremd Bleibende meint), sondern als eine Möglichkeit, die Menschen, die uns in der Bundesrepublik und zu großen Prozentsätzen in der Schule selbst begegnen, besser kennenzulernen? Also vor allem Türken und Griechen, Spanier und Portugiesen, Ägypter und Tunesier. Die Erkenntnisse der Musikethnologie hier einzusetzen, wäre lebendig, didaktisch sofort fruchtbar und zwanglos machbar.«[66]

[62] Ebd., S. 180.
[63] GIESELER/KLINKHAMMER 1978, S. 192ff.
[64] Für die Tagung 2011 und den thematischen Zusammenhang insgesamt ist die Mitschrift der Podiumsdiskussion aufschlussreich. Auf sie kann hier jedoch nicht weiter eingegangen werden. GIESELER 1981, S. 199.
[65] Ebd.
[66] Ebd., S. 200.

In insgesamt sechs Punkten führt er diesen Gedanken fort, wobei er in der Summe die Gegenseitigkeit einer solchen Herangehensweise unterstreicht.

> »Deutsche Kinder lernen Musik aus der Heimat ihrer ausländischen Schulkameraden kennen und lernen deren Kultur schätzen. Ausländische Kinder lernen desgleichen (mehr als bisher) deutsche Lieder und deutsche Musik kennen.«[67]

Seine Überlegungen schließen die Aufforderung ein, »Arbeitsmaterial für Lehrer und Schüler« bereit zu stellen, denn

> »Liederbücher mit Liedern aus den entsprechenden Ländern sind da zu wenig, vor allem, wenn man an den Unterricht in höheren Klassen denkt.«[68]

Die Verlegung des Fokus von einem einseitig gegenstandsorientierten (außereuropäische musikalische Erscheinungsformen) hin zu einem auf Migrationstatsachen rekurrierenden musikpädagogischen Nachdenken über Musik kennzeichnet jenen Paradigmenwechsel.

Die damit einhergehende Abkehr von einer im weitesten Sinne abbilddidaktischen Sichtweise zu einem auf den für diese Zeit in der Pädagogik prominenten »Differenzdiskurs«[69] ist unübersehbar. Das Hamburger Projekt, dargestellt von Reiche, ist in der Wegbereitung für diesen Paradigmenwechsel eine wichtige Station. Denn der Einbezug von Musikethnologie mit dem Ziel »Vermittlung und Kritik musikwissenschaftlichen Verhaltens« trägt vor dem Hintergrund von Methoden und Theorien der gegenwärtigen Musikpädagogik – auch in Hinsicht auf die Musiklehrerbildung – eine Dimension in den Diskurs, auf den bisher nicht wieder zurückgegriffen wurde.

Vor hier aus streut der musikpädagogische Fachdiskurs in verschiedene Richtungen, wie im Folgenden anhand eines knappen Ausblicks in die kommenden zehn Jahre ab 1979 gezeigt wird.

2.5 Außereuropäische Musik – Folklore – Interkultureller Musikunterricht

An die von Gieseler angemahnte Begegnung mit dem Anderen über die Musik schließen zeitlich gesehen die Veröffentlichungen der Musikpädagogin Irmgard Merkt an. Sie skizziert nicht nur den erziehungswissenschaftlichen Diskurs der 1980er-Jahre, sondern entwickelt Ideen, die den Umgang mit türkischer Musik

---

[67] Ebd., S. 201.
[68] Ebd.
[69] MECHERIL 2011, S. 56.

bis auf die Materialebene hin exemplifiziert. Darüber hinaus wendet sie sich sowohl dem Begriff des »interkulturellen Unterrichts« aus musikpädagogischer Perspektive zu und entfaltet die ersten Gedanken für einen »Schnittstellenansatz«, den sie in zahlreichen Folgepublikationen näher ausführt.

Im Rückgriff auf die Entwicklungen in der Erziehungswissenschaft konstatiert Merkt 1983, es gäbe noch keine Konzeption eines interkulturellen Unterrichts mit einer »abgerundeten Theorie«, sondern der Terminus *interkulturell* bezeichne »eher eine H a l t u n g«.[70] Diese Offenheit nimmt sie zum Anlass dem interkulturellen Lernen aus der Sicht des Fachs Musik Konturen zu verleihen.[71] Deutlich bezieht sie Position gegen »bloße Folklore«, wobei sie erläutert, was sie darunter versteht:

> »Mit der Stufe der »bloßen Folklore« ist hier die Rezeption der Musik der Heimatländer der ausländischen Arbeitnehmer durch die Deutschen und die deutsche Ausländerpädagogik auf der Basis des interessenlosen Wohlgefallens oder auf der Basis der Exotik gemeint.«[72]

Dieser Umgangsweise fehle nicht nur das Merkmal der Interaktion, sondern sie sei auch eurozentristisch, mithin ungenau, wenn es etwa um die Übersetzung des türkischen Texts ging. Zusammenfassend stellt die Autorin fest:

> »[D]er Umgang mit der fremden, mit der anderen Kultur auf der Ebene der zufälligen, ungefähren Information, wie sie die ›bloße‹ Folklore darstellt [greift] von seiner Haltung her zu kurz: interkulturelles Lernen fordert eine Haltung von Neugier und Genauigkeit.«[73]

Mit dem gleichen Argument hatte sich schon Helms gegen die Verwendung des Begriffes Folklore ausgesprochen[74] und auch Gieseler kritisierte die Reduzierung auf Liederbücher allein.

In der letzten ihrer 17 »Thesen zu einem interkulturellen Musikunterricht mit deutschen und türkischen Kindern«, mit denen sie ihr Buch beschließt, greift Merkt den 1975 bereits von Helms für die *Einführung in außereuropäischer Musik* entwickelten Toleranz-Gedanken wieder auf:

> »(17) Oberstes Lernziel eines interkulturellen Unterrichts ist der W i l l e zu Kommunikationsfähigkeit und zu Toleranz, der W i l l e zu gesellschaftlichem Frieden.«[75]

---

[70] MERKT 1983, S. 38 (Hervorhebungen im Original).
[71] Ebd.
[72] Ebd., S. 39; zum Aspekt Folklore vgl. SCHORMANN 1996.
[73] MERKT 1983, S. 41.
[74] HELMS 1975 und 1976.
[75] MERKT 1983, S. 284 (Hervorhebungen im Original).

Nicht nur kann hier gleichzeitig der Beginn einer begrifflichen Kehrtwende, von ›außereuropäisch‹ zu ›interkulturell‹, lokalisiert werden, sondern es sind in ihren Ausführungen schon die Umrisse des Schnittstellenansatzes angelegt, der in der Folge zu einem Kerngedanken der Merktschen Konzeption wird. Die Prämisse dafür, wenn man so will, findet Merkt beim fünften Axiom der Kommunikationstheorie von Paul Watzlawick.

> »Zwischenmenschliche Kommunikationsabläufe sind entweder symmetrisch oder komplementär, je nachdem ob die Beziehung zwischen Partnern auf Gleichheit oder Unterschiedlichkeit beruht.«[76]

Daher postuliert sie in ihrer sechsten These, dass die Voraussetzung für die Herstellung von symmetrischen Beziehungen zwischen Menschen auf dem Weg über kulturelle Ausdrucksformen der Vergleich sei. Für das Fach Musik bedeute dies die Notwendigkeit einer »Auseinandersetzung mit der Musikkultur der Heimatländer der ausländischen Kinder«[77] und – bezogen auf ihren konkreten Referenzfall türkische Musik – als Konsequenz für didaktische Überlegungen:

> »Die türkische Musik trägt als Teil der Musikkultur des Vorderen Orients für deutsche Kinder in besonderem Maße den Charakter des Fremden und Ungewohnten. Die Musikpädagogik muß sich deshalb der Frage von Gemeinsamkeiten und auch Unterschieden der deutschen und türkischen Musikkultur in besonderem Maße widmen. Den türkischen Kindern fällt umgekehrt eine Auseinandersetzung mit europäischer Musikkultur nicht im selben Maße schwer, da sie durch die Musik der Unterhaltungsindustrie mit verschiedenen Ausprägungen ›westlicher Musik‹ in Berührung kommen. Diese Tatsache darf freilich nicht zum Argument dafür werden, von deutscher Seite eine Beschäftigung mit türkischer Musikkultur zu unterlassen.«[78]

Merkt prägt seit den 1980er-Jahren maßgeblich den Begriff der Interkulturellen Musikerziehung (IME). Einer der dazu vielleicht wichtigsten Beiträge stammt aus dem Jahr 1993. In ihm resümiert sie noch einmal die historischen Entwicklungen seit den 1970er-Jahren und fasst die zukünftige Aufgaben mit der Formulierung »Interkulturelle Erziehung für eine multikulturelle Gesellschaft«. Für die Verwirklichung dieses Anspruches führt Merkt dort ein Sieben-Punkte-Programm an. Es sieht nicht nur vor, dass eine »wissenschaftlich qualifizierte Auseinandersetzung mit den Musikkulturen der Welt« stattzufinden habe, sondern »Interkulturelle Musikerziehung [habe] mit Musikmachen, nicht mit Mu-

---

[76] WATZLAWICK 1969, S. 70.
[77] MERKT 1983, S. 282.
[78] Ebd.

sikhören« zu beginnen. Die 1983 bereits genannte Zielstellung symmetrischer Kommunikation zwischen Menschen mit und ohne Migrationshintergrund wird im zweiten Punkt des genannten Programms in den Schnittstellenansatz fortgeführt.

An zentraler Stelle des Schnittstellenansatzes steht schon 1983 der Vergleich. In einem Beitrag aus dem Jahre 2001 bezeichnet sie den Vergleich gar als *Prinzip*, der aber mitnichten weder auf »Gleichmacherei [...] noch Verfestigung von Unterschieden« ziele. »Vergleich heißt Spaß an neu entdeckter Gemeinsamkeit und Recht und Unterschiede und Individualität.«[79]

> »Die Prinzipien des interkulturellen Musikunterrichts bleiben
> - der Vergleich,
> - das gemeinsame Machen von Musik aus verschiedenen kulturellen Feldern sowie
> - die Sichtweise von Musik als Reflexion bzw. Objektivierung gesellschaftlichen Lebens.«[80]

Ein weiteres Prinzip, das schon 1985 sowie im Beitrag von 1993 als dritter Punkt im Sieben-Punkte-Programm auftaucht, ist also der musizierpraktische Umgang:

> »Wird das Musikbeispiel aus einem der Herkunftsländer von Kindern nach dem Prinzip der Mitmachmusik genutzt, sind alle Kinder einer Klasse in gleicher Weise am Prozess des Musikmachens beteiligt. Mitmachmusik, das heißt: mitklatschen, mittrommeln, einen Bordunton wiederholen, Holzklangstäbe, Becken oder Triangel zum Musikbeispiel spielen.«[81]

Das Diktum »Musikmachen geht vor Musik hören« ist zentral für Merkts Konzept und ist zugleich ein Ansatzpunkt für seine Fortführung.

In einem Beitrag aus dem Jahre 2009 ersetzt sie nun den Begriff »interkulturell« durch »multikulturell« und spricht also von Multikultureller Musikpädagogik. Abgesehen von dieser sicher zu hinterfragenden Umetikettierung bringt Merkt aber das Prinzip der Schnittstelle noch einmal auf den Punkt.

> »Der Einstieg in die multikulturelle Musikerziehung ist die Suche nach dem Vertrauten in der oder den anderen Musikkulturen – verbunden mit dem Finden von Gleichem oder Ähnlichem in der eigenen Musikkultur. Gleiches oder Ähnliches wird gegenübergestellt. Die Schnittstelle ist der Anfang.«[82]

Die Schnittstelle wird so zu weit mehr als einem Raum, in dem Unterschiede und Gemeinsamkeiten verhandelt werden. Für Merkt erfüllt sie zugleich die

---

[79] MERKT 2001, S. 5.
[80] Ebd.
[81] Ebd.
[82] MERKT 2009, S. 25.

Funktion, »mehr wissen zu wollen über das Andere der anderen Musikkultur. Mehr wissen zu wollen über die Musik und das Leben anderswo.«[83]

Wolfgang Martin Stroh greift die Gedanken von Merkt auf und entwickelt einen Erweiterten Schnittstellenansatz, auf dem im Einzelnen hier nicht eingegangen werden soll, weil für den hier zu verhandelnden thematischen Zusammenhang noch ein Beispiel für die Durchdringung von fachwissenschaftlichen und fachdidaktischen Sichtweisen, dieses Mal zusätzlich unter Einbeziehung kulturphilosophischer Überlegungen, eine weitere Facette des musikpädagogischen Diskurses dokumentieren soll.

2.6 Transkulturelle Musikerziehung und erweiterter Schnittstellenansatz

Zwischen den Jahren 1996 und 1998 publizierte der Musikpädagoge Volker Schütz zwei seiner vermutlich meist gelesenen und zitierten Aufsätze, in denen er im Rückgriff auf Welsch den Begriff der »Transkulturellen Musikerziehung« prägt. Interessanterweise trägt sein Aufsatz aus dem Jahr 1997 noch den Titel *Interkulturelle Musikerziehung (IME)*, während der 1998 veröffentlichte Beitrag schon mit *Transkulturell* überschrieben ist. Im erst genannten (SCHÜTZ 1997) legt Schütz aufbauend auf die Vorarbeiten von Merkt noch einmal die Zielsetzung und Aufgaben der IME dar, weist aber darauf hin, dass inzwischen Erweiterungen, besonders in Hinsicht auf die schülereigenen Teilkulturen notwendig seien. Bereits 1996 hatte er in Folge seines Engagements im Bereich der populären Musik (SCHÜTZ 1995) in einem kurzen Beitrag – übrigens hier schon im Rückgriff auf Welschs Kulturbegriff – erläutert, dass das Interesse bei Lehrerfortbildungen an schwarzafrikanischer Musik über die stete Präsenz der Rock- und Popularmusik, resp. der transkulturellen Binnenverfassung der Menschen, im Kern vorhanden sei. Dabei hatte er folgende These aufgestellt:

> »Die Auseinandersetzung mit der Musikkultur Schwarzafrikas ist bei der Mehrzahl der Kursteilnehmer eine mehr oder weniger bewusste Auseinandersetzung mit den Grenzen und Begrenzungen unserer dominanten Musikkultur der Klassik und ihres Erbes. Dabei kommt es mehr oder weniger bewusst zur Suche nach Kompensationsmöglichkeiten für erfahrene Defizite.«[84]

»Kompensationsmöglichkeiten« – so Schütz weiter – bietet die schwarzafrikanische Musik.« Ein Jahr später erweitert er das Spektrum der IME über diese Argumentation und weist ihr eine grundsätzliche Rolle im Musikunterricht zu:

---

[83] MERKT 2009, S. 25.
[84] SCHÜTZ 1996b, S. 80.

> »Inzwischen ist es als notwendig erkannt worden, schülereigene musikalische Teilkulturen im heutigen Musikunterricht zu thematisieren. Diese unterrichtliche Auseinandersetzung trägt wesentliche Züge der IME. [...] Für einen Heavy Metal-Fan ist die Auseinandersetzung mit Techno gleichbedeutend mit der Annäherung an eine fremde Musikkultur. Für den musikunterrichtlichen Vermittlungsprozess gelten somit die Bedingungen der IME. Auch der Einstieg in die bürgerliche Konzertmusik birgt für die Masse unserer Schülerinnen viele Fremdheiten. So sollte sich auch die Vermittlung dieser musikalischen Teilkultur der Erwachsenen an didaktischen und methodischen Prinzipien der IME orientieren.«[85]

Stellt für Merkt die Musik der Migranten primär das eine Feld der Schnittmenge dar, so erweitert Schütz dies prinzipiell durch jede musikalische Teilkultur, von der populären bis zur außereuropäischen oder Migrantenmusik. Interessant ist an dieser Stelle die Fußnote, die der Autor beifügt.

> »Aufgrund dieser Ausweitung der Themen und Sachbereiche der IME und der damit verbundenen qualitativ unterschiedlichen Erfahrungsvoraussetzungen auf Schülerseite, halte ich es inzwischen für notwendig, im Vermittlungszusammenhang von schülereigenen und schwarzafrikanischen Musikkulturen den Begriff der IME durch den der ›transkulturellen‹ Musikerziehung zu ersetzen. Dies hier zu diskutieren, würde den Rahmen sprengen.«[86]

1998 erscheint dann jener Aufsatz, in dem Schütz entlang des Kulturverständnisses von Welsch den Begriff der Transkulturellen Musikpädagogik entfaltet. Er würdigt die Leistung der IME und betont, deren Zielsetzungen würden von ihm nicht in Frage gestellt werden, im Gegenteil, sie seien »Orientierungsmarken für eine transkulturell orientierte Musikpädagogik.«[87] Die Frage sei eher die, wo die Hindernisse bei der Einlösung derselben liegen? Könnten, so fragt Schütz, neben schulbedingter Hindernissen nicht viel mehr die Ursachen in den Grundannahmen der IME zu finden sein? Hierauf findet er bei Welsch die Antwort: Die Vorstellung von Kulturen als abgeschlossene Einheiten, die durch Sprache und Territorium begrenzt werden, die auch den Begrifflichkeiten wie Inter- und Multikulturalität zu Grunde liegt, ist auf Grund des Netzdesigns der Kulturen deskriptiv unbrauchbar.

Welsch hatte damit nicht nur eine neue Vokabel zur Beschreibung kultureller Prozesse ins Spiel gebracht, sondern setzte damit im Wesentlichen Gedankenprozesse in Gang. Volker Schütz erkannte dies.[88] Der Begriffswechsel ist also nicht etiketthaft, sondern impliziert einen Perspektivwechsel. Ohne an dieser Stelle auf die Kritik an Schütz im Einzelnen einzugehen, bleibt für diesen Zu-

---

[85] Schütz 1997, S. 8.
[86] Ebd.
[87] Schütz 1998, S. 2.
[88] Ebd., S. 3.

sammenhang festzuhalten, dass mit Schütz neben die Vokabel »interkulturell« das Wort »transkulturell« tritt. Damit stehen zwei konkurrierende Begriffe nebeneinander, die in ihrer Zielsetzung vermutlich zahlreiche Überschneidungen haben, sich in den theoretischen Voraussetzungen allerdings unterscheiden.[89]

2.7 Zusammenfassung

Untersuchungen zur Geschichte des Umgangs mit anderen Musiken im Musikunterricht der allgemeinbildenden Schule in Deutschland stehen noch aus. Zu wenig sind die Konzeptionen und Konzepte, auch vor dem Hintergrund der Entwicklungen in den Erziehungswissenschaften (Interkulturelle Erziehung; Interkulturelle Pädagogik; Migrationspädagogik), den Kulturwissenschaften oder der Musikethnologie gesichtet und beschrieben worden.[90] Eine von zahlreichen, hier nicht weiter zu verfolgenden Hypothesen ließe sich wie folgt formulieren: Vokabular und Grundannahmen für die Begründungszusammenhänge eines interkulturell orientierten Musikunterrichts zeigen Parallelen zu Entwicklungen in den Erziehungswissenschaften, nicht jedoch zur Musikethnologie. Unter Umständen ist – und das sieht man beispielsweise beim Ansatz von Stroh – der oben erwähnte Griff der Musikpädagogen in die musikethnologische Fachliteratur ja auch gar nicht gewollt, weil das Ziel eben nicht die Aufbereitung und Weitergabe von Ergebnissen der musikethnologischen Forschung ist, sondern das Einnehmen einer Haltung, für die Inhalte nicht primär ist.

3 Schluss

Auf der Münchner Tagung versicherte man sich gegenseitig gemeinsamer Feindbilder, z. B. in Bezug auf den Verlust des Konzertpublikums, den Rückzug einer gesellschaftlichen Gebrauchspraxis – womit Überlegungen zu musikunterrichtlichen Aufgaben diesbezüglich verbunden wurden. Musikpädagogisch angelei-

---

[89] Gleichwohl gibt es einen Unterschied zwischen der Beschreibungsdimension einer transkulturellen Verfasstheit des Individuums oder *der* Welt und transkulturell als einer im weitesten Sinne Haltung. Letztere gilt es meiner Auffassung nach einzunehmen, wenn musikpädagogisch angeleitet über Musik nachgedacht wird.

[90] Auch sind die an einen interkulturellen Musikunterricht herangetragenen migrationspädagogischen oder humanisierenden Begründungsmuster in ihrer Wirksamkeit weitgehend ungeprüft, sodass für die musikpädagogische Forschung hier ein Desiderat festzustellen ist.

tetes Nachdenken über Musik im oben genannten, umfassenderen Sinne sucht darüber hinauszugehen. Wenn es Ziel ist, im Musikunterricht zu einer verständigen Musikpraxis zu gelangen, dann sind die »schiefen Relationen« zwischen Musikpädagogik und Musikwissenschaft, von denen Dahlhaus spricht, nur zu vermeiden, wenn im Dialog zwischen fachwissenschaftlich und fachdidaktisch ausgerichteten Blickrichtungen die materiale Ebene verlassen wird. Anstatt über Inhalte, mithin Aufbereitung und Weitergabe von Fachwissen zu verhandeln, gälte es vielmehr Themenfelder zu identifizieren, die die spezifisch in der musikwissenschaftlichen Perspektive verorteten Phänomene oder Praxen adressieren. Um auf Reiche zurückzugreifen stünde dann das Aufzeigen von »Bezüge[n], die zwischen Inhalten, Methoden und Theorien bestehen« im Vordergrund. Dies mag mit Blick auf die Historische Musikwissenschaft unter Umständen leichter fallen, weil dieser Diskurs zeitlich und inhaltlich angereicherter ist als jener mit der Musikethnologie. Viel entscheidender ist jedoch, dass die gegenwärtige Musikethnologie nicht nur in Hinsicht auf spezifische Forschungsfelder und -methoden[91] ein gleichberechtigter Gesprächspartner sein muss, sondern in der Zusammenschau mit Forschungserträgen zu usuellen Praxen, zu Segregation, Fusion oder Migrationsmusiken ein musikpädagogisch angeleitetes Nachdenken über Musik in der Weise erweitert, dass eine Einengung auf Rekonstruktionen von Festschreibungen und »hierarchischen Ordnungen«[92] nicht geschieht.

Literatur

ABEL-STRUTH, SIGRID (2005): *Grundriss der Musikpädagogik*. 2. Auflage Mainz u. a.

ALTENBURG, DIETRICH/BENNWITZ, HANSPETER/LEOPOLD, SILKE/MAHLING, H.-CHRISTOPH (2001): *Zu Situation und Zukunft des Fachs Musikwissenschaft*, in: Die Musikforschung, Heft 45, S. 352–360

ANSOHN, MEINHARD/TERHAG, JÜRGEN (Hg.): *Musikunterricht heute 5: Musikkulturen – fremd und vertraut*. AfS Jahrbuch 2003. Oldershausen

ANTHOLZ, HEINZ (1970): *Unterricht in Musik. Ein historischer und systematischer Aufriß seiner Didaktik*. Düsseldorf

BARTH, DOROTHEE (2008): *Ethnie, Bildung oder Bedeutung? Zum Kulturbegriff in der interkulturell orientierten Musikpädagogik*. Augsburg

BEHNE, KLAUS-ERNST (1986): *Hörertypologien. Zur Psychologie des jugendlichen Musikgeschmacks*. Regensburg

[91] Siehe beispielsweise GREVE 2003; HEMETEK u. a. 2007.
[92] KONERSMANN 2003, S. 16.

BIRTEL, WOLFGANG (1978): *Wissenschaftliche Tagung der Bundesfachgruppe Musikpädagogik in der Universität Gießen*, in: Die Musikforschung, 31. Jg., Heft 2, S. 187–188

BÖHLE, REINHARD C. (Hg.) (1996): *Aspekte und Formen Interkultureller Musikerziehung*. Frankfurt am Main

BOHLMAN, PHILIP VILAS (2002): *World Music. A Very Short Introduction*. Oxford u. a.

BOLLENBECK, GEORG (1996): *Bildung und Kultur. Glanz und Elend eines deutschen Deutungsmusters*. Frankfurt am Main

BORRIS, SIEGFRIED (1967): *Neue pädagogische Konzeptionen aus orientalischen Klangstrukturen*, in: DEUTSCHE UNESCO-KOMMISSION (Hg.), S. 26–28

CAMPBELL, PATRICIA SHEHAN (2004): *Teaching Music Globally. Experiencing Music, Expressing Culture*. New York u. a.

CLAUSEN, BERND (2004a): *Transkulturelle Musik(en)pädagogik*, in: CLAUSEN, BERND (Hg.), Lebendige Phantasie. Pendulum. Bielefelder Schriften zur Ästhetischen Erziehung, Band 1. Bielefeld, S.139–145

DERS. (2004b): *Das dauerhafte Vergnügen, das Diverse zu fühlen*, in: CLAUSEN, BERND (Hg.), Lebendige Phantasie. Pendulum (Bielefelder Schriften zur Ästhetischen Erziehung, Band 2). Bielefeld, S. 99–108

DERS. (2009): *»Vielfalt« in musikbezogenen Diskursen*, in: Perspektiven einer Interkulturellen Musikpädagogik (Potsdamer Schriftenreihe zur Musikpädagogik, Band 2). Potsdam, S. 124–134

CVETKO, ALEXANDER. J. (2008): *Musik als Weg zur Humanisierung durch kulturelle Grenzüberschreitung. Johann Gottfried Herders Brückenschlag zwischen Musik, Kultur und Identität*, in: CVETKO/GRAF (Hg.): Wege interkultureller Wahrnehmung – Grenzüberschreitungen in Pädagogik, Musik und Religion. Göttingen, S. 97–149

DAHLHAUS, CARL (1972): *Abkehr vom Kunstwerk?*, in: Neue Zeitschrift für Musik, Heft 8/1972, S. 430 (siehe auch: Musik & Bildung 1972, S. 480)

DERS. (1974): *Autonomie und Bildungsfunktion der Musik*, in: Musik & Bildung, Heft 12, S. 653–657

DERS. (1978): *Abkehr von der Musikwissenschaft?*, in: GIESELER/KLINKHAMMER (Hg.), S. 57–62

DEUTSCHE UNESCO-KOMMISSION (Hg.) (1967): *Der Zugang zu den Zeugnissen außereuropäischer Kulturen*. Köln

DIAMOND, BEVERLY (2007): *The Music of Modern Indigenity: From Identity to Alliance Studies*, in: European Meetings in Ethnomusicology, ESEM, Vol. 12, S. 169–190

EDLER, ARNFRIED/HELMS, SIEGMUND/HOPF, HELMUTH (Hg.) (1987): *Musikpädagogik und Musikwissenschaft*. Wilhelmshaven

ELLIOT, DAVID J./HIGGINS, LEE (2008). *International Journal of Community Music*. Online verfügbar unter: http://www.intljcm.com/ (zuletzt geprüft am 20.09.2011)

GEMBRIS, HEINER/SCHELLBERG, GABRIELE (2007): *Die Offenohrigkeit und ihr Verschwinden bei Kindern im Grundschulalter*, in: Musikpsychologie, Band 19, S. 71–92

GfM (Hg.) (1971): *Mitteilungen*, S. 491/492

GIESELER, WALTER (1981): *Musikethnologie – einmal anders betrachtet*, in: HELMS (1987), S. 199–202

GIESELER, WALTER/KLINKHAMMER, RUDOLF (Hg.) (1978): *Musikwissenschaft und Musiklehrerbildung. Inhaltliche, bildungspolitische und institutionelle Perspektiven.* in: *Forschung in der Musikerziehung.* Mainz u. a.

GRAMIT, DAVID (2002): *Cultivating Music. The Aspirations, Interests, and Limits of German Musical Culture 1770–1848.* Berkley

GREVE, MARTIN (2003): *Die Musik der imaginären Türkei. Musik und Musikleben im Kontext der Migration.* Weimar

HELMS, SIEGMUND (1974): *Außereuropäische Musik.* Wiesbaden

DERS. (1975): *Über die Beurteilung außereuropäischer Musik – Zwischenergebnisse einer Schülerbefragung*, in: *Forschung in der Musikerziehung.* Mainz, S. 82–100

DERS. (1976): *Musikpädagogik und außereuropäische Musik*, in: *Musik & Bildung*, Heft 4, S. 192–195

DERS. (1987): *Musikpädagogik – Spiegel der Kulturpolitik. Ausgewählte Texte aus der Musikalischen Jugend/Neuen Musikerziehung 1965–1985.* Regensburg

HEMETEK, URSULA/REYES, ADELAIDA (2007): *Cultural Diversity in the Urban Area: Explorations in Urban Ethnomusicology.* Wien

HICKMANN, ELLEN (1987): *Musikethnologie in der Schul- und Hochschulunterweisung*, in: EDLER/HELMS/HOPF (Hg.), S. 270–290

HOOPER, GILES (2006): *The discourse of musicology.* Aldershot

JENNE, MICHAEL (1979): *Außereuropäische Musik – Musikkulturen der Welt*, in: *Musik & Bildung*, Heft 10, S. 612–616

KAISER, HERMANN J. (1994): *Musikerziehung/Musikpädagogik*, in: HELMS/SCHNEIDER/WEBER (Hg.): *Neues Lexikon der Musikpädagogik.* Kassel, S.175–177

DERS. (2002). *Musik in der Schule? – Musik in der Schule! Lernprozesse als ästhetische Bildungspraxis*, in: VOGT, JÜRGEN (u. a.) (Hg.): *Zeitschrift für Kritische Musikpädagogik.* Online verfügbar unter: http://home.arcor.de/zf/zfkm/kaiser2.pdf (zuletzt geprüft am 07.09.2011)

KOCH, PETER (1967): *Pädagogische Möglichkeiten der Arbeit mit außereuropäischer und moderner europäischer Musik in der höheren Schule*, in: Deutsche UNESCO-Kommission (Hg.), S. 19–25

KONERSMANN, RALF (2003): *Kulturphilosophie. Eine Einführung.* Hamburg

KREMER, JOACHIM (2009): *Das Erkennen und Nutzen von Potentialen: Die Musikwissenschaft im Studiengang Schulmusik*, in: *TransPositionen*, Heft 3, S. 12-13

KUCKERTZ, JOSEF (1978): *Zur Vermittlung musikethnologischer Ergebnisse im Musikunterricht*, in: GIESELER/KLINKHAMMER (Hg.), S.173–175

KÜHN, CLEMENS (2009): *Musik als Kunst. Unzeitgemäße Thesen zu einem zeitgemäßen Musikunterricht?*, in: *Diskussion Musikpädagogik*, Heft 41, S. 3–4

LAADE, WOLFGANG (1976): *Musikwissenschaft zwischen gestern und morgen – Bemerkungen eines Musikethnologen über Musikgeschichte und Musikethnologie*. Berlin

LAAFF, ERNST (1959): *Der Weg des Kindes zur Musik, beleuchtet durch die vergleichende Musikwissenschaft*, in: Musik im Unterricht, Heft 9/50. Jahr, S. 265–268

LETTS, RICHARD/INTERNATIONAL MUSIC COUNCIL (2006): *The protection and promotion of musical diversity. A Study carried out for UNESCO*. Online verfügbar unter: http://www.imc-cim.org/images/stories/programmes/imc_diversity_report.pdf (zuletzt geprüft am 07.09.2011)

LINKE, NORBERT (1977): *Die Aktualitätssucht als zwangsneurotischer Störfaktor in der Schulmusikerziehung*, in: DRANGMEISTER/BERGMEIER/GASSERT/LINKE (Hg.): *Wo stehen wir? Eine kritische Analyse der Schulmusik der Gegenwart* (= MARTENS-MÜNICH: Beiträge zur Schulmusik, Band 32). Wolfenbüttel, S. 22–52

LOMAX, ALAN 1968 (2000): *Folk Song Style and Culture*. 3. Auflage. Washington D. C.

DERS. (1977): *An Appeal for Cultural Equity*, in: The World of Music: Quarterly Journal of the International Music Council (UNESCO) in Association with the International Institute for Comparative Music Studies and Documentation, Vol. 14, No. 2, S. 125–138

LUGERT, WULF DIETER/SCHÜTZ, VOLKER (Hg.) (1991): *Aspekte gegenwärtiger Musikpädagogik. Ein Fach im Umbruch*. Stuttgart

MECHERIL, PAUL (u. a.) (2010): *Migrationspädagogik*. Weinheim u. a.

MERKT, IRMGARD (1983): *Deutsch-türkische Musikpädagogik in der Bundesrepublik. Ein Situationsbericht*. Berlin

DIES. (1993): *Interkulturelle Musikerziehung*, in: Musik und Unterricht, Heft 9, S. 4–7

DIES. (2001): *Musikerziehung interkulturell. Ausländer- und Einwanderungspolitik*, in: Musik in der Schule, Heft 4, S. 4–7

DIES. (2009): *Schnittstellen-Aspekte multikultureller Musikpädagogik*, in: VERBAND DEUTSCHER MUSIKSCHULEN (Hg.): *Dokumentation der Fachtagung »Kulturelle Bildung und Integration im Vorschulalter«*. Bonn, S. 21–26

DIES. (2004): *Musik in der interkulturellen Arbeit*, in: HARTOGH, T./WICKEL, H. H. (Hg.): *Handbuch Musik in der Sozialen Arbeit*. Weinheim u. a., S. 403–413

MIES, PAUL (1928): *Die Schallplatte im Musikunterricht*, in: ZENTRALINSTITUT FÜR ERZIEHUNG UND UNTERRICHT BERLIN (Hg.): *Musikpädagogische Gegenwartsfragen. Eine Übersicht über die Musikpädagogik vom Kindergarten bis zur Hochschule. Vorträge der VI. Reichsschulmusikwoche in Dresden*. Leipzig, S. 254–256

MUNGEN, ARNO (2004): *»World Music« und »New Musicology«*, in: ANSOHN, M./TERHAG, J. (Hg.): *Musikunterricht heute 5: Musikkulturen – fremd und vertraut*. AfS Jahrbuch 2003. Oldershausen, S. 49–63

NETTL, BRUNO (2005): *The Study of Ethnomusicology: Thirty-one Issues and Concepts*. Urbana

ORGASS, STEFAN (2007): *Musikalische Bildung aus bedeutungs- und interaktionstheoretischer Sicht*, in: JACOB, A. (Hg.): *Musik – Bildung – Textualität* (= Erlanger Forschungen, Serie A: Geisteswissenschaften, Nr. 114). Erlangen, S. 37–110

DERS. (2008): *Interkulturelle Interaktion. Auseinandersetzung mit fremdkultureller Musik aus systemtheoretischer und musikpädagogischer Sicht*, in: Diskussion Musikpädagogik, Heft 40, S. 27–36

RECKWITZ, ANDREAS (2006): *Die Transformation der Kulturtheorien. Zur Entwicklung eines Theorieprogramms*. Weilerswist

REICHE, JENS PETER (1978): *Vergleichende Musikwissenschaft in der Musiklehrerausbildung*, in: GIESELER/KLINKHAMMER, S. 176–180

REINHARD, KURT (1968): *Einführung in die Musikethnologie*, in: Beiträge zur Schulmusik. Band XXI. Wolfenbüttel

DERS. (1978): *Zur Frage der Umsetzung von musikethnologischen Kenntnissen in die Schulpraxis*, in: GIESELER/KLINKHAMMER, S. 161–172

ROLLE, CHRISTIAN (1999): *Musikalisch-ästhetische Bildung. Über die Bedeutung ästhetischer Erfahrung für musikalische Bildungsprozesse*. Kassel

SCHLÄBITZ, NORBERT (2009a): *Für eine musikpädagogisch relevante Musikwissenschaft*, in: Diskussion Musikpädagogik, Heft 41, S. 23–30

DERS. (2009b): *Wider den Konformismus des Unzeitgemäßen*, in: Diskussion Musikpädagogik, Heft 42, S. 3–4

DERS. (2009c): *Die Historische Musikwissenschaft: Schwanengesang der Disziplin und Plädoyer für eine grundlegende Reformierung*, in: Diskussion Musikpädagogik, Heft 44, S. 52–57

SCHLEMMER, KATHRIN/JAMES, MIRIAM (2011): *Klassik, nein Danke? Die Bewertung des Besuchs von klassischen Konzerten bei Jugendlichen*, in: LEHMANN-WERMSER, A. (Hg.): *bem: Beiträge empirischer Musikpädagogik*, Vol. 2, No. 1 (Elektronischer Artikel, ISSN: 2190-3174)

SCHORMANN, CAROLA (1996): *Aspekte und Formen didaktischen Handelns. Musikdidaktik und außereuropäische Musik: Der interkulturelle Imperativ*, in: BÖHLE, S. 12–22

SCHÜTZ, VOLKER (1996a): *Schwierigkeiten bei der Verständigung über Musik in Zeiten der Transkulturalität. Über einige Probleme eines Musikpädagogen mit der Musikwissenschaft*, in: OTT, TH./LOESCH, H. v. (Hg.): *Musikbefragt – Musik vermittelt. Peter Rummenhöller zum 60. Geburtstag*. Augsburg, S. 91–105

DERS. (1996b): *Über das außergewöhnliche Interesse von Musikpädagogen an schwarzafrikanischer Musikkultur*, in: BÖHLE, S. 76–83

DERS. (1998): *Transkulturelle Musikerziehung*, in: CLAUS-BACHMANN, M. (Hg.): *Musik transkulturell erfahren. Anregungen für den schulischen Umgang mit Fremdkulturen*. Bamberg, S. 1–6

DERS. (1997): *Interkulturelle Musikerziehung. Vom Umgang mit dem Fremden als Weg zum Eigenen*, in: *Musik & Bildung*, Heft 5, S. 4–8

STROH, WOLFGANG MARTIN (o. J.): *Die Methode: vom einfachen zum erweiterten Schnittstellenansatz*. Online verfügbar unter: http://www.interkulturelle-musikerziehung.de/methode.htm (zuletzt geprüft am 26.06.2011)

Ders. (2001): *Ein schlechtes Gewissen macht noch keinen guten Musikunterricht – Über die Motivation, multikulturell Musik zu unterrichten*, in: Diskussion Musikpädagogik, Heft 11, S. 6–19

Ders. (2004): *Entwicklung und Erprobung einer »eine welt musiklehre«*. Online verfügbar unter: http://www.musik-for.uni-oldenburg.de/einweltmusiklehre/index.htm (zuletzt geprüft am 26.06.2011)

Ders. (2009). *Der erweiterte Schnittstellenansatz*. Online verfügbar unter: http://www.interkulturelle-musikerziehung.de/texte/stroh2009.pdf (zuletzt geprüft am 26.06.2011)

Sievers, Heinrich (1971): *Musikwissenschaft und Schulmusik. Jahrestagung 71 der Gesellschaft für Musikforschung in Hannover*, in: Musik & Bildung, S. 564–565

Verband Deutscher Studentenschaften (Hg.) (1960): *Abschied vom Elfenbeinturm. Einheit der Bildungswege. Nachwuchs und Förderung. Studium im Ausland. Mut zur Politik. Eine vorbereitende Schrift für den VI. Studententag. Berlin 4.–8.April 1960.* Bergisch Gladbach

Vogelsänger, Siegfried (1970): *Musik als Unterrichtsgegenstand der Allgemeinbildenden Schule. Didaktische Analysen – Methodische Anleitungen*. in: Bausteine für Musikerziehung und Musikpflege, Band 18. Mainz

Vogt, Jürgen (2002): *Anschwellender Bocksgesang? Musikalische Bildung zwischen Moderne und Postmoderne*, in: Vogt, Jürgen (u. a.) (Hg.): Zeitschrift für Kritische Musikpädagogik. Online verfügbar unter: home.arcor.de/zfkm/vogt1.pdf (zuletzt geprüft am 07.09.2011)

Ders. (2006): *Musikpädagogik als kritische Kulturwissenschaft – Erste Annäherungen*, in: Ders. (u. a.) (Hg.): Zeitschrift für Kritische Musikpädagogik. Online verfügbar unter: home.arcor.de/zfkm/06-vogt9.pdf (zuletzt geprüft am 07.09.2011)

Wade, Bonnie C. (2004): *Thinking Musically: Experiencing Music, Expressing Culture* . Global Music Series. New York

Wagner-Kyora, Georg/Wilczek Jens/Huneke/Friedrich (Hg.) (2008): *Transkulturelle Geschichtsdidaktik. Kompetenzen und Unterrichtskonzepte. Studien zur Weltgeschichte.* Schwalbach/Taunus

Waldenfels, Bernhard (1997): *Topographie des Fremden. Studien zur Phänomenologie des Fremden I*. Frankfurt am Main

Watzlawick, Paul (u. a.) (1969): *Menschliche Kommunikation – Formen, Störungen, Paradoxien*. Bern

Wimmer, Andreas (2005): *Kultur als Prozess: Zur Dynamik des Aushandelns von Bedeutungen*. Wiesbaden

Constanze Rora

Musik im Alltag – Musik in der Schule
Thesen zum Gebrauchswert musikalischer Bildungsinhalte

Welche Relevanz hat der Umgang mit Musik, wie ihn der Musikunterricht an allgemeinbildenden Schulen vermittelt? Kommen die im Musikunterricht erworbenen Fähigkeiten und Fertigkeiten auch außerhalb des Unterrichts zur Anwendung? Der Begriff »Gebrauchswert« soll hier nicht als wirtschaftstheoretischer Gegenbegriff zum Tauschwert verstanden werden, sondern eine Brücke zu dem im Zusammenhang mit der musikalischen Bildungsthematik diskutierten Begriff der »Gebrauchspraxis« von Musik schlagen. Dieser wird von Hermann J. Kaiser dem einer »musikalischen Bildungspraxis« gegenübergestellt. Während in der musikalischen Gebrauchspraxis »das Musikmachen, das Hören und Spielen von Musik, das Darüber-Reden und so fort persönlichen, sozialen und gesellschaftlichen Zwecken eingefügt ist«[1], ist musikalische Bildungspraxis vor allem dadurch gekennzeichnet, dass in ihr das Individuum ein »überholbares, erweiterungsfähiges und vertiefungsfähiges Bild von Musik entwickelt und dieses zu sich selbst in wesentliche Beziehung«[2] setzt.

»Sich ein Bild von Musik machen« setzt – nimmt man die Wendung wörtlich – eine distanzierende Transformation voraus: das Gehörte wird zum sichtbaren Gegenstand. Der flüchtige auditive Eindruck gewinnt damit an Stabilität. Das ›Bild von Musik‹ transzendiert die einzelnen fluiden musikalischen Erscheinungen zu einem stabilen Gegenüber, dessen Wirklichkeit sich darin erweist, dass über ihn zuverlässige, das Hier und Jetzt des Erlebens überdauernde Aussagen getroffen werden können. Genau darauf zielt auch z. B. die musikwissenschaftliche Auseinandersetzung mit Musik, in der diese als Gegenstand mit objektivierbaren Merkmalen und Besonderheiten erscheint. Im Musikunterricht der allgemeinbildenden Schule findet dieser Modus des Umgehens mit Musik dort seinen Platz, wo es um die analytische Auseinandersetzung und Kontextualisierung von Musik geht. –

---

[1] Kaiser 2002, S. 11.
[2] Ebd., S. 10.

Als Hinweis auf den zentralen Stellenwert dieses Bereiches kann dabei gelten, dass von ihm ausgehend die ersten Schritte zu einer wissenschaftlich fundierten Bestimmung musikalischer Kompetenzen unternommen wurden.[3]

Musikalische Bildungspraxis allerdings geht über eine Distanzierung und Vergegenständlichung hinaus, indem sich hier das Individuum in Beziehung zur Musik setzt. Nicht nur die Entwicklung eines Bildes von Musik ist ihr Gegenstand, sondern auch die Frage nach dem eigenen Verhältnis zu diesem Bild. Dies tritt in der dreigliedrigen Formulierung des musikalischen Bildungsbegriffs von Kaiser deutlich hervor:

- »Im Begriff musikalischer Bildung erscheint Musik als ein Bereich von Tätigkeitsformen, den Menschen in voller Inhaltlichkeit für sich definiert haben. Sie haben für sich ein immer wieder überholbares, erweiterungsfähiges und vertiefungsfähiges Bild von Musik entwickelt und dieses zu sich selbst in wesentliche Beziehung gesetzt.
- Sie sind in der Lage, ihre spezifische Konstitution des Gegenstandsbereichs, die in einem Bild der Musik kulminiert, zu rechtfertigen und zu verantworten.
- Sie sind gewillt, dieses Bild von Musik in sich zunehmend zu realisieren, seine Konturen zu erweitern und diese auszufüllen, da sie von der substantiellen Bedeutung der Musik für die eigene Lebenspraxis überzeugt sind.«[4]

Hervorgehoben wird von Kaiser auch die Dimension persönlicher Entscheidung, aus der heraus der Einzelne »die Anstrengung eines lebenslangen Prozesses musikalischer Bildung auf sich [nimmt].«[5] Diese könne durch Musikunterricht nicht vermittelt oder erzwungen werden. Die nach Kaiser von ›musikalischer Bildungspraxis‹ zu unterscheidende ›musikalische Gebrauchspraxis‹ ist dagegen weniger elitär[6] und erscheint daher als alternativer Zielbereich musikpädagogischer Bemühungen geeignet. Kaisers Hinweis auf die Bedeutung persönlicher Entscheidungen für den Bildungsprozess kann für alle Formen von Bildung Geltung beanspruchen, nicht nur für die musikalische, da Bildung nur als Selbstbildung erfolgen kann. Für den Unterricht folgt daraus, dass den Schülern Anregungen, Methoden aber auch Freiräume gegeben werden müssen, um sie in ihrem Selbstbildungsprozess zu unterstützen. Kaisers Vorschlag, pädagogisch

---

[3] Vgl. Niessen u. a. 2008.
[4] Kaiser 2002, S. 10.
[5] Kaiser 2002, S. 10.
[6] »Musikalische Bildung ist elitär. Sie kann nicht von außen vermittelt, d. h. durch andere Personen, Lehrer o. ä. einem Subjekt ›gegeben‹ werden. Für musikalische Bildung gilt: Das Subjekt, das sich selbst dazu auswählt – dieses Auswählen bildet ja den Bedeutungskern des Begriffes ›elitär‹ –, nimmt die Anstrengung eines lebenslang währenden Prozesses musikalischer Bildung auf sich.« (Kaiser 2002, S. 10)

an der Gebrauchspraxis der Schüler anzuknüpfen, lässt sich somit auch dahingehend verstehen, dass damit die Eigeninitiative und Selbstständigkeit, d. h. letztlich die (musikalische) Selbstbestimmung der Schüler gefördert werden soll. In ihrer musikalischen Gebrauchspraxis sind die Schüler (Bildungs-)Experten, die sich Fähigkeiten und Fertigkeiten für den situativen Gebrauch aktiv aneignen.

Werden sie aber von Seiten der Didaktik in dieser Rolle und mit ihrer Expertise wahrgenommen? Der Aufbauende Musikunterricht bezieht sich auf Kaisers Praxisbegriff und strebt an, den Schülern zu Fähigkeiten und Kenntnissen zu verhelfen, mit denen sie ihre Gebrauchspraxen gestalten können. Dabei erscheint der Lehrer als Instanz, der die Verbindung zwischen den Inhalten des Musikunterrichts und der Gebrauchspraxis der Schüler herstellt:

»Nur wenn der Lehrer solche Zusammenhänge aufgreift oder selbst herstellt [...] kann er erwarten, dass Kinder und Jugendliche ihre musikbezogene Kompetenz durch Lernen erweitern wollen. Dann kann das, was sie dort erfahren, wirklich Wert für ihre musikalische Gebrauchspraxis erlangen und diese in eine ›verständige‹ Musikpraxis transformieren.«[7]

Bei dieser Sicht auf das Verhältnis zwischen angeleiteten und selbstgestalteten Praxisformen stellt sich nun die Frage, ob mit dem Ziel, die Gebrauchspraxis »verständig« zu machen, nicht doch die Heranführung an Bildungspraxis intendiert ist. So hebt Jürgen Vogt mit Bezug auf Kaiser das »labile Verhältnis« hervor, in dem die beiden Praxisformen[8] zueinander stehen, die ineinander übergehen können, ohne dass anhand eindeutiger Kriterien diagnostiziert werden könnte, wann eine konkrete Praxissituation der einen, wann der anderen Kategorie zuzuordnen ist?

An diesem Ausgangsproblem setzen die vorliegenden Überlegungen an. Anstelle des Begriffs der Gebrauchspraxis wird hier der Begriff der Alltagspraxis in den Mittelpunkt gestellt. Die beiden Begriffe stehen in einem verwandtschaftlichen Verhältnis zueinander; auch die Alltagspraxis lässt sich als alternative Praxis zu einer musikalischen Bildungspraxis auffassen. Gegenüber dem Begriff der Gebrauchspraxis hebt der Begriff der Alltagspraxis allerdings die Unentschiedenheit und Zufälligkeit in der alltäglichen Begegnung mit Musik hervor. Während mit der Rede vom ›Gebrauch‹ die Subjekt-Position des Individuums betont wird, das souverän und aktiv über den Gegenstand verfügt, indem es ihn in Gebrauch ›nimmt‹, stellt der Begriff der Alltagspraxis gerade diese infrage. Denn für den Alltag ist charakteristisch, dass er uns ungefragt, ohne unser Zutun ›einholt‹ und umgibt und dabei unseren Entscheidungsspielraum und unser Urteilsvermögen

[7] JANK 2005, S. 88.
[8] VOGT 2008, S. 37.

einengt: »Alles geht wie von selbst, natürlich, als ob es so sein müßte, und auch wir gehen wie von selbst auf den vertrauten Wegen, ohne viel zu sehen.«[9]

Aus seinem Interesse an der Ästhetik des Alltäglichen heraus beschreibt Konrad Paul Liessmann den Umgang mit Musik im Alltag folgendermaßen:

> »Wo immer es möglich ist, lassen wir uns im Alltag von Musik begleiten. Beim Essen, in Kaufhäusern, im Auto, im Flugzeug, in der Küche, in der Fußgängerzone, in der Bar, in der Sauna, im Fitnessstudio, auf der Skipiste, im Schlafzimmer, überall Musik, und wenn es einmal still sein sollte, hilft uns der MP3-Player über das Ärgste hinweg.«[10]

In dieser Beschreibung wird die Indifferenz des alltäglichen (Hör-)Umgangs mit Musik deutlich, indem sich hier zwei Arten musikalischer Beschallung widerspruchslos nebeneinander gestellt finden: die freiwillige, selbstgewählte anhand des MP3-Players und die eher unfreiwillige, der wir ausgesetzt sind, wenn wir uns im öffentlichen und halböffentlichen Raum bewegen. Musik im Alltag ist einfach da, stellt Liessmann fest, »fast niemand hört hin, es fiele aber auch niemandem ein, sich darüber zu beschweren«.[11] Die Anwesenheit von Musik steht oftmals zwar nicht zur Wahl, sondern wird verabreicht, aber neben dem Verzicht auf Protest deutet auch der private, selbstgewählte Umgang mit Musik darauf hin, dass Musik im Hintergrund nicht als Störung empfunden wird.

War in den 1970er-Jahren dieses Phänomen noch mit der speziellen Musikpraxis von Jugendlichen und U-Musik in Verbindung gebracht worden, so kann heute davon ausgegangen werden, dass jede Altersgruppe und (fast) jede Art von Musik mit diesem Phänomen verbunden werden kann. Aus der Neuheit und musikstilbezogenen Begrenztheit des Phänomens heraus, hatten die musikdidaktischen Ansätze der 1970er-Jahre eine kritische Haltung dazu. So charakterisierte Dörte Wiechell Mitte der 70er-Jahre Popmusik bzw. Schlager als »immerpräsente Droge«[12] die als »Stimulans zu Tagträumen sentimental-assoziativer Art«[13] und »Vehikel zum Eskapismus aus der Wirklichkeit«[14] dient. In diesem Kontext sah Wiechell die Aufgabe von Musikerziehung darin, »Einsichten in die psychischen Strukturen zu erzeugen, die zum Bedürfnis nach Musik [...] führen«.[15] Eine solche Zielsetzung liegt heute fern, anders als dort soll das alltäg-

---

[9] Plessner 2003, S. 92.
[10] Liessmann 2010, S. 79.
[11] Ebd., S. 79.
[12] Wiechell 1975, S. 8.
[13] Ebd.
[14] Ebd., S. 7.
[15] Ebd., S. 8.

liche Hören im Folgenden nicht als eine minderwertige oder gesundheitsschädliche Form des Umgangs mit Musik abgetan, sondern in seiner spezifischen Qualität betrachtet werden.

Den folgenden fünf Thesen liegt die Überlegung zugrunde, dass die Auseinandersetzung mit Musik im Unterricht Modellcharakter für den Umgang mit Musik überhaupt haben sollte und daher vor der Frage bestehen können muss, ob die hier geübten Methoden der Annäherung über den Unterricht hinaus Relevanz besitzen und die im Unterricht angeeigneten Fähigkeiten auch im Alltag einen Gebrauchswert haben.

1. These: Musikerleben im Alltag vergegenwärtigt Musik als Fluidum.

Um zu erklären, was unter Alltag bzw. alltäglicher Wahrnehmung von Musik zu verstehen sein könnte, knüpfe ich an die Überlegungen Jens Soentgens zum Unscheinbaren an. Denn ein wesentliches Merkmal alltäglicher Dinge und Ereignisse liegt darin, dass sie unscheinbar sind. Wir fassen Phänomene unter den Begriff Alltag zusammen, die uns nicht auffallen, weil wir vertraut mit ihnen sind.

»Der Alltag ist […] dadurch ausgezeichnet, daß in ihm nichts erscheint. Im Alltag haben wir es mit den Dingen selbst zu tun, aber nicht mit ihrem Erscheinen«, sagt Soentgen.[16] Wenn das Telefon klingelt, ist uns nicht gegenwärtig, dass wir es mit einer sinnlich-auditiven Erscheinung zu tun haben, sondern wir nehmen das Klingeln in seiner Appell- oder Störfunktion wahr. Erst »wenn der Alltag etwas aus den Fugen gerät, wenn sich die Dinge etwas jenseits ihrer Normalität präsentieren«[17] treten sie für uns in Erscheinung. Soentgen verdeutlicht dies an einem Stuhl, der dem nachts Erwachenden im Mondlicht ganz anders als sonst erscheint: »Immer noch ist es der gute alte Stuhl, den wir aus dem alltäglichen Umgang kennen, aber jetzt fällt uns auf, dass er auch noch irgendwie aussehen kann.«[18]

Analog dazu lässt sich Musik im Alltag als ein auditives Faktum beschreiben, das nicht als Betrachtungsgegenstand Beachtung findet, sondern in seiner Funktion, ausgehend von dem Gebrauch, der von ihr gemacht werden kann, wahrgenommen wird. Als eine zentrale Funktion alltäglicher Musik wird von der musik-

---

[16] SOENTGEN 1997, S. 15.
[17] Ebd.
[18] Ebd., S. 16.

psychologischen Forschung das Moodmanagement hervorgehoben. Insbesondere Jugendliche hören Musik, um sich für die verschiedenen Anforderungen des Alltags in Stimmung bringen zu lassen. Dieser Gebrauch von Musik setzt voraus, dass die Musik in ihrer Wirkung abschätzbar ist. Es ist vor allem bekannte Musik oder Musik aus dem Spektrum eines bestimmten Stilbereichs, die für die gezielte Beeinflussung (z. B. zur Aufhellung der Stimmung, zur Entspannung etc.) eingesetzt wird. Allerdings wäre es eine Verkürzung zu meinen, es gehe nur um die Wiederholung eines gleichbleibenden Musikrepertoires. Anja Hartung weist in ihrer Untersuchung zum Gebrauch des Hörfunks durch Jugendliche nach, dass die Überraschung mit neuen unbekannten Titeln zur Attraktivität dieses Mediums für Jugendliche nicht unerheblich beiträgt.[19] Diese Widersprüchlichkeit empirischer Befunde deutet darauf hin, dass die Funktion des Moodmanagements zur Erklärung musikalischer Alltagspraxen nicht ausreicht.

Der von Soentgen beschriebenen alltäglichen Unscheinbarkeit des Stuhls analog, wird auch die funktional genutzte Musik nicht zum Gegenstand mit objektiven unterscheidbaren Merkmalen. Musik erscheint im Alltag vielmehr als ein Fluidum, als Grundierung oder Atmosphäre. Hierauf deuten auch die – allerdings eher negativ konnotierten – Bezeichnungen als Musikberieselung oder Klangtapete hin. Aus dieser »Flüssigkeit« scheint ihre Qualifikation als Gefühlsträgerin zu erwachsen. Zwischen dem Strömen der Gefühle und dem Strömen der Musik hatte bereits Herder eine Analogie gesehen. Von den Ästhetikern des 19. Jahrhunderts wird das Mitgehen mit dem Strom der Musik als eine Hingabe an ihre Sinnlichkeit beschrieben, der die Forderung nach kühler Distanznahme im Sinne »strukturbewußte[r] auf das Werkganze gerichtete[r] ›selbst- und weltvergessene[r] Kontemplation‹ gegenübergestellt« wurde.[20]

2. These: Musikalische Bedeutung verschmilzt im Alltag mit der Bedeutung der Situation.

Nicht als sinnlichen Wahrnehmungsgegenstand, sondern als Text fasst Oliver Seibt Musik auf. Das alltägliche Musikhören beschreibt er entsprechend als Lesakt. Dessen Alltäglichkeit erweist sich in seiner Abhängigkeit von dem Hier und Jetzt der Situation, des Augenblicks. Während hermeneutisches Textverstehen auf das Verständnis einer über das Hier und Jetzt hinaus gelangenden Wahrheit zielt,

---

[19] HARTUNG 2009.
[20] SPONHEUER 1991, S. 187.

variiert der Text in den alltäglichen Lesakten mit dem Rahmen, in den er jeweils gestellt ist. Der Sinn, der sich laut Seibt beim alltäglichen Musikhören einstellt, ist »auf die Zeitlichkeit des Augenblicks beschränkt«.[21] Es ist ein Hören, bei dem der musikalische Sinnhorizont mit dem Sinnhorizont der Situation verschmilzt.

Eine solche Verschmelzung der Sinnhorizonte kann beispielsweise sichtbar werden, wenn Jugendliche von ihren Hörerlebnissen berichten. So finden sich in der genannten Studie von Hartung u. a. Tagebucheintragungen einer 13-jährigen Teenagerin, die eine imaginäre Liebesbeziehung zu ihrem Musikstar Bushido pflegt:

> »Liebes Tagebuch, brr war das ein ekliger Tag! Mit meinen Freunden lief alles supi, aba das Wetter nass, schleimig ... Ekelerregend! Einfach wäh! Und ich bin mit meinem Fahrrad auch noch in den Strom reingekommen! Ieh! I hate Regen! Danach musste ich erst mal Bushido [...] hören, damit's mir wieder gut geht! Na dann. Baba. Deine Jennifer«[22]

> »Liebes Tagebuch, heute war ein geiler Tag. Ich hatte ab 11:00 Uhr nur noch gute Laune, weil wir im Handball 10 : 5 gewonnen haben! Das ist endgeil! Ich denke Bushido hat mir Glück gebracht, also mein Bild [...]. Mit Bushido-Musik habe ich mich dann in den Schlaf gehört.«[23]

Diese beiden Einträge zeigen, wie die erklingende Musik von der Situation jeweils vereinnahmt wird, ohne in ihrer Eigenständigkeit Erwähnung zu finden. Auf einen *Lesakt* – im Sinne der Vergegenwärtigung eines Texts – lässt sich dabei eher schließen, als dass er als ein solcher beschrieben wird. Doch gehört es zu der Alltäglichkeit des Umgangs mit Musik, dass er im Hintergrund und unthematisiert bleibt.

3. These: Ästhetische Bildungsprozesse lassen sich als Grenzwechsel von einem Ordnungsgefüge in ein anderes beschreiben.

Nachdem nun gezeigt wurde, dass im alltäglichen Musikhören Musik weniger als gestalthafter Gegenstand, denn als fluide Atmosphäre und Vergegenwärtigung eines flüchtigen, an das Hier und Jetzt gebundenen Sinns in Erscheinung tritt, stellt sich die Frage nach dem Zusammenhang zwischen Bildungsinhalten des Fachs Musik und ihrem Nutzen für den Alltag. Soll es darum gehen, dem alltäglichen Musikgebrauch seine ›subjektive Willkür‹ zu nehmen und stattdessen eine ›kühle Objektivität‹ anzustreben? Oder geht es nicht vielmehr darum, Bewegungsspielraum zwischen diesen Polen herzustellen?

---

[21] SEIBT 2010, S. 191.
[22] HARTUNG u. a. 2009, S. 143.
[23] Ebd.

Die Frage nach Nähe und Distanz kann als ein grundlegendes Motiv in der ästhetischen Bildungsdebatte gelten, das auch auf Diskussion der Ziele musikalischer Bildung Einfluss hat. Als Ende der 1960er-Jahre Hartmut von Hentig die Forderung erhob, Menschen sollten lernen Möglichkeiten zu sehen, bevor sie ausgelernt haben »Wirklichkeit« zu sehen,[24] wird ein Umgang mit den Sinneswahrnehmungen deutlich, der von dem Gedanken der Differenz symbolischer Ordnungen bestimmt ist. Aus der Überlegung heraus, dass Wahrnehmungsgegenstände abhängig sind von den Begriffen, in denen sie vergegenwärtigt werden, wird ein Reiz-Reaktion-Mechanismus als Wahrnehmungsmodell abgelehnt, zugunsten einer Auffassung von Wahrnehmung als kreativer Verhaltensweise des Individuums. Diese Sichtweise ist für die musikpädagogische Rezeption der Ästhetischen Erziehung Hentigscher Prägung durch die Ansätze der auditiven Wahrnehmungserziehung bestimmend. Indem diese Prozesse der Kategorienbildung und Bedeutungszuweisung thematisiert – z. B. in Experimenten mit Alltagsklängen – erklärt sie Differenzerfahrungen zum leitenden Prinzip. In den Spielvorschlägen Meyer-Denkmanns beispielsweise erhalten Kinder die Aufgabe, Alltagsgegenstände und -materialien wie Teller, Gläser, Papier etc. hinsichtlich ihrer Klangmöglichkeiten zu erforschen. Die verwendeten Gegenstände werden damit in einen neuen, nicht alltäglichen Kontext gestellt und einem anderen, ästhetisch motivierten Ordnungssystem unterworfen.[25]

Anders als in der musisch orientierten Bezugnahme auf den Alltag, wie sie in der Idee einer ›Gebrauchsmusik‹ – d. h. einer Musikpraxis für den Alltag in einer Gemeinschaft – geht es im Konzept der Auditiven Wahrnehmungserziehung bei den Verweisen auf den Alltag und die Durchlässigkeit seiner Grenzen zur Kunst darum, ungewohnte Perspektiven einzunehmen, die Alltagsroutine zu durchbrechen und neue Wirklichkeiten zu kreieren.

In neueren bildungstheoretischen Reflexionen findet sich das Motiv der Differenz als ›Grenzwechsel‹ zwischen unterschiedlichen Bedeutungssystemen wieder.[26] Die Begegnung mit Kunst ermöglicht in besonderer Weise Erfahrungen der Umstrukturierung symbolischer Sinngefüge und kann als Verunsicherung bisheriger Einstellungen eine Neuorientierung des Individuums bewirken.[27] Wie Hans-Rüdiger Müller herausarbeitet liegt darin die bildende Wirkung ästhetischer Erfahrungen begründet: »Von einer bildenden Wirkung ästhetischer Er-

---

[24] HENTIG 1969, S. 361.
[25] MEYER-DENKMANN 1970, S. 13.
[26] Vgl. RORA 2010.
[27] ROLLE 1999, S. 88.

fahrung ließe sich dann insofern sprechen, als sie sich nicht einer bestimmten Ordnung fügt, sondern andere symbolische Ordnungen [...] aufgreift, um deren Elemente spielerisch zu immer neuen, bedeutungsoffenen Sinngestalten zu formieren. Der in den kulturellen Ordnungen verfestigte Prozess der Symbolisierung wird gleichsam verflüssigt und in die frei gestaltete Symbolisierungstätigkeit des Subjekts zurückgeholt.«[28]

4. These: Die Fähigkeit zum Grenzwechsel als Ziel musikalischer Bildung erweitert die Möglichkeiten musikalischer Alltagspraxis (›Gebrauchswert‹).

In der schon oben angeführten Untersuchung von Hartung u. a. zur gefühlsbezogenen Aneignung von Musik wird eine Aneignungsform unter dem Label »Kontemplation und Musikgenuss« zusammengefasst. Für diese Form, die sich besonders bei älteren Jungen mit ausgeprägtem musikalischem Interesse findet,[29] ist kennzeichnend, dass die Musik selbst (und nicht der Interpret oder persönliche Erinnerungen) steht. Der 16-jährige Konstantin zum Beispiel beschäftigt sich in Momenten des Stillstands und der Langeweile anders als sonst mit Musik. Der Unterschied liegt für ihn darin

»[d]ass man wirklich bewusst hört und dass man alles einzeln hört, also versucht, die einzelnen Schichten auseinander zu filtern«.[30]

Sein Hören richtet sich dabei auch auf sonst nicht favorisierte Musik. Unter Bezugnahme auf eine literarische Figur, die auch in schlechten Musikstücken solange sucht, bis sie etwas findet, was ihr gefällt, berichtet Konstantin:

»Und im Endeffekt kann ich das auch so, selbst bei Musik, die ich normalerweise nicht höre. Meistens findet man halt irgendeine Facette, die halt interessant ist.«[31]

Dies scheint ein deutliches Beispiel für die Fähigkeit (und auch den Nutzen dieser Fähigkeit für den alltäglichen Umgang mit Musik) die Grenzen des eigenen Wert- und Geschmacksystems zu erforschen und zu überschreiten.

Dass Musik zum Gegenstand der Betrachtung und Reflexion gemacht wird, ist zweifellos ein zentrales Element musikalischer Bildungspraxis. Hier verbindet

---

[28] MÜLLER 2004, S. 70.
[29] Vgl. HARTUNG u. a. 2009, S. 147.
[30] Ebd., S. 146.
[31] Ebd.

sie sich mit den musikalischen Alltagsfunktionen, denn wie berichtet wird, dient die Zuwendung zur Musik der Vertreibung von Langeweile. Hartung setzt diese Umgangsweise über das Einzelbeispiel hinausgehend mit der des analytischen Hörens gleich:

> »Überwiegend handelt es sich dabei um besonders gemochte und gut vertraute Musik, die in der konzentrierten Zuwendung nicht nur als homogenes Klangerlebnis, sondern quasi in ihrer ›inneren Architektur‹ vergegenwärtigt wird. [...] Hierzu zählt das Erfassen von Tonhöhen, Klangfarben bzw. melodischen und rhythmischen Strukturen ebenso wie die Auseinandersetzung mit dem Aussagegehalt der Texte und ihrer Sujets sowie der mit ihnen mitunter verbundenen jugendkulturellen Assoziationsfelder.«[32]

5. These: Musikpädagogische Modelle des Musikhörens sollten dem Selbstexperiment und der Ideografie Raum geben.

Im Vergleich der beiden Fallbeispiele – Jennifer und Konstantin – macht Konstantin, indem er die Musik zum Gegenstand aufmerksamen Hinhörens macht, einen musikalisch ›aufgeweckteren‹ Eindruck. Sein Bemühen, die Grenzen des eigenen Geschmacks zu überschreiten, lässt sich als ästhetischer Selbstbildungsprozess beschreiben. Von Hartung wird seine Hörweise als analytisches Hören bezeichnet. Erweist sich hier ein altbekannter Zielbereich des Musikunterrichts als besonders geeignet, um Alltags- und Bildungspraxis miteinander zu verbinden?

Das wäre ein Trugschluss. Denn auch wenn es naheliegend erscheint, dass die Hinführung zu einer Distanznahme und einem vergegenständlichenden Hören Aufgabe des Musikunterrichts bzw. ein Aspekt musikalischer Bildung ist, ist damit ein Gebrauchswert für den musikalischen Alltagsbedarf noch nicht gewährleistet. Zwar praktiziert Konstantin eine analytische Aneignungsform, in der Merkmale und Spezifika der Musik in den Blick genommen werden, aber zugleich wird aus dem situativen Kontext deutlich, dass die Alltagsfunktionen der Entspannung und des Zeitvertreibs für ihn im Vordergrund stehen. Weniger als um die objektivierende Einordnung der gehörten Musik in musikhistorische oder -systematische Zusammenhänge – wie sie in Unterrichtseinheiten zu Musikgeschichte und Musikanalyse (vermutlich) im Vordergrund stehen – scheint es ihm um ein genussvolles Experimentieren mit der eigenen Musikwahrnehmung zu gehen. Die analytische Frage, die sich Konstantin zu seiner Unterhaltung stellt, ist nicht nur selbstgewählt sondern auch selbstbezogen.

---

[32] Ebd.

Doch auch Jennifers Äußerungen lassen sich als Teil eines musikalischen Selbstbildungsprozesses beschreiben. Zwar wird ihr nicht ein konkretes Musikstück zum Gegenstand – aber indem sie Hörsituationen dokumentiert, wird sie auf den eigenen Umgang mit Musik aufmerksam. Die schriftliche Fixierung unscheinbarer musikalischer Ereignisse oder Lesakte – zu der sie im Rahmen der empirischen Untersuchung veranlasst wird – macht diese der Reflexion zugänglich.

Oliver Seibt schlägt zur Erforschung des Gegenstandes alltäglicher Musikwissenschaft vor, ideografische Texte zu sammeln, in denen die Verfasser musikalische Lesakte protokollieren, um damit das Zusammentreffen der Sinnhorizonte von Situation und Musik sichtbar zu machen. Im Musikunterricht könnte dazu angeregt werden, ideografische Texte zu schreiben, d. h. Texte, die sich auf die Beschreibung des individuellen Musikerlebens einlassen ohne eine Verallgemeinerbarkeit der Eindrücke anzustreben. In der Hinwendung zum Hier und Jetzt der subjektiv getönten musikalischen Wahrnehmungssituation sehe ich eine gute Möglichkeit für die Entfaltung einer selbstreflexiven experimentellen Praxis musikalischer Bildung. Verfahren der Transformation sind dabei geeignet, eine Brücke zur schriftlichen oder mündlichen Vergegenwärtigung des eigenen Eindrucks zu bilden. Darüberhinaus können Aufträge zur Erforschung und Dokumentation von aufwändigeren, selbstständig durchgeführten Rezeptionsprozessen weiterführend dazu anregen, ein Bild von Musik zu entwickeln.

Modellhaft in dem oben angesprochenen Sinn sind diese Möglichkeiten insofern, als sie Durchlässigkeit zur musikalischen Alltagspraxis gewährleisten, indem einerseits die Bildungspraxis verbaler Vergegenwärtigung geübt wird, andererseits die Form der Vergegenwärtigung den subjektiven Bedürfnissen folgen darf und soll.

Literatur

HARTUNG, ANJA/REISSMANN, WOLFGANG/SCHORB, BERND (2009): *Musik und Gefühl. Eine Untersuchung zur gefühlsbezogenen Aneignung von Musik im Kindes- und Jugendalter unter besonderer Berücksichtigung des Hörfunks.* Berlin

HENTIG, HARTMUT VON (1969): *Spielraum und Ernstfall. Gesammelte Aufsätze zu einer Pädagogik der Selbstbestimmung.* Stuttgart

JANK, WERNER (Hg.) (2005): *Musikdidaktik. Praxishandbuch für die Sekundarstufe I und II.* Berlin

KAISER, HERMANN J. (2002): *Die Bedeutung von Musik und musikalischer Bildung* [1995], in: VOGT, JÜRGEN (u. a.) (Hg.): *Zeitschrift für Kritische Musikpädagogik.* Online verfügbar unter: http://home.arcor.de/zf/zfkm/kaiser1.pdf (zuletzt geprüft am: 19.08.2011)

LIESSMANN, KONRAD PAUL (2010): *Das Universum der Dinge. Zur Ästhetik des Alltäglichen.* Wien

MEYER-DENKMANN, GERTRUD (1970): *Klangexperimente und Gestaltungsversuche im Kindesalter.* Wien

MÜLLER, HANS-RÜDIGER (2004): *Übergänge. Bildungsbewegungen im Geflecht symbolischer Ordnungen,* in: MATTENKLOTT, GUNDEL (u. a.) (Hg) (2004): *Ästhetische Erfahrung in der Kindheit. Theoretische Grundlagen und empirische Forschung.* Weinheim/München

NIESSEN, ANNE/LEHMANN-WERMSER, ANDREAS/KNIGGE, JENS/LEHMANN, ANDREAS C. (2008): *Entwurf eines Kompetenzmodells ›Musik wahrnehmen und kontextualisieren‹,* in: VOGT, JÜRGEN (u. a.) (Hg.): *Zeitschrift für Kritische Musikpädagogik. Sonderedition: Bildungsstandards und Kompetenzmodelle für das Fach Musik?* Online verfügbar unter: http://www.zfkm.org/sonder08-niessenetal.pdf (zuletzt geprüft am: 19.08.2011)

PLESSNER, HELMUTH (2003): *Conditio humana. Gesammelte Schriften VIII.* Frankfurt am Main

ROLLE, CHRISTIAN (1999): *Musikalisch-ästhetische Bildung. Über die Bedeutung ästhetischer Erfahrung für musikalische Bildungsprozesse.* Kassel

RORA, CONSTANZE (2010): *Grenzüberschreitung als Motiv ästhetischer Bildungstheorie und ihre Empirie im Musikunterricht,* in: KENKMANN, ALFONS (Hg.): *Aktuelle Probleme und Perspektiven universitärer Fachdidaktiken.* Leipzig

SEIBT, OLIVER (2010): *Der Sinn des Augenblicks. Überlegungen zu einer Musikwissenschaft des Alltäglichen.* Bielefeld

SOENTGEN, JENS (1997): *Das Unscheinbare. Phänomenologische Beschreibungen von Stoffen, Dingen und fraktalen Gebilden.* Berlin

SPONHEUER, BERND (1991): *Der »Gott der Harmonien« und die »Pfeife des Pan«. Über richtiges und falsches Hören in der Musikästhetik des 18. und 19. Jahrhunderts,* in: DANUSER, HERMANN (u. a.) (Hg.) (1991): *Rezeptionsästhetik und Rezeptionsgeschichte in der Musikwissenschaft.* Laaber

VOGT, JÜRGEN (2008): *Musikbezogene Bildungskompetenz – ein hölzernes Eisen? Anmerkungen zu den ›Theoretischen Überlegungen zu einem Kompetenzmodell für das Fach Musik‹,* in: VOGT, JÜRGEN (u. a.) (Hg.): *Zeitschrift für Kritische Musikpädagogik. Sonderedition: Bildungsstandards und Kompetenzmodelle für das Fach Musik?* Online verfügbar unter: http://www.zfkm.org/sonder08-vogt.pdf (zuletzt geprüft am 19.08.2011)

WIECHELL, DÖRTE (1975): *Didaktik und Methodik der Popmusik.* Frankfurt am Main

Stefan Orgass

Hölzernes Eisen oder zu bohrendes Brett?
Überlegungen zu einem bildungsrelevanten Kerncurriculum des Fachs Musik – auf der Grundlage von Studien zu einer Historik der Musik

1 Zur Einführung: Ansprüche an musikalische Bildung – Notwendigkeit konzeptionellen Denkens

Die folgenden einleitenden Überlegungen beziehen sich aus Sicht Kommunikativer Musikdidaktik auf die (im Thema der Münchner Tagung angesprochenen) *Ansprüche musikalischer Bildung* und auch – denkt man an diejenigen, die diese intentional fördern wollen – auf *Ansprüche an musikalische Bildung*. Mit Blick auf die theoretische Sicht auf Vollzüge musikalischer Bildung wie auch hinsichtlich der Versuche der positiven Einflussnahme auf diese Vollzüge (wenn diese denn überhaupt noch beabsichtigt ist), lassen sich eklatante Defizite feststellen, freilich vor normativem Hintergrund. Dieser wird konstituiert durch einen Begriff musikalischer Bildung, der letztere als soziale Kategorie (und nicht als individuale Kategorie) begreift:

> Musikalische Bildung vollzieht sich in der Hervorbringung neuer und neuartiger (Möglichkeiten der) Zuweisung neuer musikalischer Bedeutung und nicht-musikalischer Bedeutsamkeit in Interaktionen, vorzugsweise (wegen der Möglichkeit direkter Rückmeldung) in zwischenleiblichen musikalischen und musikbezogenen Interaktionen. Hierunter ist die Hervorbringung neuer Musik zu subsumieren. Die neuen Möglichkeiten solcher Zuweisung realisieren sich in bestimmten Eigenschaften der Interaktion (rationale Kommunikation; tendenzielle Symmetrie; rückhaltlose, auch störende Information).[1]

Auf der Grundlage eines solchen Begriffs lässt sich überhaupt erst der Unterschied zwischen Musiklernen – einer individualen Kategorie – und der umfassenderen Kategorie musikalischer Bildung beobachten und theoretisch fassen.
Der normative Hintergrund dieses Begriffs, der sowohl (musik-)ästhetische

---

[1] Vgl. SCHALLER 1987, S. 144–147 (»rationale Kommunikation«) und S. 55f. sowie S. 228 (»rückhaltlose Information«, auch »störende« Information).

Dogmatik als auch verordnete pädagogische Normativität (die bisweilen ›Werteerziehung‹ genannt wird) weitestgehend zu vermeiden versucht, lässt sich nur in einer historischen Reflexion einholen, einer Reflexion, die sich auf Werte ›in europäischer Perspektive‹ bezieht: Freiheit bzw. Emanzipation,[2] Solidarität, Gerechtigkeit, Selbstverantwortung und Verantwortung für andere. Diese werden freilich in Klaus Schallers Pädagogik der Kommunikation,[3] die in pädagogischer Hinsicht hier Pate steht, unter Berücksichtigung einer Vorstellung von »Individuation«, die sich nur im Kontext von »Soziation« vollziehen kann,[4] aufgehoben in den Maßgaben »Achtsamkeit auf andere und Anderes« sowie »Parteinahme für Gemeinsamkeit«,[5] was durchaus benennbare Konsequenzen für den Musikunterricht und für musikalische Bildung zeitigt. Mit Blick auf die Pluralität der Arten von Musik wie auch hinsichtlich der Pluralität möglicher Maßgaben für musikbezogene Interaktion konkretisiert sich musikalische Bildung in der Hervorbringung des Gesollten in ästhetischer und in pädagogischer Hinsicht: hinsichtlich der Musik, mit der die Interaktanten umgehen möchten wie auch hinsichtlich der Art und Weise, in der sie dies tun wollen, mit Blick auf den Umgang miteinander also. In dieser Sollensaussage artikuliert sich nach Schaller ein »Rest von Dogmatismus«.[6] Ohne die argumentative Keule des ›performativen Selbstwiderspruchs‹ gegenüber anders Denkenden schwingen zu müssen, lässt sich dieser spezielle Dogmatismus als einer beschreiben, der immerhin die vielen anderen möglichen Dogmatiken im ästhetischen wie auch im pädagogischen Bereich sich wechselseitig relativieren lässt und auf diese Weise kontingent setzt: Es könnte in den Bereichen (musik-)ästhetischer und pädagogischer Entscheidungen auch anders sein und ist auch anderswo anders.

Für die Ermöglichung musikalischer Bildung in diesem Sinne kann auch Musikunterricht (nicht ausschließlich, aber vor allem am allgemeinbildenden Schulwesen) relevant werden. So ergeben sich aus den obigen Überlegungen z. B. zwei Maßgaben für didaktische Entscheidungen, die auch Konsequenzen für Leistungsbeurteilung zeitigen: a) Die Vielfalt der Musik soll in repräsentativen Fokussierungen zur Geltung gebracht werden, wobei die Berücksichtigung inter- bzw. transkultureller Perspektiven als Selbstverständlichkeit erscheint; b) Borniertheit ist zu vermeiden, d. h. ein prinzipielles Interesse an bislang unbekannter Musik muss eingefordert

---

[2] Vgl. noch GÜNTHER/OTT/RITZEL.
[3] Vgl. SCHALLER 1987.
[4] Vgl. ebd. S. 222f.
[5] Vgl. SCHALLER 1996.
[6] Vgl. SCHALLER 1987, S. 81 und S. 93f.

werden. Dabei ist zu beachten, dass mit ästhetischen Urteilen einerseits und mit Maßgaben für die unterrichtliche Interaktion andererseits unterschiedliche Geltungsansprüche einhergehen: Während die ersteren lediglich nachvollziehbar sein sollen und die Interaktanten zur Übernahme aus den jeweils angegebenen Gründen einladen, sind die letzteren durch einen hohen Grad an Handlungsverbindlichkeit charakterisiert, sobald sie von den Beteiligten in Geltung gesetzt wurden. Dabei geht der Anspruch musikalischer Bildung im Sinne der Kommunikativen Musikdidaktik sogar noch weiter, als dies aus den genannten Maßgaben hervorgeht: Das Augenmerk dieser Konzeption richtet sich auf die Hervorbringung neuer musikalischer Bedeutungen und nicht-musikalischer Bedeutsamkeit,[7] sodass die genannten Maßgaben so etwas wie Mindestbedingungen für die unterrichtliche Interaktion angeben, die aber prinzipiell auf die Hervorbringung des Neuen – in Gestalt von (Gruppen-)Kompositionen, (Gruppen-)Improvisationen und Deutungen vorhandener Musik – ausgerichtet ist. Dies hat im Übrigen insofern Konsequenzen für die Vermittlung bereits existierenden musikalischen und musikbezogenen Sinns, als damit in Verbindung stehende Gegenstände und Tätigkeiten auf den ›Rahmen‹ jener anspruchsvolleren Intention zu beziehen sind.

Die normativen Überlegungen, die übrig bleiben, wenn man die letztgenannte anspruchsvolle Ausrichtung musikalischer Bildung auf die Hervorbringung neuen musikalischen und musikbezogenen Sinns nicht teilt bzw. ablehnt, lassen sich nach Ansicht des Autors als europäisch orientierte ›Mindestbestimmungen‹ des Begriffs musikalischer Bildung ausweisen. Es lässt sich dann – unabhängig vom argumentativen Kontext Kommunikativer Musikdidaktik – postulieren: a) Ästhetische Dogmatik ist zu vermeiden, weil sie nicht begründbar ist. b) Musikalische Bildung ist mit dem Anspruch verknüpft, sich mit der Vielfalt der Musik auseinanderzusetzen und sich in dieser Vielfalt zu orientieren.

Die Aussage, selbst diese ›Mindestbestimmungen‹ drohten in Vergessenheit zu geraten, rekurriert in kommentarbedürftiger Weise auf die Denkfigur des ›Vergessens‹, die beispielsweise durch Klaus Mollenhauer einmal bemüht wurde, und zwar in seinem Buch *Vergessene Zusammenhänge. Über Kultur und Erziehung*.[8] Wenn Mollenhauer daran erinnert, der »bescheidene Beitrag der Pädagogik« könne »darin bestehen, dass sie ihre eigenen Problemstellungen wieder stärker in

---

[7] Zu SCHALLERs Unterscheidung von Kommunikation I (»Hervorbringung«) und Kommunikation II (»Vermittlung«) vgl. SCHALLER 1987, S. 55ff., S. 222f. und S. 227ff. Diese Unterscheidung darf nicht »als strikte Trennung der beiden Kommunikationsebenen gelesen werden. Die eine hat jeweils die andere im Rücken.« (Ebd., S. 55)

[8] MOLLENHAUER 4. Auflage 1994.

unseren Kulturzusammenhang einfädelt«[9], so drückt sich darin eine Sorge aus, die mit der in vorliegender Arbeit artikulierten Sorge durchaus vergleichbar ist.

»Unser Kulturzusammenhang« – darunter ist selbstverständlich anno 2011 etwas anderes zu verstehen als 1983. Hierzu seien nun wenigstens Stichworte genannt, die sich auf den Geist (oder Dämonen) des Bildungssystems beziehen und die mit Blick auf die Belange musikalischer Bildung als schädlich zu beurteilen sind:[10] Kontrolle vs. Unwägbarkeit ästhetischer Praxen insgesamt, Herstellen von Vergleichbarkeit vs. Inkommensurabilität als Sinn ästhetischer Hervorbringungen, Standardisierung vs. Originalität als ästhetische Kategorie (vgl. den europäischen Begriff des Individuums), ›Denkform‹ Kanon vs. ›Denkform‹ Rhizom als zentrale Möglichkeit kreativen Denkens, Identität von sogenannten ›Bildungsabschlüssen‹ vs. Identität der Individualität von Individuen (bzw. Bewusstseinen) und Interaktionen (bzw. Kommunikationen).[11]

Von der Notwendigkeit konzeptionellen Denkens in der Musikdidaktik

Mit Blick auf den oben erläuterten normativen Hintergrund ließe sich nun eine kurze Geschichte des Vergessens der angedeuteten Ansprüche seit etwa den 70er-Jahren des vorigen Jahrhunderts skizzieren: von falschen Vorstellungen bezüglich der »Lebenszusammenhänge« der Musik, deren ›Bedeutung‹ und ›Mitteilung‹, die

---

[9] Ebd., S. 19.
[10] Vgl. auch ORGASS 2009a.
[11] Vgl. hierzu LUHMANN 1993, S. 228f.
Von der Denkform Kanon ist bei Wolfgang Welsch die Rede:

> »Nicht die Inhalte des Kanons sind skandalös – sie sind, im Gegenteil, meist wundervoll, und sie zu kennen, ist lohnenswert. Nur würde ich weit mehr einfordern: die breite Palette all dessen, was heute für Verständigung relevant sein kann. Das eigentlich Problematische aber ist, jenseits der Inhalte, die Denkform ›Kanon‹. Kaum etwas ist zeitgenössisch inadäquater und schädlicher als deren Kombination von faktischer Borniertheit und selbstgefälligem Normativitätsdünkel. Nicht ein Schrebergarten, die Welt ist unser Kulturraum. Und dafür ist nicht Pseudo-Verbindlichkeit, sondern Offenheit verlangt. Die Gebildeten von morgen werden (wie eh und je) nicht durch Besitztümer, sondern durch Kompetenzen ausgezeichnet sein. Mit den Gütern eines erweiterten Kanons vertraut zu sein, mag dafür nützlich sein. Aber alles wird darauf ankommen, den fatalen Normativitätsanspruch des ›Kanons‹ abzulegen.« (WELSCH 1999, S. 185)

Den Begriff des Rhizoms haben bekanntlich Gilles Deleuze und Félix Guattari stark gemacht. Vgl. DELEUZE/GUATTARI 1997.

sich (auch Kindern und Jugendlichen) – bei entsprechender ›dolmetschender‹ Tätigkeit von Lehrenden – erschließen könnte,[12] über den durch Wilfried Gruhn vor einiger Zeit diagnostizierten »postmodernen Pragmatismus«,[13] der bis heute in schulpolitischen Rahmungen und Praxen des Musikunterrichts festzustellen ist, über zu kurz greifende Anschlüsse an den Bereich neurophysiologisch ausgerichteter Forschungen, aus denen Gruhn selbst unmittelbar musikdidaktische Konsequenzen ableiten zu können glaubt,[14] bis hin zur Standardisierungs- und Kanonisierungsdebatte, die gegenwärtig immer noch geführt wird.[15] Darauf sei hier verzichtet, zumal die entsprechenden Argumente in bisherigen Darstellungen des Begriffs musikalischer Bildung der Kommunikativen Musikdidaktik nachzulesen sind.[16]

Stattdessen soll – im Gegensatz zu Henning Scharfs Diagnose, in Anbetracht der Vielfalt der Musik wie auch musikpädagogischer Zielsetzungen sei ein konzeptionelles musikdidaktisches Denken obsolet, – gezeigt werden, dass genau

---

[12] Vgl. insbesondere die Position Christoph Richters, die sich seit den Zeiten der von ihm entwickelten »Didaktischen Interpretation von Musik« im Zuge gedanklicher Weiterentwicklung zwar von der Vorstellung getrennt zu haben scheint, Musik selbst habe eine »Lebenswelt« (anstelle dessen ist nun von »Lebenssituationen« die Rede; vgl. RICHTER 2006, S. 70 und 71 im Zusammenhang von Überlegungen zur Interpretation von Prokofievs *Gavotte* aus dem Ballett *Romeo und Julia*), aber inhaltlich bleibt es bei der Vorstellung, es könne ein mentaler Zugang zu den Bedeutungen und Mitteilungen »der« Musik eröffnet werden – eine Vorstellung freilich, die das Gegenteil eines konstruktivistischen Ansatzes präsentiert:

> »Wichtig ist […], die musikalischen Erscheinungen und Ereignisse in den Zusammenhang mit anderer, auch andersartiger Musik zu stellen, die musikalischen Erscheinungen und Ereignisse in Lebenszusammenhänge zu stellen und sie aus ihnen zu verstehen (z. B. historische, gesellschaftliche, landschaftliche und geistige Zusammenhänge). Wichtiger noch ist es, die Auseinandersetzung daraufhin zu lenken [gemeint: darauf hinzulenken; s. o.], was die Musik bedeutet und mitteilt. Auf der höchsten Stufe der Anwaltschaft für die Sache Musik hat der Lehrer die Aufgabe, die Erscheinungen und Ereignisse auf die einfachen Fragen, Erfahrungen und Gestaltungsprinzipien zurückzuführen, die ihnen als das ›Elementare‹ zugrunde liegen und die so einfach zu beschreiben sind, dass auch junge Schüler sie verstehen können.« (Ebd., S. 76)

Die Vorstellung vom Interpreten als »Dolmetscher« ebd., S. 60; zwar wird hier diese Tätigkeit nicht sofort der Lehrerin bzw. dem Lehrer vorbehalten, aber es wird durch den Kontext deutlich, dass es die Lehrenden sind, die sich als Instanzen beim Erschließen von Bedeutungen und Mitteilungen zwischen die Musik und die Lernenden positionieren.)

[13] Vgl. GRUHN 1993, S. 349–358.

[14] Vgl. GRUHN 3. Auflage 2008; kritisch: VOGT 2004, KAISER 2004.

[15] Vgl. die im Literaturverzeichnis angegebenen Arbeiten von JÖRG-DIETER GAUGER und – kritisch hierzu – KAISER/BARTH/HESS/JÜNGER/ROLLE/VOGT/WALLBAUM 2006 sowie ORGASS 2009a.

[16] Vgl. ORGASS 1999; DERS. 2007a; DERS. 2007f.

dieser Pluralismus ein konzeptionelles Denken notwendig macht, welches die Not der Auswahl in einem Feld unüberschauberer Möglichkeiten wendet.[17] Erst wenn die Ermöglichung des Umgangs und der Auseinandersetzung mit musikalischer Vielfalt bzw. Vielgestaltigkeit als Problem begriffen wird, das musikdidaktisches Denken schlechthin konstituiert, wird die alte Frage nach Kriterien für die Auswahl von Unterrichtsgegenständen auf eine Weise virulent, die die Beliebigkeit dieser Auswahl als fachlich inadäquat beobachtbar macht. Umgekehrt erweist sich die simple Aneinanderreihung unterschiedlicher Gegenstände als unterkomplex, weil durch sie das Problem der Beobachtung musikalischer Vielgestaltigkeit zu einer Angelegenheit von ›Abwechslung‹ verniedlicht wird: Erst auf der Grundlage eines Begriffs von musikalischer Vielgestaltigkeit können Beobachtungen von Differenz und Divergenz zu denken geben (und auf diese Weise Bildung ermöglichen). Auch ohne die genannte Frage bereits positiv bestimmt zu haben, lässt sich bereits hier negativ konstatieren, dass die Lösung des Problems der Auswahl der zu thematisierenden Musik nicht in einer Aufsummierung von Bindestrich-Musikdidaktiken (Didaktik Populärer Musik, Didaktik Neuer Musik etc.) bestehen wird, denn diese könnten sich potenziell hinsichtlich ihrer impliziten oder expliziten Vorstellungen von Bildungsrelevanz wie auch mit Blick auf unterrichtliches Handeln widersprechen und so Orientierung geradezu verhindern, wenn sie nicht auf übergeordnete Kriterien bezogen würden. – Eine musikdidaktische Konzeption (wie die Kommunikative Musikdidaktik) muss also ihre Bemühungen um die Herstellung eines stimmigen Zusammenhangs von Aussagen zu Zielen, Inhalten und Methoden des Musikunterrichts auf die Probleme der Pluralität von Musiken (Vielfalt der Musik) wie auch auf die erwähnte Pluralismusdiagnose so fokussieren, dass Vielgestaltigkeit begreifbar wird.

---

[17] Vgl. SCHARF 2007; hierzu kritisch ORGASS 2007, S. 364f. sowie GEUEN / ORGASS 2007, S. 29–32.

2 Bedeutungstheoretische Grundlagenüberlegungen
2.1 Ein vierdimensionaler Begriff des musikalischen Zeichens

Der durch den Verfasser vorliegender Arbeit gewählte Weg zur Erstellung eines solchen Zusammenhangs besteht in einer bedeutungstheoretischen Fundierung musikpädagogischen Denkens im Allgemeinen und der Kommunikativen Musikdidaktik im Besonderen.[18] Hierbei geht der Autor von einem Begriff des musikalischen Zeichens aus, dessen vier Dimensionen in allen musikpädagogischen und -didaktischen Hinsichten entfaltet werden:

	I Interpretant (Beziehungen, Relationen, Funktionen, die sich in Lernprozessen – Ia, siehe unten – herausgebildet haben und B und Bk aufeinander zu beziehen erlauben)	
B musikalische Bedeutung (musikalische Einheiten bzw. Gestalten)		Bk nicht-musikalische Bedeutsamkeit (nicht-musikalische Phänomene, z. B. Emotionen bzw. Begriffe)
	Ia Interaktion (Abgleich von Bedeutungs- und Bedeutsamkeitszuweisungen in symbolischen oder Face-to-Face-Interaktionen)	

Charles S. Peirces triadischer Begriff des Zeichens ist hier hinsichtlich der Musik zu einem vierstelligen Begriff erweitert: Das ›Objekt‹ kommt – wie beim späten Peirce – als wahrgenommenes Phänomen vor (es ist identisch mit den impliziten oder expliziten Unterscheidungen im zu Hörenden)[19], also als musikalische Be-

---

[18] Vgl. die jüngsten Überlegungen zu einer interaktionalen Theorie musikalischer Bedeutung und nicht-musikalischer Bedeutsamkeit in ORGASS 2011b.

[19] Vgl. Peirces Bestimmung des Begriffs Zeichen von 1911, in der auch die Unterscheidung zwischen unmittelbarem und realem (bzw. dynamischem) Objekt aufgehoben ist:
»Ein Zeichen ist [...] alles – gleichgültig, ob es sich um ein Aktuales, ein Kann-Sein oder Würde-Sein handelt –, was auf einen Geist, seinen Interpreten, einwirkt [affects] und die Aufmerksamkeit des Interpreten auf ein Objekt (ein aktuales, ein Kann-Sein- oder Würde-Sein-Objekt) zieht, das *bereits* in den Bereich der Erfahrung gelangt *ist*. Und neben dieser rein selektiven Wirkung des Zeichens hat es die Kraft, im Geist (ob direkt,

deutung (B).²⁰ Als Zeichen bzw. Repräsentamen fungiert *musikalische Bedeutsamkeit* (Bk). Beide werden durch einen Interpretanten (I) aufeinander bezogen. Mit der vierten Stelle kommt die Interaktion (Ia) ins Spiel, wodurch auf die Dynamik des ›Objekts‹ rekurriert wird.²¹ Da die Dimensionen B, Bk und I selbst auf (zumindest symbolischen²²) Interaktionen beruhen, lässt sich die Ergänzung der Interaktion (Ia) als eigener Dimension des Zeichenbegriffs auch als (notwendiges, Reflexion auf diese Dimension ermöglichendes) *Reentry* begreifen.²³

In der Dimension der musikalischen Bedeutung (B) werden Unterscheidungen fokussiert, die ein Individuum mit Blick auf Töne, Klänge, Geräusche und/oder Stille treffen kann, die also mit Hilfe parametrischer (Höhe, Dauer, Stärke, Farbe) und/oder syntaktischer Kategorien (Intervall, Motiv, Satz, Periode etc.) beschrieben werden können und das Erfassen bzw. Kommunizieren von musikalischen Einheiten bzw. Gestalten ermöglichen. Dagegen werden unter die Dimension nicht-musikalische Bedeutsamkeit (Bk) alle Unterscheidungen subsumiert, die in nicht-musikalischen Phänomen- oder Lebensbereichen getroffen und aufgrund verschiedener Vorstellungen von Analogie auf die musikbezogenen Unterscheidungen in der Dimension musikalischer Bedeutung bezogen werden. Der Interpretant (I) – ein durch Charles S. Peirce eingeführter Begriff – bezeichnet jene Instanz, die die Bezugnahme musikalischer Bedeutung auf nicht-musikalische Bedeutsamkeit oder umgekehrt nicht nur in formaler Hinsicht gewährleistet, sondern die diese Bezugnahme im Sinne eines tertium comparationis inhaltlich füllt und auf diese Weise einen wichtigen Aspekt der Relevanz einer Musik ›für das Leben‹ konstituiert. Es handelt sich lediglich um einen wichtigen Aspekt solcher Relevanz, der mit dem Interpretanten in den Blick kommt, und nicht deren Ge-

---

durch das Bild oder den Klang oder indirekt) eine Art von Empfindung oder eine Anstrengung oder einen Gedanken hervorzurufen.« (PEIRCE 2000, Band 3, S. 467, hier die kursiven Hervorhebungen. Für das amerikanische Original vgl. CUMMING 2000, S. 79.)

[20] Musikalische Bedeutung (B) wird durch unbewusste, auf entsprechenden Lern- und Erfahrungsgeschichten beruhenden (Hör-)Erwartungen (Antizipationen) strukturiert, die entweder mit dem entsprechenden Interpretanten identisch sind oder diesen (im Sinne einer seiner Aspekte) konstituieren; vgl. hierzu HURON 2007, insbesondere die Typologie der Formen ›musikbezogener Antizipation‹ (»Creating Predictability«), *musikbezogener Überraschung* (»Creating Surprise«) und ›musikbezogener Spannung‹ (»Creating Tension«) in den Kapiteln 13–15 (S. 239–329).

[21] Die musikbezogene Interaktion (Ia) fungiert als Anschlussstelle einer Theorie des Musiklernens.

[22] Heinz Buddemeier (1973, S. 47) spricht in diesem Zusammenhang von »fingiert-dialogischer Kommunikation« (BUDDEMEIER, zitiert nach LINK 1980, Anmerkung 12, S. 164).

[23] Vgl. ORGASS 2011b, insbesondere Abschnitt VI.

währleistung zur Gänze, weil die Tätigkeit des musikbezogenen Zuweisens von Bedeutungen durchaus im tendenziell selbst- und weltvergessenen Eintauchen in den Klangstrom einer Musik oder im Versuch eines ›Verbleibens‹ bei den Tönen bzw. Klängen und Pausen und ihren Beziehungen zueinander erblickt werden mag, auch wenn sich solcher Mitvollzug aufgrund des kaum zu verhindernden Unterscheidens immer schon auf dem Sprung zur Begrifflichkeit befindet. Die Interaktion (Ia) schließlich stellt eine Dimension des Begriffs des musikalischen Zeichens dar, weil es die symbolischen oder Face-to-Face-Interaktionen sind, in denen die Kognitionen in den drei anderen Dimensionen geformt werden, in denen sich also die mit den Dimensionen musikalischer Bedeutung, nicht-musikalischer Bedeutsamkeit und des Interpretanten verbundenen Vorstellungen herausbilden bzw. emergieren. Das Bewusstmachen dieser Dimension kommt daher einem Reentry dieser Herausbildung bzw. dieser Emergenz in die Thematisierung (Bezeichnung) der jeweiligen anderen Dimension gleich, die auf diese Weise eine gleichsam ›archäologische‹ Reflexion erfährt.

Die durch Charles S. Peirce unterschiedenen drei Größen – »Repräsentamen«, »Objekt« und »Interpretant« – werden also musikbezogenen konkretisiert, indem die Musik als Objekt fungiert und das Repräsentamen als jene geistige Größe aufgefasst wird, die das musikalische Objekt überhaupt als jeweils solches – und eben nicht in einer anderen Hörperspektive – zu Gehör bringt. (Die durch Peirce getroffene Unterscheidung zwischen »realem Objekt« und dem »dynamischem Objekt« wird also aufgegriffen: Das musikalische Objekt ermöglicht in jedem Falle mehr Perspektiven seiner hörenden Realisation, als mit den jeweils in Anschlag gebrachten Repräsentamen – und jeweils angeleitet durch einen Interpretanten – zu erfassen sind.)[24] Jene drei Größen werden um die Dimension der Interaktion wie erläutert erweitert.[25]

Die vier Dimensionen dieses Zeichenbegriffs – musikalische Bedeutung,

---

[24] Vgl. hierzu zusammenfassend PAPE 1989, S. 297–342.

[25] Zur Notwendigkeit der Ergänzung der Theorie des Zeichens um die Dimension der Interaktion: »Ich kann keinen Zeichenbegriff als transzendentallogisch oder auch nur ›irgendwie semiotisch‹ zureichend anerkennen, der nicht das Zeichen (explizit und kategorial, nicht erst durch nachträgliche common-sense-Versicherungen) als ›Zwischen‹ von mehreren Subjekten erfasst.«

(HEINRICHS 2004, S. 254; das Zitat entstammt dem kritischen Kommentar *Die Triaden-Kombinatorik der Semiotik von Charles S. Peirce*, S. 248–267.)
Zur Notwendigkeit, das Erlernen des Zeichengebrauchs als Teil einer Bedeutungstheorie zu begreifen, vgl. die entsprechende auf eine linguistische Bedeutungstheorie bezogene Argumentation bei DUMMETT 1982, S. 100f.

nicht-musikalische Bedeutsamkeit, Interpretant und Interaktion – lassen sich als ›Inhaltsverzeichnis‹ jener Aspekte verstehen, die bei der Beantwortung der Frage nach Qualität und Genese der Vorstellungen vom jeweiligen Zusammenhang zwischen Musik und Nicht-Musik zu durchdenken sind: Es handelt sich um einen Zeichenbegriff, für den keinerlei fixierte Zuordnung dieser beiden Domänen vorausgesetzt wird, der also, indem er die Genese von Bedeutung modellierbar macht, sich als hochgradig kompatibel mit einem Begriff des Musiklernens erweist, welcher durch die interaktive Dimension konstituiert wird.

Die jeweiligen ›Achsen-Dimensionen‹ können zudem als durch mögliche Reentrys miteinander verklammert gedacht werden: Die Unterscheidung zwischen musikalischer Bedeutung und nicht-musikalischer Bedeutsamkeit (›horizontale Achse‹) basiert auf der Unterscheidung zwischen Musik und der allein schon durch diesen Begriff ›gesetzten‹ Domäne der Nicht-Musik.[26] Die Dimensionen des Interpretanten und der Interaktion (›vertikale Achse‹) hängen inhaltlich unter dem Gesichtspunkt der Kontingenz zusammen: Interpretanten reduzieren musikbezogene Kontingenz, welche jeweils die durch sie miteinander in Verbindung gebrachten Dimensionen der musikalischen Bedeutung und der nicht-musikalischen Bedeutsamkeit – in Gestalt jeweiliger unüberschaubarer phänomenaler Vielfalt bzw. Vielgestaltigkeit – kennzeichnet: Sie ermöglichen es, prinzipiell kontingente Wahlen bzw. Entscheidungen zu treffen und mögliche Komplexität musikbezogener Praxis zu reduzieren und handhabbar zu machen. Mit der Thematisierung eines Interpretanten wird auch dessen spezifischer Umgang mit Kontingenz reflexiv. – Zumindest Face-to-Face-Interaktionen zweier Individuen sind gleichsam von sich aus durch ›doppelte Kontingenz‹ gekennzeichnet, also durch das wechselseitige Wissen von Ego, dass Alter – in wenig oder nicht einheitlich typisierten Interaktionen – nicht wissen kann, wie die eigene Handlung aussehen wird, während Ego zugleich weiß, dass Alter eben dieser Umstand auch bewusst ist oder bewusst sein kann; und spiegelbildlich lässt sich die Sicht von Alter formulieren.[27]

---

[26] In ORGASS 2011b, hier Kapitel III: *Musikbezogener Sinn: musikalische Bedeutung und nicht-musikalische Bedeutsamkeit* hat der Autor vorliegender Arbeit diesen Sachverhalt anhand der Kategorie des Sinns erläutert.

[27] Vgl. KIESERLING 1999, S. 86–109 (Kapitel *Doppelte Kontingenz*), mit der Betonung der »artikulierten Form« doppelter Kontingenz, die das Gesellschaftssystem als Artikulationshilfe voraussetzt (ebd., S. 89). Mit Blick auf den oben angedeuteten großen Stellenwert der Interaktion für die Reflexivität der Zeichenverwendung wären alle am Unterricht Beteiligten, die das ›Schulspiel‹ als systemisch bedingte Überartikulation unterrichtlicher Interaktion ›spielen‹ (müssen), immer wieder mit Situationen »unbestimmter doppelter Kontingenz« (ebd.) zu konfrontieren. Vgl. hierzu auch ORGASS 2008b und DERS. 2011c, mit Blick auf »interkulturelle Interaktionen«.

2.2 Peirces ›letzter Interpretant‹ »habit-change« und die Bestimmung des Verhältnisses von musikbezogener Semiotik und Semantik

Es könnte hier der Eindruck entstehen, als ob der Begriff der Bedeutung unter den Zeichenbegriff (als den allgemeineren Begriff) subsumiert würde, was mit folgender Begriffsbestimmung Peirces aus dem Jahre 1903 kompatibel wäre: »Es erscheint natürlich, das Wort *Bedeutung* zu benutzen, um den intendierten Interpretanten eines Symbols zu bezeichnen.«[28] Der in vorliegender Arbeit hervorgehobene konstitutive Stellenwert der jeweiligen Entstehungsgeschichten der musikalischen Bedeutung, der nicht-musikalischen Bedeutsamkeit und des Interpretanten in Interaktionen ist jedoch eher mit Peirces späterer (z. B. 1907 vertretener) Auffassung kompatibel. Peirce bestimmt 1907[29] als einzige Wirkung (»mental effect«), die als »ultimate logical interpretant« fungieren kann, »habit-change«[30]. Helmut Pape weist darauf hin, dass an dieser Stelle »habit« stand; dieses Wort hat Peirce dann durchgestrichen und durch »habit-change« ersetzt.[31] Für Thomas L. Short rückt Peirce damit von seiner älteren Vorstellung einer unendlichen Semiose ab: »Meaning is not an endless translation of sign into sign.«[32] Gewohnheitsänderung, die auf Volition beruht, fungiert als letzter (»ultimate«) Interpretant (also nicht als logischer oder finaler Interpretant, der selbst – als Aussage – einen letzten Interpretanten benötigt): »Die Gewohnheit allein ist, obgleich sie auf andere Weise auch ein Zeichen sein kann, nicht auf die Weise ein Zeichen, in der das Zeichen, für das sie als logischer Interpretant auftritt, ein Zeichen ist.«[33] Short arbeitet den fundamentalen Stellenwert dieses neuen Gedankens bei Peirce heraus:

> »The fundamental change in doctrine that occured in 1907 was to have recognized that it is the habit itself, and not a concept of it, that is the ultimate interpretant of a concept. [...] In 1907, Peirce broke out of the hermetic circle of words interpreting words and thoughts interpreting thoughts. It is only through the medium of purposeful action, even if only a potential action for a possible purpose, that words and thoughts relate to a world beyond themselves and acquire objects of or about which they are.«[34]

---

[28] PEIRCE 1991, S. 118.
[29] MS 318.
[30] CP 5.476, hier die kursive Hervorhebung.
[31] PEIRCE 2000, Anmerkung 14, S. 283. Vgl. hierzu ausführlicher BERGMAN 2009, hier das vorletzte Kapitel mit dem Titel *Habit and Habit-Change*, im Ausdruck ebd. auf S. 8–14.
[32] SHORT 2009, S. 57.
[33] PEIRCE 2000, S. 267.
[34] SHORT 2009, S. 58f.

Erst vor diesem Hintergrund erscheint die Legitimation des Zeichenbegriffs, der mit der Unterscheidung und Analogiebildung zwischen musikalischer Bedeutung und nicht-musikalischer Bedeutsamkeit arbeitet, u. a. unter Rekurs auf Peirce sinnvoll.

Im Anschluss an Klaus Oehlers Überlegungen zu Peirces semiotischem Pragmatismus ist zudem darauf hinzuweisen, dass »habit-change« als letzter Interpretant als Ausdruck jenes Meliorismus zu betrachten ist, der Semiose als Verbesserung der zeichenhaften (also aspekthaften) Präsentation eines realen bzw. dynamischen Objekts begreift (was aus konstruktivistischer Sicht als Erhöhung der Viabilität des Umgangs mit diesem Objekt – größerer Aspektreichtum, Berücksichtigung von mehr relevanten Kontexten, Reduktion beobachteter Unstimmigkeiten etc. – reformuliert werden muss):

> »Ein Text kann auf vielfache Weise ausgelegt werden. Gleichwohl müssen die Interpreten eines Textes in einer Mindestübereinstimmung stehen bezüglich der Identität ihres Gegenstandes, da sie sich sonst nicht mit demselben Gegenstand befassen, und sie müssen punktuell auch zur Übereinstimmung in der Sache fähig sein, nämlich spätestens dann, wenn ihre Interpretation als Grundlage für ein gemeinsames Handeln einer Gemeinschaft, zum Beispiel bei der Festlegung von Verkehrsregeln oder Verfassungsbestimmungen und bei der Formulierung von Glaubensbekenntnissen oder Parteiprogrammen, zwingend erforderlich ist. Dann, plötzlich und übergangslos, hört Interpretation auf, ein folgenloses Spiel zu sein, bei dem die Willkür der Interpreten das herrschende Prinzip ist. Dann nämlich gesellt sich zu dem Problem der Interpretation das der Verantwortung und der Sozialverträglichkeit.«[35]

Dies wiederum beruht auf der partiellen Unabhängigkeit des realen Objekts von Subjektivität:

> »Das Reale Objekt bleibt zwar auch abhängig von der Subjektivität, nämlich von der Subjektivität des Unmittelbaren Objektes des Zeichens, aber es geht in dieser Subjektivität nicht zur Gänze auf wie das Unmittelbare Objekt; es ist mehr als diese Subjektivität; es ist derjenige Aspekt der von aller Subjektivität unabhängigen Sache, der in dem subjektiven Unmittelbaren Objekt des Zeichens eine Entsprechung hat [...].«[36]

Erst auf dieser Grundlage lässt sich wahre von falscher Signifikation unterscheiden. Zugleich wird deutlich, dass die Beobachtung der Unterscheidung zwischen dem realen und dem unmittelbaren Objekt auf Interaktion, auf objektbezogene Kommunikation also, angewiesen ist:

> »Die Gewohnheit, verstanden als provisorische Vorwegnahme des idealen Grenzwertes des absoluten Objektes, besetzt bei Peirce den Begriff des Gesetzes, der Gesetze der Natur wie des Geistes gleichermaßen. Gewohnheit in dieser Bedeutung setzt Gemeinschaft als intersubjek-

---

[35] OEHLER 1995, S. 238.
[36] Ebd., S. 239.

tive Kontrollinstanz voraus, die darüber wacht, dass der konjekturale Wahrheitsbegriff nicht durch Intuitionismus, Individualismus und Dogmatismus verdrängt wird.«[37]

(Auch) vor diesem Hintergrund wird deutlich, wieso Interaktion als Dimension zum Begriff eines musikalischen Zeichens gehört: Da in Interaktionen die Inhalte der anderen drei Dimensionen hervorgebracht werden, muss die Geschichte der Entstehung und Verwendung eines Zeichens als zum *fundamentum in re* gehörig begriffen werden. Interaktionen, in denen dies thematisch wird, widmen sich dem »Interpretieren« und fokussieren das jeweilige reale Objekt (freilich unter Verwendung entsprechender Zeichen), während Interaktionen, die die genannte historische Perspektive einklammern und die musikbezogene Zeichenverwendung auf unmittelbare Objekte ohne Berücksichtigung der von Oehler genannten Schnittmenge mit dem realen Objekt (mit der Menge der in interpretierender Absicht auf dieses Objekt bezogenen Zeichen also) referieren lassen, als »Benutzen« zu fassen sind.[38] Freilich wächst der freien, nicht durch eine interpretierende Absicht gebundenen Semiose im künstlerisch-ästhetischen Kontext eine eigene Dignität zu, die es bei den bedeutungstheoretischen Grundlagenüberlegungen und im Zuge der Reflexion von deren didaktischen Konsequenzen zu berücksichtigen gilt. Zudem ist Peirces Vorstellung einer Verbesserung der zeichenhaften Präsentation eines realen Objekts durch das mit konstruktivistischen Grundsätzen verträgliche Konzept der Erweiterung der Perspektive auf dieses Objekt in interpretierender Absicht zu ersetzen. (Die Unterscheidung wahr/unwahr bezieht sich dann auf die Viabilität der Zeichenverwendung, nicht auf die ›adaequatio‹ von Zeichen und Objekt.) Auf die Unterscheidung Interpretieren/Benutzen wird im vierten Kapitel zurückzukommen sein.

Die Zielsetzung einer musikbezogenen Interaktion ›rahmt‹ also die jeweilige Zeichenverwendung; Semiose ist funktional auf intendierte Semantik bezogen. Ein Spektrum möglicher semantischer Rahmungen musikbezogener Zeichenverwendung lässt sich mit Hilfe des von Peirce genannten letzten Interpretanten »habit-change« gewinnen, wenn dieser auf die erwähnte Unterscheidung zwischen Interpretieren und Benutzen bezogen wird. Es lässt sich dann (1) die simple Befolgung einer musikbezogenen Gewohnheit, die irreflexiv das in Interaktionen musikbezogen als Bedeutung und Bedeutsamkeit Hervorgebrachte

---

[37] Ebd., S. 237. Die aus systemtheoretischer bzw. konstruktivistischer Sicht problematische Rede von Intersubjektivität lässt sich ›retten‹, wenn die Praxis der von Oehler erwähnten Kontrollinstanz als Kommunikation begriffen wird (und nicht als eine irgendwie anders gewährleistete Übereinstimmung von Bewusstseinen). Hiervon geht Oehler allerdings offenbar selbst aus.

[38] Vgl. Eco 1995, S. 47f.

einfach fungieren lässt und entsprechend die Möglichkeit der Gewohnheitsänderung erst gar nicht in den Blick nehmen kann, von den beiden genannten Arten der Bezugnahme bzw. Nicht-Bezugnahme auf reale Objekte unterscheiden, wobei diese Bezugnahmen durch entsprechende Änderungen musikbezogener Gewohnheit motiviert sind: Änderung (Erweiterung, Relativierung, Korrektur) eines Geschichtsbildes (2; Interpretieren) oder Hervorbringung eines neuen musikalischen bzw. musikbezogenen Objekts (3; Benutzen). Schließlich kann das Ändern einer musikbezogenen Gewohnheit selbst eingeklammert werden – als intendierte Vermeidung des musikbezogenen Zuweisens von Bedeutung und Bedeutsamkeit schlechthin (4). Von der erwähnten simplen Befolgung einer musikbezogenen Gewohnheit (1) unterscheidet sich diese Vermeidungsstrategie durch die Tatsache, dass es sich eben um eine Strategie handelt, durch Intentionalität bzw. Reflexivität also.

Der hier angedeutete, weiter unten genauer zu entfaltende Ansatz zu einer Musikhistorik steht also in unmittelbarem Zusammenhang mit der vorgestellten Theorie musikalischer Bedeutung und nicht-musikalischer Bedeutsamkeit. Die erwähnten vier Typen des Umgangs mir Peirces letztem Interpretanten »habit-change« werden weiter unten in leicht modifizierter Form noch relevant werden.

2.3 Proflexiv-normative Ausrichtung des ›Gebrauchs‹ des vorgestellten Zeichenbegriffs

Es dürfte deutlich geworden sein, dass sich der vorgestellte Begriff eines musikalischen Zeichens ohne Einbindung in einen weiteren gedanklichen Horizont, der Sollensaussagen einbegreift, nur deskriptiv verwenden lässt. Soweit dieser Zeichenbegriff aber die bedeutungstheoretischen Grundlagen musikdidaktischen Denkens im Allgemeinen und der Kommunikativen Musikdidaktik im Besonderen klären helfen soll, griffe er zu kurz, wenn er sich aufs Deskriptive beschränkte. Vielmehr wird mit der musikdidaktischen Ausrichtung zumindest seine Anschließbarkeit an proflexiv-normative Überlegungen notwendig, denn als ein Kernproblem wissenschaftlicher Didaktik hat die begründete Bestimmung von Sollensaussagen zu gelten: Es ist auf nachvollziehbare Weise die Frage zu beantworten, was aus welchen Gründen gelernt werden soll, wobei die Methode, die für die Ermittlung der jeweiligen Antwort maßgeblich ist (bzw. war), reflektiert und diskursiv gemacht werden muss.

Nun lässt sich die somit formulierte Aufgabe im gegebenen Fall auf verschiedene Weise angehen: Denkbar ist, die normativen Überlegungen von der Anwendung des erläuterten Zeichenbegriffs zu trennen und Begründung und

Begründbarkeit jener Überlegungen anders zu konzipieren. In der Konsequenz wäre aber anzugeben, wieso dann überhaupt ein bedeutungstheoretischer Zugang zu den anders begründeten Entscheidungen beispielsweise zur Aufgabe des Musikunterrichts am allgemeinbildenden Schulwesen gewählt wurde. In der bisherigen Theoriebildung seitens der Kommunikativen Musikdidaktik war in der Tat immer von den beiden Fundamenten die Rede, auf denen das (zu entfaltende) Gedankengebäude einer Didaktik aufruht, nämlich von den ästhetischen und den pädagogischen Grundlagen. Der Zeichenbegriff wäre dann den ästhetischen Grundlagen zuzuordnen, während für die pädagogischen Grundlagen nach wie vor die Bezugnahme auf einen anderen theoretischen Hintergrund erforderlich wäre – beispielsweise wie ehedem dargestellt durch eine musikpädagogische Rezeption der bildungstheoretisch ansetzenden *Pädagogik der Kommunikation* Klaus Schallers, die ihren Begriff der Bildung historisch und in eins transzendental argumentierend einführt und begründet.[39]

Das ist immerhin plausibel, soweit der Zeichenbegriff im musikästhetischen Bereich jene Vermeidung von Dogmatik ermöglicht, die im pädagogischen Bereich durch Schaller vehement eingefordert wurde und für die Kommunikative Musikdidaktik maßgeblich geworden ist. Und in der Tat ist diese Kompatibilität gegeben, da der Zeichenbegriff wie erwähnt von keiner vorgegebenen Zuordnung gegebener musikalischer Gestalten zu sprachlich benannten oder benennbaren Bedeutungen ausgeht, sondern deren Genese wie auch die Genese von deren Bezugnahmen auf nicht-musikalische Bedeutsamkeiten in Interaktionen verortet – in Interaktionen, die wie bei Schaller als Face-to-Face-Interaktionen, aber auch – Schaller erweiternd – als symbolische bzw. symbolisch vermittelte Interaktionen begriffen werden.[40]

Gleichwohl soll im Folgenden gezeigt werden, dass die geforderten proflexiv-normativen Überlegungen als besondere Konkretion eines Interpretanten – im Sinne einer der vier Dimensionen des vorgestellten musikalischen Zeichens – begriffen werden können. Damit dies logisch stimmig in Angriff genommen werden kann, muss – erstens – musikpädagogische Tätigkeit (in ihrer musikdidaktischen Ausrichtung) als eine besondere Form musikbezogener Tätigkeit schlechthin begriffen werden, die sich im Musiklernen (als Zusammenhang von Wahrnehmung, Deutung, Orientierung und Motivation bzw. Selbsttätigkeit) und in dessen Er-

---

[39] Vgl. SCHALLER 1987, S. 35 und S. 39ff., mit Bezug vor allem auf Heidegger. Ebd., S. 41 ist vom notwendigen Schritt die Rede, »das Transzendentale und das Reale zusammenzudenken, auf die oft zwar noch nicht verwirklichte und also herzustellende Realität hinzuweisen, welche transzendental fungiert«.

[40] Zum symbolischen Interaktionismus vgl. BLUMER 1981.

möglichung und Förderung durch Musiklehren konkretisiert, und – zweitens – zur Vermeidung eines naturalistischen Fehlschlusses im Blick behalten werden, dass die Sollensaussagen nicht aus Seinsaussagen abgeleitet werden. Allerdings dürfte es mit Blick auf die letztgenannte trennende Unterscheidung als theoretisch elegant bezeichnet werden, wenn sich zeigen ließe, dass der gewählte und besonders sorgsam begründete Interpretant, der dann als finaler oder logischer Interpretant[41] für die angestrebte und als anstrebenswert empfohlene musikpädagogische Tätigkeit gelten soll, als ›Verlängerung‹ empirischer Aussagen in die Zukunft hinein begriffen werden kann (und eben diese Verlängerung den qualitativen, gar kategorialen Unterschied zur Seinsaussage ausmacht).

Die erwähnte elegante Eigenschaft der Theoriebildung charakterisiert Schallers Bestimmung der »realen gesellschaftlichen Erwartung« der bürgerlichen Gesellschaft, die er – im Sinne von »Lebensmaximen« dieser Gesellschaft – in der »Demokratisierung der Lebensverhältnisse« und in »rationaler Lebensführung« erblickt.[42] Die Kategorie der Erwartung ist es also, die eine bestimmte Sicht auf Empirie – auf die Geschichte der bürgerlichen Gesellschaft – mit einer Sicht auf eine gesollte Zukunft vermittelt, und zwar im Sinne der Denkfigur noch nicht abgegoltener, in der Vergangenheit formulierter Zukunftsentwürfe.[43] – Gibt es eine solche Erwartung in der Geschichte der Musikästhetik, die sich ihrerseits als Geschichte der Reflexion auf gesollte musikbezogene ästhetische Praxis begreifen lässt?

Diese Erwartung, so jedenfalls die seitens der Kommunikativen Musikdidaktik zu entfaltende These, kann in einem erquicklichen Umgang mit musikalischer Kontingenz erblickt werden, die ihrerseits die Erfahrung nicht-musikalischer Wirklichkeit kontingent setzt und so ein immer wieder neues und neu geformtes Bild menschlicher Freiheit entstehen lässt. Zur Erläuterung sei hier Martin Seel zitiert (ein Autor, der konstruktivistischer Positionierung unverdächtig genannt werden kann, was ihn im gegebenen Zusammenhang als guten Gewährsmann einer positiven Beschreibung des gemeinten Zusammenhangs von Ästhetik und

---

[41] Erinnert sei an die Unterscheidung zwischen logischem oder finalem Interpretanten (»logic interpretant«, »final interpretant«), der selbst einen letzten Interpretanten benötigt, einerseits und eben dem letzten (»ultimate«) Interpretanten, der in Kapitel 2.2 thematisiert wurde (»habit-change«) und auf Hinweise zu einer Musikhistorik abgeklopft wurde, andererseits. Vgl. wiederum SHORT 2009, S. 57 und S. 182f. Die pädagogisch-normative Überlegung zum finalen (bzw. logischen) Interpretanten ›Kontingenz‹ bezieht sich auf eine in der Theoriebildung – im Vergleich zu den Reflexionen zum letzten Interpretanten – tieferen, untergeordneten Ebene.

[42] SCHALLER 1987, S. 61.

[43] Eine gewisse Nähe zu der durch Jörn Rüsen thematisierten Spiegelbildlichkeit von Alterität und Utopie ist erkennbar. Vgl. RÜSEN 1994a, S. 58–67.

Kontingenz erscheinen lässt, denn die von ihm umrissene Kontingenz dürfte im Rahmen konstruktivistischer Argumentation, welche in vorliegender Arbeit bevorzugt wird, als noch umfassender beurteilt werden):

> »Ästhetische Aufmerksamkeit [...] wäre somit ein wesentlicher Zug des menschlichen Selbstbewusstseins. Aber sie ist ein wesentlich partikularer Zug. Sie ist weniger ein Bewusstsein bestimmter Tatsachen, Wünsche, Pflichten oder Entwürfe als vielmehr ein Sinn für das Hier und Jetzt des eigenen Lebens, wie es nur in der Offenheit für das Erscheinungsspiel einer gegebenen Situation zugänglich wird. Die Veränderlichkeit dieser Erscheinungen erinnert dabei an die Vergänglichkeit dieser wie jeder Gegenwart des Erscheinens – und an die von Valéry gepriesenen Wonnen dieser Vergänglichkeit. Heidegger wollte der Philosophie einen Ausweg aus der Seinsvergessenheit zeigen. Eine Ästhetik – Heideggers eigene Kunstphilosophie inbegriffen – gibt eine andere Empfehlung. Wir sollten nicht erscheinungsvergessen sein. Wir sollten nicht den Geschmack für den Augenblick verlieren. Denn dieses Gespür macht es möglich, die unbeherrschbare Gegenwart nicht als einen Mangel an Sinn oder Sein, sondern als eine Gelegenheit zu uns selbst zu ergreifen, die wir im folgerichtigen Denken und Handeln zwangsläufig auslassen müssen.«[44]

Es ist im gegebenen Zusammenhang nicht möglich, die vier Dimensionen des Begriffs eines musikalischen Zeichens hinsichtlich der auf sie bezogenen Tätigkeiten der Erfahrung, Reduktion und Erweiterung von Kontingenz umfassend zu untersuchen.[45] Wenige Hinweise müssen hier genügen: Für die Dimension der musikalischen Bedeutung (B) wird Kontingenzerfahrung bei jedwedem Hervorbringen neuer Musik (Komposition, Improvisation) virulent; aber auch beim Hören dargebotener (durch andere Individuen klanglich realisierter) Musik wird diese Erfahrung gemacht – bei bislang unbekannter, unerhörter Musik ohnehin, aber auch bei Musik, die bereits aufgrund des Hörens anderer Klangrealisationen oder des Partiturenstudiums oder dergleichen bekannt ist, werden zumindest die Abweichungen von dem aufgrund der Vertrautheit mit der Musik zu erwartenden Klang, Tempo etc. als kontingent erfahren.[46] Nach Luhmann sollten Kunstwerke als »Versuche der Objektivierung doppelter Kontingenz«, »als Gespräche in sich selbst« beobachtet werden.[47] (Auch) musikbezogen lässt sich dieser Gedanke als Bezeichnen bei gleichzeitigem Unterscheiden (und – beim Hervorbringen neuer

---

[44] SEEL 2003, S. 39f.
[45] Vgl. in philosophischer Perspektive HÖRISCH 2009, in allgemeinästhetischer Hinsicht ZIRFAS 2010 und andere Beiträge in LIEBAU / ZIRFAS (Hg., 2010), ferner musikbezogen ORGASS 2011a. – Zirfas' begriffliches Ungetüm »Kontingenzbewältigungskontingenz« spielt offenbar auf Odo Marquards Rede von der »Inkompetenzkompensationskompetenz« an (vgl. MARQUARD 1981).
[46] Vgl. HURON 2007, S. 91–99 (Kapitel mit dem Titel *Heuristic Listening*).
[47] LUHMANN 1997, S. 54, Anmerkung 65.

Musik – Entscheiden!) in einem prinzipiell kontingenten musikalischen Raum bzw. Material fassen, denn die Unterscheidung, die der im Hervorbringungsprozess ›bezeichneten‹ musikalischen Gestalt zugrundegelegen hat, wird nicht mitbezeichnet und ist – zunächst, ohne Anstrengung des Vermögens ihrer (historischen) Einordnung – kontingent.[48] Für die Dimension *nicht-musikalischer Bedeutsamkeit (Bk)* wie auch für die Dimension des *Interpretanten (I)* mag hier der Hinweis auf die jeweils individuelle Lern- und Erfahrungsgeschichte, die sich auch als ein permanentes ›Abarbeiten‹ von Kontingenz begreifen lässt, genügen. Mit Blick auf das Lernen sei ergänzend auf Piagets Begriff der Akkomodation verwiesen, der im Unterschied zur Assimilation die kognitive Anpassung meint, die die als Störung erfahrene Kontingenz des wahrgenommenen Phänomens durch Lernen mildert oder tilgt.[49] Die zur Dimension der Interaktion (Ia) gehörige doppelte bzw. mehrfache Kontingenz wurde bereits oben erwähnt.

Wenn man also Kontingenz als eine in den vier Dimensionen des Begriffs eines musikalischen Zeichens virulente Größe bzw. Erfahrung ausmachen kann, so ist damit noch nicht genug über Kontingenz als finalen (bzw. logischen) Interpretanten für die musikbezogene Tätigkeit des Unterrichtens von Musik gesagt. Dies leistet erst eine Betrachtung, die die ästhetische mit der pädagogischen Dimensionen dieses Unterrichts in Verbindung bringt, indem artikuliert wird, wie denn die Lernenden mit musikbezogener Kontingenz umzugehen lernen sollen. Diese Reflexion führt zur Angabe zweier übergeordneter und miteinander zu kombinierender Kriterien für die Bestimmung der Aufgabe des Musikunterrichts: Erstens sollen die Lernenden musikbezogene Kontingenz und die auf sie bezogenen oder zu beziehenden Entscheidungen mit Blick auf bereits existierende Musik rekonstruieren und hinsichtlich der Hervorbringung (Komposition oder Improvisation) neuer Musik konstruieren. Und zweitens sind die entsprechenden Tätigkeiten für das Individuum (also für Bewusstsein und Kognition) ebenso zu durchdenken wie für die (Face-to-Face-)Interaktion. Vor diesem Hintergrund sind die folgenden vier musikpädagogischen Handlungsfelder zu unterscheiden:

---

[48] Der Autor vorliegender Arbeit hat aus diesem Grund (der Kontingenzerzeugung) das musikalische Kunstwerk, das tendenziell unendlich viele Zuweisungen bzw. Arten von Zuweisung von Bedeutung und Bedeutsamkeit zulässt und auf den Weg bringt, als genuin europäisches Modell für einen gewollten bzw. gesollten Umgang mit interpretatorischer Vielfalt gedeutet – für einen Umgang mit Musik also, der hinsichtlich der in ihm vorausgesetzten Haltung auf alle denkbaren anderen Arten von Musik übertragbar ist und also als Modell in einem umfassenderen, auch interkulturelle musikalische Phänomene umgreifenden Zusammenhang fungieren kann (vgl. ORGASS 2007e).

[49] Vgl. PIAGET und RUSCH / SCHMIDT (Hg.) 1994.

Aktionsziel(e)		Musikbezogene Kontingenz und Entscheidungen in der	
		Rekonstruktion	Konstruktion
Aktant(en)	Individuum (außerhalb einer Face-to-Face-Interaktion)	Analysieren und Interpretieren (Fremdreferenz in symbolischer Interaktion)	Improvisation/Komposition
	Interaktanten	Analysieren und Interpretieren (Fremdreferenz in Face-to-Face-Interaktionen)	Gruppenimprovisation/ Gruppenkomposition

Dabei entspricht die Unterscheidung der beiden Arten von Aktanten (im zweiten Kriterium) der vertikalen Achse des musikalischen Zeichens: Der Interpretant ›Kontingenz in ihrem Verhältnis zu Entscheidungen‹ (I), der in jedem Falle vom Individuum als solcher in Anschlag zu bringen ist, kann nicht nur in *Interaktionen (Ia)* virulent werden, sondern wird umgekehrt in symbolischen und Face-to-Face-Interaktionen als sinnvoll, notwendig oder gar unumgänglich und insofern als höchster Interpretant ›ermittelt‹ und begründet. Dass musikbezogene Kontingenzen und Entscheidungen rekonstruiert und konstruiert werden sollen, wie es das erste Kriterium vorsieht, hat selbstverständlich keine direkte Entsprechung in der (rein deskriptiv zu verstehenden) horizontalen Achse des vierdimensionalen Zeichenbegriffs, denn anders als in jenem Modell geht es hier ja gerade darum, proflexiv-normativ festzustellen, auf welches Ziel das reflexive Bestimmen von Beziehungen zwischen musikalischer Bedeutung (B) und nicht-musikalischer Bedeutsamkeit (Bk) ausgerichtet sein soll. Allerdings liegt die durch dieses Kriterium vorgesehene Berücksichtigung des zeitlichen Faktors in der Logik des vierdimensionalen Zeichenbegriffs, der ja in der Dimension der Interaktion (Ia) die Genese der anderen drei Dimensionen in Interaktionen im Sinne eines Reentry in die Bezeichnung (und Thematisierung) dieser Dimensionen (*B, Bk* und *I*) reflexiv werden lässt.

3 Diskussion von Strategien zur Festlegung obligatorischer Bestimmungen für das Fach Musik

Mit den folgenden Überlegungen sollen mögliche Konsequenzen aus den oben vorgestellten Gedanken für die Erstellung eines Kerncurriculums für das Fach Musik (vornehmlich auf der Sekundarstufe II) gezogen werden. Auch die Kommunikative Musikdidaktik beteiligt sich also an einer Debatte, die zunächst mit Bildung im erläuterten Sinne überhaupt nichts zu tun hat. Sie tut dies ›wohl oder übel‹, denn es ist nicht erkennbar, dass der Ungeist der (tendenziell jedwede Flexibilität und damit lerngruppenspezifische Relevanz verhindernde) Vereinheitlichung von Unterrichtsgegenständen und der permanenten Kontrolle von ›Lernständen‹ in absehbarer Zeit aus der Schulpolitik verschwindet. Einen Beitrag zur kritischen Diskussion des Kompetenzbegriffs hat der Autor bereits andernorts geleistet.[50] Die vorliegende Arbeit soll anstelle einer Wiederaufnahme dieser Diskussion für eine ›konstruktive‹ Bestimmung einer fachlichen Ebene genutzt werden, auf der zum einen über Obligatorik überhaupt unter der Bedingung nachgedacht werden kann, dass Musikunterricht mit musikalischer Bildung zumindest kompatibel sein oder sie in bestimmten Aspekten sogar ermöglichen soll, und zum anderen auch jene Inhalte bedacht werden können, die für die musikdidaktische Konkretisierung geeignet sind.

3.1 Kanon

Der Autor hat inzwischen mehrfach Kritik an Werkekanons als Kern der obligatorischen Bestimmungen für die Vorbereitung und Durchführung des Zentralabiturs[51] geäußert, die in drei Kernpunkten besteht:

(1) Werkekanons gehen von einem objektivistischen Kulturbegriff aus, der Kultur nicht als Handlungs- und Interaktionszusammenhang bestimmt, in dem Menschen ihr (gemeinsames) Leben als sinnvoll gestalten (in dem also auch Identitäten zur Disposition stehen), sondern als eine zu vermittelnde Größe, die weniger mit Sein, sondern mit Haben zu tun hat. Deshalb mag sich die individuell wahrgenommene Relevanz der entsprechenden ›Kulturgüter‹ sozusagen per Zufall einstellen oder auch nicht. Demgegenüber wäre vor dem Hintergrund eines auf die Sinnkategorie fokussierten Begriffs von Kultur gerade von solcher Relevanz auszugehen und das Kennenlernen des Anderen, auch der anderen, bislang unbekannten Musik über die Kategorie der Begründbarkeit musikbezogener Urteile in entsprechenden interaktiven Praxen – und auch aus Gründen der Neugier und musikbezogener Kommunikationsfähigkeit – nahezulegen (in schulischen Kontexten gar einzufordern).

---

[50] Vgl. ORGASS 2008a.
[51] Vgl. ORGASS 2007f; ORGASS 2008a und ORGASS 2009a. – Freilich eine Kritik, die keinerlei schulpolitische Konsequenzen gezeitigt hat. Die notwendige Interpenetration zwischen dem Wissenschafts- und dem Schulsystem findet leider kaum noch statt.

(2) In der bereits erwähnten »Denkform ›Kanon‹« (Welsch)[52] wird – in Entsprechung zum ersten Argument – das Haben von Kultur wesentlich als Ergebnis eines Vorgangs modelliert, in dem jemand – in der Regel die bzw. der Lehrende – denjenigen, die ›Kultur erwerben‹ sollen (den Lernenden), die durch Lehrende und/oder durch einen kanonisierend wirkenden Musikmarkt (Konzertwesen, Medien) als wertvoll bewerteten Kulturgüter vermittelt. Ein solcher transitiver Vorgang wird auch mit Blick auf die Vermeidung von Borniertheit zu begründen sein – mit anderer, nicht auf den Wert von ›Kulturgütern‹, sondern auf die Notwendigkeit von Kontextualisierung rekurrierender Begründung und in *Ergänzung* eines primär reflexiv zu modellierenden Vorgangs (jenem der selbstständigen Auseinandersetzung mit musikalischen Hervorbringungen). Aber er muss auf die reflexive Tätigkeit des gleichermaßen aneignenden und gestaltenden Umgangs mit Musik, in dem also bereits existierender musikalischer Sinn begriffen bzw. aufgegriffen und neuer musikalischer Sinn hervorgebracht wird, bezogen bleiben. Die Kompetenz zu dieser Selbsttätigkeit ist zu entwickeln (was im Übrigen paradoxal nur durch die überfordernde Unterstellung ihres – partiellen, vor lern- und entwicklungspsychologischem Hintergrund gestuft zu denkenden – Vorhandenseins von allem Anfang an gelingen kann), nicht die Kompetenz zur Reproduktion eines gegebenen Kanons (was immer dann unter solcher Reproduktion – musikalische und musikbezogene Kenntnisse, Fähigkeiten und Fertigkeiten – verstanden werden mag). Anders formuliert: Der Erwerb dieser Kenntnisse, Fähigkeiten und Fertigkeiten ist darauf ausgerichtet, dass die Lernenden Musik erfahrend und deutend sich einen jeweils eigenen Reim auf musikalische Vielgestaltigkeit machen (sich also in ihr zu orientieren lernen), nicht darauf, dass sie fremde Reime (wenn solche denn durch einen Werkekanon überhaupt bereitgestellt werden können, was ja immerhin das Stiften sinnvoller Beziehungen voraussetzt!) einfach übernehmen bzw. – um das verwendete Bild zu erweitern – ›auswendig lernen‹.

(3) Werkekanons sind als zutiefst ›uneuropäisch‹ gedacht zu bezeichen – wenn man unter dem Epitheton ›europäisch‹ eine Form der Auseinandersetzung mit Welt versteht, die von deren Vielgestaltigkeit, ja Disparatheit in sprichwörtlich allen für menschliches Leben relevanten Dimensionen im Sinne einer Selbstverständlichkeit ausgeht, die also auch das Niveau der Bestimmung jeweiligen Sinns vorgibt und von daher ›den Korb‹ für die Tätigkeit des Erträglich-Machens von Lebensumständen, für eine als sinnvoll erfah-

---

[52] Siehe oben, Anmerkung 11.

rene Lebensführung einschließlich der hierfür erforderlichen unabschließbaren Arbeit an persönlicher und sozialer Identität ›recht hoch hängt‹. Etwas weniger bombastisch formuliert: Beim Stichwort Europa sollte einem die Vereinheitlichung von Praxen (auch von musikbezogenen Praxen), welche durch – musikbezogene Kommunikation tendenziell verüberflüssigende – Werkekanons erwirkt wird, als Letztes einfallen und umgekehrt die Vielgestaltigkeit solcher Praxen als Erstes. Letztere wird vor ihrer Benennung als solche beobachtet und zeitigt dann (zunächst kaum überschaubare) Möglichkeiten und Notwendigkeiten von Kommunikation und Verständigung, wobei sich Verständigung auch in der Feststellung unüberbrückbarer Differenzen realisieren kann.[53]

3.2 Verhaltens- und Umgangsweisen

Wenn es nicht die Gegenstände sind, deren unterrichtliche Thematisierung vorgeschrieben werden soll: Sollten vielleicht, wie es Heinz Antholz einst ausgedrückt hat,»musikkulturelle Verhaltens- und Umgangsweisen« wie »Üben und Proben, Vorführen, Aufführen und Aufnehmen (mit Ohr und technischem Mittler), Interpretation und Analyse, Besuchen von Veranstaltungen sowie Sprechen und Diskutieren darüber, Probieren und Experimentieren mit musikalischem Material«[54] unterrichtsmethodische Bedeutsamkeit gewinnen? Hermann J. Kaiser und Eckhard Nolte haben die Problematik eines solchen Ansatzes klar gesehen:

> »Grundsätzlich ist dasselbe Argument, welches gegen eine Abbilddidaktik geltend gemacht wird, auch im Hinblick auf eine ›Abbildmethodik‹ zutreffend: Die in einem wissenschaftlichen oder künstlerischen Kulturbereich adäquaten methodischen Zugriffe und Verfahren können nicht ohne weiteres in die Unterrichtspraxis hineingenommen werden. Auch sie erfahren ihre ›pädagogische Brechung‹ an einem impliziten oder expliziten Begriff von musikalischer Bildung, d. h. sie gewinnen ihre curriculare Legitimation nicht nur aus dem betreffenden Wissenschaftsfeld oder aus der einschlägigen kulturellen gesellschaftlichen Praxis, sondern ganz wesentlich aus einer pädagogischen Intentionalität, die sie unterrichtlich transformiert.«[55]

Zudem stellt sich, wollte man Antholz folgen, immer noch die Frage nach der Inhaltlichkeit, also der konkreten Phänomenalität dessen, womit die Lernenden unterrichtlich umgehen, also welchen musikalischen Gegenständen gegenüber sie sich verhalten sollen.

---

[53] Am deutlichsten hat der Autor vorliegender Arbeit diese Position in ORGASS 2009a vertreten.
[54] ANTHOLZ, S. 136f.
[55] KAISER/NOLTE 1989, S. 39.

3.3 Erfahrungen

Sind es gar die durch Martin Seel unterschiedenen drei Dimensionen ästhetischer Erfahrung (Wahrnehmung in korresponsiver, kontemplativer und imaginativer Einstellung), die »die Wahl der musikalischen Objekte leiten« sollte, wie dies Christopher Wallbaum vor einiger Zeit vorschlug?[56] Zunächst wies Peter W. Schatt zu Recht darauf hin, dass die drei genannten Einstellungen »eigentlich drei verschiedene Ebenen ästhetischer Einstellung sind und in der Realität fast immer nebeneinander oder nacheinander im Wechsel vollzogen werden, dass also ihre Unterscheidung [...] primär aus systematischen Gründen« erfolgt.[57] Bereits diese fehlende Trennschärfe lässt Wallbaums Vorschlag zur Gewinnung eines curricularen Kriteriums als wenig hilfreich erscheinen. Sodann ist aber mit Blick auf diesen Vorschlag auch jene weiter gehende Kritik einschlägig und triftig, die Peter W. Schatt dem Konzept musikalisch-ästhetischer Bildung von Christian Rolle hat angedeihen lassen. Nach Rolle muss pädagogisches Handeln, dem »an musikalisch-ästhetischer Bildung gelegen ist, [...] vielfältige Räume für musikalisches Handeln eröffnen, in denen ästhetische Erfahrungen möglich sind, angeregt und unterstützt werden«.[58] Im Prinzip ist die Kritik, die oben mit Blick auf Antholz' Ansatz vorgetragen wurde, nunmehr – sowohl mit Blick auf Rolles Konzeption als auch hinsichtlich des Gedankens von Wallbaum – noch zu radikalisieren, weil der Abstand zwischen den durch Seel unterschiedenen Dimensionen ästhetischer Erfahrung und der Gegenständlichkeit des Musikunterrichts noch größer ist als der Abstand zwischen den von Antholz genannten »musikkulturelle(n) Verhaltens- und Umgangsweisen« und dieser Gegenständlichkeit. Schatt gibt unter Rekurs auf einige der durch Hermann J. Kaiser unterschiedenen Eigenschaften ästhetischer Erfahrung zu bedenken:

> »Die Schwierigkeit solcher Konzeptionen liegt darin, dass sie inhaltlich auszuführen und zu begründen haben, was durch den Begriff musikalisch-ästhetischer Erfahrung nur formal bestimmt ist: Was kann bzw. soll der Inhalt der Erfahrung sein? An welchem ›materialen Kern‹ ist welche Erfahrung zu gewinnen? Worin kann bzw. soll die ›axiologische Dignität‹ bestehen? In welcher Hinsicht kann bzw. soll eine Musik für welche Schüler relevant sein? Durch welche Maßnahmen kann ich eine Unterrichtssituation so gestalten, dass zumindest wahrscheinlich wird, dass bestimmte Schülerinnen und Schüler ihre vorhandenen Erfahrungen so anwenden, dass sie neue Erfahrungen machen?«[59]

---

[56] WALLBAUM 1996, S. 38.
[57] SCHATT 2007, S. 62.
[58] ROLLE 1999, S. 5.
[59] SCHATT 2007, S. 64. Das Referat der durch Kaiser unterschiedenen acht Eigenschaften von Erfahrungen (also auch von musikalischen und musikalisch-ästhetischen Erfahrungen) ebd., S. 60f., mit Bezug auf KAISER 1995, S. 32ff.

3.4 Vogts Überlegungen zu einem Kerncurriculum

Schließlich: Wie ist der Vorschlag Jürgen Vogts zur Konstruktion eines »Kerncurriculums« für eine »Einführung in musikhistorisches Denken« im Oberstufen-Musikunterricht zu bewerten? Vogt konzipiert ihn in Anlehnung an entsprechende Überlegungen des Fachs Geschichte:

> - »Verschiedene Epochen der Musikgeschichte (konventionelle europäische Musikgeschichtsschreibung; andere Einteilungsversuche)
> - Verschiedene räumliche Einheiten (Musikkulturen, aber auch National-, Regional- und Lokalgeschichten)
> - Verschiedene Sektoren (z. B. ›E[-]‹ und ›U‹-Musik: ›Absolute‹ und ›gebundene‹ Musik; schriftlich und oral tradierte Musik etc.)
> - Verschiedene Akteure (KomponistInnen, MusikerInnen, Altersgruppen, Geschlechter, Schichten etc.)
>
> Dieses Spektrum möglicher Inhaltsbereiche müsste dann noch ergänzt werden durch Konzepte und Kategorien musik*geschichtlichen* Denkens wie z. B. ›ästhetische Gegenwart alter Musik‹, ›Europa und die anderen‹, ›Modernisierung und Globalisierung‹ etc., und Verfahrensweisen[,] die sich an Prinzipien von ›Querschnitt und Vergleich‹, ›historisch-thematischer Längsschnitt‹, ›regressiven Verfahren‹ und ›geschichtskulturellen Analysen‹ (vgl. von Borries 2004, 306) orientieren müssten.«[60]

Sicherlich kann man auf diese pragmatische Weise das Problem der Auswahl von Gegenständen für einen Unterricht, in dem Musikgeschichte thematisiert werden soll, lösen. Nur bedient man dann genau jenen »postmodernen Pragmatismus«, von dem bereits oben die Rede war und der zur Beliebigkeit tendiert, der damit freilich auch eine offene Flanke des Fachs Musik aus Sicht derjenigen zeitigt, die dessen Qualität ›gesichert‹ wissen wollen. Diese Bewertung findet Unterstützung durch Vogts Feststellung, dass durch die Verwendung der genannten Auswahlkriterien, Konzepte und Kategorien die »Geschichtlichkeit von Musik in ganz unterschiedlicher Weise zum Thema« gemacht werden könne (wofür er auch ›schöne‹ Beispiele nennt), dabei aber eine bloße Abbildung musikwissenschaftlicher Kategorien und Denkweisen der Historischen Musikwissenschaft vermieden werde. Allerdings erfolgt dann so etwas wie ein Eingeständnis der erwähnten Beliebigkeit, die Vogt also durchaus bewusst ist:

> »Dass alle diese Themen nicht mehr als *exemplarisch* sein können, liegt auf der Hand; darin ist aber kein Nachteil zu sehen, denn die Übersicht über viele oder alle bedeutsamen musikgeschichtlichen Themen kann ohnehin ›nicht mehr vom einzelnen Allgemeingebildeten geleistet werden, sondern nur noch von einem Dialog vieler Allgemeingebildeter‹ (von Borries 2004, 307).
>
> Um Missverständnissen vorzubeugen: hier handelt es sich lediglich um eine Ad-Hoc-Illustration einer noch ausstehenden und weitaus komplexeren Reflexion darüber, auf welche Weise

---

[60] VOGT 2006, S. 137; das Referat der Überlegungen, die VON BORRIES 2004 anstellte, ebd., S. 129f.

musikgeschichtliches Denken in der Oberstufe anvisiert werden könnte; auch wäre damit weder der gesamte Oberstufenunterricht abgedeckt, noch wäre der Umgang mit vergangener, aber ästhetisch präsenter Musik im Gesamtcurriculum damit auch nur ansatzweise beschrieben.«[61]

Anzustreben wäre also, wenigstens in einer Hinsicht Kategorien musikgeschichtlicher Bildung auszuweisen, die dem Anspruch eines Zugriffs aufs Ganze genügen – nicht primär, weil damit eine Fachsystematik abgebildet wird,[62] sondern weil dieser Anspruch dem Erzählen von Musikgeschichten in Form von »kategorialen Kohärenzvorstellungen oder Konzepten von Kontinuität«[63] immer schon inhärent ist. Solche Vorstellungen, die Jörn Rüsen mit Blick auf die allgemeine Geschichte als »Zeitverlaufsvorstellungen« bezeichnet,[64] ermöglichen überhaupt erst das Erzählen auch von Musikgeschichten: Fortschritt, Rückschritt, Entwicklung, Individualität, Prozess, struktureller Wandel, Transformation.[65] Diese Zeitverlaufsvorstellungen strukturieren als historische Universalien Erfahrungsinhalte, also auch musikalische Erfahrungen, die »mit vergangener, aber ästhetisch präsenter Musik«[66] gemacht werden (können). – Darauf wird noch zurückzukommen sein.

---

[61] VOGT 2006, S. 138, hier die kursiven Hervorhebungen.

[62] (Auch) in der Geschichtswissenschaft ist kaum Literatur zu historischen Kategorien verfügbar. Vgl. aber Jörn Rüsen, der zwischen Kategorien der historischen Erfahrung, Kategorien der historischen Formung und Kategorien der historischen Orientierung unterscheidet (RÜSEN 1994b). Diesen Kategorien entsprechen die drei Dimensionen des historischen Lernens Erfahrung, Deutung und Orientierung (vgl. RÜSEN 1994c). In geschichtsdidaktischer Hinsicht hat sich Rüsen vor allem um die Differenzierung der Kategorien der historischen Formung verdient gemacht, die er für die Geschichtswissenschaft in Form von vier Typen der Geschichtsschreibung bzw. des historischen Erzählens systematisiert hat (traditionales, exemplarisches, kritisches und genetisches Erzählen; vgl. RÜSEN 1990b) und die in seinen Überlegungen zur Geschichtsdidaktik in vier Lernformen der Sinnbildung über Zeiterfahrung, in denen sich die Deutung als zweite der Dimensionen des historischen Lernens realisiert, ihre genaue Entsprechung finden (vgl. RÜSEN 1994d).

[63] RÜSEN 1994b, S. 161.

[64] RÜSEN 1983, S. 65: Geschichte »muss als ein gerichteter zeitlicher Zusammenhang menschlicher Handlungen gedacht werden, in dem die Zeiterfahrung der Vergangenheit und die Zeitabsicht in die Zukunft zur Einheit einer Zeitorientierung der Gegenwart zusammengefügt werden. Die Frage, wie aus Geschäften Geschichte wird, kann nun so präzisiert werden, dass zunächst danach gefragt wird, ob und wie in den Geschäften selbst immer schon eine solche Zeitverlaufsvorstellung wirksam ist, ob und wie also in den Geschäften der aktuellen menschlichen Lebenspraxis Vergangenheit, Gegenwart und Zukunft immer schon synthetisiert sind.«

[65] Vgl. RÜSEN 1986, S. 57; für eine musikdidaktisch orientierte Übertragung vgl. ORGASS 2007e.

[66] VOGT 2006, S. 138.

3.5 Fazit

Die oben gestellte Frage nach einer bildungsrelevanten Obligatorik für den Musikunterricht ist also dahingehend zu beantworten, dass eine – zeitgemäß formatierte – kategoriale Bildung zu ermöglichen ist. Die zeitgemäße Formatierung besteht darin, dass die einschlägigen Argumente Wolfgang Klafkis aufgegriffen und durch Überlegungen zur systematisch ermöglichten Partizipation der Lernenden ergänzt werden.[67] Insofern wird davon ausgegangen, dass der Vorstellung eines ›bildungsrelevanten Kerncurriculums‹ nicht die Metapher des hölzernen Eisens, sondern die eines zu bohrenden Bretts entspricht. Die zu leistende Bohrarbeit – um die Metapher fortzusetzen – soll im Folgenden vor bedeutungstheoretischem Hintergrund mithilfe des vierdimensionalen Begriffs eines musikalischen Zeichens strukturiert werden.

4 Musikbezogene Kategorien als Maßgaben für die Entwicklung eines Kerncurriculums für das Fach Musik (Sekundarstufe II)

Um die Erörterung musikbezogener Kategorien (als Kategorien der Deutung von Musik) zu strukturieren, wird davon ausgegangen, dass es prinzipiell zwei Arten der Beobachtung von Musik gibt: Eine, die sich auf ein Musikstück richtet, wobei dieses entweder – durch Komposition oder Improvisation – hervorgebracht oder, soweit es bereits medial vermittelt (in Form einer schriftlichen Fixierung oder als Klangaufzeichnung) existiert, gehört wird. Beide Arten von Beobachtung können auf das Interpretieren oder auf das Benutzen zielen,[68] indem die jeweils verwendeten musikalischen Materialien als zu interpretierende bzw. als zu benutzende bestimmt werden. Beim Interpretieren spielen Vorstellungen von historischer Adäquatheit eine Rolle, die im Falle des Benutzens unberücksichtigt bleiben. Im Falle der Hervorbringung besteht die Referenz dieser Zielsetzungen in Kognitionen; im Fall des Hörens beziehen sie sich auf dessen Gegenstand, können also in Interaktionen durch deiktische Handlungen bezeichnet werden. Die andere Art der Beobachtung von Musik besteht in der Verknüpfung mehrerer Musiken in historischer Perspektive, also in Form von Erzählung. Dabei interessiert insbesondere die zeitliche Qualität von Verände-

---

[67] Eine gute Zusammenfassung und Diskussion bieten MEYER/MEYER 2007.
[68] Vgl. ECO 1995, S. 47f. Das Benutzen hat das Interpretieren im Rücken: Ohne die wie auch immer vage Kenntnis der durch Interpretation thematisierten Sachverhalte wäre die *Intention des Benutzers* eines Texts nicht denkbar.

rung – eine Qualität, die nur ›zwischen den Musiken‹, mithin in deren Kontexten, auszumachen ist.

In theoretischer Hinsicht geht es bei der oben genannten Unterscheidung um musikbezogene Bedeutungstheorie einerseits und um eine Historik der Musik andererseits. Dabei wird von einer engen Verknüpfbarkeit beider theoretischen Perspektiven auszugehen sein, da ja die Auseinandersetzung mit einem Musikstück (in welcher Form auch immer) als Bedingung der Auseinandersetzung mit mehreren Musikstücken in historischer Perspektive zu gelten hat. In der Tat lassen sich die vier Dimensionen des Begriffs eines musikalischen Zeichens mit grundlegenden Parametern einer Musikgeschichte in Verbindung bringen (womit gleichzeitig die Plausibilität des Ansatzes vorliegender Arbeit, *Kategorien der Analogiebildung zwischen musikalischer Bedeutung und nicht-musikalischer Bedeutsamkeit* einerseits und *Kategorien musikgeschichtlicher Erfahrung* andererseits einander zuzuordnen, gesteigert werden kann):

Begriff eines musikalischen Zeichens	Parameter einer Musikgeschichte
B: Bedeutung (Gestaltwahrnehmung)	Ausdifferenzierung der zu vergleichenden musikalischen und/oder musikbezogenen Phänomene; Vergleichsaspekt
Bk: Bedeutsamkeit (Analogiebildung zu B)	Zeitverlaufsvorstellung (Verknüpfung der verglichenen musikalischen und/oder musikbezogenen Phänomene)
I: Interpretant (inhaltliche Begründung der Analogie: Tertium Comparationis)	ästhetisches Kriterium bzw. ästhetischer Wert (inhaltliche Begründung der Zeitverlaufsvorstellung)
Ia: Interaktion (*Medium* der Entstehung von B, Bk und I)	Interaktionsbezug (Verwendung von Sprache; Adressatenbezug)

In Anbetracht des oben unter 2.2 erläuterten Zusammenhangs zwischen der zum musikalischen Zeichen gehörigen Dimension der Interaktion und der geschichtlichen Konstitution realer musikalischer Objekte im Sinne Peirces ist die Feststellbarkeit dieser Korrespondenzen freilich nicht weiter verwunderlich.

Solche Korrespondenzen sagen allerdings noch nichts über jeweilige kategoriale Differenzierungen sowohl im Bereich musikbezogener Zuweisung von Bedeutung und Bedeutsamkeit als auch im Bereich musikgeschichtlicher Erfahrung aus. Diese Ebene der Theoriebildung wird erst durch den Nachweis konstituiert, dass der kategoriale Zuschnitt der Bildung von Analogien zwischen musikalischer Bedeutung und nicht-musikalischer Bedeutsamkeit einerseits mit dem kategorialen Zuschnitt musikgeschichtlicher Erfahrung andererseits strukturell korrespondiert. Mit dem Begriff musikgeschichtlicher Erfahrung wird versucht, die Domäne des Erzählens von Musikgeschichten als Teil eines umfassenderen Feldes der Modalitäten, in denen musikgeschichtliche Sachverhalte kognitiv prozessiert werden können, zu bestimmen: Wurde der Erfahrungsbegriff in der Kommunikativen Musikdidaktik bislang als Widerfahrnis bestimmt, als Konfrontation des Individuums mit dem (musikalisch) Neuen, das in der Lerngeschichte noch nicht vorkam (womit sich der Erfahrungsbegriff komplementär auf den Bedeutungsbegriff bezieht),[69] so wird im Begriff der musikgeschichtlichen Erfahrung dieses Neue als musikalisch Fremdes gefasst, das in der Vergangenheit entstanden ist und mit Vorstellungen von dieser Vergangenheit in Verbindung gebracht wird, entweder in benutzender oder in interpretierender Hinsicht. Selbst wenn diese auf musikbezogene Sachverhalte der Vergangenheit referierenden Vorstellungen (als Bedeutungs- und Bedeutsamkeitszuweisungen) durch Lernen erweitert, differenziert oder korrigiert werden, wenn also in der Absicht des Interpretierens neues Hörwissen von Musik der Vergangenheit wie auch musikgeschichtliches Wissen von deren Kontexten gebildet wird, wozu auch bildhafte Vorstellungen von Entstehungszusammenhängen der Musik gehören, vollzieht sich dieses Lernen nicht notwendiger Weise in der erzählenden Verknüpfung musikgeschichtlicher Sachverhalte. Musikgeschichtserzählung ist also nur eine Realisationsform musikgeschichtlicher Erfahrung neben anderen Realisationsformen. Freilich artikuliert sich (erst) in einer solchen Erzählung das Musikgeschichtsbewusstsein in reflexiver Weise; erst hier wird zu Bewusstsein gebracht, warum überhaupt eine Musik der Vergangenheit als fremd wahrgenommen bzw. empfunden wird. Diese sich in einer Narration realisierende Reflexivität darf als Merkmal einer eigentlich historischen Auseinandersetzung mit Musik der Vergangenheit begriffen werden. Mit anderen Worten kann musikgeschichtliche Erfahrung, gerade weil sie nicht mit Musikgeschichtserzählung identisch ist, in letzterer gleichsam ›zu sich selbst kommen‹ – im Sinne ihrer Nobilitierung durch historische Reflexivität.

4.1 Analogien zwischen musikalischer Bedeutung und nicht-musikalischer Bedeutsamkeit

Folgende Tabelle, die den zu explizierenden Grundriss der für den Umgang bzw. die Auseinandersetzung mit Musik maßgeblichen Kategorien im Überblick präsentiert, gibt in der ersten Spalte Auskunft über *Kategorien der Analogiebildung zwischen musikalischer Bedeutung und nicht-musikalischer Bedeutsamkeit*.[70]

---

[69] Vgl. ORGASS 2007a, S. 99–107, in Auseinandersetzung mit Hermann J. Kaiser und Christian Rolle.
[70] Die drei erstgenannten wurden bereits andernorts erörtert; vgl. ORGASS 2011b.

Kategorien der Analogiebildung zwischen musikalischer Bedeutung und nicht-musikalischer Bedeutsamkeit	Mögliche Anlässe bzw. Ausgangspunkte für musikgeschichtliche Erfahrungen	Kategorien musikgeschichtlicher Erfahrung	Strukturelle Zuordnung zu den Dimensionen des musikalischen Zeichens
Attributionsanalogie (weder Interpretieren noch Benutzen; ›Quasi-Analogie‹)	Fragen beim klanglichen Realisieren, Komponieren oder Improvisieren	Verfügbarkeit/Mimesis (protohistorisch; Beobachtung erster Ordnung; weder Interpretieren noch Benutzen)	musikalische Bedeutung (B)
Proportionalitätsanalogie (Interpretieren und Benutzen; ›Ähnlichkeit‹)	ästhetische Faszination (vgl. die Dimensionen ästhetischer Praxen: Korrespondenz, Kontemplation und Imagination) und Fremdheitserfahrung	Fremdheit/Interpretation (MUSIKgesch.; Hermeneutik: Problemgeschichte des Komponierens etc.; MusikGESCH.; Analytik: Geschichte der Musiktheorie, Sozialgeschichte der Musik etc.; MUSIKGESCH.; Dialektik: Reentry der analytischen in die hermeneutische Perspektive; Beobachtungen dritter bis fünfter Ordnung; traditionales, exemplarisches oder genetisches Erzählen; Interpretieren)	nicht-musikalische Bedeutsamkeit (Bk)
Analogie der Ungleichheit (Interpretieren und Benutzen; ›Trennung‹)	primär ästhetisch, sekundär wissenschaftlich motivierte Kritik	Ablehnung existierender Musikgeschichten/Kritik (Kritik an Tatsachen, ästhetischen Urteilen und/oder Konstruktion einer Musikgeschichte; Beobachtungen vierter bis sechster Ordnung; kritisches Erzählen; Interpretieren)	Interaktion (Ia)
Verzicht auf oder Vervielfältigung von Analogiebildungen (bei der Hervorbringung von Musik: interpretierendes Benutzen oder benutzendes Interpretieren; ›analogielos‹)	primär philosophisches Interesse oder primär ästhetisches Interesse (unentscheidbares Primat)	Infragestellung der Erzählbarkeit von Musikgeschichten/Dekonstruktion (posthistorisch; Unbeobachtbarkeit oder sprunghaftes Wechseln von Beobachtungen zweiter Ordnung: Kontingenz der zuzuweisenden musikalischen Bedeutungen und nicht-musikalischen Bedeutsamkeiten; bei der Hervorbringung ästhetisierter Präsentationsformen: interpretierendes Benutzen oder benutzendes Interpretieren)	Interpretant (I) (wegen ästhetischer Negativität: Berücksichtigung aller denkbaren Interpretanten)

Die zweite Spalte benennt mögliche Anlässe bzw. Ausgangspunkte für musikgeschichtliche Erfahrungen; bei diesen Hinweisen handelt es sich also nicht um Kategorien, sondern um Vermutungen zur Entstehung des Bedürfnisses nach musikgeschichtlicher Erfahrung. In der dritten Spalte werden vier *Kategorien musikgeschichtlicher Erfahrung* unterschieden, wobei Erfahrung hier wie erläutert als der im Vergleich zum historischen Erzählen umfassendere Begriff aus zu reflektierenden Gründen angegeben wird. Schließlich werden in der letzten (vierten) Spalte beide Sets musikbezogener Kategorien im strukturellen Sinne den vier Dimensionen des musikalischen Zeichens zugeordnet.

Die ersten drei der vier in der ersten Spalte aufgeführten Kategorien der Analogiebildung zwischen musikalischer Bedeutung (B) und nicht-musikalischer Bedeutsamkeit (Bk) verweisen auf eine musikbezogene Anwendung der thomistischen Unterscheidung[71] zwischen Attributionsanalogie, Proportionalitätsanalogie und Analogie der Ungleichheit.[72] Wolfgang Kluxen referiert diese Unterscheidung,[73] in der drei zu unterscheidende Qualitäten des Verhältnisses von (B) und (Bk), nämlich ›Quasi-Identität‹, ›Ähnlichkeit‹ und ›Trennung‹, unter dem Gesichtspunkt der Art kognitiver Analogiebildung auf den Begriff gebracht sind.

a) Im Falle der Attributionsanalogie werden durch eine eingeschliffene Interpretationspraxis musikalische Phänomene so wahrgenommen und gedeutet, als ob sie einem als *primum analogatum* zu verstehenden Begriff (oder einem anderen Analogat – man denke beispielsweise an das dirigentische Zeichen für die Eins eines 4/4-Taktes) direkt entsprächen bzw. dieses Analogat repräsentierten. Die so erfasste ›Sache‹ lässt erst gar nicht die Idee aufkommen, die der entsprechenden Bezeichnung zugrunde liegende Unterscheidung thematisch werden zu lassen (d. h. zu bezeichnen). Aufgrund dieser instantanen Erfassung von musikalischer Bedeutung und nicht-musikalischer Bedeutsamkeit kann hier die Unterscheidung zwischen Interpretieren und Benutzen noch nicht greifen.

b) Die Proportionalitätsanalogie »kann eine den Analogaten innerliche Gemeinsamkeit zum Ausdruck bringen, da sie auf die Ähnlichkeit der ihnen je eigenen *Verhältnisse* abstellt«.[74] Das Zuweisen von Bedeutung und Bedeutsamkeit

---

[71] Sie geht auf den 1505 bis 1522 verfassten Kommentar des Kardinals Thomas de Vio Caietan zur *Summa theologica* des Heiligen Thomas zurück (CAIETAN 1888–1906).
[72] Die Begründung für die Anlehnung an eine derart alte Unterscheidung wurde andernorts in systemtheoretischer Hinsicht gegeben (vgl. ORGASS 2011b, Teil VII).
[73] KLUXEN/SCHWARZ/REMANE, Sp. 224f.
[74] KLUXEN ebd., hier die kursiven Hervorhebungen.

im Sinne der Proportionalitätsanalogie entfaltet erst seine Kraft, wenn das so Unterschiedene und analog Gesetzte im Sinne eines Reentry[75] auf die Seite nicht-musikalischer Bedeutsamkeit kopiert und auf diese Weise der durch eine Musik exemplifizierte Zusammenhang ›für das Leben‹, für nicht-musikalische Kontexte relevant wird. Auf diese Weise prozessiert, ermöglicht analoges Denken nicht nur die »*Erläuterung* unserer Erkenntnis«, sondern auch deren »*Erweiterung*«.[76] Beim Prozessieren der Proportionalitätsanalogie können sowohl die Unterscheidungen im klingenden Etwas als auch die nicht-musikalische Domäne, deren Unterscheidungen auf die erstgenannten Unterscheidungen bezogen werden, in der Perspektive des Interpretierens einerseits und in der Perspektive des Benutzens andererseits bestimmt werden. – Für die Perspektive der *Interpretation* dürfte die Proportionalitätsanalogie unter bedeutungstheoretischem Gesichtspunkt einleuchten.[77] Daher sei jeweils nur ein Beispiel für die beiden Spielarten von Benutzung genannt: Entgegen der dem Beobachter bekannten Poetik des Komponisten wird eine Realisation von John Cages ›Zahlenstück‹ *Five* im Rahmen eines Konzerts als musikalisches Kunstwerk gehört (weil keine weiteren, abweichenden Realisationen dargeboten werden). Dabei werden die Beziehungen zwischen den Tönen wie im Falle eines frei-atonalen Stückes von Arnold Schönberg hörend analysiert (Benutzung poetikfremder Unterscheidung für die Zuweisung musikalischer Bedeutung).[78] Dies zeitigt freilich Konsequenzen für denkbare nicht-musikalische Bedeutsamkeiten. – Entgegen der dem einen oder anderen Beobachter bekannten Poetik des Komponisten wird ein Chopin-Nocturne als Hintergrundmusik im Rahmen einer Party verwendet (Benutzung poetikfremder Unterscheidung für die Zuweisung nicht-musikalischer Bedeutsamkeit). Dies reduziert die Beobachtbarkeit von Beziehungen zwischen Tönen, Klängen, Geräuschen und oder Stille, also die Möglichkeit der Zuweisung musikalischer Bedeutung, im Vergleich zu einer Konzertdarbietung oder zum aufmerksamen Hören einer Klangaufzeichnung beträchtlich.

---

[75] Matthias Varga von Kibéd nennt im Rahmen seines Referats von George Spencer-Browns Theorie der Form fünf Merkmale der Form einer Unterscheidung: 1. Innen, 2. Außen, 3. Grenze, 4. Kontext, 5a) Motiv und 5b) Reentry. Er bezeichnet das Motiv als schwache Form des Reentry, also der »Wiedereinführung des Kontexts ins Innere der Unterscheidung«, während das Reentry in seiner starken Form wiederholt vorkommt und auf diese Weise Zeit erzeugt. (VARGA VON KIBÉD, S. 63f. und S. 70.)

[76] Vgl. dagegen KLUXEN/SCHWARZ/REMANE, Kant referierend, Sp. 226, hier die kursive Hervorhebung.

[77] Vgl. dazu die zweite Tabelle (*Abb. 3: Diskutierte Beispiele*), in: ORGASS 2011b, VII. Abschnitt: *Typen der Zuweisung musikalischer Bedeutung und nicht-musikalischer Bedeutsamkeit*.

[78] Vgl. hierzu ORGASS 2004.

c) Die Analogie der Ungleichheit (analogia inaequalitatis) sieht – »im Sinne der ›analogia secundum esse‹ [...] von der realen Unterschiedlichkeit«[79] einfach ab; Kluxen nennt als Beispiel den Begriff ›Körper‹.[80] Die Beobachtung der Ungleichheit von Zuweisungen von musikalischer Bedeutung und nicht-musikalischer Bedeutsamkeit setzt eine entsprechende Fremdreferenz voraus, die in zumindest symbolischen Interaktionen, oft aber – und in Lernprozessen vorzugsweise – in Face-to-Face-Interaktionen prozessiert wird. Für die Beobachtung im Sinne der Analogie der Ungleichheit ist die soziale Dimension also *in actu* konstitutiv, nicht bloß für die diese Beobachtung ermöglichende Lerngeschichte (in der Dimension der Interaktion). Wie im Falle der Proportionalitätsanalogie können auch hier die Perspektiven der Interpretation und der Benutzung bei der Beobachtung eines Musikstücks in den Dimensionen musikalischer Bedeutung und nicht-musikalischer Bedeutsamkeit eingenommen werden. Da mit Blick auf diese Kategorie der Analogiebildung – im Unterschied zur Proportionalitätsanalogie – eher die Perspektive des Benutzens als ›Normalfall‹ gelten darf,[81] seien hier für die Perspektive des Interpretierens einschlägige Beispiele angeführt:

Stefan Kunzes Analyse der ersten sieben Takte von Mozarts *Figaro*-Ouvertüre hebt die Besonderheit der »irregulären Taktgruppierung (1 + 2 + 4)« hervor – eine Bedeutungszuweisung, die offenbar dem Interpretanten der Regularität eines achttaktigen Satzes folgt.[82] Gegenüber dieser Deutung im Sinne einer Abweichung von einer Norm hat Nicolaus A. Huber diesen Takten im Sinne einer gleichsam immanenten Interpretation mehrere »Wege zu hören« angedeihen lassen, die sich auf das Trennende von Wiederholungen beziehen.[83] Beide deskriptiven Hinsichten sind mit der Regelpoetik des Komponisten kompatibel (unterschiedliche, aber jeweils durch die Poetik des Komponisten gestützte Beobachtungen der Beziehungen zwischen den Tönen im Rahmen der Zuweisung musikalischer Bedeutung). Beide Interpretationen zeitigen aber auch unterschiedliche Tendenzen der Bedeutsamkeitszuweisung: Fremdreferenz der Form im Sinne des Normenbezuges bei Kunze und

---

[79] KLUXEN/SCHWARZ/REMANE, Sp. 224.
[80] Ebd.
[81] Vgl. wiederum die in Anmerkung 77 genannte Tabelle.
[82] Vgl. KUNZE, S. 273.
[83] Vgl. HUBER, S. 376f. Das von Huber konstatierte »System von Wiederholung und Wegführung« zeigt sich in folgender »Figuren-Gliederung«, wobei mit Figuren immer vier aufeinander folgende Töne gemeint sind: I: a; II: b b a; III: b c b c d e (ebd., S. 377).

Selbstreferenz der Formung bei Huber. Das theoretisch ›Spannende‹ an der Analogie der Ungleichheit liegt also im direkten Vergleich von Bedeutungszuweisungen einerseits und von Bedeutsamkeitszuweisungen andererseits. Nicht die Stringenz des Zusammenhangs von Bedeutung und Bedeutsamkeit wird durch einen dritten Beobachter beobachtet, sondern der Kontrast der Realisation dieser beiden Dimensionen des musikalischen Zeichens je für sich.

Musik des 18. Jahrhunderts, die für Kenner und Liebhaber komponiert wurde (Beispiel: Carl Philipp Emanuel Bachs *Sechs Sammlungen von Sonaten, freien Fantasien und Rondos für Kenner und Liebhaber*, Wotq 55–59 und 61, 1779–1787), die also gleichermaßen einem Kunst- und einem Unterhaltungsanspruch genügen soll, kann in den beiden Kontexten sowohl der Kennerschaft als auch der Unterhaltung mit Anspruch auf historische Adäquatheit rezipiert werden[84] (unterschiedliche, aber durch die Poetik des Komponisten – und durch die Ästhetik der Zeit – gestützte Zuweisungen nicht-musikalischer Bedeutsamkeit). Der Bedeutsamkeit des Kontexts von Kunst (auch in soziologischer Hinsicht) entspricht aus Sicht der Kenner die differenzierte Beobachtung komplexer Beziehungsgefüge im Bereich der musikalischen Bedeutung, während die Liebhaber für sich beanspruchen, die Bedeutsamkeit des Kontexts der Unterhaltung nicht durch den Ausweis von Korrespondenzen zur musikalischen Bedeutung legitimieren zu müssen. Wiederum ist es der Kontrast zwischen zwei möglichen Bedeutsamkeiten, von denen eine in diesem Falle sogar per definitionem nicht mit entsprechender Bedeutung zusammenhängen muss, ein Kontrast, der durch einen dritten Beobachter erfasst wird.

Dass sich diese Kontraste nicht ohne weitere Reflexion als Ergebnisse geschichtlicher Entwicklungen verstehen lassen (und damit nicht unter die dritte Kategorie des zweiten Sets von Kategorien subsumiert werden können), verdeutlicht zwar bereits das letztgenannte Beispiel (in dem ja der Kontrast durch die historische Einheit sowohl einer Poetik als auch gar jeweils einzelner Werke erwirkt werden soll), bedarf aber noch weiterer Kommentierung. Diesen jeweils auf Bedeutung und auf Bedeutsamkeit als einzelnen Dimensionen des musikalischen Zeichens bezogenen Kontrasten stehen nämlich andererseits verblüffende Gemeinsamkeiten von Musikstücken gegenüber, deren Zugehörigkeit zu einer Musikgeschichte keineswegs evident ist, deren

---

[84] Vgl. hierzu SCHLEUNING, S. 155–169, hier insbesondere den Hinweis auf Sulzers wohlmeinende Äußerung, der Liebhaber empfinde »nur die Würkung der Kunst, indem er ein Wohlgefallen an den Werken hat, und nach dem Genuss derselben begierig« sei (SULZER 1774, Art. *Liebhaber*).

historische Vermitteltheit vielmehr Rätsel aufgibt, die auf hermeneutischem Wege nicht gelöst werden können. Hingewiesen sei in diesem Zusammenhang auf die analytischen Arbeiten Michael Kopfermanns, die »Vergrößerungsverhältnisse« bei Bach, Beethoven und Bruckner thematisieren und die der Autor vorliegender Arbeit bereits umfänglich unter systemtheoretischen Gesichtspunkten ausgewertet hat.[85] Dieser Hinweis muss im gegebenen Zusammenhang ausreichen.[86]

d) Die vierte Art der Analogiebildung, die im Verzicht auf diese Analogiebildung oder in deren Vervielfältigung besteht und sich im Hören mehrerer Beziehungen zwischen den Klangereignissen in der Gleichzeitigkeit realisiert, kann nur kognitiv-intern erfolgen und bezieht sich auf entsprechende zeitgenössische Musik, die auf einer Ästhetik bzw. Poetik der Befreiung der Töne, Klänge oder Geräusche aus ihren konventionell bedingten gestalthaften Verortungen (die durch Intervallkonstellationen bzw. Zellen, Motive etc. bedingt sind) beruht. Hier ist an Musik von John Cage zu denken, aber auch an Musik, die auf herkömmlicher Fixierung der Klangereignisse in Partiturform beruht wie derjenigen von Nicolaus A. Huber, – einer Musik, die der Vorstellung gehorcht, die Töne und Klänge besäßen in Analogie zu gegenwärtiger Theoriebildung im Bereich der Teilchenphysik bzw. der Kosmologie (Stichwort: Stringtheorie) die Eigenschaft der ›Nichtlokalität‹ (welche klassische Vorstellungen von physikalischer Zeit als obsolet erscheinen lässt).[87] Als Stück, das dieses Denken repräsentiert, bietet sich *Dripping* aus dem Zyklus *Pour les Enfants du paradis. Kurze Charakterstücke* für *Klavier Plus* (2003)

---

[85] Vgl. ORGASS 2009b, S. 493–500, dort auch die Literaturangaben zu Kopfermanns analytischen Arbeiten.

[86] Weitere Aspekte des Vergleichs der bislang erläuterten drei Kategorien von Analogiebildung sowie Beispiele zur Konkretion dieser Kategorien finden sich in ORGASS 2011b, Kapitel VII (vgl. Anmerkung 77 vorliegender Arbeit).

[87] Wenn man so will, handelt es sich um den Versuch, auf kompositorischem Wege einen Eindruck von nicht-menschlicher, kosmologischer Zeit hervorzurufen, um den Spielraum ästhetischer Gestaltung von Zeit zumindest virtuell noch zu vergrößern. Jörn Rüsen sortiert mehrere Arten von Zeit: Mit den Sinnkriterien einer Meta-Zeit, in der (erzählend) Vergangenheit, Gegenwart und Zukunft zu einem Sinnzusammenhang verknüpft werden, »lassen sich […] unterschiedliche Dimensionierungen, in denen Zeiterfahrungen auf Deutungen bezogen werden, konzipieren. So lässt sich eine *nicht-menschliche* von einer *menschlichen* Zeit unterscheiden, und an der nicht-menschlichen lässt [sich] wieder eine *kosmologische*, die die ganze Welt bestimmt, und eine *natürliche*, die die Natur als Objekt der menschlichen Aneignung bestimmt, unterscheiden.« Vgl. RÜSEN 2006, S. 199, hier die kursiven Hervorhebungen.

an, den Huber selbst umfangreich kommentiert hat.[88] Neben der Vervielfältigung der wahrgenommenen Beziehungen der Töne, die – neben der voranschreitenden Lösung der Klangereignisse von einer nur den Beginn weitgehend bestimmenden Zwölftonreihe – u. a. durch das während des gesamten Stücks gedrückt zu haltenden Pedals ermöglicht wird, nennt Huber vielfältige (mögliche) nicht-musikalische Bedeutsamkeiten, die mit dem gesamten Stück in Verbindung gebracht werden können: »Tropftechnik, Sieb als Zeitgitter, Max Ernst, Jackson Pollock, Action Painting, Tachismus – Zufall, Informel, Geschwindigkeit, Gestik (!): wie muss man spielen, um einen Tropfenton zu erzeugen?, Feldman, Xenakis (Bilder, Partituren).«[89]

Beruhte die Darstellung in dem Aufsatz *Musikbezogenes Unterscheiden. Überlegungen zu einer interaktionalen Theorie musikalischer Bedeutung und nicht-musikalischer Bedeutsamkeit*[90] aus Gründen der systematischen Berücksichtigung musikbezogener Interaktion – als der Grundlage für die Genese von Bedeutungen und Bedeutsamkeiten – auf einem unterscheidungstheoretischen Ansatz, so wird dieser in seiner strengen Form durch die genannte vierte Kategorie der Analogiebildung – Verzicht auf Analogiebildung oder Versuch des (Mit-)Denkens mehrerer Analogien bei gleichzeitiger Vervielfältigung der von Moment zu Moment zu hörenden Beziehungen zwischen den Klangereignissen – verlassen. »In seiner strengen Form« meint: Zwei oder mehrere Unterscheidungen lassen sich (auf der Grundlage klassischer, zweiwertiger Logik) nicht gleichzeitig denken bzw. ›prozessieren‹, sondern nur aufeinander folgend. Genau diese Gleichzeitigkeit erscheint aber für das Hören der Musik Nicolaus A. Hubers seit 2003 angemessen, wie einem anderen Werkkommentar des Komponisten – zu seinem Stück *Weisse Radierung* für großes Orchester (2006) – zu entnehmen ist:

> »[...] Aus der Quantenwelt wissen wir: Messungen können zerstören, Messungen vereinfachen. Solche Messungen sind in der Musik die Notation, die Analyse, das genaue Spiel im Augenblick. Will man diesen Fixierungen entgehen, muss man auch die alte Übercharakterisierung (jeder Ton ist einmalig) verunschärfen, damit neue Beweglichkeit von Teilchen möglich wird, die jetzt nicht mehr ihre Grenzen an den Grenzen der Strukturen, der Plastizität von Gedanken, oder Formteilzollgebieten finden, sondern völlig flexibel zu jeder Zeit an jedem Ort blitzartig

---

[88] Eine entsprechende Analyse und Interpretation durch den Autor vorliegender Arbeit erscheint demnächst; vgl. ORGASS 2012 (im Druck) sowie die Internetseite des Verlages Breitkopf & Härtel (online verfügbar unter: http://www.breitkopf.com/feature/werk/4482; zuletzt geprüft am 21.11.2011); in diesem Verlag ist auch die Partitur erschienen.
[89] Huber im Werkkommentar; vgl. die Angabe der Internetadresse in der vorigen Anmerkung.
[90] ORGASS 2011b.

auftauchen können, nicht mehr die Struktur begründen. Solche Überlagerungen verschiedener Zustände in einer Musik der notwendig fixierten Augenblicke kann nur, ja nur der Hörer leisten. Er ist der Star der Qubits.«[91]

Folgt man dieser Überlegung Hubers, vermag der Hörer – im Unterschied zum Komponisten und zum klanglich realisierenden Musiker – »Überlagerungen verschiedener Zustände zu erfassen«, was so viel heißt wie ›gleichzeitig verschiedene Unterscheidungen zu prozessieren‹. Die theoretische Modellierung einer solchen Realisation von »Polykontexturalität« wäre auf eine mehrwertige Logik angewiesen, wie sie Gotthard Günther beschrieben hat. Deren Darstellung soll an dieser Stelle ausgespart bleiben, auch wenn eine Beschäftigung mit Günthers komplexer Theoriebildung insofern lohnend erscheint, als mit deren Hilfe die Vorstellung von polykontexturalem Hören, wie sie bei Huber virulent wird, theoretisch modelliert werden kann. Eine entsprechende Darstellung wird andernorts erfolgen.[92]

5 Musikalische Bildung nicht-interaktiv?

Mit Blick auf den eingangs erläuterten Begriff musikalischer Bildung, die als soziale Kategorie begriffen wurde, ergibt sich nun die Besonderheit, dass die Beobachtungstätigkeit, die mit der erwähnten vierten Kategorie von Analogiebildung zwischen musikalischer Bedeutung und nicht-musikalischer Bedeutsamkeit (Verzicht auf Analogiebildung oder deren Vervielfältigung; Hören mehrerer Beziehungen zwischen den Klangereignissen in der Gleichzeitigkeit) gemeint ist, wie erwähnt nur vom hörenden Individuum geleistet werden kann und insofern die entsprechende (jene Kategorie realisierende) Tätigkeit als ›Residualgröße‹ in das Spektrum der unter den Begriff musikalischer Bildung zu subsumierenden Tätigkeiten einzuordnen ist. Gleichwohl ist festzuhalten, dass sämtliche dieser Tätigkeiten vom Individuum verrichtet werden und diese individuale Dimension musikalischer Bildung ohnehin systematische Betrachtung erfordert.[93]

---

[91] Hubers Werkkommentar auf der Internetseite des Verlages Breitkopf & Härtel (Online verfügbar unter: http://www.breitkopf.com/feature/werk/4438; zuletzt geprüft am 21.11.2011).

[92] Vgl. hierzu das im Druck befindliche Buch des Autors vorliegender Arbeit (ORGASS 2012).

[93] U. a. auch hinsichtlich des Verstehensbegriffs, der in zwei Stufen zu entfalten ist: Auf der Stufe der kognitiven Interna und auf der Stufe der Verstehensattribution, die in einer Interaktion unter Anwesenden aufgrund einer Entsprechung zur Orientierungserwartung seitens alter ego durch die- bzw. denjenigen getätigt wird, die bzw. der diese Erwartung hegt(e). Zur Attributionstheorie des Verstehens vgl. RUSCH 1992, S. 223f.

Dennoch wird es bei der Akzentuierung der sozialen Dimension musikalischer Bildung bleiben, denn diese Dimension ist es, mit Blick auf welche Differenzen zwischen den Begriffen Bildung und Lernen (einer primär individualen Kategorie) benannt werden können und die zum andern die durch den Bildungsbegriff thematisierten Sollensaussagen aufs Soziale, auf Maßgaben für die Interaktion, beziehbar macht.

6 Anlässe bzw. Ausgangspunkte für musikgeschichtliche Erfahrung und für die Auseinandersetzung mit Musikgeschichte; Kategorien musikgeschichtlicher Erfahrung

Bereits die Tatsache, dass Kategorien der Analogiebildung zwischen musikalischer Bedeutung und nicht-musikalischer Bedeutsamkeit offenbar nicht mit Kategorien musikgeschichtlicher Erfahrung identisch sind, verweist darauf, dass es einen Umgang mit Musik gibt, der nicht auf musikhistorische Reflexion angewiesen ist. Sicherlich ist ein solcher Umgang, dem derartige Reflexion fremd ist, sogar als Normalfall anzusehen. Durch die Möglichkeit einer ums Historische, um historische Dimensionen des Gehörten unbekümmerten musikbezogenen Praxis, die aufgrund geglückten ästhetischen Genusses durchaus bisweilen als erfüllt bezeichnet werden mag, wird die Auseinandersetzung mit Musikgeschichte eher unwahrscheinlich, soweit man unter einer sinnvoll erzählten Musikgeschichte eine narrative Erklärung (Danto; Rüsen[94]) der Unterschiedlichkeit von mindestens zwei musikalischen Phänomenen, Musikstücken oder Arten von Musik durch Bezugnahme auf zeitlich zwischen diesen (Komplexen von) Hervorbringungen versteht.[95] Und die Entwicklung der Medien der Klangaufzeichnung spätestens seit deren digitaler Ausrichtung lässt die Gegenwart alter Musik (und Alter Musik) wie Musiken entfernt-entlegener Provenienz in zunehmendem Maße (mit wachsendem zeitlichen Abstand von den 80er-Jahren des vorigen Jahrhunderts) selbstverständlicher erscheinen, als dies bereits zu den Zeiten der Schallplatte der Fall war, die noch altern konnte. (Immerhin wird sich auch im digitalen Zeitalter eine Chopin-Aufnahme mit dem Pianisten Alfred Cortot von einer Aufnahme mit Martha Argerich weiterhin unterscheiden.)
Allen musikwissenschaftlichen und musikpädagogischen Bekundungen zum Trotz, die Auseinandersetzung mit Musikgeschichte sei für musikalische Bil-

[94] Vgl. Anmerkung 97.
[95] Vgl. hierzu ausführlich Orgass 2007e.

dung unabdingbar, lässt sich also anscheinend eine interaktive musikbezogene Praxis denken, in der *neue und neuartige (Möglichkeiten der) Zuweisung neuer musikalischer Bedeutung und nicht-musikalischer Bedeutsamkeit in Interaktionen hervorgebracht* werden, ohne dass sich die Interaktanten mit Musikgeschichten im genannten Sinne auseinandersetzen müssten. Der Bezeichnung einer solchen Praxis als musikalische Bildung steht sozusagen lediglich die weitere Bestimmung dieses Terminus entgegen, jene neuen Möglichkeiten solcher Zuweisung realisierten sich *in bestimmten Eigenschaften der Interaktion*, zu denen *rationale Kommunikation, tendenzielle Symmetrie und rückhaltlose, auch störende Information* gezählt werden. Mit dem Hinweis auf Rationalität ist die Verpflichtung auf Begründung oder zumindest Begründbarkeit der jeweiligen musikbezogenen Tätigkeiten, u. a. also die Nachvollziehbarkeit kohärenzrationaler Hervorbringungen, angesprochen (nicht die individuelle Übernahme des Nachvollzogenen im Sinne der Unausweichlichkeit von dessen positiver Bewertung bzw. Beurteilung). Zu dieser Rationalität zählt ebenso (Selbst-)Reflexivität, womit salopp gesagt der Anspruch gemeint ist zu wissen, was man tut. Und da mit der bereits erläuterten Unterscheidung zwischen dem Interpretieren und dem Benutzen von Musik die Frage nach der historischen Adäquatheit auf dem Spiel steht, deren Feststellung die Rekonstruktion musikgeschichtlicher Sachverhalte voraussetzt, lässt sich in der Tat musikgeschichtliche Kompetenz als konstitutiver Teil musikalischer Bildung ausweisen. Schließlich entspricht dies auch der Erfahrung derjenigen, die sich mit Musikgeschichte auseinandergesetzt haben, dass sie nämlich diese Auseinandersetzung ebenso wie musikalische Analyse als Bereicherung ihrer musikalischen, auch ihrer musikalisch-ästhetischen Praxis empfinden und sicherlich auf diese Erfahrung ›nicht mehr verzichten‹ wollen. Der Nachweis der Triftigkeit dieser Aussage sei hier ausgespart.

Fast möchte man sagen: Dann ist ja alles bestens. Nur wissen Musiklehrerinnen und Musiklehrer, wie schwer es bisweilen erscheint, Lernenden mit Aussicht auf Erfolg nahezulegen, solche Erfahrungen selbst zu machen.[96] Die obige Argumentation wird möglicherweise nur von denjenigen als glatt empfunden, die bereits ›im Bilde sind‹, andere – nicht nur Schülerinnen und Schüler – bleiben skeptisch. Um so wichtiger erscheint eine musikpädagogische Reflexion auf Anlässe bzw. Ausgangspunkte für die Auseinandersetzung mit Musikgeschichte,

---

[96] Der »Anspruch« ist klar, allein der »Wirklichkeit« fehlt der Glauben – um das Thema der Münchner Tagung sozusagen mephistophelisch zu paraphrasieren, ohne damit die historische Komponente musikalischer Bildung gleich mit der Osterbotschaft in Verbindung bringen zu wollen.

soweit man in ihr – sozusagen im Vorfeld jener Argumentation – zumindest eine den Aspektreichtum und damit die Freiheit (den freien Spielraum) im Umgang mit Musik steigernde Tätigkeit vermuten darf. Diese Reflexion soll im Folgenden in musikwissenschaftlicher sowie in musiktheoretischer Hinsicht erfolgen, also nicht unter dem Gesichtspunkt einer – zumeist im Äußerlichen verbleibenden – ›Motivation der Schülerinnen und Schüler‹ für jene Auseinandersetzung.

Welche Anlässe bzw. Ausgangspunkte für die Auseinandersetzung mit Musikgeschichte lassen sich ausmachen? Es ist dies die Frage nach lebensweltlich, in musikbezogenen Praxen gegebenen Anlässen und Begründungen für die entsprechenden Tätigkeiten. Dieser lebensweltliche Ideenbezug des musikgeschichtlichen Fragens muss freilich systematisiert werden. Es ist eine Methode anzugeben, mit deren Hilfe eine begründete (nachvollziehbare) Beantwortung der Frage nach der Dimensionierung jenes Ideenbezuges in Aussicht gestellt werden kann. Diese Methode darf in der systematischen Befragung denkbarer Korrespondenzen zwischen den erfragten Anlässen bzw. Ausgangspunkten einerseits und den Dimensionen eines musikalischen Zeichens andererseits erblickt werden – ein Ansinnen, das bereits in der obigen Tabelle mit den Kategorien der Analogiebildung zwischen musikalischer Bedeutung und nicht-musikalischer Bedeutsamkeit auf der einen Seite und den Kategorien musikgeschichtlicher Erfahrung auf der anderen Seite zum Ausdruck kommen sollte.

Die zur Entwicklung einer entsprechenden Theorie anvisierte Strategie besteht also in folgender Analogiebildung: Wenn der Begriff des vierdimensionalen Zeichens und die Theorie musikalischer Bedeutung und nicht-musikalischer Bedeutsamkeit, die ihm zugrundeliegt, insofern triftig ist, als sich mit jenem Zeichenbegriff und dieser Theorie alle denkbaren Prozesse und Ergebnisse der Zuweisung von musikalischer Bedeutung und nicht-musikalischer Bedeutsamkeit theoretisieren (und in der Weiterführung formalisieren) lassen, dann kann mit der erwähnten Bildung von Korrespondenzen zwischen den Dimensionen des Zeichenbegriffs und Motivationen für die Auseinandersetzung mit Musikgeschichte einerseits und zu Kategorien musikgeschichtlicher Erfahrung andererseits eine ähnlich plausible und ›gesättigte‹ Theorie hervorgebracht werden.

Anlässe bzw. Ausgangspunkte für musikgeschichtliche Erfahrungen und Kategorien sollen im Folgenden im Zusammenhang erörtert werden. Wenn von musikgeschichtlicher Erfahrung die Rede ist, so wird damit einerseits die gemachte musikalische oder musikalisch-ästhetische Erfahrung mit Blick auf den vergangenen Entstehungszusammenhang der jeweiligen Musik spezifiziert, andererseits aber nicht notwendiger Weise die narrative Erklärung des Zusammenhangs mehrerer musikalischer Phänomene, Musikstücke oder Arten von Musik bezeichnet. Dieser durch Musikgeschichtserzählung (als einer besonderen Erscheinungsform musikgeschichtlicher Erfahrung) präsentierte Zusammenhang artikuliert einen historischen Sinn, der sich vom musikalischen und/oder ästhetischen Sinn der Musik kategorial unterscheidet und diesem gegenüber in der Erzählung in den Vordergrund tritt.

6.1 Attributionsanaloge Hinsichten

Führen *Fragen, die beim klanglichen Realisieren, Komponieren oder Improvisieren unter einem attributionsanalogen Gesichtspunkt* aufkommen, zum Studium einschlägiger Werke, so ist damit nicht notwendig eine narrative Perspektive auf diese Werke verbunden (oder auf nur ein Werk im Vergleich zu eigenen Vorstellungen von Musik), denn diese Werke können (jeweils) nach Gefallen oder Nicht-Gefallen beurteilt werden, ohne dass jene Perspektive eingenommen werden müsste. Am Beispiel: Das Einüben des Klavierstücks *An den Frühling* op. 43 Nr. 6 von Edward Grieg (1886) oder im Rahmen einer Gruppenkomposition, die vom Begriff Frühling inspiriert sein soll, wird – nach entsprechender Recherche – zu einem Anlass, den ›Ton‹ bzw. ›Tonfall‹ in Schumanns *Frühlingssinfonie*, op. 38 (1841), und im ersten der *Vier letzten Lieder* von Richard Strauss (1948) zu studieren. Dies mag die Interpretation am Klavier im ersten Fall oder die kompositorische Arbeit im zweiten Fall beflügeln – eine Musikgeschichte, die die Unterschiedlichkeit beispielsweise der Harmonik bei Schumann einerseits und bei Strauss andererseits fokussiert und durch eine Erzählung der gut 100-jährigen Entwicklung harmonischer Tonalität zwischen diesen Werken erklärt, wird dadurch noch nicht notwendig (obwohl die Differenz zwischen den Referenzwerken durchaus erfasst werden mag). Vielmehr werden diese Werke mithilfe der Kategorie *Verfügbarkeit* wahrgenommen und – aufgrund einer Beobachtung erster Ordnung – jeweils als Gegenstände von *Mimesis* betrachtet. Mit anderen Worten wird eine musikgeschichtliche Erfahrung gemacht, die nicht eo ipso Anlass zu einer Musikgeschichtserzählung geben muss. Da sich erst in der durch eine solche Erzählung geleisteten narrativen Erklärung das Musikgeschichtsbewusstsein reflexiv artikuliert und diese Reflexivität den genuin historischen Umgang mit Musik konstituiert, lässt sich sagen, dass die erläuterte nicht-narrative Umgangsweise mit Musik der Vergangenheit in dem Feld möglicher Artikulationsformen musikgeschichtlicher Erfahrung eine protohistorische Domäne ausbildet. In dieser Domäne besteht der Unterschied zu einem Hören, das sich auf ästhetischen Genuss beschränkt, lediglich darin, dass überhaupt Fragen an Werke der Vergangenheit gestellt werden. Dabei werden aber bestimmte musikalische Eigenschaften (z. B. ein bestimmter ›Ton‹ bzw. ›Tonfall‹) schlagartig, instantan, eben durch attributionsanaloges Erfassen mit bestimmten Eigenschaften des Frühlings zusammengedacht, wobei die andere Seite der Unterscheidung in der Beurteilung der Brauchbarkeit des Erfassten für die eigene interpretatorische oder kompositorische Arbeit bestehen mag.

Mit all dem ist freilich nicht gesagt, dass sich nicht auch aufgrund der beschriebenen Auseinandersetzung mit den jeweiligen Referenzwerken das Interesse an der Beantwortung der musikgeschichtlichen Frage entzünden könnte, wie die (harmonikalen, klanglichen, formalen etc.) Differenzen zwischen diesen Werken (im Beispiel: Schumanns und Strauss') zu erklären sind. Nur müsste in diesem Falle die Kategorie der Analogiebildung zwischen musikalischer Bedeutung und nicht-musikalischer Bedeutsamkeit gewechselt werden, denn erst aufgrund einer proportionalitätsanalogen Sicht auf die jeweiligen musikalischen Phänomene würde der Blick auf jene Domäne frei, in der die ›Triebkräfte‹ der jeweils relevanten Entwicklung vermutet werden können und die sich außerhalb des jeweils einzelnen musikalischen Phänomens bzw. Werks oder der jeweils einzelnen, ausdifferenzierten Musikart, also (zeitlich) zwischen diesen Phänomenen, befindet.

6.2 Proportionalitätsanaloge Hinsichten

Diese Suche nach einer Klärung (Explanans) außerhalb des zu Exklärenden (Explanandum)[97] ist auch dann erforderlich, wenn die zu erzählende Geschichte ›bei der Musik‹ bleiben, die Erklärung also nicht in der Domäne nicht-musikalischer Bedeutsamkeit angesiedelt sein soll, sondern ›in der Musik selbst‹ gesucht wird: Durch die Idee einer musikalischen Vermittlung des Differenten kommt eine Außenbeziehung des musikalischen Explanandums in den Blick, die nicht bei dem musikalischen Phänomen selbst verbleibt und vor allem nicht zu dessen immanentem Konstitutionszusammenhang gehört. Bei musikalischen Kunstwerken ist das evident, aber auch anhand von musikalischen Phänomenen wie z. B. der Entwicklung der Harmonik im deutschsprachigen Raum des 19. Jahrhunderts ließe sich derselbe Sachverhalt zeigen. Wie eine Geschichte der Emanzipation der Dissonanz zu schreiben wäre, geht aus deren Verwendung in Kompositionen nicht selbst hervor, sondern lässt sich nur aufgrund einer Ver-

---

[97] Vgl. RÜSEN 1986, S. 43–47, mit Bezug auf das »Schema einer narrativen Erklärung« (nach Arthur C. Danto): (1) S ist F in t1; (2) G ereignet sich mit S in t2; (3) S ist H in t3; Explanandum: (1), (3); Explanans: (2).

knüpfungsleistung beantworten, die die Erzählerin bzw. der Erzähler dieser Geschichte leisten muss. Die Verwendung des Tristanakkords in Wagners *Tristan* verweist nicht von sich aus auf eine Vorgeschichte, zu der z. B. die Takte 35–42 des 1. Satzes aus Beethovens Klaviersonate op. 31, Nr. 3 (Es-Dur) gehören, und diese Takte weisen erst recht nicht auf Wagners ›Tristan-Harmonik‹ voraus. – Es besteht also Anlass, den Begriff der nicht-musikalischen Bedeutsamkeit in musikgeschichtlicher Hinsicht sehr weit zu fassen: Das Nicht-Musikalische der erwähnten Verknüpfungsleistung besteht in einem musikbezogenen Sprechen, das im angeführten Beispiel – u. a. – den Wegfall der (partiellen) Auflösung des Tristan-Akkordes zu einem verminderten Septakkord in Wagners *Tristan*-Vorspiel als solchen erfasst und benennt und auf dieser Grundlage Wagners Entschluss (seine Volition) als unerhört neu zu begreifen vermag.

Mit den Überlegungen zu Anlässen bzw. Ausgangspunkten für die Auseinandersetzung mit Musikgeschichte, die mit der bedeutungstheoretischen Kategorie der Proportionalitätsanalogie korrespondieren, wird die Voraussetzung für die genuine Tätigkeit des Erzählens von Musikgeschichten thematisiert. Es handelt sich nur um *eine Voraussetzung* für diese Tätigkeit, weil das sich mit der jeweiligen Musik auseinandersetzende Individuum durchaus bei der ästhetischen *Faszination* mehrerer musikalischer Phänomene, Musikstücke oder Arten von Musik, die sich hinsichtlich eines Gesichtspunkts bzw. Vergleichskriteriums voneinander unterscheiden und sich in Gestalt einer Erzählung zu einer Musikgeschichte verknüpfen ließen, mit Blick auf jedes einzelne dieser Phänomene bzw. Musikstücke oder jeder einzelnen Musikart ästhetisch genießend verbleiben kann. In der Tat legen ja die unter den Begriff der Faszination subsumierten und durch Martin Seel unterschiedenen, wenngleich sich überlagernden Formen ästhetischer Wahrnehmung (Wahrnehmung in korresponsiver, kontemplativer und imaginativer Einstellung mit den Perspektiven entsprechender Sinngebung)[98] zunächst gerade nicht jene Distanzierung nahe, die als Voraussetzung für das Erzählen von Musikgeschichten zu gelten hat – aufgrund der selbstbezüglichen Sinnlichkeit, vollzugsorientierten Zeitlichkeit und Praxisenthobenheit im Sinne der Indifferenz von externen Funktionalisierungen, die jene Wahrnehmung charakterisieren.[99] Jedenfalls konstituieren die genannten Wahrnehmungsformen (auch) einen proportionalitätsanalogen Umgang mit Musik, zu dem die Dimension der nicht-musikalischen Bedeutsamkeit gehört, die nicht notwendiger Weise im Bezug auf Sprache prozessiert werden muss –

---

[98] SEEL 1996, S. 130–139.
[99] Ebd., S. 126–129.

man denke an jene nicht-musikalische Bedeutsamkeit, die in Form von musikbezogenen Empfindungen bzw. Emotionen widerfährt. (Erst im Zuge ihrer Thematisierung mit Hilfe der Sprache werden solche Empfindungen zu Gefühlen.) Bezieht sich also die ästhetische Faszination immer nur auf jeweils ein musikalisches Phänomen oder Musikstück oder auf jeweils nur eine Art von Musik, so verbleibt auch dieser Umgang mit Musik – wie bereits der attributionsanaloge Umgang – auf einer protohistorischen Ebene.

Allerdings wird mit der Analogie von (jeweiliger) musikalischer Bedeutung und nicht-musikalischer Bedeutsamkeit, nach der im Zuge der Tätigkeit des proportionalitätsanalog verfahrenden Interpretierens oder Benutzens gefragt wird, wie erwähnt der Blick in Richtung auf jene oben umrissene Domäne geweitet, in der die Nicht-Musik narrativer Erklärung spielt. Wenn nicht bereits in der ästhetischen Wahrnehmung eines musikalischen Phänomens ein Moment von *Fremdheit* enthalten ist, das der Erklärung bedarf, so ermöglicht doch der Vergleich zweier oder mehrerer musikalischer Phänomene solche (durchaus genussreiche) Fremdheitserfahrung, die auf der Beobachtung der Differenz zwischen diesen Phänomenen beruht. Solche Fremdheit soll (und kann) nicht ›wegerklärt‹, sondern muss in dem Sinne verstanden werden, dass die Voraussetzungen für ihre Beobachtung (oder Beobachtbarkeit) in den Blick kommen bzw. reflexiv werden – und zwar durch den Vergleich zwischen gegenwärtigen und zu rekonstruierenden Vorstellungen von Musik, wobei letztere als für die Hervorbringung des in seiner Fremdheit faszinierenden musikalischen Phänomens notwendig begriffen werden. Diese Erklärung der Faszination an der Fremdheit ist es, die gleichzeitig die Möglichkeit der Zuweisung von musikalischer Bedeutung und nicht-musikalischer Bedeutsamkeit im Sinne der Proportionalitätsanalogie unter dem Gesichtspunkt des *Benutzens* einer Musik (für jeweils eigene Verwendungszusammenhänge oder Aussageabsichten etc.) für die Rekonstruktion der Voraussetzungen für die Beobachtung bzw. Beobachtbarkeit jener Fremdheit, des Faszinosums also, als inadäquat und das historische *Interpretieren* als adäquat erscheinen lässt. In hermeneutischer Tradition formuliert: Wenn ich auf diese rekonstruktive Weise verstehen will, will ich mich verstehen, indem ich verstehe, warum ich eine Fremdheitserfahrung gemacht habe, warum ich also überhaupt eine Frage (oder Fragen) stelle. Ich will dann nicht Genese und Geltung der von mir in Anschlag zu bringenden Verwendungszusammenhänge oder Aussageabsichten etc. verstehen, sondern die Perturbierbarkeit durch jenes fremde Faszinosum. Die rekonstruktive Arbeit muss sich im Falle einer solchen Interpretation auf die Hervorbringung des faszinierenden musikalischen Phänomens und damit auf jene relevanten Bestimmungsgrößen beziehen, die für das

Verständnis vorvergangener (aus der Sicht des Komponisten also vergangener) musikalischer Phänomene als relevant einzuschätzen sind (und diese Bestimmungsgrößen mit den ebenfalls zu rekonstruierenden eigenen Vorstellungen von Musik vergleichen). In der methodischen Steigerung der Plausibilität der erwähnten rekonstruktiven Leistungen liegt eine der Aufgaben wissenschaftlicher Musikgeschichtserzählung bzw. -schreibung.[100]

Nun können hier nicht gleichsam en passant die leitenden Hinsichten der auf die beschriebene Weise angestoßenen bzw. motivierten Musikgeschichtserzählung systematisch entfaltet werden; dies muss einer gesonderten Publikation zur Musikhistorik vorbehalten bleiben. Immerhin lassen sich im gegebenen Rahmen die »substantiellen Operationen«[101] angeben, mit denen Inhalte von Musikgeschichten ermittelt werden, die der *Interpretation* der *Fremdheit* von Musik dienen, also diese kategoriale Ausrichtung besitzen. Es spricht nichts dagegen, analog zu einer Historik der allgemeinen Geschichte die mit Blick auf Musikgeschichtsschreibung bereits angerissene substantielle Operation der Hermeneutik durch die Operationen der Analytik und der Dialektik zu ergänzen. Mit Analytik ist freilich nicht so etwas wie Analyse von Musik gemeint, sondern die Thematisierung von »Umständen und Verhältnissen, unter bzw. in denen Handeln nur erfolgen kann, wenn seine Absichten sich nach ihnen richten. Um die traditionelle – von Droysen und Dilthey ausgearbeitete – Unterscheidung zwischen hermeneutischer und analytischer Methodizität aufzugreifen, kommt es jetzt nicht mehr auf verstehbare Sinnzusammenhänge, sondern auf erklärbare Wirkungszusammenhänge an.«[102] Diese werden auch musikbezogen thematisiert, nämlich vornehmlich in der Geschichte der Musiktheorie, in der historisch ausgerichteten Musiksoziologie und in der Anthropologie der Musik sowie –

---

[100] Konstruktivisten zweifeln lediglich an (und lehnen die entsprechende hermeneutische Vorstellung ab), dass sich Vergangenes selbst einem Beobachter ›vermittelt‹. Sie bestreiten jedoch nicht dessen Perturbierbarkeit durch Phänomene, einerlei, welcher Zeit diese entstammen (da sie in der – immer gegenwärtig sich vollziehenden – Operation der Beobachtung bezeichnet und gleichzeitig von etwas Anderem unterschieden werden). Dass es eine ›Wirkungsgeschichte‹ gegeben haben muss, ohne die die Auseinandersetzung mit (musikalischen) Phänomenen, die in der Vergangenheit hervorgebracht wurden, gar nicht möglich wäre, erscheint ebenfalls unstrittig. Die hermeneutischen und konstruktivistischen Geister scheiden sich lediglich an der Bestimmung der Möglichkeit bzw. der Art und Weise des ›Wirkens‹ jener Phänomene.

[101] RÜSEN (1986, S. 102–147) unterscheidet in seiner Historik drei prozessuale Operationen (Heuristik, Kritik, Interpretation) und drei substantielle Operationen (Hermeneutik, Analytik, Dialektik).

[102] Ebd., S. 128.

partiell in einer nicht-geschichtlichen Perspektive – in der Musikpsychologie sowie – mit vollständig nomologischer, nicht geschichtlicher Zielsetzung – in der Akustik als Teilbereich der Physik. Die substantielle Operation der Dialektik schließlich bezeichnet die Vermittlung von Hermeneutik und Analytik, in der die Gegensätzlichkeit dieser beiden Inhaltsbereiche von Musikgeschichten »nicht zurückgenommen, sondern ausgetragen wird.« Es geht darum, »die komplexen Zusammenhänge zwischen Hermeneutik und Analytik so zu entfalten, dass beide in einem gemeinsamen Dritten synthetisiert oder [...] ›aufgehoben‹ werden.«[103] Sicherlich meint Carl Dahlhaus – zumindest auch – die immer wieder neu und anders gestarteten Versuche solcher Vermittlung, wenn er mit Blick auf »divergierende Geschichtsbegriffe« für einen besonnenen, mit »Sinn für das Angemessene« ausgestatteten »Eklektizismus« plädiert,[104] denn es existiert auch für die Musikgeschichtsschreibung keine ›Meta-Methode‹ für das Ordnen der erwähnten komplexen Zusammenhänge.

Wenn man schriftbildliche Entsprechungen zu derartigen Unterscheidungen mag, kann man Hermeneutik als Perspektive auf MUSIKgeschichte auffassen, die sich musikbezogen beispielsweise in Problemgeschichten des Komponierens realisiert, Analytik als Operation des Erforschens und Erzählens bzw. Schreibens von MusikGESCHICHTE (musikbezogene Konkretisierungen wurden bereits genannt) und MUSIKGESCHICHTE als Ergebnis jener Operationen, die unter den Terminus Dialektik zu subsumieren sind und – system- bzw. unterscheidungstheoretisch gesprochen – sich als Reentry der analytischen in die hermeneutische Perspektive beschreiben lassen. Diese Richtung des Reentry entspricht dem auch für die Musikgeschichtserzählung maßgeblichen »Primat der Hermeneutik«,[105] einer Hermeneutik freilich, die konstruktivistisch ›gegenzulesen‹ ist.

Des Weiteren kann Rüsens Unterscheidung von vier Typen des historischen

---

[103] Ebd., S. 136.

[104] DAHLHAUS 1984, S. 160–165, hier S. 160 und 164.
Andernorts führt Dahlhaus aus: Musikhistoriker tendieren »zu einem methodologischen Eklektizismus (von dem zwar feststeht, dass er philosophisch fragwürdig, aber nicht im gleichen Maße, ob er historiographisch nutzlos ist): zu dem Verfahren also, Monographien über Komponisten, Strukturanalysen von Werkfragmenten, Abrisse der Gattungsgeschichte und kultur-, ideen- oder sozialgeschichtliche Panoramen in lockerer Fügung aneinanderzureihen, ohne sich auf das Problem, was denn genau genommen der Gegenstand sei, dessen Geschichte sie schreiben, überhaupt einzulassen.« (DAHLHAUS 1977, S. 42f.)

[105] Vgl. RÜSEN 1986, 137f.: »Das analytische Wissen ist ja selber ein Moment kultureller Deutungsarbeit, gehört also in den Verstehenshorizont aktueller menschlicher Lebenspraxis [...].«

Erzählens – zwischen traditionalem, exemplarischem, kritischem und genetischem Erzählen[106] – auf musikgeschichtliche Belange angewandt werden. Im traditionalen Erzählen mit der ihm eigenen Kontinuitätsvorstellung – der Übernahme und Weiterführung ästhetischer Hinsichten, regelpoetischer Direktiven oder Gattungstraditionen etc. – wird die Fortführung beispielsweise einer Tradition (wie z. B. im 17. Jahrhundert der Tradition musikbezogener Sinngebung gemäß dem Ordo-Gedanken bei Andreas Werckmeister, etwa in seinen *Hypomnemata Musica*, 1697) oder beispielsweise einer nationalen Tradition[107] legitimiert und in eins empfohlen. Das exemplarische Erzählen mit dem ihm eigenen Gedanken der *historia magistra vitae* und einer diesem Gedanken entsprechenden normativen Ausrichtung, die sich geradezu in Handlungsregeln artikuliert, wird musikbezogen in einer Geschichtsschreibung realisiert, die einen ›point de perfection‹ bzw. einen Kairos, einen günstigen Moment, vor dem Hintergrund einer ästhetischen Maxime oder mehrerer ästhetischer Maximen herausarbeiten soll, wie dies z. B. bei Theodor W. Adorno in seinem Aufsatz *Vers une musique informelle* (1961) mit Blick auf die Phase der freien Atonalität der Fall ist.[108] Der Typus des kritischen Erzählens wird im nächsten Teilkapitel (6.3) kommentiert werden. Das genetische Erzählen schließlich erläutert Rüsen mit folgenden Worten, die man musikbezogen auf der Folie des nach wie vor wirkungsmächtigen ästhetischen Kriteriums der Originalität bzw. des entsprechenden Neuheitspostulats in den Künsten, das selbst im Falle eines bewussten Aufgreifens von älteren ästhetischen Gesichtspunkten, kompositorischen Prinzipien oder konkreten Eigenschaften der Faktur noch ›greift‹, lesen kann:

> »Das genetische Erzählen bindet Herkunft und Zukunft nicht zur Einheit veränderungsresistenter Traditionen und Handlungsregeln zusammen, [...] sondern es markiert zwischen ihnen eine qualitative Differenz, die sie zugleich mit der Vorstellung eines kontinuierlichen Übergangs von der einen Qualität zur andern überbrückt. Genetisches Erzählen [...] erinnert die Vergangenheit als ein ›zwar schon, aber auch noch nicht‹ dessen, was das gegenwärtige Handeln als leitende

---

[106] Vgl. RÜSEN 1990b.
[107] Vgl. z. B. HENTSCHEL 2006.
[108] Vgl. ADORNO 2003, S. 496f.:
> »Verzichtet informelle Musik auf abstrakte Formen, auf musikalisch schlechte Allgemeinheit der innerkompositorischen Kategorien, so kehren die allgemeinen im Innersten der Besonderung wieder und machen diese aufleuchten. Das war Weberns Größe. Solche Allgemeinheit und Verbindlichkeit durch Spezifikation hindurch schließt aber die von der Tradition willentlich erborgte ebenso aus wie eine mathematisch reine der objektiven Tatbestände, die gleichgültig bliebe gegen das individuelle Phänomen. Die Perspektive auf solche informelle Musik war schon einmal offen, um 1910. Das Datum ist nicht irrelevant als Abgrenzung von den überstrapazierten zwanziger Jahren.«

> Absicht in die aktuellen Veränderungen einbringt, in denen es sich vollzieht und die es vollzieht, und es eröffnet dem Handeln dadurch eine Zukunftsperspektive, in der es über die Vergangenheit hinausgelangt und doch nicht von ihr abgeschnitten wird.«[109]

Auch wenn »die aktuellen Veränderungen« im Falle der Musik aufgrund der Abhängigkeit musikalischer Hervorbringungen von Intentionalität bzw. Volition gerade nicht kontingent sind (wodurch die Differenz zwischen Praxis und Poiesis, mithin die besondere Qualität künstlerischer Volition mit Blick auf Kontingenzbewältigung im menschlichen Leben greifbar wird),[110] dürfte eine Übertragung dieser Gedanken auf das Erzählen von Musikgeschichten als sinnvoll und aus musikpädagogischer Sicht gar als notwendig erscheinen, wenngleich nach wie vor eher ein Erzählen von Musikgeschichten üblich zu sein scheint, das die für sie konstitutive Motivation, welche ein auf die Gegenwart bezogenes Stellen von Fragen an Musik der Vergangenheit hervorbringt, unberücksichtigt lässt oder zumindest nicht diskursiv macht.[111] Als Beispiel für musikbezogenes genetisches Erzählen können entsprechend angelegte Musiker- oder Komponistenbiografien gelten. (Auch) auf sie lässt sich Rüsens Erläuterung beziehen:

> »Sinnbildung durch genetisches Erzählen wird durch Geschichten repräsentiert, die Zeitverläufe als Fortschritt deuten. Das heißt aber nicht, dass diese Erzählweise zeitliche Veränderungen stehts als Entwicklungsprozesse von der Art deutet, dass aktuelles Handeln in die Pflicht einer positiven Überbietung der Vergangenheit in die Zukunft hinein genommen wird. Durch genetisches Erzählen werden auch diejenigen Zeitverlaufsvorstellungen gebildet, in denen die Veränderungen von Mensch und Welt in der Vergangenheit als Verfall erscheinen und die daher Handeln nicht an Fortschritts-, sondern an Verhinderungs- oder Rettungsperspektiven orientieren. Aber auch dann wird durch die Erinnerung eine zeitliche Orientierung geleistet, die die Identität der angesprochenen Subjekte selber in eine zeitliche Bewegung bringt.«[112]

Als paradigmatisch sei hier Peter Gülkes Ansatz für das Schreiben von Komponistenbiografien erwähnt. Gülke begreift das Komponieren als primäre Form

---

[109] Rüsen 1990b, S. 187f.
[110] Zur differenzierten philosophischen und soziologischen Erläuterung des Begriffs von Kontingenz in nicht-ästhetischen menschlichen Praxen vgl. von Graevenitz/Marquard (Hg.) 1998 und Holzinger 2007, für eine jüngere kunstbezogene Diskussion der Kontingenz-Thematik Zirfas 2010, für einen ersten Versuch einer Erörterung des Kontingenzbegriffs als musikpädagogischen Grundbegriff vgl. Orgass 2011a.
[111] Bekanntlich war Hans Heinrich Eggebrecht der erste Musikwissenschaftler, der seine individuelle musikalische Erfahrung als Ausgangspunkt seines Erzählens von Musikgeschichten (seit Anfang der 80er-Jahre des vorigen Jahrhunderts) ausgewiesen hat. Vgl. vor allem Eggebrecht 1982 und Eggebrecht 1991.
[112] Rüsen 1990b, S. 189.

des Lebens, als Gestaltung von Lebenszeit, was erstens von vornherein die Frage als unsinnig erscheinen lässt, wie sich wohl das Leben in der Musik widerspiegele, zweitens biographische mit werkgeschichtlichen Aspekten – über die Frage nach der Entwicklung der Ästhetik und Poetik des Komponisten – aufs Engste miteinander verknüpft und drittens Biographie als Geschichte der Arbeit an (bzw. des Kampfs um) Identität erzählbar macht.[113]

6.3 Kontrovers-analoge Hinsichten

Der interaktiven Dimension des Zuweisens von Bedeutung und Bedeutsamkeit zur Musik entsprechend vollzieht sich auch das kritische Erzählen von Musikgeschichten in Interaktionen (in symbolischen Interaktionen, soweit eine in schriftlicher Form existierende Musikgeschichte kritisiert wird, oder in Face-to-Face-Interaktionen, falls solche Kritik in direkter Gegenrede erfolgt). Die maßgebliche Kategorie musikgeschichtlicher Erfahrung ist also die *Ablehnung existierender Musikgeschichten* in Form von *Kritik*, die sich auf die Darstellung musikgeschichtlicher Tatsachen, auf explizite oder implizite ästhetische oder gar moralische Urteile (wobei letztere im Kontext ästhetischer Werte thematisch werden) oder auf die Geschichtskonstruktion, mithin auf die in Anschlag gebrachte Zeitverlaufsvorstellung (z. B. Verfall statt Fortschritt) – dies wiederum selbst unter Verwendung anderer ästhetischer Urteile – beziehen kann. Solche Kritik erfolgt aufgrund einer *primär* ästhetischen *und sekundär wissenschaftlichen Motivation:* Ansprüche auf empirische, wert- oder gar normenbezogene (normative) und narrative Triftigkeit (Begründungs-, Kohärenz- und Konstruktionsobjektivität),[114] die mit allen Musikgeschichten verbunden sind, werden mit Blick auf eine konkrete Musikgeschichte angezweifelt und korrigiert.

---

[113] Vgl. GÜLKE 2. Auflage 1996 und die einschlägigen Überlegungen in GÜLKE 1989, S. 43f. sowie – in der Übertragung auf das ›Geschäft‹ jeglichen Komponierens – ebd., *Vorbemerkung*, S. 7–12, hier S. 11f.

[114] RÜSEN 1990a, S. 92–100, unterscheidet für die allgemeine Geschichte als Wissenschaft zwischen Begründungs-, Normen- und Konstruktionsobjektivität, wobei letztere als explizite, diskursiv gemachte Reflexion des jeweiligen »Leitfadens« bzw. der maßgeblichen Zeitverlaufsvorstellung bestimmt wird. – Da musikbezogenen die Ebene der Normenobjektivität wenn nicht ersetzt, so aber doch deutlich durch den Bezug musikbezogener Zuweisungen von Bedeutung und Bedeutsamkeit auf ästhetische Werte relativiert wird und den letzteren nicht die Verbindlichkeit moralischer Normen, sondern nur der Anspruch ihrer an Kohärenzrationalität orientierten Nachvollziehbarkeit zu eigen ist, wird eine noch auszuarbeitende Musikhistorik den Geltungsanspruch der Werteobjektivität (und nicht – primär – den der Normenobjektivität) zu explizieren haben. Vgl. hierzu bereits ORGASS 2007e, S. 597 und S. 602f.

In diesem Anzweifeln von Geltungsansprüchen zeigt sich deutlich die Sprachgebundenheit der Kritik (als eine der Kategorien musikgeschichtlicher Erfahrung): Musik selbst erhebt keine Geltungsansprüche, sondern nur die auf sie bezogenen Sätze. Es ist aber primär die ästhetische Motivation, die dieses Anzweifeln von Geltungsansprüchen bestimmt: Der Anspruch auf Werteobjektivität zählt nicht einfach nur gleichberechtigt zu den drei genannten Ansprüchen bzw. Wahrheitskriterien, sondern die jeweilige Hierarchie ästhetischer Werte, die in sich kohärent sein sollte, hat erheblichen Einfluss auf den Leitfaden bzw. die Zeitverlaufsvorstellung und dessen bzw. deren inhaltliche Konkretisierung, welche bei der Frage nach der Konstruktionsobjektivität auf dem Spiel steht. (In diesem Zusammenhang muss z. B. auch die Kritik am musikbezogenen Eurozentrismus durch die Ethnomusikologie und – in der Musikpädagogik – im Konzept der Interkulturellen Musikerziehung gesehen werden.) Daher ist in der abweichenden oder gar konträren ästhetischen Bewertung der musikalischen oder musikbezogenen Erfahrungsgehalte, die in einer Musikgeschichte als zu kritisierende thematisiert werden, das primäre Movens der Kritik zu erblicken – einerlei, ob das kritische Erzählen von Musikgeschichten im vorwissenschaftlichen oder im wissenschaftlichen Bereich statthat.

Beispiele für das kritische Erzählen von Musikgeschichten stellen die kulturkritischen Arbeiten Christian Kadens dar, die unter Hinweis auf die hierfür maßgeblichen ästhetischen Kriterien, ethischen Werte und moralischen Normen die europäische Musikgeschichte im Kontrast zu Musikgeschichten anderer Kulturen als Fehlentwicklung (bzw. gar als Verfall) erzählen.[115] Diese Fehlentwicklung vollzieht sich in miteinander verflochtenen Prozessen bzw. Tendenzen abendländischer Musikgeschichte: Säkularisierung bzw. Entritualisierung und Semiotisierung der Musik sowie Professionalisierung der Musiker.[116] Es ist evident, dass die negative Bewertung dieser Prozesse nicht nur vor dem Hintergrund ästhetischer Werte erfolgt, sondern auch auf moralische Normen verweist: Säkularisierung korrespondiert mit Sinnverlust, Entritualisierung mit tendenziell fehlender ›Gemeinschaft‹, Semiotisierung insofern mit Entdemokra-

---

[115] Vgl. KADEN 1993, DERS. 1997, DERS. 1998 und DERS. 2004.
[116] Vgl. KADEN 1997, S. 18f. und 21ff. Auf S. 24 (hier die kursiven Hervorhebungen) resümiert Kaden:
»*Schwindende Kraft zur Alternative, angesichts des Verlusts von Ritualität, wachsende Verstrickung in professionelle Lebensprosa*, ja Prosaisierung des Alternativen selbst: dies – ich kann es nicht anders fassen – sind die Koordinaten, unter denen Musik und Leben, Leben und Musik in der europäischen Kultur, unserer Kultur zueinander finden. Optimistisch ist diese Diagnose nicht. Aber vielleicht lässt sie sich widerlegen – *praktisch*.«

tisierung, als das Verstehen von zeichenhaft vermittelter Bedeutung exklusives Wissen und ein entsprechendes Lernen voraussetzt, und Professionalisierung verweist – ähnlich wie die Semiotisierung – auf die Unzugänglichkeit entsprechender Ausbildung. Allerdings realisiert sich die Vermeidung dieser für Kaden moralisch fragwürdigen Entwicklungen in bestimmten ästhetischen Praxen, deren Präponderanz man, so man denn Kaden beipflichten möchte, wollen muss. Es bleibt also bei dem Primat ästhetischer Kritik, denn auf sie hin sind die angedeuteten (aus Platzgründen freilich nicht eigens ausgeführten) moralischen Urteile funktionalisiert. Im Falle genau entgegensetzter Funktionalisierung wäre wohl auch eher eine moralphilosophische Abhandlung als Musikgeschichtsschreibung bzw. -erzählung vonnöten.

6.4 Hinsichten ohne Analogien oder mit vervielfältigten Analogien

Werden im Falle des kritischen Erzählens bestimmte Inhalte existierender Musikgeschichten kritisiert (d. h. korrigiert, ergänzt, relativiert, anders ästhetisch und/ oder ethisch bzw. moralisch bewertet, in anderer Zeitverlaufsvorstellung organisiert), so stellt Dekonstruktion die Möglichkeit von Musikgeschichte aus zeichen- und bedeutungstheoretischen Gründen schlechthin in Frage. Als Hauptkläger fungiert Jacques Derrida,[117] aus dessen sprachphilosophischer Position bislang vor allem in der Literaturwissenschaft Konsequenzen gezogen wurden.[118] Die Darstellung dieser Position wird plausibel machen, dass die Motivation für die *Infragestellung der Erzählbarkeit von Musikgeschichten* (als Kategorie musikgeschichtlicher Erfahrung, die diese Erfahrung ex negativo in den Blick bringt) in einem elaborierten, seinerseits bereits auf einer umfangreicheren Lerngeschichte beruhenden *philosophischen Interesse* besteht, das als posthistorische Entsprechung zum *Verzicht auf oder zur Vervielfältigung von Analogiebildungen zwischen musikalischer Bedeutung und nicht-musikalischer Bedeutsamkeit*, also zur Infragestellung solcher Analogiebildungen schlechthin, betrachtet und theoretisch eingeordnet werden kann. Die Dekonstruktion kann sich, wie zu zeigen sein wird, nach erfolgter philosophischer Arbeit in ästhetischen Formen artikulieren,

---

[117] Vgl. DERRIDA 1976 und DERS. 2. Auflage 1999.
[118] Vgl. CULLER 1999, für die Musikwissenschaft aber auch FEDERHOFER 2005. Letzterer allerdings mit Überlegungen, die die Geltungsansprüche des Dekonstruktivismus für eine denkbare Historik der Musik – aus Sicht einer hermeneutisch orientierten Vorstellung von Musikgeschichte – nicht auf Augenhöhe thematisieren, sondern bei der Kritik einer offensichtlich verqueren Rezeption des Dekonstruktivismus durch einzelne amerikanische Musiktheoretiker stehenbleiben.

die ihrerseits ein ästhetisches Interesse hervorrufen können. In der Konsequenz wird kaum zu entscheiden sein, ob die dekonstruktive Tätigkeit in einer primär philosophischen oder primär ästhetischen Motivation begründet war. Die Unentscheidbarkeit dieser Frage nach dem Primat von ›Henne oder Ei‹ lässt sich auch als Reentry der Konsequenz in die Motivation verstehen.

Es ist denkbar, dass man aufgrund des Voraussetzungsreichtums der darzustellenden Position schnell zu dem Ergebnis gelangt, dass dies alles nichts mit der Thematisierung von Musikgeschichte im schulischen Musikunterricht zu tun hat. Nur wird eine solche Entscheidung als didaktische – mit Blick auf konkrete Lernende – zu treffen sein und nicht aufgrund eines ›vorauseilenden unterrichtspragmatischen Gehorsams‹, der zur Produktion blinder Flecken im Bereich fachlicher Kompetenzen tendiert.

Im Kern geht es bei Derridas Begriff von Dekonstruktion (und im Nachweis von deren Notwendigkeit) um eine Entgrenzung von Semiose mit der ihr eigenen Vervielfältigung möglicher Bedeutungen, welche das Plausibel-Machen von Bedeutungen durch Analyse und Interpretation – und a fortiori von Geschichten, die auf solche Bedeutungen rekurrieren – als eine zu dekonstruierende, durch alternative oder gar konträre Lesarten zu relativierende Tätigkeit begreifen lässt. Vor dem Hintergrund des in vorliegender Arbeit verwendeten Begriffs eines musikalischen Zeichens, welcher der als Zeichen aufgefassten musikalischen Einheit bzw. Gestalt keine repräsentationalen, also keine *verweisenden*, sondern (in der Wahrnehmung und Deutung als solche aufgefasste) *vorweisende*, präsentationale Eigenschaften zuschreibt,[119] erscheint dieses Ansinnen einer Entgrenzung so, als sollten Eulen nach Athen getragen werden – und in der Tat ließe sich das erläuterte doppelte Treffen von Unterscheidungen in den Domänen der musikalischen Bedeutung und der nicht-musikalischen Bedeutsamkeit als mit Derridas sprachbezogener Zeichentheorie strukturell kompatibel ausweisen (worauf hier aus Platzgründen verzichtet sei).[120]

Allerdings realisiert sich dekonstruktive Kritik nicht in der Konstruktion von Gegengeschichten, wie dies bereits im Modus des kritischen Erzählens der Fall ist und auch für die unterrichtliche Thematisierung von Musikgeschichten durch den Autoren vorgeschlagen wurde,[121] sondern solche Kritik wird im Bewusstsein der Aussichtslosigkeit der Suche nach letztbegründeter Bedeutung,

---

[119] Vgl. THORAU 2006, S. 146 und ORGASS 2011b, Teil VII: *Typen der Zuweisung musikalischer Bedeutung und nicht-musikalischer Bedeutsamkeit*, dort die Anmerkung 47.

[120] Zu Derridas Zeichenbegriff vgl. zusammenfassend MERSCH 2001, S. 328f. und S. 336.

[121] Vgl. ORGASS 2007e, S. 599–603.

mithin nach transzendental begründeter Wahrheit geübt. Um wenigstens anzudeuten, wie Derrida diesen als Überforderung insbesondere der Sprache aufgefassten Geltungsanspruch begründet, sei zunächst sein Verständnis des Kunstworts »différance« vorgestellt. Bezeichnet das französische Verb différer in seiner intransitiven Bedeutung ›sich unterscheiden, verschieden sein‹ und in seiner transitiven Bedeutung ›vertagen, verzögern, zeitlich aufschieben‹ (Derrida sagt: ›temporisieren‹),[122] so soll sich das Kunstwort auf eine fundamentale Gegebenheit beziehen, in der beide Bedeutungen des Verbs in der Ordinario-Schreibweise in bestimmter Weise miteinander verknüpft werden: Die »Spielbewegung«[123] der différance, von der Derrida sagt, sie sei älter noch als das Sein, hat keinen Namen in der Sprache:

> »Es gibt kein Wesen der *différance*, sie (ist) das, was sich in dem *als solches* ihres Namens oder ihres Erscheinens nicht aneignen lassen kann, sondern was überdies die Autorität des *als solches*, überhaupt des Anwesens der Sache selbst in ihrem Wesen bedroht. Besitzt es in dem Maße kein eigenes Wesen, so ist impliziert, dass das Spiel der Schrift, sofern dieses die *différance* einbezieht, weder Sein noch Wahrheit besitzt.«[124]

Für das Gemeinte – für »jenes Spiel, das nominale Effekte bewirkt«, sagt Derrida, »gibt es keinen Namen, selbst nicht den der *différance*, die kein Name, die keine reine nominale Einheit ist und sich unaufhörlich in eine Kette von differierenden Substitutionen auflöst«,[125] womit die erwähnte Verknüpfung des Unterscheidens und Aufschiebens sinnfällig wird.

Dieses Spiel »bedroht« also, wie es oben hieß, »die Autorität […] des Anwesens der Sache selbst in ihrem Wesen«. Für das Verständnis dieser Bedrohung ist die Kenntnis von Derridas Sicht von Vielfalt, von der Vervielfältigung von Bedeutungen, erforderlich. Diese unendliche Vielfalt ist nicht als eine – z. B. durch ein Subjekt, ein oberstes Prinzip oder dergleichen – zentrierte zu denken, sondern als tendenziell unendlich viele Konstellationen in einem endlichen, begrenzten Ganzen ohne Zentrum:

---

[122] DERRIDA 2. Auflage 1999, S. 36, hier die kursive Hervorhebung: »*Différer* in diesem Sinne heißt temporisieren, heißt bewusst oder unbewusst auf die zeitliche und verzögernde Vermittlung eines Umweges rekurrieren, welcher die Ausführung oder Erfüllung des ›Wunsches‹ oder ›Willens‹ suspendiert und sie ebenfalls auf eine Art verwirklicht, die ihre Wirkung aufhebt oder temperiert.«

[123] Ebd., S. 40.

[124] Ebd., S. 55, hier die kursiven Hervorhebungen. Die Einklammerung des Worts »ist« im ersten Satz befindet sich – als Ausdruck des Vorbehalts gegenüber der ontologischen Redeweise – im Original.

[125] Ebd., S. 55, hier die kursiven Hervorhebungen.

> »Man kann das Zentrum nicht bestimmen und die Totalisierung nicht ausschöpfen, weil das Zeichen, welches das Zentrum ersetzt, es *supplementiert*, in seiner Abwesenheit seinen Platz hält, – weil dieses Zeichen sich als *Supplement* noch hinzufügt. Die Bewegung des Bezeichnens fügt etwas hinzu, sodass immer ein Mehr vorhanden ist; diese Zutat aber bleibt flottierend, weil sie die Funktion der Stellvertretung, der Supplementierung eines Mangels auf seiten des Signifikats erfüllt.«[126]

Mit Blick auf das Zuweisen von Bedeutung und Bedeutsamkeit zur Musik muss man diese Ausführungen gar noch radikalisieren (wenn auch – wie erwähnt – die Vorstellung der Stellvertretung musikbezogen zu problematisieren ist). Denn vor dem Hintergrund eines präsentationalen (vierdimensionalen) Begriffs eines musikalischen Zeichens fungiert die jeweilige Musik (das Musikstück, das Werk) für einen Beobachter (ein Individuum) – aufgrund eines wahrgenommenen und interpretierten Zeichenzusammenhangs – im Vollzug der Beobachtung als »reales Objekt« im Sinne von Charles S. Peirce. Im Vergleich mit anderen Beobachtungen derselben Musik wird dann die Dynamik dieses Objekts (dieser Musik) virulent (vgl. Peirces Rede von »dynamischen Objekt«).[127] Diese Dynamik kommt auch in musikbezogenen Interaktionen durch die Beobachtung fremder Zuweisungen von Bedeutung und Bedeutsamkeit, die von der jeweils eigenen Zuweisung jedes einzelnen Interaktanten abweichen, zum Vorschein. Es scheint also so etwas wie ein Zentrum zu geben; und dennoch kann musikbezogene Interaktion – und auch nur, wenn Interpretation anstelle des Benutzens durch die Beteiligten intendiert wird – den Begriff des musikalischen Gegenstands, des Objekts (des Musikstücks oder Werks) nur im Sinne einer regulativen Idee zur Geltung bringen – als Idee, an deren Realisation auch nur eine asymptotische Annäherung möglich ist – und ohne dass sich die Beteiligten sicher sein können, dass die kognitiven Haushalte bzw. Bewusstseine der Interaktanten tatsächlich Ähnliches – ähnliche Gegenstände (etc.) als Bewusstseinsinhalte – konstituieren. Die ›Fallhöhe‹ zwischen diesem durch den präsentationalen Charakter des musikalischen Anlasses der Semiose bedingten Sachverhalt und der Erkenntnis der Dezentrierung ist sozusagen noch größer als im Falle des durch Derrida thematisierten sprachlichen Repräsentationszusammenhangs.

Wird bereits der Geltungsanspruch der Wahrheit, der mit Sätzen verbunden ist, aufgrund der différance und der mit ihr einhergehenden »dissémination«[128]

---

[126] DERRIDA 1976, S. 437, hier die kursiven Hervorhebungen.

[127] Vgl. Anmerkung 19 vorliegender Arbeit.

[128] Vgl. DERRIDA 1995. Als ›Streuung‹ oder ›Aussaat‹ übersetzt, sagt das Wort zunächst wenig. Eine Begriffsbestimmung darf man nicht erwarten, weil sie auf einen performativen Selbstwiderspruch hinausliefe. So ist ebd., S. 62 (hier die kursiven Hervorhebungen) zu lesen:

angezweifelt, so wird sogar das Ansinnen als haltlos entlarvt, überhaupt mit sprachlichen Mitteln nach Bedeutungen und a fortiori nach der Triftigkeit von deren Benennung (›Wahrheit‹) zu fragen. Aufgrund der dissémination wird die Grundlage für die Rede von einem musikalischen Gegenstand entzogen. Des Weiteren wird die Unterscheidung zwischen Interpretieren und Benutzen hinfällig, weil aufgrund der différance nicht zu entscheiden ist, welche Lesarten und Bedeutungen richtig im Sinne von angemessen sind und welche falsch. Mit dem Wegfall der Vorstellung von historischer Adäquatheit wird das Erzählen von Musikgeschichten unmöglich, weil für dieses die Intention des Interpretierens (mit den weiter oben genannten rekonstruktiven und konstruktiven Aspekten) konstitutiv ist: Das Interpretieren muss sich vom Benutzen aufgrund des Kriteriums der Ausführung (Interpretation) oder Vermeidung (Benutzung) methodisch geregelter Rekonstruktion des mit Blick auf musikalische Bedeutung und nicht-musikalische Bedeutsamkeit – vor dem Hintergrund einschlägiger, historisch verbriefter Interpretanten – Intendierbaren, hinsichtlich der jeweiligen ›Poetik‹ also, unterscheiden können. Die Dekonstruktion der genannten beiden Sorten von Unterscheidung – auf der Ebene der Gegenstandskonstitution und auf der Ebene der Verknüpfung musikalischer Gegenstände (historisches Erzählen vs. Konstellation ohne Anspruch auf historische Angemessenheit) – begründet den posthistorischen Status der Dekonstruktion als einer Kategorie musikgeschichtlicher Erfahrung. Mit dieser Aussage ist also die Behauptung verbunden, es gebe musikgeschichtliche Erfahrungen, die nicht in Erzählungen verortet werden (können); daher die Subsumtion der letzteren unter die erstere. Dies ist nun zu erläutern.

Als einzige Alternative zum Schweigen, das dem Befund der Unbeobachtbarkeit, also der Unmöglichkeit des (begründeten, begründet zu wiederholenden) Bezeichnens und gleichzeitigen Unterscheidens, entspricht, wird also der sprunghafte Wechsel des Interpretanten (des Beobachtungskriteriums) oder dessen polyphone Vervielfältigung in der Gleichzeitigkeit – im Sinne einer Collage –, vi-

> »Mit dem Hervortreten eines Buches, das, auch wenn es die Natur verdoppelt, in dieser Duplizierung sich ihr als Simulacrum hinzufügt, wird ein Text angerissen, der der Wissenschaft oder der Literatur zuzurechnen ist und der über das immer-schon-Konstituierte des Sinns und der Wahrheit im theologisch-enzyklopädischen Raum, der schwellenlosen Selbstbefruchtung hinausgeht. Die Dissemination setzt, indem sie die *physis* als *mimesis* umwirbt, die Philosophie aufs neue in Szene und deren Buch aufs Spiel *(jeu).*« Anmerkung: »Und mittels der Permutation eines Buchstabens, in der man sich hier üben muss, ins Feuer *(feu)*. Diese Verzehrung – wie die eines Hymens – beginnt nicht noch endet sie. Worin sich ihre Identität ver-ausgabt *(dé-pensé).*«
> Entsprechend lautet der berühmte erste Satz des Buchs (ebd., S. 11): »Dies hier (also) wird kein Buch gewesen sein.«

rulent – beides Formen sprachlicher Darbietung, die nicht-diskursiv ausgerichtet sind, sondern (primär) ästhetische Intentionen realisieren. Wenn man also angesichts jenes Befundes einer durch Dekonstruktion bedingten Unbeobachtbarkeit nicht vollends zum Schweigen übergeht, tritt an die Stelle des historischen Erzählens ein nicht sprachlich erfassbares, mehrwertiges kognitives Prozessieren (zumindest) mehrerer alternativer Geschichten mit partiell identischen Fakten, aber unterschiedlichen Zeitverlaufsvorstellungen etc. Dies korrespondiert offenkundig strukturell mit dem Verzicht auf oder der Vervielfältigung von Analogiebildungen zwischen musikalischer Bedeutung und nicht-musikalischer Bedeutsamkeit. Allerdings konnte dieser Verzicht immerhin noch mit einer besonderen Form des musikalischen Hörens – positiv – verbunden werden, während eine dekonstruktive Realisationsform von Musikgeschichten aus den genannten Gründen als hölzernes Eisen erscheint: Die Kontingenz zuzuweisender musikalischer Bedeutungen und nicht-musikalischer Bedeutsamkeiten (aber zu welchen Phänomenen aufgrund welcher Unterscheidungen?) auf eine logisch mehrwertige Weise so zu prozessieren, dass eine unüberschaubare Vielzahl von Vergleichen, die die zeitliche Qualität von Veränderung in den Blick nimmt (aber welcher historische Vergleich soll aus deren Vielzahl anhand welcher Kriterien ausgewählt werden?), im Erzählakt (aber wie ist dieser strukturiert?) erfasst wird, erscheint unmöglich.[129]

Als paradoxale Nicht-Modelle für eine solche Artikulation sprachferner Vernunft, die sich gleichwohl der Sprache bedient, können John Cages Vorträge dienen, in denen sehr wohl musikalische oder musikbezogene Sachverhalte eine Rolle spielen, welche freilich in Gestalt von Musikgeschichtserzählungen – also unter Verwendung der Kategorien *Fremdheit/Interpretation* und/oder *Ablehnung existierender Musikgeschichten/Kritik* – erst selbst zu formen wären.[130] – Dieses Beispiel – wie auch Derridas Buch *Dissemination* – vermag die Unentscheidbarkeit der Frage, ob Dekonstruktion primär durch ein philosophisches oder primär durch ein ästhetisches Interesse motiviert sei, zu belegen. Gleichzeitig sollte es dazu geeignet sein, vor einer vorschnellen Ablehnung der Thematisierbarkeit von Dekonstruktion im schulischen Musikunterricht zu warnen: Dürfte die unterrichtliche Thematisierung der Position Derridas denkfreudigen Leistungskursen des Fachs Musik vorbehalten sein, so lässt sich solche Exklusivität mit Blick auf Cages Vorträge nicht ohne Weiteres begründen.

---

[129] Vgl. hierzu MENKE 1991, S. 276.

[130] Als weniger bekanntes Beispiel vgl. CAGE 1990 – Vorträge, bei denen Form und Inhalt insofern zur Deckung gebracht werden, als es in ihnen um jenes »Nonunderstanding« (ebd., S. 444ff.) und dessen Implikationen geht, das sich auch als Folge der Dekonstruktion einstellt.

Wird diese radikale Konsequenz eines Verzichts auf Musikgeschichtserzählung im Anschluss an Derrida nicht gezogen, so bleibt – gleichsam im Sinne einer pragmatisch orientierten Reduktion des dekonstruktiven Impetus – nur, fortlaufend kritisch zu erzählen oder – je nach der eingenommenen Perspektive – bei ihm zu verbleiben, freilich auch, eine entsprechende Haltung der permanenten Kritik allen Hervorbringungen gegenüber, die verstanden werden sollen, einzunehmen. Dies ist allerdings Derridas Praxis des Philosophierens zumindest in den 60er-Jahren des vorigen Jahrhunderts gewesen (im Unterschied zum oben erwähnten Buch mit dem Titel *Dissemination* von 1972), sozusagen mangels einer nicht-sprachlichen Alternative. Mit einer solchen auf Dauer gestellten Praxis des kritischen Erzählens wird freilich die *Infragestellung der Erzählbarkeit von Musikgeschichten/Dekonstruktion* als Kategorie musikgeschichtlicher Erfahrung – im Sinne eines grundlegenden Konzepts der Auseinandersetzung mit Musikgeschichte, das deren Möglichkeit in Frage stellt, also eine Negativform musikgeschichtlicher Erfahrung darstellt, – ersetzt durch die Kategorie *Ablehnung existierender Musikgeschichten/Kritik*.[131] Diese Negativform realisiert sich in der genannten pragmatischen Hinsicht als Versuch, alle denkbaren Interpretanten zu berücksichtigen: Wenn der – nicht zu systematisierende – permanente Wechsel der Unterscheidungen in den beiden Dimensionen musikalischer Bedeutung und nicht-musikalischer Bedeutsamkeit selbst als finaler (oder logischer) Interpretant fungiert, wechseln die jeweils – sozusagen von Beobachtung zu Beobachtung – in Anschlag gebrachten Interpretanten mit den ihrerseits variierten Unterscheidungen ebenfalls. Ein denkbarer Gewinn für die durch diese Kategorie geleitete Praxis des Erzählens von Musikgeschichte besteht dann de facto nur in der dekonstruktivistisch begründeten Permanenz der Kritik (und in dem Wissen um die Notwendigkeit der Einnahme einer diese Permanenz ermöglichenden Haltung).

7 Übergreifende Gesichtspunkte

7.1 Ordnungen von Beobachtungen und der Raum des musikbezogenen historischen Erzählens

Die Beobachtung erster Ordnung, welche das durch die Kategorie *Verfügbarkeit/Mimesis* geleitete protohistorische Fungieren musikgeschichtlichen Wissens bestimmt, wurde bereits erörtert. Die erzählende Verknüpfung musikge-

---

[131] Vgl. – mit ähnlichem Ergebnis – Düttmann 2002, S. 79.

schichtlicher Tatsachen, die durch die Kategorien *Fremdheit/Interpretation* oder *Ablehnung existierender Musikgeschichten/Kritik* geleitet wird, ist dagegen noch unter dem Gesichtspunkt der in Anschlag gebrachten Ordnung von Beobachtung zu kommentieren. (Die ›Tatsachen‹ bestehen ihrerseits in der Erfassung musikalischer Phänomene bzw. von Musikstücken oder Arten von Musik in den Dimensionen musikalischer Bedeutung und nicht-musikalischer Bedeutsamkeit unter dem Gesichtspunkt ihres historischen Vergleichs und der zeitlichen Qualität von Veränderung, die durch diesen Vergleich beobachtbar wird.)[132] Die folgenden Überlegungen beziehen sich also auf die eigentliche Domäne des Erzählens von Musikgeschichten, der aus dem umfangreicheren Bereich möglicher musikbezogener Zuweisungen von Bedeutung und Bedeutsamkeit auszudifferenzieren ist (und oben in diesem größeren Kontext diskutiert wurde). In dieser Domäne profitiert die Musikhistorik vom längst erreichten Niveau allgemeiner Historik.

Die meisten *musikalischen Phänomene*, die Musikstücke oder musikalische Werke konstituieren, aber noch nicht als zu solchen Zusammenhängen geformt erscheinen und als Konkretionen musikalischer Parameter (Primär-, Sekundärparameter etc.) beschreibbar sind, beruhen auf mehr oder weniger funktionierenden Interpretationspraxen, also auf iterierten Beobachtungen; ihre Beobachtung ist also als Beobachtung von Beobachtungen, mithin als Beobachtung zweiter Ordnung zu betrachten. Soweit auf dieser Ebene geschichtliche Veränderungen beobachtet werden, stehen sowohl die Phänomene also auch die Funktionsweisen der ihnen zugrunde liegenden Interpretationspraxen zur Disposition (Beispiel: der Wechsel des Status der Quarte von einer Konsonanz zu einer Dissonanz), wodurch Beobachtungen dritter Ordnung erforderlich werden. Die sprachliche Formung einer entsprechenden Musikgeschichte ermöglicht dann wieder Beobachtungen zweiter Ordnung, die sich aufeinanderfolgend auf den Vergleich der fokussierten Phänomene einerseits und auf Eigenschaften der Interpretationspraxen andererseits beziehen (bezogen auf das genannte Beispiel: Musik im England des 13. und 14. Jahrhunderts im Vergleich zur Musik derselben Zeit, die auf dem Kontinent entstand).

Beobachtungen von *Musikstücken*, erst recht von *musikalischen Kunstwerken* im emphatischen Sinne, sind dagegen, wie Niklas Luhmann sich ausdrückt,

---

[132] Dem Autoren ist bewusst, dass hier en passant ein Sachverhalt angesprochen wird, der einer umfangreicheren Diskussion bedarf, welche u. a. Carl Dahlhaus' entsprechende Überlegungen zu berücksichtigen hätte. Vgl. DAHLHAUS 1977, S. 57–73 (Kapitel *Was ist eine musikgeschichtliche Tatsache?*).

»Versuche der Objektivierung von doppelter Kontingenz«,[133] die ihrerseits eine Beobachtung zweiter Ordnung ›ins Werk setzt‹. Die Auseinandersetzung mit ihnen vollzieht sich also in Beobachtungen dritter Ordnung. Die erwähnten Vergleiche und mit Zeitverlaufsvorstellungen gleichsam ›aufgeladenen‹ Verknüpfungen zwischen Musikstücken oder Werken unterschiedlicher Entstehungszeiten, die das musikgeschichtliche Erzählen konstituieren, vollziehen sich also in Beobachtungen vierter Ordnung. Die auf dieser Ebene der Abstraktion (vom Hören der Musik) verwendeten Begriffe beziehen sich – monothetisch – auf komplexe Zusammenhänge. Es versteht sich, dass nicht nur in didaktisch-methodischer Hinsicht darauf geachtet werden muss, dass der Zusammenhang des Hörens der Musik, welches den Kategorien der Analogiebildung zwischen musikalischer Bedeutung und nicht-musikalischer Bedeutsamkeit gehorcht, mit jenen Beobachtungen zu wahren bzw. immer wieder zu suchen ist, die den Abstraktionen zugrundeliegen. – Die Komplexität der begrifflich erfassten Zusammenhänge wird freilich noch durch die Thematisierung von *Arten von Musik* in geschichtlicher Perspektive gesteigert, die sich in Beobachtungen fünfter Ordnung vollzieht.

Die oben aufgeführten Ordnungen von Beobachtungen – dritter bis fünfter Ordnung – werden im kritischen Erzählen jeweils um eine höherliegende Ordnung ›überboten‹. Die *Infragestellung existierender Musikgeschichten* vollzieht sich also mit Blick auf musikalische Phänomene (unterhalb der Ebene von Musikstücken bzw. Werken), auf Musikstücke bzw. musikalische Kunstwerke selbst und auf Arten von Musik in Beobachtungen vierter bis sechster Ordnung. Es versteht sich, dass das kritische Erzählen das traditionale, exemplarische oder genetische Erzählen voraussetzt, wie diese letztgenannten drei Typen selbst auf Beobachtungen von Musik erster Ordnung (unter der Kategorie *Verfügbarkeit/ Mimesis*) beruhen. Solche Beobachtungen werden überhaupt erst unter der Kategorie *Fremdheit/Interpretation* beobachtet bzw. problematisch, wie auch die Musikgeschichtserzählung unter dieser Kategorie erst durch die Kategorie der *Kritik* beobachtbar wird. Die Typologie präsentiert also einen dynamischen Zusammenhang von Typen der Musikgeschichtserzählung, die sich oftmals mischen können (mittels der erwähnten, Reflexivität ermöglichenden Übergänge). Ihre Trennung in der Typologie gehorcht einer analytischen Zielsetzung.

Realisiert sich die protohistorische Kategorie der *Verfügbarkeit/Mimesis* in Beobachtungen erster Ordnung, so kann mit Blick auf die Realisationsform der posthistorischen Kategorie der *Infragestellung der Erzählbarkeit von Musik-*

---

[133] LUHMANN 1997, Anmerkung 65, S. 54.

geschichten/Dekonstruktion wie oben erläutert überhaupt nicht von Beobachtung die Rede sein, da das Unterscheiden selbst zur Disposition gestellt ist – mit der durch Christoph Menke erläuterten Folge der paradoxalen Suche nach einer »transsemiotischen«, »sprachfernen« Form von Vernunft.[134]

Da mit einer Musik mehr Erfahrungen gemacht bzw. mehr Bedeutungen verknüpft werden können, als durch Musikgeschichtserzählung ›legitimierbar‹ sind, lässt sich aus der Domäne musikgeschichtlicher Erfahrung eine Domäne des Erzählens (und der Erzählbarkeit) von Musikgeschichten (mit den Kategorien musikgeschichtlicher Erfahrung *Fremdheit/Interpretation* und *Ablehnung existierender Musikgeschichten/Kritik*) ausdifferenzieren, von der sich eine protohistorische Domäne (mit der Kategorie *Verfügbarkeit/Mimesis*) und eine posthistorische Domäne (mit der Kategorie *Infragestellung der Erzählbarkeit von Musikgeschichten/Dekonstruktion*) unterscheidet.[135] Die letzteren nichtnarrativen Domänen sind nicht nur in einer Musikhistorik zu thematisieren, sondern können sehr wohl und sollten auch in didaktischer Hinsicht relevant werden – nicht zuletzt aus unterscheidungstheoretischen Gründen, nämlich zum Zwecke der Beobachtbarkeit und Beobachtung der bedeutungs- und musikgeschichtstheoretisch zu explizierenden Bedingungen für das Erzählen von Musikgeschichten.

7.2 Interpretieren und Benutzen vor dem Hintergrund der zweimal vier Kategorien (der Analogiebildung und der musikgeschichtlichen Erfahrung)

Um die sprachliche Form der Überlegungen flüssig zu halten, werden im Folgenden die Kategorien ohne die Angabe ihrer Zugehörigkeit zu den beiden Sets – Analogiebildung zwischen musikalischer Bedeutung und nicht-musikalischer Bedeutsamkeit einerseits und musikgeschichtliche Erfahrung andererseits –

---

[134] Vgl. Anmerkung 129.

[135] Die immanente Differenzierung von Peirces letztem Interpretanten »habit-change«, die in Kapitel 2.2 erläutert wurde, spiegelt sich also im vorgestellten kategorialen Grundriss. Die Ableitung der Unterscheidung zwischen Interpretieren und Benutzen aus Peirces Unterscheidung zwischen realem und unmittelbarem Objekt lässt sich sogar auf die Domäne des Erzählens von Musikgeschichten anwenden: Bestimmte Eigenschaften einer Musikgeschichte, die unter der Kategorie musikgeschichtlicher Erfahrung »Fremdheit/Interpretation« erzählt wurde, werden unter der Kategorie »Ablehnung existierender Musikgeschichten/Kritik« – aufgrund neuer Forschungsergebnisse oder anderer Kontextualisierung etc. – als Folgen bzw. Ergebnisse eines inadäquaten Benutzens kritisiert (obschon die Erzählerin bzw. der Erzähler der kritisierten Geschichte dieselben Eigenschaften freilich als Folgen bzw. Ergebnisse der Tätigkeit des Interpretierens begriffen hat).

direkt bezeichnet. Die jeweils zugeordneten Kategorien aus den beiden Sets werden jeweils unter dem Gesichtspunkt ihres Verhältnisses zur Unterscheidung zwischen Interpretieren und Benutzen im Zusammenhang erörtert.

Attributionsanalogie und *Verfügbarkeit/Mimesis* hängen unter dem zu untersuchenden Gesichtspunkt insofern zusammen, als die durch beide Kategorien geordneten Tätigkeiten weder mit dem Interpretieren noch mit dem Benutzen von Musik zu tun haben, denn diese Ausrichtungen der jeweiligen Tätigkeiten setzen Reflexion bzw. Bewusstheit voraus, die in beiden Fällen nicht gegeben ist. Unter diese Kategorien wird vielmehr Fungierendes subsumiert: Im Falle der Attributionsanalogie ein ohne entsprechende Beobachtung übernommener, als unmittelbar erfahrener Zusammenhang von musikalischer Bedeutung und nicht-musikalischer Bedeutsamkeit (Paradigma: Genrestück), im Fall der *Verfügbarkeit/Mimesis* eine tradierte und reflexionslos reproduzierte Ansicht über einen musikgeschichtlichen Konnex, der unter Umständen durch unpassende Beobachtungen problematisch werden kann, dann aber unter der Kategorie Fremdheit/Interpretation einer vergleichenden Erörterung unterzogen wird. Letztere liefert dann ihrerseits das Material für die Reformulierung des erwähnten Konnex in Gestalt einer Musikgeschichtserzählung (Paradigma: Ansichten über Form- und Formungsprinzipien, die aus Formenlehren – bisweilen auch nur vermeintlich – übernommen wurden; Beispiel: die Ansicht, Sonatenhauptsätze mit einer Dur-Tonika haben Expositionen mit zwei Themen, deren erstes in der Tonika und deren zweites in der Dominante erklingt und so weiter – verbunden mit den aufgrund dieser Ansicht fälligen erkenntnisträchtigen Enttäuschungen, die dann aufgrund von Beobachtungen statthaben, welche unter der im Folgenden zu kommentierenden Kategorie *Fremdheit/Interpretation* erfolgen können.)[136]

Die Kategorienpaare *Proportionalitätsanalogie* und *Fremdheit/Interpretation* sowie *Analogie der Ungleichheit* und *Ablehnung existierender Musikgeschichten/Kritik*, von denen die jeweils an zweiter Stelle genannten Kategorien die Domäne des Erzählens von Musikgeschichten abdecken, korrespondieren aufgrund des in beiden Fällen zu treffenden Unterschieds zwischen der Möglichkeit der beiden Ausrichtungen Interpretieren und Benutzen im Falle der beiden Kategorien der Analogiebildung zwischen musikalischer Bedeutung und nicht-musikalischer

---

[136] Um Missverständnissen vorzubeugen, sei hier darauf hingewiesen, dass die Erfahrung einer enttäuschten Erwartung keineswegs einen Automatismus hervorbringt, der die Verwendung der Kategorie *Fremdheit/Interpretation* zur Folge hat. Das wahrnehmende Individuum kann es auch bei der Enttäuschung bewenden lassen. Es ist von zusätzlichen Bestimmungsgrößen für die Entstehung von Relevanz auszugehen, die dann eine Auseinandersetzung nahezulegen vermag (vgl. ORGASS 2007a, S. 100ff. und ORGASS 2007c, hier S. 439–481).

Bedeutsamkeit einerseits und der Beschränkung auf die Ausrichtung des Interpretierens im Falle der beiden Kategorien musikgeschichtlicher Erfahrung andererseits. Denn sowohl die *Proportionalitätsanalogie* als auch die *Analogie der Ungleichheit* beziehen sich auf einzelne musikalische Phänomene, Musikstücke bzw. musikalische Werke oder Arten von Musik, wobei musikgeschichtliche Einordnungen zwar eine Rolle spielen können – durchaus auch in elaborierter Form, z. B. im Sinne historisch informierender Werkkommentare. Aber die *Fokussierung* auf den historischen Vergleich mit anderen musikalischen Phänomenen, Musikstücken bzw. musikalischen Werken oder Arten von Musik und die ihr entsprechende Musikgeschichtserzählung wird nicht durch jene Formen von Analogiebildung herausgefordert. Dies schafft genau jenen Freiraum für Beobachtungen der Musik mit – zum einen – interpretierender Zielsetzung, für Beobachtungen also, die sich in der Rekonstruktion historischer Zusammenhänge der Genese der jeweiligen Musik realisieren, also in der Einordnung der Musik in biographische, ästhetische, poetologische, soziologische, wirtschafts- und mentalitätsgeschichtliche Kontexte ihrer Hervorbringung. Zum andern aber kann all dies auch ›eingeklammert‹ und können die Beobachtungen der Musik auch das Ziel der Benutzung für jeweils eigene Ausdrucksabsichten des beobachtenden Individuums verfolgen, darunter auch die Dekontextualisierung zum Zwecke der Ironisierung oder sarkastischen Lächerlichmachung, der überraschenden ›Aufmodulation‹ von – aus historischer Sicht – bewusst inadäquaten Aussagezusammenhängen und der Funktionalisierung für allgemeine politische oder andere Zwecke.

Demgegenüber gehorcht das Erzählen von Musikgeschichten auf der Grundlage der Kategorien *Fremdheit/Interpretation* oder *Ablehnung existierender Musikgeschichten/Kritik* in jedem Fall der Zielsetzung des Interpretierens: Im Fall der Inanspruchnahme der Kategorie *Fremdheit/Interpretation* soll die ästhetische Faszination eines musikalischen Phänomens oder einer Musik(art) ergründet und durch extensive Fremdreferenz bzw. Erfahrung des zunächst musikalisch fremden historischen Zusammenhangs vertieft bzw. vergrößert werden. Im Fall der Auseinandersetzung mit Musik unter der Kategorie der *Ablehnung existierender Musikgeschichten/Kritik* soll eine primär ästhetisch und sekundär wissenschaftlich motivierte Kritik an einer Referenzgeschichte an Plausibilität gewinnen. Sowohl jene Genusssteigerung (*Fremdheit/Interpretation*) als auch diese Identitätssteigerung bzw. Selbstvergewisserung beruhen auf Tätigkeiten, die der Zielsetzung des Interpretierens verpflichtet sind. Der Hinweis auf die Ernsthaftigkeit dieser Tätigkeiten impliziert auch, dass die Kritik, die unter der Kategorie der *Ablehnung existierender Musikgeschichten* erfolgt, nichts mit jener Kritik zu tun hat, welche mit dem oben erwähnten Benutzen im Falle der

Stefan Orgass

Konzentration auf jeweils ein musikalisches Phänomen, ein Musikstück bzw. musikalisches Werk oder eine Musikart (unter den Kategorien *Proportionalitätsanalogie* oder *Analogie der Ungleichheit*) verbunden sein kann.

Für die Kategorie *Verzicht auf oder Vervielfältigung von Analogiebildungen* wie auch für die Kategorie *Infragestellung der Erzählbarkeit von Musikgeschichten/Dekonstruktion* fällt die Beantwortung der Frage nach deren Verhältnis zu den beiden Zielsetzungen Interpretieren oder Benutzen nicht leicht. Das hängt damit zusammen, dass sowohl die Analogiebildung zwischen musikalischer Bedeutung und nicht-musikalischer Bedeutsamkeit als auch die Grundlagen des Erzählens von Musikgeschichten (Gegenständlichkeit, Zeitverlaufsvorstellungen), also die kriterielle Umgrenzung der beiden Sets von Kategorien, durch die zu erörternden Kategorien zur Disposition gestellt werden. In beiden Fällen besteht die plausibelste Antwort im Hinweis auf ein benutzendes Interpretieren oder ein interpretierendes Benutzen. Diese Verschränkung lässt sich als Reentry der Unterscheidung (Interpretieren/Benutzen) in eine Seite dieser Unterscheidung begreifen, nämlich in die Zielsetzung des Interpretierens, der die Hervorbringung von Musik in beiden Fällen folgt – von Musik also, deren Hörerinnen und Hörer auf Analogiebildungen verzichten oder diese vervielfältigen sollen, einerseits und von ästhetisierten Präsentationsformen musikgeschichtlicher ›Materialien‹, die sich als Alternativen ex negativo auf die Erzählbarkeit von Musikgeschichten beziehen, andererseits.

Zweierlei ist daran bemerkenswert: Zum einen ist der jeweilige Gegenstand der genannten Verschränkung in beiden Fällen jeweils die Metaebene der Gemeinsamkeiten der jeweils vier Kategorien (Analogiebildung und historischer Vergleich/zeitliche Qualität von Veränderung). Die kategoriale Formung der Beobachtung unterschiedlicher Ordnungen wird selbst beobachtet, womit sich die obigen Überlegungen unter dem Gesichtspunkt der in Frage stehenden Unterscheidung (Interpretieren/Benutzen) bestätigen. Zum andern bezieht sich die Verschränkung (benutzendes Interpretieren, interpretierendes Benutzen) bezeichnender Weise auf die Tätigkeit der Hervorbringung, auf Volition also. Der Verzicht des hörenden Interpreten auf Analogiebildung oder deren Vervielfältigung durch ihn hat ebenso wenig mit Interpretieren oder Benutzen zu tun wie die Haltung der Dekonstruktion, die der Leser durch den Nachvollzug sprunghafter Wechsel von Beobachtungen zweiter Ordnung ›ins Werk setzen soll‹. (In beiden Fällen ist die Geschwindigkeit des jeweiligen kognitiven Prozessierens zu hoch; sinnvoll erscheint eher ein geschehen-lassendes Rezipieren, das sich an blitzartigen Assoziationen erfreut.) Dagegen benutzt der Komponist musikalische Materialien in interpretatorischer Absicht oder interpretiert diese

Materialien in benutzender Absicht, wenn er die Nichtlokalität der Töne durch Vervielfältigung von deren Beziehungen ›zeigt‹ (im Kompositionsprozess von Hubers *Dripping* realisiert sich diese Verschränkung in der besonderen, historisch ›inadäquaten‹ Benutzung einer Zwölftonreihe in eben dieser interpretatorischen Absicht),[137] wie auch Cage und Derrida Wörter und deren Referenzen so benutzen, dass ihre (›monokontexturale‹) Interpretierbarkeit in Frage gestellt ist, wodurch sie eine Interpretation des Nicht-interpretieren-Könnens, eine Interpretation auf einer Metaebene also, hervorbringen.

7.3 Strukturelle Zuordnung zu den vier Dimensionen des musikalischen Zeichens

Die vier Dimensionen des musikalischen Zeichens spiegeln sich fraktal in den zweimal vier Kategorien im Sinne struktureller Korrespondenzen, die sich in thematischen Schwerpunkte der Zeichenverwendung zeigen. Diese These soll hier nur mit wenigen Hinweisen kommentiert werden; einer anderen Publikation sollen diesbezügliche gründlichere Erörterungen wie auch Erläuterungen zur fraktalen Denktechnik vorbehalten bleiben.

Während sowohl *Attributionsanalogie* als auch *Verfügbarkeit/Mimesis* Kategorien des Vollzugs von musikalischer Bedeutung darstellen, weil die anderen Dimensionen als ›abgesunkene‹ in diesem Vollzug lediglich fungieren, kommt mit *Proportionalitätsanalogie* und *Fremdheit/Interpretation* aufgrund des zweiwertigen Unterscheidens bzw. Erzählens vor allem die Bipolarität von musikalischer Bedeutung und nicht-musikalischer Bedeutsamkeit in den Blick. Da musikalische Bedeutung bereits im Falle der erstgenannten Kategorien fokussiert wird, kann nicht-musikalische Bedeutsamkeit mit Blick auf dieses zweite Kategorienpaar als in der Systematik neuer thematischer Schwerpunkt charakterisiert werden. Dass mit dem Kategorienpaar *Analogie der Ungleichheit* und *Ablehnung existierender Musikgeschichten/Kritik* die Interaktion als Dimension des musikalischen Zeichens nicht bloß im Sinne einer strukturellen Korrespondenz, sondern als eine Größe zu betrachten ist, welche die durch diese Kategorien geleiteten Tätigkeiten – zumindest in Form von symbolischen Interaktionen, bisweilen (beispielsweise im Musikunterricht) aber auch in Face-to-Face-Interaktionen – konstituiert, wurde bereits andernorts ausgeführt.[138] Mit dem Kategorienpaar *Verzicht auf oder Vervielfältigung von Analogiebildungen*

---

[137] Vgl. das weiter oben wiedergegebene Zitat Nicolaus A. Hubers mit der Anmerkung 91.
[138] Vgl. ORGASS 2011b, Kapitel VII, hier die Überlegungen zur Analogie der Ungleichheit.

und *Infragestellung der Erzählbarkeit von Musikgeschichten/Dekonstruktion* schließlich wird die Dimension des Interpretanten zum ersten Mal nicht nur inhaltlich (wie im Falle des erwähnten, die Dimension der Interaktion systematisch ›nutzenden‹ Kategorienpaars), sondern auch in formaler Hinsicht thematisch virulent weil problematisch: Die ordnende, Zusammenhang stiftende Funktion des Interpretanten wird in beiden kategorialen Perspektiven zur Disposition gestellt und damit thematisch bzw. ›auffällig‹.

8 Konsequenzen für die Entwicklung eines bildungsrelevanten Kerncurriculums für das Fach Musik

Welchen Stellenwert kann der erläuterte kategoriale Zuschnitt des musikbezogenen Zuweisens von Bedeutung und Bedeutsamkeit und der musikgeschichtlichen Erfahrung für die Entwicklung eines Kerncurriculums des Fachs Musik erhalten? Die Antwort auf diese Frage kann nur unter strenger Berücksichtigung der Unverfügbarkeit musikalischer Bildung gegeben werden. An dem Grundsatz, dass Themen des Unterrichts durch alle Beteiligten gefunden werden und Lehrende dieses gemeinsam Gefundene im Sinne reaktiver Prozessplanung aufgreifen und durch neue, bislang den Lernenden unbekannte Kontexte ergänzen sollen,[139] wird aus diesem Grunde festgehalten. Kurz gesagt: Mit der Partizipation der Lernenden an den didaktischen Entscheidungen steht und fällt die Bildungsrelevanz des Musikunterrichts. Das entbindet freilich nicht von der Verpflichtung, die Ziele, Inhalte und Methoden der erwähnten komplementären Kontextualisierung zu bestimmen – und genau dies soll ja ein Kerncurriculum in Form einer Reflexion auf die zu entwickelnden Kompetenzen leisten.

Die Erläuterung des Grundrisses der Kategorien bediente sich geeigneter bedeutungstheoretischer und musikwissenschaftlicher Mittel, damit pädagogische und didaktische Zielsetzungen und Maßnahmen in ihrer Funktion, lebensweltlich ›immer schon‹ ausgeübte Umgangsweisen mit Musik zu unterstützen, begriffen werden konnten. Die Beurteilung der Eignung jener Mittel erfolgte freilich vor dem Hintergrund eines Verständnisses von wissenschaftlich zu explizierender Fachlichkeit, das diese als methodisch geregelte Systematisierung von lebensweltlich zu verortenden kulturellen Praxen auffasst. (Nur) diese

---

[139] ORGASS 2007d, S. 533–570.

kulturwissenschaftliche Ausrichtung musikpädagogischer Reflexion und ihnen entsprechende Handlungsempfehlungen lassen plausibel erscheinen, wieso jenen Individuen, die in den von ihnen zu gestaltenden, für andere unverfügbaren Prozessen musikalischer Bildung sinnvoll, erquicklich und mit Aussicht auf entsprechende bereichernde Erfahrungen agieren und interagieren wollen, begründetermaßen angesonnen werden kann, sich auf die Veranstaltung des schulischen Musikunterrichts einzulassen. Unter der Voraussetzung, dass die kategoriale Durchfluchtung der lebensweltlichen Praxen des Umgangs mit Musik gelingt, kann Musikunterricht, der in diesem Sinne kategoriale Bildung ermöglicht, als interaktive Praxis noch mehr leisten, indem er es den beteiligten Individuen ermöglicht, die soziale Konstitution musikalischer Bildung zu erfahren und zu reflektieren.

Freilich wäre Vieles von dem bislang Erläuterten erst im Rahmen der durch die Lehrenden zu leistenden, oben erwähnten komplementären Kontextualisierung zu thematisieren, wenn denn das Ziel einer solchen Thematisierung verfolgt wird. Hier ist sicherlich an die Kategorien *Verzicht auf oder Vervielfältigung von Analogiebildungen* sowie an die *Infragestellung der Erzählbarkeit von Musikgeschichten/Dekonstruktion* zu denken, aber auch an die Differenzierung der Typen des musikgeschichtlichen Erzählens, die die kategoriale Domäne dieses Erzählens zu strukturieren hilft (traditionales, exemplarisches und genetisches bzw. kritisches Erzählen unter den Kategorien *Fremdheit/Interpretation* bzw. *Ablehnung existierender Musikgeschichten/Kritik)*. Immerhin lässt sich zeigen (und wurde oben bereits partiell gezeigt), dass solche für Lernende vermutlich neuen Inhalte in den bei diesen Lernenden lebensweltlich üblichen Umgangsweisen mit Musik ›angelegt‹ sind: Die Beobachtung der kategorialen Formung des bereits geübten Umgangs und die Auseinandersetzung mit bislang Fremdem, das aber zur Systematik des kategorialen Grundrisses gehört, kann plausibel erscheinen. (Es versteht sich, dass solche Plausibilität nicht gleichsam methodisch erzeugt werden kann).

Dass sich Umgangsweisen mit Musik unter Verwendung jener Kategorien vollziehen können, beantwortet freilich noch nicht, dass Lernende alle diese möglichen Kategorien reflektieren *sollen* und – unter der Bedingung, dass sich begründen lässt, dass sie dies sollen – lässt sich aus dem kategorialen Grundriss ohne zusätzliche, musikpädagogische Reflexion ebenfalls nicht erschließen, was dies für das Musiklernen heißt. Die Idee, dass schulischer Musikunterricht die ›so far‹ denkbaren Kategorien, welche den Umgang mit Musik anleiten können, thematisiert, lässt sich erstens mit einer Vorstellung von didaktischer Reduktion begründen, die bei der Beantwortung der Frage nach den einfachen Prinzipien, auf welche fachliche Komplexität zurückgeführt werden soll, auf den kategorialen Zuschnitt der durch das Fach thematisierten Tätigkeiten stößt, zweitens mit einer damit korrespondierenden Vorstellung von Wissenschaftspropädeutik und drittens – insbesondere hinsichtlich der durch die kategorial bedingten ›Zugriffe aufs Ganze‹ – mit der eingangs erwähnten pädagogischen Maßgabe der Vermeidung von Borniertheit, die von den Lernenden verlangt wird. Wenn also die Dimensionierung des Kerncurriculums auf der Grundlage des erläuterten kategorialen Grundrisses erfolgen soll: Wie soll dies geschehen? Das Kerncurriculum kann die Thematisierung aller acht Kategorien nur vorschreiben, wenn es dies auf der Grundlage eines Begriffs von Musiklernen tut. Dieser wiederum sollte aus den oben genannten Gründen der anzustrebenden Kompatibilität lebensweltlicher musikbezogener Umgangsformen mit schulischen Formen von deren unterstützender Thematisierung mit dem kategorialen Grundriss auf eine nicht gewaltsame Weise in Verbindung gebracht werden können.

Hierbei führt der Gedanke des vorigen Kapitels weiter, die vier Dimensionen des musikalischen Zeichens in ihrer strukturellen Entsprechung zu den Kategorien zu erläutern. Er lässt sich anhand der Fragestellung umkehren, ob und wenn ja, inwiefern die Dimensionen des Musiklernens – Wahrnehmung, Deutung, Orientierung und Motivation bzw. Selbsttätigkeit[140] – mit jenen vier Dimensionen des musikalischen Zeichens korrespondieren. In der Tat lässt sich eine solche Korrespondenz begründen, die in Richtung auf entsprechende Kompetenzen weitergedacht und mit den obigen Zuordnungen zu den zweimal vier Kategorien tentativ in Verbindung gebracht werden kann. Das Ziel dieses Versuchs besteht in der Reduktion überbordender Komplexität: Wenn sich alle Dimensionen des Musiklernens im Zuge unterrichtlicher Thematisierung aller acht Kategorien gleichermaßen in entsprechenden Zielen, Inhalten und Methoden konkretisieren müssten, wäre mit der resultierenden Übersystematisierung wenig gewonnen. Die notwendige Flexibilität eines Musikunterrichts, der bildungsrelevant zu sein beansprucht (Stichwort: reaktive Prozessplanung), wäre verschwunden. Es wird also vermutet, dass sich aufgrund inhaltlich begründeter Zwanglosigkeit der genannten Zuordnungen die Konstruktion eines allzu starren Korsetts, in das der Unterricht ansonsten gezwängt würde, vermeiden lässt. Diese Korrespondenzen seien zunächst in tabellarischer Form exponiert:

---

[140] Vgl. ORGASS 2007d.

Dimension des musikalischen Zeichens	Dimension des Musiklernens	Kompetenz	Kategorie der Analogiebildung	Kategorie musikgesch. Erfahrung
musikalische Bedeutung (B)	Wahrnehmung	*Wahrnehmungskompetenz* inhaltlich: Differenzierungs-, aber auch Genusskompetenz	Attributionsanalogie	Verfügbarkeit/ Mimesis
nicht-musikalische Bedeutsamkeit (Bk)	Deutung	*Deutungskompetenz* inhaltlich: Methodenkompetenz, darunter Erzählkompetenz, aber auch Dekontextualisierungskompetenz/symbolische Interaktion (vgl. Benutzung)	Proportionalitätsanalogie	Fremdheit/ Interpretation
Interaktion (Ia)	Motivation/ Selbsttätigkeit	*Hervorbringungskompetenz* inhaltlich: Ausdrucks-, Empathie-, Sprach- und Begründungskompetenz, darunter Erzählkompetenz, aber auch Dekontextualisierungskompetenz/Face-to-Face-Interaktion (vgl. Benutzung)	Analogie der Ungleichheit	Kritik
Interpretant (I)	Orientierung	*Orientierungskompetenz* inhaltlich: musikbezogene kulturelle und interkulturelle Kompetenz, aber auch Kontingenzgenusskompetenz	Verzicht auf/ Vervielfältigung von Analogiebildungen	Dekonstruktion

8.1 Wahrnehmungskompetenz

Dass sich die Zuweisung *musikalischer Bedeutung* in einer *Wahrnehmung* vollzieht, die sich immer schon als Deutung realisiert und dennoch – wegen der ansonsten nicht theoretisch zu erfassenden Perturbierbarkeit – von der letzteren analytisch zu trennen ist, wurde andernorts ausführlich erläutert.[141] Die Kompetenz, die aufgrund der Verknüpfung jener Dimension des musikalischen Zeichens mit dieser Dimension des Musiklernens benannt werden kann, lässt sich – kryptisch genug – als *Wahrnehmungskompetenz* bezeichnen. Inhaltlich sind damit zunächst Fähigkeiten im Bereich der Differenzierung musikalischer Gestalten auf der Grundlage der Kenntnis musiktheoretisch zu explizierender Sachverhalte (musikalische Gestaltungsregeln wie z. B. Form- und Formungs-

[141] Ebd., S. 484–500.

prinzipien etc.) und entsprechender praktischer Fertigkeiten gemeint. Der theoretische Gewinn aus der obigen Zuordnung zu den Kategorien besteht nun darin, dass diese eher triviale Kompetenzbestimmung ergänzt werden kann durch eine *Genusskompetenz*, die der vorsprachlich zu prozessierenden *Attributionsanalogie* und dem fungierenden Walten der Kategorie *Verfügbarkeit/Mimesis* entspricht. Diese Kompetenz realisiert sich in der Fähigkeit zum Zuhörenkönnen – im Sinne eines unangespannten Fungieren-lassen-Könnens der mit den beiden genannten Kategorien verbundenen und als Selbstverständlichkeit aufgefassten Inhalte (z. B. Genreeigenschaften und konnotierte Vorstellungen von epochaler Zugehörigkeit: Gregorianischer Choral als Repräsentanz des ›Mittelalters‹, populäre Musik der ›Sixties‹ in gedanklicher Verknüpfung mit Ikonen dieser Zeit, von John F. Kennedy über Martin Luther King bis zu den Akteuren von Woodstock etc.) –, aber auch in einer Aufmerksamkeit, die als Voraussetzung für Perturbierbarkeit anzusehen ist, mithin als Bedingung für produktive Enttäuschungen von Hörerwartungen. Es ist diese Genusskompetenz, die die ästhetische Erfahrung von Musik ermöglicht und deren Entwicklung als Aufgabe des Musikunterrichts zu gelten hat, weil diese Form der Erfahrung (in ihren drei durch Seel unterschiedenen Modi der Korrespondenz, der Kontemplation und der Imagination) eine große Rolle im lebensweltlichen Umgang mit Musik spielt. Zudem ist ein gewisser Grad der Entwicklung dieser Kompetenz bereits in jener ästhetischen Faszination, die die Auseinandersetzung mit Musik unter der Kategorie Fremdheit/Interpretation, also die Deutung von Musik, zu motivieren vermag, ebenso vorausgesetzt wie sie überhaupt für jedweden fragenden Umgang mit Musik als Bedingung fungiert. Dass dies Konsequenzen für den Kompetenzbegriff hat, der auf Überprüfbarkeit ausgerichtet ist, liegt auf der Hand. Darauf soll weiter unten im Kontext der Systematisierung der zunächst vorzustellenden musikbezogenen Kompetenzen genauer eingegangen werden.

8.2 Deutungskompetenz

Ebenso naheliegend erscheint die Zuordnung der *Deutung* als Dimension des Musiklernens zur *nicht-musikalischen Bedeutsamkeit*, ist es doch diese Bedeutsamkeit, die die sprachlichen Akte des Interpretierens erst ermöglicht und deren Begriff in Differenz zur musikalischen Bedeutung bestimmt wurde. Die damit korrespondierende *Deutungskompetenz* konkretisiert sich inhaltlich in *Methodenkompetenz*, darunter *Erzählkompetenz*. Diese *Methodenkompetenz* befähigt dazu, die Kategorien *Proportionalitätsanalogie* und *Fremdheit/Interpretation* in inhaltlichen Füllungen der in vorliegender Arbeit erörterten einschlägigen Differenzierungen zur Geltung zu bringen. *Proportionalitätsanalogie* ist im Bezug auf Stellen in Musikstücken und auf ganze Musikstücke aufzuzeigen. *Fremdheit/Interpretation* leitet als kategoriale Hinsicht das Erzählen von Musikgeschichten an, realisiert sich also in einer *Erzählkompetenz*. Hermeneutik, Analytik und Dialektik sind jeweils mit Blick auf eine der oben erwähnten Formen der Auseinandersetzung mit musikgeschichtlichen Sachverhalten zu thematisieren. Traditionales, exemplarisches und genetisches Erzählen sind als Typen des Erzählens zumindest anhand jeweils eines Beispiels kennenzulernen und zu erproben.

Das Andere der Deutungskompetenz sollte aber ebenso – allein schon aus unterscheidungstheoretischen Gründen – im Unterricht in den Blick genommen werden: Gemeint ist die *Dekontextualisierungskompetenz*, die sich hier zunächst auf symbolische Interaktionen bezieht. Interpretation unter dem Gesichtspunkt der Proportionalitätsanalogie wird in Formen der Realisation dieser Kompetenz ex negativo – in Form des Benutzens – kommentiert und überhaupt erst in ihrer weiter oben erwähnten Ernsthaftigkeit beobachtbar. (Diese Kompetenz wird freilich – wie erläutert – nicht im Zuge der Konkretisierung der Kategorie Fremdheit/Interpretation beim Erzählen von Musikgeschichten entwickelt, auch nicht, wenn eine Geschichte musikbezogener Dekontextualisierungskonzepte mit entsprechenden Gegengeschichten thematisiert wird, denn in diesem Falle fungieren Konzepte der Dekontextualisierung als historische Gegenstände und nicht als Ideengeber für ästhetisch intendierte Hervorbringungen wie ironisierende etc. Musikstücke oder ›überraschende‹ sprachliche Kommentierungen etc.)

8.3 Hervorbringungskompetenz

Wenn *Motivation* bzw. *Selbsttätigkeit* als Dimension des Musiklernens unterrichtlich zur Geltung gebracht werden soll, erfordert dies die Entwicklung von *Hervorbringungskompetenz*, die sich inhaltlich – zunächst und vornehmlich – in einer *Ausdrucks-*, einer *Empathie-*, einer *Sprach-* und einer *Begründungskompetenz* konkretisiert und in entsprechenden Performanzen zeigt, welche die Kategorien *Analogie der Ungleichheit* und *Kritik* zur Geltung bringen. In dieser Aufschlüsselung zählen zur *Ausdruckskompetenz* vielfältige praktische musikalische Fähigkeiten und Fertigkeiten, die jeweils mit einer ›entsprechenden‹ *Wahrnehmungskompetenz* bzw. *Deutungskompetenz* (siehe jeweils weiter oben) zwar notwendig zusammenhängen, aber nicht mit den letzteren identisch sind. Dabei wird mit dem Terminus *Ausdruckskompetenz* nicht einer älteren oder neueren Ausdrucksästhetik gehuldigt, sondern es wird schlicht der Zusammenhang musikalisch-praktischer Tätigkeiten mit jeweiligen Zuweisungen von musikalischer Bedeutung bezeichnet, die hier nicht mit expliziten Vorstellungen von nicht-musikalischer Bedeutsamkeit verbunden sein müssen, aber durchaus mit solchen Vorstellungen verbunden sein können. Die anderen der genannten Kompetenzen, in denen sich die *Hervorbringungskompetenz* konkretisiert, sind allesamt auf die unterrichtliche Interaktion bezogen. Der Umgang mit der sie kennzeichnenden mehrfachen Kontingenz und die sich auf diese Kontingenz beziehende Kommunikation macht Empathiekompetenz eines jeden Interaktanten erforderlich. Sprach- und Begründungskompetenz werden in musikbezogenen Argumentationen benötigt, in denen ästhetische Urteile, die sich auf Ergebnisse musikalisch-praktischer Tätigkeit beziehen (Komponieren, Improvisieren, klangliche Realisation, auch in erprobender Absicht etc.), anderen gegenüber plausibel gemacht werden, oftmals verbunden mit der Zielsetzung, dass die Interaktanten sie sich zu eigen machen mögen.

Dass nun ausgerechnet Motivation bzw. Selbsttätigkeit als offensichtlich individuale Kategorien mit der *Interaktion* als einer Dimension des musikalischen Zeichens in Verbindung gebracht wird, bedarf allerdings einer Rechtfertigung, die über den schlichten Hinweis auf die unterrichtliche Interaktion hinausgehen muss. Die Erörterung thematisiert schließlich den kategorialen Zuschnitt eines Kerncurriculums und nicht pragmatische Hinweise zum Musikunterricht. Diese Zuordnung ist einer Eigenschaft des Zeichenbegriffs selbst geschuldet, die bereits in eingangs angestellten Überlegungen erwähnt wurde und jetzt genauer zu betrachten ist: In der Interaktion werden die Lerngeschichten, die den kognitiven Inhalten zugrunde liegen, welche den anderen Dimensionen zugehören, insofern beobachtbar, als diese Lerngeschichten mindestens auf symbolischen, zumeist aber auf Face-to-Face-Interaktionen beruhen. Auf diese Lerngeschichten werden die Interaktanten aufgrund der Kontingenz der Interaktion – also aufgrund der Beobachtbarkeit musikbezogener Zuweisungen von musikalischer Bedeutung und nicht-musikalischer Bedeutsamkeit, die von den jeweils eigenen entsprechenden Zuweisungen abweichen, – ›gestoßen‹. Dieser ›Anstoß‹ zu selbstreflexiver archäologischer Aufdeckung der Geschichten des Erlernens jener kognitiven Inhalte, die ebensoviel an Bedeutungs- und Bedeutsamkeitszuweisungen ermöglichen wie sie die Beobachtung von deren Möglichkeit verhindern, mag aufgegriffen werden oder auch nicht. Jedenfalls stellen die musikbezogenen Handlungen des Individuums die Spitze eines interaktional zu dimensionierenden Eisbergs dar. – Dass die entsprechende Fokussierung auf die Interaktion auch mit dem für die Kommunikative Musikdidaktik maßgeblichen Begriff musikalischer Bildung (als sozialer Kategorie) zusammenhängt, sei nur erwähnt, steht aber nicht im Zentrum der gefragten Begründung, denn der kategoriale

Grundriss des Kerncurriculums sollte in einer Begrifflichkeit mit einer – freilich unvermeidbaren weil für das Fach konstitutiven – normativen Implikatur entwickelt werden, die nicht zur Übernahme einer bestimmten musikdidaktischen Position verpflichtet.

Vor diesem Hintergrund liegt die inhaltlich konkretisierende Zuordnung der genannten Kompetenzen zur Kategorie *Analogie der Ungleichheit* (als einer der Kategorien der Analogiebildung zwischen musikalischer Bedeutung und nicht-musikalischer Bedeutsamkeit) nahe. Sie fällt (fast) zu leicht, denn Analogiebildungen, die von anderen, beobachteten Analogiebildungen abweichen, dürften eher einen Normalfall als eine Besonderheit darstellen. Der entscheidende Punkt ist hier der Grad der Bewusstheit und der intentionalen Herbeiführung solcher Abweichung. Die Kompetenz zur Hervorbringung intendierter, beobachteter sowie ›ausgehaltener‹ Differenz ist es also, die die Zuordnung der *Hervorbringungskompetenz* mit ihren inhaltlich konkretisierenden Teilkompetenzen zur Kategorie der *Analogie der Ungleichheit* nahelegt. Entsprechend verhält es sich mit dem Erzählen von Musikgeschichten, das durch die Kategorie der *Kritik* (bzw. der *Ablehnung existierender Musikgeschichten/Kritik*) geleitet wird und die erwähnte *Sprach- und Begründungskompetenz* als entsprechende *Erzählkompetenz* ausweist. Dass dieses kritische Erzählen in Interaktionen zu verorten ist, ist evident: Wieder ist es die besondere Chance direkter Gegenüberstellung von Rede und Gegenrede, die die Face-to-Face-Interaktion im Vergleich zur symbolischen Interaktion als die didaktisch ergiebigere, weil unmittelbare Korrekturen ermöglichende ausweist. (Gleichwohl ›wirken‹ symbolische Interaktionen implizit – allein schon aufgrund ihrer Relevanz für vergangene Lerngeschichten, deren Ergebnisse in der jeweiligen Gegenwart zu unthematischen Selbstverständlichkeiten ›abgesunken‹ sind –, werden aber im Unterricht oft auch im Zuge der gemeinsamen Lektüre eines Notentexts oder Texts greifbar.)

Die *Dekontextualisierungkompetenz*, die die *Hervorbringungskompetenz* unter dem Gesichtspunkt des Benutzens ergänzt, trägt zur Entkrampfung der freilich erforderlichen Differenzwahrnehmung und des entsprechenden ästhetischen und historischen ›Streits‹ bei – wie auch die *Genusskompetenz*, die *Dekontextualisierungkompetenz* und die noch zu erläuternde *Kontingenzgenusskompetenz*. In beiden kategorialen Hinsichten – der *Analogie der Ungleichheit* wie auch der *Kritik* – vollzieht sich *Motivation* bzw. *Selbsttätigkeit* (als Dimension des Musiklernens) durch Performanzen, die auf *Dekontextualisierungskompetenz* schließen lassen, auf eine Weise, bei der zwar Differenzen zwischen den musikalischen bzw. textlichen Hervorbringungen beobachtet werden können. Aber aufgrund der Kontingenz der jeweils gewählten Kontexte sollten ästhetische und historische (oder zumindest historische Gehalte berücksichtigende) Urteile nicht für die Notengebung herangezogen werden, damit Dekontextualisierung als eine erquickliche Tätigkeit erfahren werden kann.

8.4 Orientierungskompetenz

Die *Orientierungskompetenz* realisiert sich im Bezug zur entsprechenden Dimension des Musiklernens *(Orientierung)* inhaltlich in vielfältigen Formen musikbezogener kultureller und interkultureller Kompetenz. Dabei referiert die Kategorie *Verzicht auf/Vervielfältigung von Analogiebildungen* hier nicht auf die Beziehung von musikalischer Bedeutung und nicht-musikalischer Bedeutsamkeit eines musikalischen Phänomens, eines Musikstücks oder einer Art von Musik, sondern auf die Vielfalt bzw. Vielgestaltigkeit der Musik schlechthin. Der *Verzicht auf Analogiebildungen*, der als eine Hörhaltung beschrieben wurde, welche einer die (vermeintliche) ›Nichtlokalität der Töne‹ vorführenden Musik als angemessen erscheint, wird nun zu einer Haltung des Respekts vor der Kohärenzrationalität und -ästhetik jedweder fremden Musik gegenüber, womit im Übrigen jene genannte Art von Musik – durch entsprechende Kontextualisierung – zur Metapher für diesen Respekt werden kann. Dabei wird die Referenzunterscheidung zwischen musikalischer Bedeutung und nicht-musikalischer Bedeutsamkeit im Prinzip beibehalten – nämlich mit Blick jeweils auf die Musik, die Anlass zur Orientierung gibt, im Bewusstsein potenzieller Unangemessenheit und des ›Nichtverstehens‹, wobei dieses Bewusstsein dann weitere Auseinandersetzung motiviert (diese Motivation ergibt sich aus dem in den obigen Ausführungen genannten philosophischen und/oder ästhetischen Interesse, das sich ja auf die Hervorbringung jener ›Nichtlokalität‹ bzw. ästhetisierter Präsentationsformen musikgeschichtlicher ›Materialien‹ bezog, nur sehr indirekt).

Orientierung vollzieht sich musikbezogen in kulturellen und in interkulturellen Interaktionen.[142] Die Rede von musikbezogener *kultureller Kompetenz* erscheint sinnvoll, wenn in ihr die Differenz zur *interkulturellen Kompetenz* (mit-)gemeint ist: Das durch verständigungstaugliche musikbezogene Begrifflichkeit ermöglichte situationsenthobene Sprechen über Musik (›kulturell‹) unterscheidet sich von der Angewiesenheit auf abduktive Verständigungsversuche auf der Grundlage körperlicher Performanz in Face-to-Face-Interaktionen und der entsprechenden Situationsbindung (›interkulturell‹). Während sich *interkulturelle Kompetenz* in der Fähigkeit zur Mitgestaltung solcher Interaktionen realisiert, zeigt sich *kulturelle Kompetenz* in der Fähigkeit zur ›Einordnung‹ von

---

[142] Zur Differenzierung dieser Begriffe vgl. ORGASS 2008b UND 2011C.

bislang unbekannter Musik anhand einschlägiger musikbezogener Begriffe bzw. Termini (Formen, Gattungen, harmonikale Konzepte etc.) und/oder musikgeschichtlicher Epochenbezeichnungen etc., also anhand begrifflicher Subsumtion, sowie in der Fähigkeit zu musikbezogener Verständigung anhand solcher Begriffe. ›Einordnung‹ vollzieht sich immer vor dem Hintergrund zu etwas nicht Einzordnendem. Die Perturbierbarkeit durch Letzteres, die in interkulturellen Interaktionen sozusagen zum Hauptgegenstand wird und die in welch rudimentärer Form auch immer bereits vorhandene *interkulturelle Kompetenz* herausfordert, gehört auch zur *kulturellen Kompetenz*.

Vervielfältigung von Analogiebildungen erscheint im Kontext der zu entwickelnden *Orientierungskompetenz* – entsprechend – als ein möglicherweise Inadäquanzen zwischen wahrgenommener und gedeuteter musikalischer Bedeutung und nicht-musikalischer Bedeutsamkeit hervorbringender Vorgang und daher als Problem, das durch diese Kompetenz ›bewältigt‹ werden soll, freilich nur im Kontakt und in Auseinandersetzung mit musikalischer Vielfalt angegangen werden kann. – Für die Kategorie musikgeschichtlicher Erfahrung *Dekonstruktion* gilt Ähnliches: Die ›so far‹ für wahr oder angemessen gehaltenen Vorstellungen von musikgeschichtlichen Zusammenhängen und die ihnen entsprechenden Musikgeschichten werden durch musikbezogene Fremdreferenz dekonstruiert; die den bislang erzählten Musikgeschichten zugrunde liegenden Unterscheidungen werden durch neue, angemessenere ersetzt, was wiederum *Orientierungskompetenz* erforderlich macht. Es ist also nur ein kleiner Schritt ›zurück‹ zur Kritik und zum entsprechenden kritischen Erzählen. Dieser wird im posthistorischen Sinne nur vermieden durch eine besondere Realisationsform von Kontingenzgenusskompetenz, die unten zu kommentieren ist.

Freilich wächst der Kontingenz in diesen Überlegungen der Status einer beängstigenden Größe zu, die es – wie oben formuliert wurde – zu ›bewältigen‹ gilt. Fremde Musik würde, wenn dies die einzig mögliche Einstellung oder gar Haltung ihr gegenüber wäre, auf eine Stufe mit unangenehmen Erscheinungen gestellt, denen man ebenfalls Kontingenz zusprechen würde – Krankheiten z. B. Sie wäre dann in Anbetracht ihrer Vermeidbarkeit, die sie von Krankheiten mit Blick auf deren mittel- oder langfristiger Unvermeidbarkeit deutlich unterscheidet, ein Etwas, das – salopp gesagt – ›zum Weglaufen‹ anregen würde. Demgegenüber kann die in Frage stehende Kontingenz auch im Modus des Genusses wahrgenommen und – gerade als ungedeutete, unverstandene – positiv gedeutet werden. Wenn man bei der Benennung der Kompetenz, die diese Sicht ermöglicht, nicht vor begrifflichen Ungetümen zurückschreckt, so kann hier von einer *Kontingenzgenusskompetenz* gesprochen werden. Diese lässt sich freilich nur im Zusammenhang mit jener bereits oben erörterten *Genusskompetenz* fördern bzw. entwickeln – durch Mäßigung der durch Jochen Hörisch thematisierten *Wut des Verstehens*,[143] einer Mäßigung, die auf dem Zulassen interpretationsfreier Räume beruht. Soweit die posthistorische Kategorie der *Dekonstruktion* sich in Gegenständen (Beispiel: Vorträge von Cage) realisiert, mit denen sinnvoll unter Rekurs auf *Kontingenzgenusskompetenz* umgegangen werden kann, werden wie eräutert musikgeschichtliche Sachverhalte in ästhetischer (und nicht in narrativer) Hinsicht kontextualisiert und die entstehenden nicht-narrativen Verknüpfungen genossen (wodurch freilich neue Hinsichten auf Musikgeschichten

---

[143] HÖRISCH 1988; vgl. ferner LEHMANN 1994. Hans-Thies Lehmann möchte Jochen Hörischs einschlägige Erörterungen noch überboten wissen: »Gerade die ›treulos‹ zeitgenössische Interpretation wird den klassischen Texten gerecht, nicht die sogenannte werktreue. Vielmehr erweist sich das produktive Missverständnis als nicht irgendeine, sondern als *die* Modalität von Tradition. Das wäre modifizierend anzumerken zu Jochen Hörischs weitgespannten Ideen in *Die Wut des Verstehens*.« (LEHMANN 1994, S. 430, hier die kursive Hervorhebung.) Freilich ändert dieser Hinweis nichts am Sinn der Unterscheidung Interpretieren/Benutzen, denn auch ein Missverständnis, das im Übrigen als solches aufgrund eines hierfür geeigneten Vergleichs – in einer anderen als der ›missverstehenden‹ Beobachtung – beobachtet werden muss, beruht auf der Intention des Verstehens, während Lesarten, die aufgrund der Zielsetzung des Benutzens entstanden, nicht als Missverständnisse bezeichnet werden können, da sie die rekonstruktive Arbeit des Interpretierens durch die konstruktive Arbeit der Neukontextualisierung ersetzen – durch ein Versetzen in Kontexte, die nachweislich (und wissentlich) nicht zum ›Horizont‹ des Versetzten gehören. *Orientierung* und die Lernarbeit an der hierfür erforderlichen *Orientierungskompetenz* folgt freilich der Zielsetzung bzw. Intention des Interpretierens. – Lehmann gibt zudem den Hinweis, dass in der Hinsicht einer Mäßigung der Wut des Verstehens Freuds »Grundregel der ›gleichschwebenden Aufmerksamkeit‹, mit welcher der Analytiker dem Diskurs des Analysanden folgen soll«, der »technische(n) Entsprechung zu dessen freier Assoziation«, weiterhelfen kann (ebd., hier die kursive Hervorhebung): »Die Suspension des begreifenden Erfassens, die schwebende Bereitschaft aufzumerken, soll eine sprachmimetische Weise des Hörens auf die Signifikanten ermöglichen, weil der Akt des Verstehens, der dem Angebot diskursiver Strukturen aufsitzt, genau darum alles verkennen muss, weil die Strukturierung des Diskurses nach Zentrum und Rahmen, Vorder- und Hintergrund, Haupt- und Nebensache schon eine Folge der Zensur, mithin nie Darstellung ist, ohne zugleich Entstellung zu sein. Was als Signifikanz auftaucht, muss daher als *Spur* erfasst werden, die sich niemals von einem Standpunkt aus als Anwesenheit und klassisch geordnetes Tableau eröffnet, sondern allein als multiple Lesemöglichkeit zu erfahren ist. Die Rede gilt es nicht zu verstehen, sondern in andere Verknüpfungen zu bringen, bis sie den verlorenen Verknüpfungen im Subjekt sich annähert. Solches Verstehen produziert Nichtverstehen […].« Die Verwendung von Derridas Begriff der »Spur« (z. B. DERRIDA 2. Auflage 1999, S. 41) im Kontext eines Spurenlesens, das sich in der Entwicklung »multipler Lesemöglichkeiten« verwirklicht, deutet darauf hin, dass in diesem Sinne auch von Derrida zu lernen wäre.

entstehen können, die dann wiederum unter den Kategorien *Fremdheit/Interpretation* oder *Kritik* zu thematisieren wären). Musikunterricht sollte auch für diese Realisationsform von *Kontingenzgenusskompetenz* Freiräume eröffnen.

Mit welchen Unterrichtszielen, -inhalten und -methoden die *Orientierungskompetenz* im Einzelnen gefördert werden sollte, kann hier nicht detailliert ausgeführt werden. Als Ergebnis ist aber festzuhalten, dass didaktische Maßnahmen zur Entwicklung dieser Kompetenz in den erläuterten Kontexten der Inter-/Kulturalität und des anzustrebenden Kontingenzgenusses zu einem bildungsrelevanten Musikunterricht gehören.

9 Systematisierung der musikbezogenen Kompetenzen

Mit Blick auf manche der genannten Kompetenzen ist offensichtlich, dass sie nicht überprüft werden können, was ihre Bezeichnung als Kompetenzen fragwürdig erscheinen lässt, gehört doch Überprüfbarkeit zu den Eigenschaften des durch diesen Begriff Bezeichneten. In vorliegender Arbeit wird daher der Kompetenzbegriff weiter gefasst, um einerseits das Fach Musik nicht aus den pädagogischen und didaktischen Diskursen über Kompetenzen auszuschließen und andererseits die Unbrauchbarkeit eines eng mit der Vorstellung von Überprüfbarkeit verbundenen Kompetenzbegriffs für das Fach Musik herauszustellen. Zumindest werden überprüfbare Kompetenzen in den Kontext von nicht überprüfbaren zu stellen sein.

Anhand der Unterscheidungen zwischen fremdreferentieller Beobachtbarkeit bzw. Operationalisierbarkeit und nur selbstreferentieller Beobachtbarkeit einerseits sowie zwischen intraindividueller, kriteriumsorientierter und interindividueller bzw. sozialer Bezugsnorm[144] der Beurteilung der jeweiligen Kompetenz andererseits – lassen sich vier Typen von Kompetenzen gewinnen. Fremdreferentielle Beobachtbarkeit bedeutet jederzeit auch selbstreferentielle Beobachtbarkeit; ein umgekehrter Implikationszusammenhang existiert dagegen nicht: Es gibt Kompetenzen, deren Entwicklung nur durch das Individuum selbst beobachtet werden kann. Die vier Typen von Kompetenzen können mithilfe des Kriteriums der Situationsbindung bzw. der Situationsenthobenheit[145] bzw. nach dem Grad interindividuell bindender Geltung oder Kraft sortiert werden. In der

---

[144] JÜRGENS 6. Auflage 2005, S. 46ff.; zur Diskussion dieser Unterscheidung aus musikpädagogischer Sicht vgl. ORGASS 2008a, S. 160–171.

[145] Es wird dabei von einem Begriff von Situation ausgegangen, der diese als das Ensemble des vom Individuum akut Beobachteten, darunter die relevanten Aspekte der eigenen Lern- und Erfahrungsgeschichte und ggf. die laufende Face-to-Face-Interaktion, bestimmt. Vgl. hierzu ORGASS 2007a, S. 64–94 und S. 96f.

folgenden zusammenfassenden Tabelle wird als Typ (1) der am meisten situationsenthobene Kompetenztyp bezeichnet, als Typ (4) der Kompetenztyp mit der größten Situationsbindung, der gleichzeitig fremdreferentielle Beobachtung und damit Überprüfbarkeit ausschließt bzw. als sinnlos erscheinen lässt.

Kompetenz		Beobachtbarkeit				
Art	inhaltliche Konkretisierung (Typ)	fremdreferent (operationalisierbar)	nur selbstreferent	Bezugsnorm		
				intra-indiv.	kriteriumsorientiert	sozial
Wahrnehmungskompetenz	Differenzierungskompetenz (1)	x			x	
	Genusskompetenz (4)		x	(x)		
Deutungskompetenz	Methodenkompetenz (1), darunter Erzählkompetenz	x			x	
	Dekontextualisierungskompetenz (2)	(x, partiell)		x	x	x
Hervorbringungskompetenz	Ausdruckskompetenz (2)	(x, partiell)		x	x	x
	Empathiekompetenz (3)	x				x
	Sprach- und Begründungskompetenz, darunter Erzählkompetenz (1)	x			x	
	Dekontextualisierungskompetenz (2)	(x, partiell)		x	x	x
Orientierungskompetenz	kulturelle Kompetenz (1)	x			x	
	interkulturelle Kompetenz (3)	x				x
	Kontingenzgenusskompetenz (4)		x	(x)		

9.1 Fremdreferenz/kriteriumsorientierte Bezugsnorm: Differenzierungskompetenz, Methodenkompetenz, darunter Erzählkompetenz, Sprach- und Begründungskompetenz, darunter Erzählkompetenz und kulturelle Kompetenz

Es handelt sich hier um die Kompetenzen, die wegen ihrer deutlichen Kriteriumsorientierung und der mit dieser gegebenen Überprüfbarkeit die Kompetenzformulierungen in Lehrplänen dominieren. Auf eine detaillierte Kommentierung muss hier aus Platzgründen verzichtet werden. Hingewiesen sei auf den engen Zusammenhang zwischen Sprach- und Begründungskompetenzen, der aufgrund der logischen Strukturen der Sprache besteht. Dies rechtfertigt ihre Nennung in einer Rubrik, was freilich nicht bedeuten soll, dass von einer Identität auszugehen ist: Die Beherrschung von Strategien und Figuren begründender Argumentation, zumal im Rahmen ästhetischer Kritik, ist nicht bereits durch die Beherrschung musikbezogenen Sprechens beispielsweise im Bereich der Analyse oder erster Zuweisungen von Bedeutung und Bedeutsamkeit gegeben. Ebensowenig ergibt sich die Kompetenz zum Erzählen von Musikgeschichten in ihren vielfältigen Typen (traditional, exemplarisch, kritisch und genetisch) und gegenständlichen Ausrichtungen (Hermeneutik, Analytik und Dialektik) ohne entsprechende Thematisierung aus der Entwicklung von Methodenkompetenz im Bereich der Analyse und Interpretation von Musik.

9.2 Fremdreferenz (partiell)/intraindividuelle, kriteriumsorientierte und/oder soziale Bezugsnorm: Dekontextualisierungskompetenz (Deutung), Ausdruckskompetenz und Dekontextualisierungskompetenz (Hervorbringung)

Auch für diese drei Kompetenzen lassen sich Kriterien angeben, deren Erfüllung in einschlägigen Performanzen geprüft werden kann, aber damit wird genau jenes schöpferische Potenzial geradezu verschüttet, das in den für Beobachter (auch für beobachtende Lehrende) unzugänglichen Vorgängen spontaner, nichtlinearer, lateraler musikbezogener Zuweisung von Bedeutung und Bedeutsamkeit durch Herstellung neuer, unerhörter Kontexte zu erblicken bzw. zu erhören ist. Es wurde bereits darauf hingewiesen, dass diese Zuweisungen in der Perspektive der Benutzung von Kontexten der Leistungsbeurteilung ausgenommen werden sollen. Freilich kann die Unterscheidung zwischen Interpretation und Benutzung im Zuge der Entwicklung der im Kontext von Deutung stehenden *Dekontextualisierungskompetenz* selbst thematisch und auch Gegenstand von Leistungsbeurteilung werden. Dies sollte im Zusammenhang der Hervorbringung nur mit größter Vorsicht gehandhabt werden, stehen hier doch keine festzulegenden Kriterien zur Verfügung und kann doch die Ermittlung einer sozialen Bezugsnorm, also die Aushandlung von Beurteilungskriterien in der konkreten Lerngruppe, zu einer unerwünschten Blockade von Spontaneität und Kreativität (im Sinne von ungezwungener Entscheidung für Dekontextualisierung) führen. Andererseits kann über intraindividuelle Bezugsnormen der Kompetenzbeurteilung in Form von Portfolios in Post-hoc-Reflexionen buch geführt werden. Aber auch solche Buchführung sollte im Schonraum einer leistungsbeurteilungsfreien Reflexion verbleiben, die freiwillig in die erwähnten Prozesse der Ermittlung sozialer Bezugsnormen eingebracht werden kann, aber nicht muss.

Ähnliches lässt sich mit Blick auf die *Ausdruckskompetenz* sagen: Die unter Berücksichtigung entsprechender, diskursiv zu machender Kriterien zu vermittelnden Fähigkeiten und Fertigkeiten, die musikalischen Ausdruck vor dem Hintergrund bestimmter Ausdrucksabsichten und mehr oder weniger stringenter Regelwerke ermöglichen, werden gerade in einschlägigen Lernprozessen sowohl durch intraindividuelle Bezugsnormen für die Beurteilung musikalischen Ausdrucks als auch durch entsprechende, in der unterrichtlichen Interaktion emergierende Bezugsnormen ›gerahmt‹. Ein Beispiel: Das Zitat des ersten Satzes einer Mozart-Klaviersonate (KV 331, A-Dur), das Lernende einer 10. Klasse als Ausdruck der ›Langeweile‹ in einer Collage über den ›klingenden Alltag‹ einer Mitschülerin bezeichnen, kann nicht ›ohne Weiteres‹, d. h. ohne die Ermöglichung gegenteiliger oder zumindest alternativer Wahrnehmungen und Zuweisungen von Bedeutung und Bedeutsamkeit, als inadäquat beurteilt werden.

9.3 Fremdreferenz/soziale Bezugsnorm: Empathiekompetenz, interkulturelle Kompetenz

Es ließen sich zwar Kriterien für die Beobachtung empathischer Kommunikation in interaktiven Prozessen der Hervorbringung neuen musikalischen Sinns (also in Gruppenkompositionen oder -improvisationen) angeben, aber dies würde nicht dem Situations- und Interaktionsbezug solcher Empathie gerecht, die sich sowohl in musikalischen Handlungen als auch in sprachlichen Bezugnahmen auf interpretatorische und andere Aussagen zeigt. Auch, wenn man energisch auf den hohen Stellenwert sozialer Bezugsnormen für die Leistungsbeurteilung – im Vergleich zu den kriteriumsorientierten Bezugnormen, die im Standardisierungsdiskurs das Maß der Dinge darstellen, – hinweist, wie dies die Kommunikative Musikdidaktik tut, ist doch zu konstatieren, dass im Rahmen eines Kerncurriculums für das Fach Musik nur die *Ermittlung* interindividueller (sozialer) Bezugsnormen vorgeschrieben werden könnte, nicht aber die Ergebnisse der entsprechenden Prozesse. Solange gerade im Fach Musik in den einschlägigen Diskursen eine Präponderanz inhaltlicher Vorschriften festzustellen ist, wird dieser Hinweis auf die Notwendigkeit der Stärkung obligatorischer Aussagen zum Methodischen allerdings wenig Wirkung zeigen. Dieser Befund ändert freilich nichts an jener Notwendigkeit und vermag auch nicht den Grad der Rationalität inhaltlicher Vorgaben (welche veralteten Vorstellungen von ›materialer Bildung‹ gehorchen) zu steigern.

Erst recht lassen sich keine Kriterien für das Gelingen interkultureller Interaktionen, in denen auch eine Lingua franca wie das Englische nicht weiterhilft, weil die Interaktanten mit den verwendeten Wörtern und Begriffen Unterschiedliches meinen, ›von außen‹ und vor den jeweiligen Interaktionen angeben. Die durch Interaktanten in solchen Interaktionen zu leistenden Abduktionen,[146] die sich gerade auch aufs Körperliche, auf die Performanz also, beziehen, können nicht vorhergesehen und daher auch nicht präskriptiv festgelegt werden. Es lässt sich von den Beteiligten oder durch ›dritte‹ Beobachter bestenfalls post hoc – wenn überhaupt – beschreiben, wie die Abduktionen funktionierten. Tentativ ließen sich freilich die Ergebnisse solcher Beschreibungen im Sinne von sozialen Bezugsnormen für später einzugehende interkulturelle Interaktionen einsetzen, allerdings wiederum nur auf methodischer Ebene und nur zum Zwecke der Feststellung von inhaltlichen Abweichungen.

9.4 Selbstreferenz/intraindividuelle Bezugsnorm: Genusskompetenz (Wahrnehmung), Kontingenzgenusskompetenz (Orientierung)

Mit Blick auf diesen Typus von Kompetenz verbleiben Kriterien wie das Waltenlassen von Stille beim Musikhören sprichwörtlich bei Äußerlichkeiten, die die Qualität des (ästhetischen) Genusses nicht zu betreffen vermögen. Im Grunde ist auch die auf die Dimension der Wahrnehmung bezogene *Genusskompetenz* eine *Kontingenzgenusskompetenz*, die sich gleichsam auf die erquickliche Enttäuschung von Hörerwartungen innerhalb eines Musikstücks (und eben nicht mit Blick auf andere Musiken bzw. bislang unerhörte Arten von Musik im Sinne der Dimension der Orientierung) bezieht. Die entsprechende Einstellung oder gar Haltung, die die Musik ohne ein begrifflich bestimmtes ›Zurechthören‹ geschehen lässt, kann nur durch das ›Vorhalten‹ entsprechender Freiräume im Musikunterricht nahegelegt werden. Im Prinzip lässt sich mit Blick auf diese Kompetenzen nicht einmal von einer intraindividuellen Bezugsnorm sprechen, da

---

[146] Vgl. hierzu ORGASS 2011c.

es hier gerade nicht um Leistungen im Sinne intentionaler Performanzen geht (daher die Einklammerung der entsprechenden Kreuze in der obigen Tabelle).

Zusammenfassend lässt sich hinsichtlich des zweiten, dritten und vierten Typus von Kompetenzen einfordern, dass der Musikunterricht Freiräume für die Entwicklung jener Aspekte der jeweiligen Kompetenzen bereitstellen muss, für welche kriteriumsorientierte Bezugsnormen als disfunktional oder inadäquat zu gelten haben. Umgekehrt ist zu konstatieren, dass ein Musikunterricht, der sich auf die Entwicklung bzw. intendierte Beeinflussung jener Kompetenzen oder Aspekte von Kompetenzen beschränkt, für welche kriteriumsorientierte Bezugsnormen einschlägig sind, – der Kompetenzen des ersten und partiell des zweiten Typus also –, ganze Dimensionen des Umgangs mit Musik abblenden würde und damit als nicht bildungsrelevant zu bezeichnen wäre. Musikbezogene interaktive Prozesse, die im Unterricht stattfinden und als bildungsrelevant im Sinne des eingangs erläuterten Begriffs musikalischer Bildung bezeichnet werden können, rekurrieren gerade auch auf Kompetenzen, welche nicht (zur Gänze) durch kriteriumsorientierte Bezugsnormen von Leistungsbeurteilung zu erfassen sind.

Die Erörterung hat ergeben, dass die tentativ eingeführte Zuordnung der Dimensionen des musikalischen Zeichens zu Dimensionen des Musiklernens und weiter zu Kompetenzen und zu den beiden Sets von Kategorien sich als Grundlage für die Entwicklung eines Kerncurriculums für das Fach Musik eignet. Dass im Zuge dieser Entwicklung immer noch Entscheidungen zu Inhalten und zu deren Sequentialisierung zu treffen sind, liegt auf der Hand. Es dürfte aber deutlich geworden sein, dass sich diese Entscheidungen mit Aussicht auf fachliche Plausibilität, Nachvollziehbarkeit und Bildungsrelevanz auf den vorgeschlagenen kategorialen Zuschnitt des Zuweisens von musikalischer Bedeutung und nicht-musikalischer Bedeutsamkeit einerseits und des Erzählens von Musikgeschichten andererseits beziehen *können*. Sie *sollten* auf ihn bezogen werden, weil der Terminus ›Bildungsstandard‹ (dessen Abschaffung nicht in Aussicht steht), so gefüllt, nicht länger als hölzernes Eisen gehandelt werden muss.

Literatur

ADORNO, THEODOR W. (2003): *Vers une musique informelle* (1961), in: DERS., *Quasi una fantasia*, Musikalische Schriften II, in: TIEDEMANN, ROLF (Hg.) unter Mitwirkung von GRETEL ADORNO, SUSAN BUCK-MORSS und KLAUS SCHULTZ: *Gesammelte Schriften*, Band 16: *Musikalische Schriften I–III: Klangfiguren* [I, 1959], *Quasi una fantasia* [II, 1963], *Musikalische Schriften* [III, 1964–1966]. Frankfurt am Main, S. 493–540

ANTHOLZ, HEINZ (1976): *Unterricht in Musik. Ein historischer und systematischer Aufriss seiner Didaktik*, 3., durchgesehene und erweiterte Auflage Düsseldorf

BERGMAN, MATS (2009): *Improving Our Habits: Peirce and Meliorism*. Paper presented in Metaphysical Club, Helsinki, Finland on the 31st of March 2009. Online verfügbar unter: http://www.helsinki.fi/peirce/MC/papers/Bauters.pdf (zuletzt geprüft am 04.12.2011)

BLUMER, HERBERT (1981): *Der methodologische Standort des symbolischen Interaktionismus*, in: ARBEITSGRUPPE BIELEFELDER SOZIOLOGEN (Hg.): *Alltagswissen, Interaktion und gesellschaftliche Wirklichkeit. 1: Symbolischer Interaktionismus und Ethnomethodologie. 2. Ethnotheorie und Ethnographie des Sprechens*. Opladen, S. 80–146

VON BORRIES, BODO (2004): *Kerncurriculum Geschichte in der gymnasialen Oberstufe*, in: TENORTH, HEINZ-ELMAR (Hg.) (2004): *Kerncurriculum Oberstufe II: Biologie, Chemie, Physik, Geschichte, Politik. Expertisen*. Weinheim/Basel, S. 236–284

BUDDEMEIER, HEINZ (1973), *Kommunikation als Verständigungshandlung. Sprachtheoretische Ansätze zu einer Theorie der Kommunikation*. Frankfurt am Main

CAGE, JOHN (1971): *Defense of Satie* (1948), in: KOSTELANETZ, RICHARD (Hg.) (1970): *John Cage (Documentary Monographs in Modern Art)*. New York, S. 77–84

DERS. (1990): *I–VI. The Charles Eliot Norton Lectures, 1988–89*. Cambridge, Massachusetts/London, England

CAIETAN, THOMAS (1888–1906): *Kommentar zur Summa theologica des hl. Thomas*, Lyon 1540, neu herausgegeben in der *Editio Leonina: Sancti Thomae Aquinatis doctoris angelici Opera omnia iussu Leonis XIII. P. M. edita, cura et studio fratrum praedicatorum*, 50 Bände, Rom 1888–2000, hier als *Summa theologiae cum Supplemento et commentariis Caietani* a. a. O. in den Bänden 4–12. Rom

CULLER, JONATHAN (1999; 1. Auflage 1988): *Dekonstruktion. Derrida und die poststrukturalistische Literaturtheorie*. Reinbek

DAHLHAUS, CARL (1977): *Grundlagen der Musikgeschichte*. Köln

DERS. (1984): *Die Musiktheorie im 18. und 19. Jahrhundert. Erster Teil: Grundzüge einer Systematik*, in: *Geschichte der Musiktheorie*, Band 10. Darmstadt

DELEUZE, GILLES/GUATTARI, FÉLIX (1997): *Einleitung: Rhizom*, in: DIES.: *Kapitalismus und Schizophrenie. Tausend Pateaus*, hg. von RÖSCH, GÜNTHER. Berlin, S. 11–42

DERRIDA, JACQUES (1976; 1. Auflage 1972): *Die Schrift und die Differenz*. Frankfurt am Main

DERS. (1995): *Dissemination*, hg. von ENGELMANN, PETER. Wien

DERS. (2. Auflage 1999; 1. Auflage 1988): *Die différance* (1968), in: DERS.: *Randgänge der Philosophie*, hg. von ENGELMANN, PETER: 2., überarbeitete Auflage Wien, S. 31–56

DÜTTMANN, ALEXANDER GARCÍA (2002): *Dichtung und Wahrheit der Dekonstruktion*, in: KERN, ANDREA/MENKE, CHRISTOPH (Hg.): *Philosophie der Dekonstruktion. Zum Verhältnis von Normativität und Praxis*. Frankfurt am Main, S. 72–79

DUMMETT, MICHAEL (1982): *Was ist eine Bedeutungstheorie?*, in: DERS.: *Wahrheit. Fünf philosophische Aufsätze*, hg. von SCHULTE, JOACHIM. Stuttgart, S. 94–155

ECO, UMBERTO (1995): *Die Grenzen der Interpretation*. München. 1. Auflage 1992

EGGEBRECHT, HANS HEINRICH (1982): *Die Musik Gustav Mahlers*. München/Zürich

DERS. (1991): *Musik im Abendland. Prozesse und Stationen vom Mittelalter bis zur Gegenwart*. München/Zürich

EVANS, GARETH (1982): *The Varieties Of Reference*, hg. von MCDOWELL, JOHN. Oxford/New York

FEDERHOFER, HELLMUT (2005): *Dekonstruktion als Problem der Musikwissenschaft*, in: Acta Musicologica LXXVII (Heft 2), S. 257–265

GAUGER, JÖRG-DIETER (Hg.) (2004): *Bildungsoffensive durch Neuorientierung des Musikunterrichts; Initiative »Bildung durch Persönlichkeit«*, hg. im Auftrag der Konrad-Adenauer-Stiftung e. V.. Sankt-Augustin

DERS. (Hg.) (2006): *Bildung der Persönlichkeit*, hg. im Auftrag der Konrad-Adenauer-Stiftung. Freiburg im Breisgau

DERS./WILSKE, HERMANN (Hg.) (2007): *Bildungsoffensive Musikunterricht*. Mit einem Geleitwort von MUTTER, ANNE-SOPHIE / FISCHER-DIESKAU, DIETRICH und BARENBOIM, DANIEL, hg. im Auftrag der Konrad-Adenauer-Stiftung. Freiburg im Breisgau/Berlin/Wien

GEUEN, HEINZ/ORGASS, STEFAN (2007): *Partizipation – Relevanz – Kontinuität. Musikalische Bildung und Kompetenzentwicklung in musikdidaktischer Perspektive*. Aachen

GIES, STEFAN/JANK, WERNER/NIMCZIK, ORTWIN (2001): *Musik lernen. Zur Neukonzeption des Musikunterrichts in den allgemeinbildenden Schulen*, in: Diskussion Musikpädagogik, Heft 9, S. 6–24

VON GRAEVENITZ, GERHART/MARQUARD, ODO (Hg.) in Zusammenarbeit mit MATTHIAS CHRISTEN (1998): *Kontingenz. Arbeitsergebnisse einer Forschungsgruppe (Poetik und Hermeneutik*, Band XVII). München

GRUHN, WILFRIED (1993): *Geschichte der Musikerziehung. Eine Kultur- und Sozialgeschichte vom Gesangunterricht der Aufklärungspädagogik zu ästhetisch-kultureller Bildung*. Darmstadt

DERS. (2008): *Der Musikverstand. Neurobiologische Grundlagen des musikalischen Denkens, Hörens und Lernens*. Dritte, völlig neu überarbeitete Auflage *(Olms Forum*, Band 2). Hildesheim u. a. (1. Auflage 1998)

GÜLKE, PETER (1989): *Brahms – Bruckner. Zwei Studien*. Kassel/Basel

DERS. (2. Auflage 1996; 1. Auflage 1991): *Franz Schubert und seine Zeit*. Laaber

GÜNTHER, ULRICH/OTT, THOMAS/RITZEL, FRED (1982): *Musikunterricht 1 – 6 (Praxis und*

Theorie des Unterrichtens), hg. von OTTO, GUNTER und SCHULZ, WOLFGANG. Weinheim/Basel

DIES. (1983): *Musikunterricht 5 – 11 (Praxis und Theorie des Unterrichtens),* hg. von OTTO, GUNTER und SCHULZ, WOLFGANG. Weinheim/Basel

HEINRICHS, JOHANNES (2004): *Die Triaden-Kombinatorik der Semiotik von Charles S. Peirce,* in: DERS., *Das Geheimnis der Kategorien. Die Entschlüsselung von Kants zentralem Lehrstück.* Berlin. S. 248–267

HENTSCHEL, FRANK (2006): *Bürgerliche Ideologie und Musik: Politik der Musikgeschichtsschreibung in Deutschland 1776–1871.* Frankfurt am Main

HÖRISCH, JOCHEN (1988): *Die Wut des Verstehens. Zur Kritik der Hermeneutik.* Frankfurt am Main

DERS. (2009): *Bedeutsamkeit: Über den Zusammenhang von Zeit, Sinn und Medien.* München

HOLZINGER, MARKUS (2007): *Kontingenz in der Gegenwartsgesellschaft. Dimensionen eines Leitbegriffs moderner Sozialtheorie.* Bielefeld

HUBER, NICOLAUS A. (2000): *First play Mozart für Flöte solo (1993),* in: HÄUSLER, JOSEF (Hg.): *Nikolaus A. Huber. Durchleuchtungen. Texte zur Musik 1964–1999.* Wiesbaden, S. 376f.

HURON, DAVID (2007): *Sweet Anticipation. Music and the Psychology of Expectation.* Cambridge/London

JANK, WERNER/SCHMIDT-OBERLÄNDER, GERO (Hg.) (2010): *music step by step. Aufbauender Musikunterricht in der Sekundarstufe I. Lehrerhandbuch.* Rum/Innsbruck/Esslingen

JÜRGENS, EIKO (6. Auflage 2005; 1. Auflage 1992): *Leistung und Beurteilung in der Schule. Eine Einführung in Leistungs- und Bewertungsfragen aus pädagogischer Sicht,* aktualisierte und stark erweiterte Auflage. Sankt Augustin

KADEN, CHRISTIAN (1993): *Stationen abendländischer Zivilisationsgeschichte (1989/1990),* in: DERS.: *Des Lebens wilder Kreis. Musik im Zivilisationsprozess.* Kassel u. a., S. 64–170

DERS. (1997): *Musik als Lebensform,* in: SCHUBERT, GISELHER (Hg.): *Biographische Konstellation und künstlerisches Handeln,* Frankfurter Studien. (Veröffentlichungen des Paul-Hindemith-Instituts Frankfurt am Main, Band VI). Mainz u. a., S. 11–25

DERS. (1998): *Kontext als Text – eine Paradoxie?,* in: DANUSER, HERMANN/PLEBUCH, TOBIAS (Hg.): *Musik als Text. Bericht über den Internationalen Kongress der Gesellschaft für Musikforschung Freiburg im Breisgau 1993, Band 1: Hauptreferate, Symposien, Kolloquien.* Kassel u. a., S. 190–193

DERS. (2004): *Das Unerhörte und das Unhörbare. Was Musik ist, was Musik sein kann.* Kassel/Stuttgart

KAISER, HERMANN J. (1995): *Musikerziehung/Musikpädagogik,* in: HELMS, SIEGMUND/SCHNEIDER, REINHARD/WEBER, RUDOLF (Hg.): *Kompendium der Musikpädagogik.* Kassel, S. 9–41

DERS. (2004): *Wieviel Neurobiologie braucht die Musikpädagogik? Fragen – Einwürfe – Verständigungsversuche,* in: PFEFFER/VOGT (Hg.) (2004), S. 16–41

DERS./NOLTE, ECKHARD (1989): *Musikdidaktik. Sachverhalte – Argumente – Begründungen. Ein Lese- und Arbeitsbuch*. Mainz u. a.

KAISER, HERMANN J./BARTH, DOROTHEE/HESS, FRAUKE/JÜNGER, HANS/ROLLE, CHRISTIAN/VOGT, JÜRGEN/WALLBAUM, CHRISTOPHER (2006): *Bildungsoffensive Musikunterricht? Das Grundsatzpapier der Konrad-Adenauer-Stiftung in der Diskussion*. Regensburg

KIESERLING, ANDRÉ (1999): *Kommunikation unter Anwesenden. Studien über Interaktionssysteme*. Frankfurt am Main (zugl.: Bielefeld, Univ., Diss. [revidierte Fassung], 1997)

KLUXEN, WOLFGANG/SCHWARZ, HANS/REMANE, ADOLF (1971): *Art. Analogie*, in: JOACHIM RITTER (Hg.): *Historisches Wörterbuch der Philosophie*, Band 1. Basel, Sp. 214–229

KUNZE, STEFAN (1996): *Mozarts Opern*. 2. Auflage. Stuttgart

LEHMANN, HANS-THIES (1994): *Über die Wünschbarkeit einer Kunst des Nichtverstehens*, in: *Merkur. Deutsche Zeitschrift für europäisches Denken*, Heft 542. Stuttgart, S. 426–431

LIEBAU, ECKART/ZIRFAS, JÖRG (Hg.) (2010): *Dramen der Moderne. Kontingenz und Tragik im Zeitalter der Freiheit*, hg. von DENS.: *Ästhetik und Bildung*, Band 4. Bielefeld

LINK, HANNELORE (1980): *Rezeptionsforschung. Eine Einführung in Methoden und Probleme*. Stuttgart u. a.

LUHMANN, NIKLAS (1993): *Individuum, Individualität, Individualismus*, in: DERS. (1989): *Gesellschaftsstruktur und Semantik. Studien zur Wissenssoziologie der modernen Gesellschaft*, Band 3, 1. Auflage. Frankfurt am Main, S. 149–258

DERS. (1997): *Die Kunst der Gesellschaft*. Frankfurt am Main

MARQUARD, ODO (1974): *Inkompetenzkompensationskompetenz? Über Kompetenz und Inkompetenz der Philosophie*, in: DERS. (1981): *Abschied vom Prinzipiellen. Philosophische Studien*. Stuttgart, S. 23–38

MENKE, CHRISTOPH (1991): *Die Souveränität der Kunst. Ästhetische Erfahrung nach Adorno und Derrida*. Frankfurt am Main

MERSCH, DIETER (2001): *Semiotik und Grundlagen der Wissenschaft*, in: HUG, THEO (Hg.): *Einführung in die Wissenschaftstheorie und Wissenschaftsforschung (Wie kommt Wissenschaft zu Wissen?)* Band 4. Hohengehren, S. 323–338

MEYER, MEINERT A./MEYER, HILBERT (2007): *Wolfgang Klafki. Eine Didaktik für das 21. Jahrhundert?* Weinheim/Basel

MOLLENHAUER, KLAUS (1994): *Vergessene Zusammenhänge. Über Kultur und Erziehung*. 4. Auflage. München

OEHLER, KLAUS (1994): *Über Grenzen der Interpretation aus der Sicht des semiotischen Pragmatismus*, in: DERS. (1995): *Sachen und Zeichen. Zur Philosophie des Pragmatismus*. Frankfurt am Main, S. 232–246

ORGASS, STEFAN (1999): *Musikalische Bildung als soziale Kategorie – Musikunterricht als bildungsrelevante Praxis. Überlegungen aus der Sicht Kommunikativer Musikdidaktik*, in: *Musik & Bildung. Praxis Musikerziehung* 31 (90), Heft 6 – NOVEMBER/DEZEMBER 1999: *Grundlagen 2: Musikalische Bildung*, S. 10–15

DERS. (2004): *Die anarchic harmony in John Cages Zahlen-Stück Five (1988). Didaktische Chancen des Vergleichs dreier Klangrealisationen*, in: BÄSSLER, HANS/NIMCZIK, ORTWIN / SCHATT, PETER W. (Hg.): *Neue Musik vermitteln. Analysen – Interpretationen – Unterricht*. Frankfurt am Main u. a., S. 83–97

DERS. (2007): *Musikalische Bildung in europäischer Perspektive. Entwurf einer Kommunikativen Musikdidaktik (Folkwang Studien,* hg. von DERS./WEBER, HORST, Band 6). Hildesheim u. a.

DERS. (2007a): *Musikalische Bildung aus bedeutungs-, situations- und interaktionstheoretischer Sicht*, in: DERS. (2007), S. 9–123

DERS. (2007b): *Auseinandersetzung mit musikalischer Vielfalt als Idealtypus einer kulturellen Praxis in Europa*, in: DERS. (2007), S. 239–309

DERS. (2007c): *Partizipation und Relevanz (sowie Kontinuität) als wünschenswerte Eigenschaften des Musiklernens*, in: DERS. (2007), S. 413–481

DERS. (2007d): *Musiklernen und Musiklehren. Didaktische Konsequenzen aus einer bedeutungstheoretisch fundierten und kulturwissenschaftlich orientierten Musikpädagogik*, in: DERS. (2007), S. 483–570

DERS. (2007e): *»Musik hat geschichtlich sich verändernden Gehalt.« Anforderungen an die Auseinandersetzung mit Musikgeschichten im Unterricht*, in: DERS. (2007), S. 571–603

DERS. (2007f): *Unwägbarkeit als Bedingung musikalischer Bildung*, in: BILSTEIN, JOHANNES/DORNBERG, BETTINA/KNEIP, WINFRIED (Hg.): *Curriculum des Unwägbaren. Band 1: Ästhetische Bildung im Kontext von Schule und Kultur (Pädagogik: Perspektiven und Theorien,* hg. von BILSTEIN, JOHANNES, Band 8). Oberhausen, S. 45–65

DERS. (2008a): *›Entwicklung von Problemlösungskompetenzen‹ als schlechte Trivialisierung der Aufgabe des Musikunterrichts. Überlegungen zu einem musikpädagogischen Leistungsbegriff*, in: SCHÄFER-LEMBECK, HANS-ULRICH (Hg.): *Leistung im Musikunterricht. Beiträge der Münchner Tagung 2008 (Musikpädagogische Schriften der Hochschule für Musik und Theater München,* hg. von MASTNAK, WOLFGANG/ SCHÄFER-LEMBECK, HANS-ULRICH und SCHMITT, STEPHAN, Band 2). München, S. 153–225

DERS. (2008b): *Interkulturelle Interaktion. Auseinandersetzung mit fremdkultureller Musik aus systemtheoretischer und musikpädagogischer Sicht*, in: *Diskussion Musikpädagogik*, Heft 40, S. 27–36

DERS. (2009a): *»… ohne kanonisches Wissen … sind kulturelle Identität und Kommunikation kaum möglich« – Kontradiktorisches zur musikalischen Bildung und ›Uneuropäisches‹ im Werkkanon der Konrad-Adenauer-Stiftung*, in: BILSTEIN, JOHANNES/ ECARIUS, JUTTA (Hg.), *Standardisierung – Kanonisierung. Erziehungswissenschaftliche Reflexionen*. Wiesbaden, S. 251–270

DERS. (2009b): *Werke beobachten – Beobachtung durch Werke. Systemtheoretische Überlegungen zur Autonomie der Musik*, in: DREES, STEFAN/JACOB, ANDREAS/ORGASS, STEFAN (Hg.): *Musik – Transfer – Kultur. Festschrift für Horst Weber (Folkwang Studien,* hg. von ORGASS, STEFAN/WEBER, HORST, Band 8). Hildesheim u. a., S. 491–505

DERS. (2011a): *Kontingenz als musikpädagogischer Grundbegriff*, in: LORITZ, MARTIN D./BECKER, ANDREAS/EBERHARD, DANIEL MARK/FOGT, MARTIN/SCHLEGEL, CLEMENS M. (Hg.): *Musik – Pädagogisch – Gedacht. Reflexionen, Forschungs- und Praxisfelder. Festschrift für Rudolf-Dieter Kraemer (Forum Musikpädagogik*, hg. von KRAEMER, RUDOLF-DIETER, Band 100). Augsburg, S. 205–218

DERS. (2011b): *Musikbezogenes Unterscheiden. Überlegungen zu einer interaktionalen Theorie musikalischer Bedeutung und nicht-musikalischer Bedeutsamkeit*, in: *Zeitschrift der Gesellschaft für Musiktheorie (ZGMTH)*, Heft 8/1, Mai 2011

DERS. (2011c): *Bedeutungstheoretische und musikdidaktische Überlegungen zu abduktiven Strukturen interkulturellen Musiklernens*, in: JACOB, ANDREAS/KAMPE, GORDON (Hg.): *Kulturelles Handeln im transkulturellen Raum (Folkwang Studien*, hg. von ORGASS, STEFAN/WEBER, HORST, Band 10). Hildesheim u. a. (im Druck)

DERS. (2012, im Druck): *Bedeutungstheoretische Studien zur Kommunikativen Musikdidaktik (Folkwang Studien*, hg. von ORGASS, STEFAN/WEBER, HORST, Band 12). Hildesheim u. a.

PAPE, HELMUT (1989): *Erfahrung und Wirklichkeit als Zeichenprozess. Charles S. Peirces Entwurf einer Spekulativen Grammatik des Seins*. Frankfurt am Main

PEIRCE, CHARLES S. (1931–35): *Collected Papers, vol. 1–6*, HARTSHORNE, CHARLES/ WEISS, PAUL (eds.), Cambridge/Massachusetts und DERS., *Collected Papers, vol. 7 and 8*, BURKS, ARTHUR W. (ed.), Cambridge/Massachusetts (abgekürzt: CP, gefolgt von der üblichen Angabe des Bandes und – durch Punkt abgetrennt – des Abschnitts)

DERS. (1991): *Vorlesung VI: Drei Typen des Schließens*, in: DERS./WALTHER, ELISABETH (Hg.): *Vorlesungen über Pragmatismus*. Hamburg, S. 101–121

DERS. (2000): *Semiotische Schriften*, Band 3, hg. von KLOESEL, CHRISTIAN J. W./PAPE, HELMUT. Frankfurt am Main

PFEFFER, MARTIN/VOGT, JÜRGEN (Hg.) (2004): *Lernen und Lehren als Thema der Musikpädagogik. Sitzungsbericht 2002 der Wissenschaftlichen Sozietät Musikpädagogik*. Münster

PIAGET, JEAN (2003): *Meine Theorie der geistigen Entwicklung*, hg. von FATKE, REINHARD. Weinheim u. a.

RICHTER, CHRISTOPH (2006): *Der Musikunterricht gehört den Schülern. Eine Anleitung zum selbständigen Umgang mit Musik*. Altenmedingen

ROLLE, CHRISTIAN (1999): *Musikalisch-ästhetische Bildung. Über die Bedeutung ästhetischer Erfahrung für musikalische Bildungsprozesse (Perspektiven zur Musikpädagogik und Musikwissenschaft*, hg. von GIESELER, WALTER/HELMS, SIEGMUND/SCHNEIDER, REINHARD, Band 24). Kassel (zugl.: Hamburg, Univ., Diss., 1998)

RÜSEN, JÖRN (1982): *Geschichte und Utopie*, in: DERS. (1994): *Historische Orientierung. Über die Arbeit des Geschichtsbewusstseins, sich in der Zeit zurechtzufinden*. Köln/Weimar/Wien, S. 48–67

DERS. (1983): *Historische Vernunft. Grundzüge einer Historik I: Die Grundzüge der Geschichtswissenschaft*. Göttingen

DERS. (1985/7): *Historisches Lernen – Grundriss einer Theorie*, in: DERS. (1994): *Historisches Lernen. Grundlagen und Paradigmen*, Köln/Weimar/Wien 1994, S. 74–121

DERS. (1986): *Rekonstruktion der Vergangenheit. Grundzüge einer Historik II: Die Prinzipien der historischen Forschung*. Göttingen

DERS. (1990a): *Geschichte und Norm – Wahrheitskriterien der historischen Erkenntnis*, in: DERS. (1990): *Zeit und Sinn. Strategien historischen Denkens*. Frankfurt am Main, S. 77–105

DERS. (1990b): *Die vier Typen des historischen Erzählens*, in: DERS. (1990): *Zeit und Sinn. Strategien historischen Denkens*. Frankfurt am Main, S. 153–230

DERS. (1990c): *Der Teil des Ganzen – Über historische Kategorien*, in: DERS. (1994): *Historische Orientierung. Über die Arbeit des Geschichtsbewusstseins, sich in der Zeit zurechtzufinden*. Köln/Weimar/Wien 1994, S. 150–167

DERS. (1993): *Erfahrung, Deutung, Orientierung – drei Dimensionen des historischen Lernens*, in: DERS. (1994): *Historisches Lernen. Grundlagen und Paradigmen*. Köln/Weimar/Wien 1994, S. 64–73

DERS. (2006): *Kultur macht Sinn. Orientierung zwischen Gestern und Morgen*. Köln/Weimar/Wien

RUSCH, GEBHARD (1992): *Auffassen, Begreifen und Verstehen. Neue Überlegungen zu einer konstruktivistischen Theorie des Verstehens*, in: SCHMIDT, SIEGFRIED J. (Hg.): *Kognition und Gesellschaft. Der Diskurs des Radikalen Konstruktivismus 2*. Frankfurt am Main, S. 214–256

DERS./SCHMIDT, SIEGFRIED J. (Hg.) (1994): *Piaget und der Radikale Konstruktivismus. DELFIN 1994*. Frankfurt am Main

SCHALLER, KLAUS (1987): *Pädagogik der Kommunikation. Annäherungen – Erprobungen*. Sankt Augustin

DERS. (1996): *Achtsamkeit auf andere und anderes*, in: Musik & Bildung. Praxis Musikerziehung 28 (87), Heft 3 – Mai/Juni 1996, S. 2

SCHARF, HENNING (2007): *Konstruktivistisches Denken für musikpädagogisches Handeln. Musikpädagogische Perspektiven vor dem Hintergrund der Postmoderne- und der Konstruktivismusdiskussion*. Aachen

SCHATT, PETER W. (2007): *Einführung in die Musikpädagogik*. Darmstadt

SCHLEUNING, PETER (1984): *Das 18. Jahrhundert: Der Bürger ergebt sich (Geschichte der Musik in Deutschland)*. Reinbek bei Hamburg

SEEL, MARTIN (1993): *Zur ästhetischen Praxis der Kunst*, in: DERS. (1996): *Ethisch-ästhetische Studien*. Frankfurt am Main, S. 126–144

DERS. (2003): *Ästhetik des Erscheinens*. Frankfurt am Main

SHORT, THOMAS L. (2009): *Peirce's Theory of Signs*. New York

SULZER, JOHANN GEORG (1774): *Allgemeine Theorie der Schönen Künste. Zweiter Theil, von K bis Z*. Leipzig

THORAU, CHRISTIAN (2006): *Symphony in White – Musik als Modus der Referenz*, in: BEIche, Michael/Riethmüller, Albrecht (Hg.): *Musik – Zu Begriff und Konzepten. Berliner Symposion zum Andenken an Hans Heinrich Eggebrecht*. München, S. 135–150

Varga von Kibéd, Matthias (2008): *George Spencer Brown. Die Unterscheidungstheorie Spencer Browns und die Unterscheidungsformaufstellung*. Begleitheft zur Dokumentation einer Veranstaltung des SySt-Instituts, München, vier DVDs, Gesamtdauer: 543 Minuten. Aachen

Vogt, Jürgen (2004): *Musik-Lernen im Kontext von Bildung und Erziehung. Eine Auseinandersetzung mit W. Gruhns »Der Musikverstand«*, in: Pfeffer/Vogt (Hg.) (2004), S. 42–80

Ders. (2006): *Kerncurriculum, nicht Kanon. Vorbereitende Überlegungen zu einem (auch) musikdidaktischen Schlüsselbegriff*, in: Kaiser/Barth/Hess/Jünger/Rolle/Vogt/Wallbaum (2006), S. 125–150

Ders. (2008): *Musikbezogene Bildungskompetenz – ein hölzernes Eisen? Anmerkungen zu den Theoretischen Überlegungen zu einem Kompetenzmodell für das Fach Musik*, in: Vogt, Jürgen (u. a.) (Hg.): Zeitschrift für Kritische Musikpädagogik. Sonderedition: *Bildungsstandards und Kompetenzmodelle für das Fach Musik?* Online verfügbar unter: http://www.zfkm.org/sonder2008.html (zuletzt geprüft am 16.10.2011), S. 34–41

Wallbaum, Christopher (1996): *Ästhetische Wahrnehmung. Zur Ästhetik Martin Seels*, in: Musik und Unterricht 38 (Heft 5/1996), S. 37f.

Welsch, Wolfgang (1999): *Skandalon Kanon. Gesellschaftskitt durch Klassikerlektüre?*, in: Forschung & Lehre, Heft 4, 1999, S. 182–185

Zirfas, Jörg (2010): *Zeit und Endlichkeit, Tragik und ästhetische Erfahrung. Kunst als Kontingenzbewältigungskontingenz*, in: Liebau, Eckart/ Zirfas, Jörg (Hg.) (2010), S. 141–160

Hans Schneider

Spielräume für bildende Erfahrungsmöglichkeiten[1]

Im ersten Teil des folgenden Texts wird der Ablauf des Workshops beschrieben, wie er bei der Münchner Tagung stattgefunden hat und auch in anderen Kontexten durchgeführt werden kann. Zentraler Kern der Arbeit ist die Gestaltung eines von der Gruppe kreierten Musikstücks. Dieses setzt sich zusammen aus einzelnen Bausteinen, das sind graphische Abbildungen auf Kärtchen, die von den Teilnehmern selbst geschaffen/erstellt werden und die flexibel auf einer Partiturvorlage angebracht werden können. D. h., dass im Verlauf des Erarbeitungs- und Probenprozesses die Bausteine je nach Bedarf verschoben, neu hinzugegeben oder auch wieder weggenommen werden können. Mit einer kleinen Auswahl von für diese Arbeit notwendigen Vorübungen wird die nachfolgende Beschreibung eröffnet. Der Text zum Verlauf des Workshops ist so gehalten, dass keine Erläuterungen und Erklärungen diesen durchbrechen. Diese folgen im zweiten Kapitel. Überlegungen und Begründungen für die Sinnhaftigkeit dieser Vorgangsweise in musikpädagogischen Kontexten folgen im dritten Kapitel, »Reflexionen«, und es wird eine Antwort auf die Frage versucht, welchen Beitrag diese Art von Arbeit für musikalische Bildung leisten kann.

Musikalische Praxis

1. Vorübungen 1. Teil

a) Übungen vom Vokal aus

Auf anleitende Impulse hin
- gehen alle frei im Raum herum und wählen einen Vokal aus dem eigenen Vornamen aus,
- singen diesen in verschiedenen Tonhöhen: laut/leise, dunkel/hell, kurz/lang, cre-

---

[1] Der Workshop wurde im Rahmen der Münchner Tagung mit der Stimme durchgeführt, alternativ bieten sich für diese Arbeit genauso gut Instrumente oder Alltagsmaterialien an – in diesen Fällen müssten die Vorübungen adaptiert bzw. andere eingesetzt werden.

scendierend/decrescendierend, und so weiter – alle einzeln und durcheinander,
- bleiben stehen und wählen eine ganz bestimmte Tonhöhe, singen den Vokal auf dieser Tonhöhe »gedehnt«, »flächig« in unterschiedlichen Lautstärken und Klangfarben – hören allmählich immer mehr während des Singens auch auf die anderen und auf den Gesamtklang,
- realisieren nun auf und mit diesem »gedehnten« Ton eine kleine musikalische Gestaltung – mit Dynamik, Klangfarbe, Pausen.
  - Das Gestaltete muss wiederholbar sein,
    - die Übezeit enthält eine kurze Probephase, in der jeder für sich arbeitet;
    - wer fertig ist, stellt sich mit den anderen in einen Kreis.
- Aufführung im Kreis reihum; die anleitende Person greift eventuell gestaltend ein: z. B. zweiter Durchgang mit Weitergabe ohne Pausen; Kanonisierung; Schichtung; dirigentische Einsätze für einzelne Motive (z. B. aushalten, nur Teile singen lassen und so weiter) oder durch moderierende Fragen (z. B. was passt zusammen, was nicht?); Ziel ist die Gestaltung eines Gesamtstücks,
- kurze Reflexion, vor allem zum dirigierten Gesamtstück.

b) Übungen vom Konsonanten aus
Wieder auf anleitende Impulse hin
- gehen alle frei im Raum herum, wählen aber diesmal einen Konsonanten aus dem eigenen Vornamen aus,
- sprechen diesen »perkussiv«, »explosiv« – wie beim »beat-boxing« – aus; probieren verschiedene Varianten (z. B. öfters hintereinander, schnell und langsam, mit Pausen dazwischen),
- realisieren auch mit diesem Konsonanten eine musikalische Gestaltung.
  - Auch diese soll wiederholbar sein,
    - wiederum soll es eine kurze Probephase geben, in der jeder für sich arbeitet,
    - wer fertig ist, kommt wieder in den Kreis.
- Aufführung erneut im Kreis reihum. Eventuell wieder gestaltend Eingriffe durch die anleitende Person: z. B. Kanonisierung, Mischung mit den vorher erarbeiteten Vokalgestaltungen, zeitweises Dirigat, dann Anleitung zur Offenheit – Gruppe realisiert improvisierend ein Gesamtstück.
- Kurze Reflexion, hier vor allem zur Gruppenimprovisation.

2. Vorübungen 2. Teil

Arbeit mit Buchstabenkärtchen:

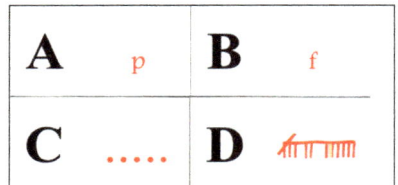

Vorbereitet sind Kärtchen mit allen Buchstaben des Alphabets, pro Karte ein Buchstabe: rechts vom Buchstaben (schwarz) eine verbale oder graphische Erklärung (rot), wie dieser Buchstabe realisiert werden soll.

- Jede Teilnehmerin und jeder Teilnehmer zieht eine oder zwei (je nach Gruppengröße) Kärtchen und überlegt sich eine musikalische Realisierung, die wiederholbar sein muss.
- In einer ersten Runde realisiert jeder eines seiner Kärtchen, reihum, ohne Unterbrechung.
- In einer zweiten Runde (die auf jeden Fall bei einer kleinen Gesamtgruppe durchgeführt wird) wird ein zweites Kärtchen realisiert.
- Anschließend werden zwei Gruppen gebildet. Jede Gruppe erhält die Aufgabe, ein gemeinsames Stück mit allen Kärtchen der Gruppenmitglieder zu realisieren: mehrstimmig, polyphon, eine Stimme solo, die anderen begleiten (mit ihrem Material oder mit dem des Solisten), variierend und so weiter.
- Die Teilgruppen präsentieren ihr Stück.
- Besprechung und Reflexion der Realisation: Jede der einzelnen Gruppen gibt eine Beschreibung des Ergebnisses und des Arbeitsprozesses und so weiter.

3. Arbeit an der Partitur

- Jeder Teilnehmerin und jeder Teilnehmer erhält je zwei gleichfarbige Pinnwandkärtchen (jeder Teilnehmer wiederum eine andere Farbe) und einen Stift; einzeln überlegen sie sich zwei kurze musikalische Aktionen, die individuell graphisch notiert werden; als Vorgabe dazu wird angegeben:
    - die erste Aktion: vokalisch – gedehnt, melodiös
    - die zweite Aktion: konsonantisch – spitz, kurz, explosiv, rhythmisch
- Alle realisieren ihre mit Graphiken versehenen Kärtchen
    - erst reihum einzeln,
    - dann wiederholen die anderen jedes Motiv (je nach individuellen Möglichkeiten, leichte Variationen sind erlaubt bzw. erwünscht).

- Nun vervielfältigen alle Teilnehmerinnen und Teilnehmer ihre graphischen Kärtchen und fertigen mehrere Exemplare in der gleichen Farbe davon an (in welcher Anzahl ist letztlich abhängig vom Bedarf).
- Danach werden die Kärtchen auf die Partiturvorlage (1 Meter oder 1,2 Meter = 1 Minute) aufgelegt – diese enthält so viele Zeilen/Linien wie Teilnehmer. Kärtchen können beliebig, überlegt und reflektiert = »komponiert« aufgelegt und verteilt werden. Zufallsprinzipien sind möglich. (Bei größeren Gruppen ist es sinnvoll, jeweils zwei Personen die einzelnen Kärtchen erstellen zu lassen, wodurch eine zusätzliche Ebene der Reflexion erschlossen würde!)
- Die Teilnehmerinnen und Teilnehmer stellen sich rund um die Partitur auf und jeder erhält eine Zeile und muss die auf seiner Linie liegenden Kärtchen zur gegebenen Zeit realisieren.
- Arbeit an der Gestaltung, indem Pausen eingefügt werden; Frage nach Dichte und Spannung, Durchhörbarkeit, Schlüssigkeit; zu viel – zu wenig und so weiter.
- Generalprobe,
- Aufführung,
- Reflexion und Vergleich mit dem/den anderen Ergebnis(sen); Frage nach dem Prozess; Arbeit in der Gruppe,
- Fragen an den Workshop, an die Kärtchen, an die Partiturvorlage, an die Art der Gestaltung.

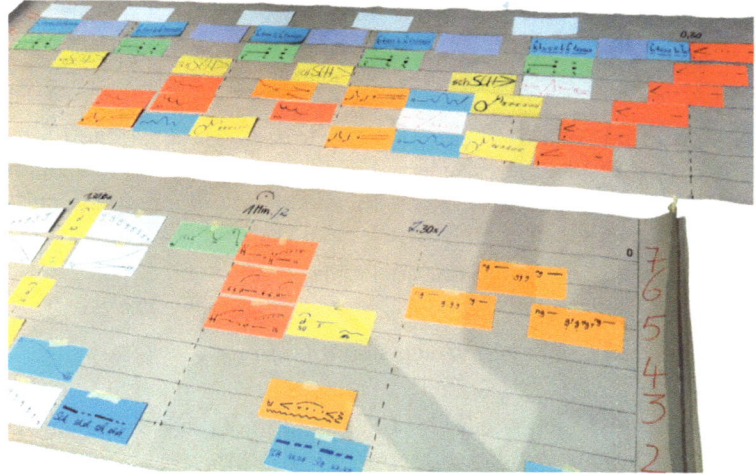

Erläuterungen

Die Bestandteile des Workshops sind wichtig sowohl für einen klaren Ablauf als auch für vorab »unsichere«[2] Qualitäten des Arbeitsprozesses und des Ergebnisses:

- Es fängt an mit dem Vertraut-Werden der eigenen Stimme bzw. des Instrumentariums (wenn mit Instrumenten oder Alltagsmaterialien gearbeitet wird),
- dann folgt die Einbeziehung von einzelnen Parametern (Klangfarbe, Dynamik, Dauern, Tonhöhe).
- Weiter geht es mit ersten kleinen Gestaltungsübungen unter Einbeziehung einer der wichtigsten Regeln, der Wiederholbarkeit: diese ist von essentieller Bedeutung, da es nur dann möglich ist miteinander zu komponieren – man muss sich auf alle musikalischen Bausteine, die vorkommen, jederzeit beziehen können.
- Das »leitende, dirigierende« Eingreifen bietet einen ersten Eindruck, wie das Arbeiten mit einzelnen Bausteinen (Zusammenführen, Überlagern, Schichten, Kanonisieren, Verdünnen, Verdichten, Durchbrechen – z. B. mit Pausen bzw. »Stillen«) funktionieren und zu einer musikalischen Gestaltung führen kann, diese vielleicht sogar gut »klingt«. Zugleich werden Möglichkeiten für die spätere Gruppenarbeit aufgezeigt.
- Im nächsten Schritt erfordert eine graphische Aufgabenstellung in Weiterführung der individuellen Arbeit mit den Vokalen und Konsonanten eine Konkretion, die eine größere Herausforderung darstellt, aber immer noch in Einzelarbeit; gleichzeitig gibt es schon einen ersten Anhaltspunkt für die spätere Arbeit, für das Gestalten von graphischen Notationskärtchen.
- Für die erste Kleingruppenarbeit steht bewusst ganz wenig Material zur Verfügung, denn es soll nicht um Entscheidungen gehen, welches Material gewählt wird – was für einen ersten Gruppenprozess ein zu schwieriger, belastender Vorgang wäre. An erster Stelle steht die Aufgabe, dieses wenige Material spannend, interessant zu strukturieren. Dabei erfolgen erste Reflexionen, ohne dass ein expliziter Auftrag dazu gegeben wurde.

---

[2] »Unsicher« heißt, dass es keine wirkliche Garantie dafür gibt und auch nicht geben kann bzw. soll, welche Qualitäten sich ergeben, sondern dass aufgrund der mehrfach weiterentwickelten Vorüberlegungen, der erprobten Vorübungen, Regeln und Vorgaben lediglich gesagt werden kann, dass eine Arbeit wahrscheinlich ist, die Qualität und ein gutes, stimmiges Ergebnis hervorbringt.

- Beim nachfolgenden Präsentieren der ersten Ergebnisse ist eine weitere Regel zu beachten: jede Präsentation, sei sie noch so klein und nur vor der/den anderen Gruppe(n), erfordert höchste Intensität seitens der Ausführenden und konzentrierte Aufmerksamkeit seitens der Zuhörenden/Zusehenden. Nur so wächst diesen Zwischenergebnissen jene Aufmerksamkeit und Bedeutung zu, die sie unbedingt erhalten müssen, um sie nicht beliebig erscheinen zu lassen.

- In der anschließenden Reflexion werden die Ergebnisse verglichen, Alternativen diskutiert, die Vorgangsweise und der Arbeitsprozess werden besprochen, und auch die Präsentationsform wird thematisiert. Diese Phase hat ihren Stellenwert vor allem darin, dass alle Teilnehmer und Teilnehmerinnen unterschiedlichste musikalische Bausteine und Gestaltungsmöglichkeiten kennenlernen, die die Weiterarbeit mit ähnlichem oder anderem Material und neuen Aufgabenstelllungen wesentlich erleichtern bzw. verbessern.

- Der Hauptteil der gemeinsamen Arbeit beinhaltet die Erarbeitung einer Komposition mittels einer graphischen Partitur: in einem ersten Schritt geht es um eine individuelle Entscheidung und Gestaltung für zwei musikalische Kleingestalten. Für das Notieren dieser Gestalten mittels graphischer Notation müssen sich die Teilnehmer und Teilnehmerinnen die einzelnen Klanggestalten noch bewusster, noch genauer vorstellen. Nur so kann es gelingen, dass die Einzelnen ihre beiden Gestalten der Gruppe präzise präsentieren können. Die Gruppe wiederholt die einzelnen Gestalten: einerseits ist genaues Zuhören gefordert, andererseits ergeben sich möglicherweise interessante Varianten der Ausgangsgestalt (dies ist verstärkt bei Verwendung von Instrumenten der Fall). Zusätzlich erhalten alle eine Leitungsfunktion, denn sie sind verantwortlich für die korrekte Wiedergabe ihrer selbst vorgetragenen Musikbausteine. Im Anschluss daran erfolgt der Prozess des gemeinsamen Komponierens: es müssen Entscheidungen getroffen werden über Vorgehensweisen, jedes Detail muss ausgehört werden, jedes neue Kärtchen oder auch die Verschiebung von schon gelegten Karten verändert die Gesamtgestalt. Üben, Verändern, neue Entscheidungen, Diskutieren von Kriterien und so weiter – eine permanente Reflexion findet statt, wobei alle immer die Musik vor Augen und im Ohr haben. Vor Augen und im Ohr deshalb, weil alle jeden einzelnen Baustein kennen, sowohl sein Notat als auch seinen Klang, der öfters einzeln und in anderen Zusammenhängen gehört wurde.

- Bei der Präsentation der Endergebnisse liegt vor jeder Gruppe die graphische Partitur, die auch von den anderen Gruppen oder vom Publikum eingesehen werden kann. Das Mitverfolgen des Ablaufs – sowohl akustisch wie visuell –

erleichtert manchen das Zuhören und ist vor allem für das anschließende Gespräch eine große Hilfe. Die aufführende Gruppe muss mit einer konzentrierten und künstlerischen Haltung die Aufmerksamkeit auf sich ziehen, sowohl musikalisch wie gestisch muss eine Intensität vom Beginn bis zum Ende der Aufführung vorhanden sein.

- Die abschließende Reflexion beinhaltet nicht nur das Gespräch und die Auseinandersetzung über die Ergebnisse, den Arbeitsprozess, die Entscheidungsfindungen in den Gruppen, sondern besprochen werden auch die einzelnen Phasen des Workshops insgesamt, wie z. B. die Sinnhaftigkeit der Vorübungen, das, was schwer, und das, was leicht gefallen ist. Im Kontext der Beurteilung der Ergebnisse werden Kriterien benannt, es beginnt die Suche nach solchen Kriterien und es wird die Problematik objektiver Maßstäbe besprochen.

Reflexionen

Der Workshop – egal ob mit Stimme oder Instrumenten agiert wird – bietet »Räume« und Möglichkeiten für »Erfahrungen«, die ich verstehe als Erfahrungen bzw. Wahrnehmungen in einem umfassenden »ästhetischen« Sinne. Den Begriff der »ästhetischen Wahrnehmung« verwende ich in Anlehnung an Jörg Zirfas, der darin »eine spezifische Form von Wahrnehmung« sieht, »[die] sich durch die Momente von Offenheit und Pluralität sowie von Unmittelbarkeit und Gegenwärtigkeit auszeichnet«.[3] Im Workshop wird im spielerischen Setting ein musikalischer Gestaltungsprozess in Gang gesetzt, der auf kompositorische wie improvisatorische Art und Weise auf ein Aufführungsprodukt hin steuert. Dieses entsteht unmittelbar in der Jetztzeit, wobei auch Mittel und Techniken zur Anwendung kommen, die auch in zeitgenössischen Kompositionen verwendet werden. Sowohl durch die Mitwirkung mehrerer Personen als auch durch das »frei« handhabbare Material entsteht eine Offenheit pluraler Möglichkeiten (»Kontingenz«). Weder die Art der Arbeit in der Gruppe noch das Ergebnis sind vorherbestimmt, da aufgrund der wenigen Bestimmungen bzw. Einschränkungen dieses nicht vorhergesagt werden kann. Gewisse Einschränkungen sind bedingt durch das Konzept, das einem ziemlich strengen Zeitplan unterliegt, strenge wie »lose«, d. h. freie Arbeitsaufgaben und -phasen beinhaltet sowie zur Inspiration und zum Gewinnen spielerischer Freiheit notwendige Übungen und Rahmungen aufweist. Trotz aller Einschränkungen, Regeln und Vorgaben steht

---

[3] ZIRFAS 2007, S. 168.

genügend Raum für individuelle wie gruppenabhängige freie Entscheidungen zur Verfügung. Die Kombination von »Begrenzung« und »freien, unbestimmten« Handlungs- und Entscheidungsmöglichkeiten bewirkt Neugierde, Interesse, Produktivität und Intensität.

Unter der Annahme, dass Wahrnehmungen vor allem dann bildend wirken, wenn die Aufmerksamkeit in diesem Prozess immer wieder auf Un-Gewohntes (bei den Vorübungen oder bei der Präsentation), Un-Bekanntes (beim Umgang mit dem musikalischen Material, bei der Gestaltung und bei der klanglichen Realisierung einer graphischen Partitur) und auf un-vertraute Strategien (beim gemeinsamen Komponieren) gelenkt wird, ermöglicht diese Art des Musikmachens und -gestaltens ein Lernen, das nicht auf herkömmliche Vermehrung von Wissen oder messbaren Zuwachs von Kompetenz ausgerichtet ist, sondern ein Lernen durch Irritation, da »[der Lernende] aufmerksam und in Anspruch genommen wird durch etwas, das gewohnte Verarbeitungen überfordert«.[4] Die Irritationen dürfen dabei eine gewisse Stärke nicht übersteigen, da ansonsten aus der Neugierde, aus der Entdeckerlust und dem kreativen Tun eine Unsicherheit entstehen kann, die verunsichert und den gemeinsamen Arbeitsprozess lähmt. Garantie für eine Ausgewogenheit zwischen produktiver und verunsichernder/lähmender Irritation gibt es zwar keine, aber hilfreich und notwendig ist ein rahmendes Setting, in welchem »lose« gelenkt wird, lieber etwas weniger als zu viel Material zur Verfügung steht und realistische, überschaubare Aufgabenstellungen, d. h. schlichte und nicht zu komplizierte »Spielregeln« gegeben werden. John Dewey schreibt in seinem 1951 erstmals erschienenen Buch *Wie wir denken*, dass es Aufgabe des Lehrers ist »günstige Bedingungen für das Gedeihen dieser Freude am Forschen herzustellen und den jungen Menschen davor zu bewahren, dass ein Zuviel an Eindrücken ihn für Neues unempfindlich macht, Routine ihn abstumpft und dogmatische Lehren ihn verknöchern […].«[5]

Die Beschäftigung mit Möglichkeiten des »Bauens«, des Gestaltens, des Zusammensetzens (componere) ist in diesem Kontext nicht darauf ausgerichtet, schon Bekanntes und Vertrautes nachzuahmen, zielt nicht auf ein in seinen Formaten dezidiert vorbestimmtes Produkt (Objekt), nicht auf eine Auswahl bestimmter Fertigkeiten und Schematisierungen, sondern richtet sich an die Fantasie und den Einfallsreichtum der Teilnehmer und Teilnehmerinnen. Dabei erhalten sie einerseits die Chance, bereits bekannte und gewohnte Erfahrungen intensiver und genauer zu verstehen, andererseits werden sie auch angeregt

---

[4] WIMMER 2010, S. 30.
[5] DEWEY 2002, S. 29.

vertraute Muster zu erweitern bzw. diese durch neue zu ergänzen. Sie werden ermutigt, ungewohnte Dinge und Vorgehensweisen auszuprobieren und »verschiedene (auch unsichere und unbekannte) Wege zu erproben.«[6] Leitvorstellung für dieses Vorgehen ist das Bewusstsein, dass hier der Mensch das Subjekt des Bildens ist und nicht das Objekt der zunächst maßgebliche Bezugspunkt des Bildungsvorgangs. Der Mensch erhält hier »neue und neuartige Möglichkeiten der Zuweisung musikalischer Bedeutung«.[7]

Dieses gemeinsame Gestalten der graphischen Partitur, das Ausprobieren verschiedener Gestaltungsmöglichkeiten, das Verändern, das Umbauen, das Variieren inklusive des Verwerfens einmal gefundener Zwischenprodukte beinhaltet noch zwei weitere wichtige Aspekte: Es ist dies einerseits der Aspekt des Übens, nicht nur des vokalen und instrumentalen Übens und des musikalischen Realisierens der gemeinsam erstellten Partitur oder deren Teile, sondern auch – und vielleicht von noch entscheidender Bedeutung – des Übens der Suche von Lösungen. Geübt werden soll vor allem:

- Das Ausprobieren verschiedener Lösungen.
- Das Durchsetzen von Ideen, aber auch das Verwerfen von solchen, wenn sie sich als Irrweg erweisen.
- Das Akzeptieren anderer Sichtweisen.

Nach Jürgen Funke-Wieneke macht diese Erfahrung von Üben auch mehr Freude, wenn man Lösungen »eigensinnig und eigensinnlich verfol[gt]«, und wenn man damit auch noch »Glück hat«[8] entsteht im gemeinsamen Agieren aufgrund des Gelingens ein besonderes Wohlgefühl.

Neben dem Aspekt des Übens rückt andererseits fast wie nebenbei, weil nicht konkret thematisiert und eingefordert, ein zentraler Punkt jeder Auseinandersetzung mit Musik in den Fokus der Arbeit: die Reflexion. Komponieren bzw. das kreative Gestalten von Musik in der Gruppe sind fast gezwungenermaßen mit Auseinandersetzung, mit Gespräch, mit Fragen, mit Kritik oder Bestätigung verbunden. Es müssen Entscheidungen – materiale, formale, strukturelle, ästhetische – begründet werden, Kompromisse sind notwendig, Überzeugungsarbeit muss geleistet werden. Die Kommunikation in den Gruppen ist für diese Art von

---

[6] Hüttmann 2009, S. 119.
[7] Stefan Orgass in einem Diskussionsbeitrag bei der Münchner Tagung (vgl. seinen Beitrag in diesem Band).
[8] Funke-Wieneke 1997, S. 171.

Arbeit essentiell. So essentiell, dass Matthias Schlothfeldt in seinem Buch *Komponieren im Unterricht* feststellt: »Ich wage zu behaupten: Nirgends sonst im Musikunterricht sind solche Gespräche so nötig – und werden derart engagiert geführt – wie hier, wo es um die Arbeit an einer gemeinsamen Sache geht.«[9] Neben den zu treffenden Entscheidungen geht es auch um ästhetische Fragestellungen bzw. Beurteilungen, wobei nicht die Frage nach »richtig« oder »falsch« im Fokus des Interesses steht, sondern eher ob die gefundenen Lösungen »stimmig« und »überzeugend« sind. Dabei stehen den Urteilenden keine objektiven Kriterien zur Verfügung, sondern erstens liefert ihnen die formulierte Aufgabe inklusive deren Regelvorgaben bzw. liefern die Erfahrungen, die sie im Vorfeld in der Arbeit mit den Vorübungen gemacht haben, Kriterien, und zweitens gewinnen sie Vertrauen in die gemeinsame Überzeugung, die sie im Verlauf des kurzen gemeinsamen Arbeitsprozesses sich angeeignet haben.

Schließlich kann diese Art des Musikmachens im Kontext von rezeptions- wie werkästhetischen Perspektiven gesehen werden: Klaus Mollenhauer hat empirisch aufgezeigt, dass für eine substantielle ästhetische Bildung der Bezug zu den entwickelten Formen der Kunst konstitutiv und unverzichtbar ist.[10] Der Kontakt mit den Ausdrucks- und Gestaltformen der Kunst in der direkten Ausübung und in der Auseinandersetzung mit den Gestaltungsprozessen eröffnet Chancen für ästhetische Erfahrungen und mit der Reflexion der Gestaltungsprozesse in Relation zur Kunst entsteht ein zusätzlicher Beitrag zu ästhetischer Bildung. »Kunstwerke und kunstspezifische Handlungsformen sind immer auch Ausdruck und Reflexion eines, je nach historisch-kultureller Situation, spezifisch gestalteten menschlichen Selbst- und Weltverhältnisses, das in seiner Gestaltung, Wahrnehmung und Erfahrung für die Pädagogik [...] hoch bedeutsam waren. Denn Kunst hat es *von Hause aus* mit Wahrnehmung, Ausdruck, Gestaltung und Darstellung [...] zu tun.«[11] Dies inkludiert auch die Auseinandersetzung mit aktueller Kunst bzw. – in diesem Kontext – mit Musik der vergangenen 100 Jahre. Diese, die Musik und die Kunst der Moderne insgesamt, sind geprägt von Ambiguitäten, Abweichungen, Brüchen, Grenzen, Offenheit, Differenzen, Fragmenten etc. Die »zeitgenössische Kunst/Musik [dringt] immer wieder in neue Imaginations- und Erfahrungsräume vor, deren Bedingungen« – laut der Komponistin Isabel Mundry – »des Interpretierens und Hörens erst

---

[9] SCHLOTHFELDT 2009, S. 77.
[10] Vgl. LIEBAU, in: LIEBAU/ZIRFAS 2009, S. 57.
[11] KLEPACKI/ZIRFAS, in: LIEBAU/ZIRFAS 2009, S. 121.

schrittweise erlernt werden müssen«.[12] Erst in der Auseinandersetzung mit den Vorstellungen darüber, was Musik und ihre Bedingungen sein können, ist ein Unterscheidungsvermögen auf der Basis vielgestaltiger Lernvorgänge möglich und bildet sich ein Wahrnehmungsvermögen aufgrund der Erfahrungen mit Mehrdeutigkeit, Offenheit und zufällig oder bewusst gefundenem Neuem heraus. Die Neugierde und die Offenheit gegenüber Neuem bezieht sich aber nicht nur auf die Bewertung von und den Umgang mit Kunst und relativiert absolute Wertmaßstäbe, sondern zeigt auch Auswirkungen im Verhalten und in der Beurteilung von anderen und lässt nicht nur eine Wirklichkeit, sondern viele »mögliche« Wirklichkeiten zu. Wolfgang Welsch formuliert diese Gedankengänge und Überlegungen folgendermaßen:

> »Wer durch die Schule der Kunst gegangen ist und in seinem Denken der Wahrnehmung Raum gibt, der weiß nicht nur abstrakt um die Spezifität und Begrenztheit aller Konzepte – auch seines eigenen –, sondern rechnet mit ihr und handelt demgemäß. Er urteilt und verurteilt nicht mehr mit dem Pathos der Absolutheit und der Einbildung der Endgültigkeit, sondern erkennt auch dem anderen mögliche Wahrheit grundsätzlich zu – noch gegen die eigene Entscheidung. Er ist nicht nur prinzipiell davon überzeugt, dass die Lage aus anderer Perspektive sich mit gleichem Recht ganz anders darstellen kann, sondern dieses Bewusstsein geht in seine konkrete Entscheidung und Praxis ein – und bewirkt nicht etwa deren Stillstellung, sondern versieht sie mit einem Schuss Vorläufigkeit und einem Gran Leichtigkeit. Seine Handlungswelt wird im einzelnen spezifischer und im ganzen durchlässiger sein. Er achtet den Unterliegenden, vermutet einen Rechtskern im Unrecht Scheinenden, rechnet wirklich mit Andersheit. Er lockert die Sperren eingefahrener Wirklichkeitsauffassungen zugunsten der Potentialität des Wirklichen und entdeckt Alternativen und Öffnungen ins Unbekannte.«[13]

Sowohl die einleitend beschriebene und durchgeführte musikalische Arbeit als auch die Reflexionen zu dieser Praxis ebenso wie die zum Umgang mit Kunst allgemein und zu neuer Musik im Speziellen sind zu verstehen als eine Markierung auf einem länger andauernden Prozess der ästhetisch-musikalischen Bildung, können Ausgangspunkt bzw. Zwischenstationen auf diesem Weg darstellen, nie aber Endpunkt, da dieser Prozess ein unendlicher ist.

---

[12] MUNDRY 2010, S. 27.
[13] WELSCH 1990, S. 76.

Literatur

Dewey, John (2002): *Wie wir denken*. Zürich

Funke-Wieneke, Jürgen (1997): *Vermitteln zwischen Kind und Sache. Erläuterungen zur Sportpädagogik*. Seelze

Hüttmann, Rebekka (2009): *Wege der Vermittlung von Musik. Ein Konzept auf der Grundlage allgemeiner Gestaltungsprinzipien*. Augsburg, S. 119

Klepacki, Leopold/Zirfas, Jörg (2009): *Ästhetische Bildung: Was man lernt und was man nicht lernt,* in: Liebau/Zirfas (2009), S. 121ff.

Liebau, Eckart/Zirfas, Jörg (Hg.) (2009): *Die Kunst der Schule. Über die Kultivierung der Schule durch die Kunst*. Bielefeld

Liebau, Eckart: *Schulkünste,* in: Liebau/Zirfas (2009), S. 57ff.

Mundry, Isabel (2010): *Schwankende Zeit. ZEIT DES HÖRENS,* in: Hiekel, Jörn Peter (Hg.) (2010): *Vorzeitbelebung. Vergangenheits- und Gegenwarts-Reflexionen in der Musik heute*. Hofheim

Schlothfeldt, Matthias (2009): *Komponieren im Unterricht*. Hildesheim

Welsch, Wolfgang (1990): *Ästhetisches Denken*. Stuttgart

Wimmer, Michael (2010): *Lehren und Bildung. Anmerkungen zu einem problematischen Verhältnis,* in: Pazzini, Karl-Josef/Schuller, Marianne/Wimmer, Michael (Hg.) (2010): *Lehren bildet? Vom Rätsel unserer Lehranstalten*. Bielefeld, S. 30ff.

Zirfas, Jörg (2007): *Das Lernen der Lebenskunst,* in: Göhlich, Michael/Wulf, Christoph/Zirfas, Jörg (Hg.) (2007): *Pädagogische Theorien des Lernens*. Weinheim/Basel, S. 168ff.

Materialien

1. Buchstabenkärtchen

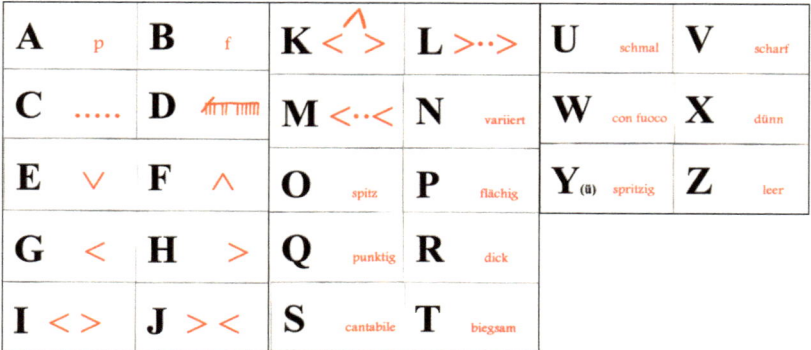

2. Partitur (leer)

Vorlage für die Arbeit an einer »Graphischen Partitur«

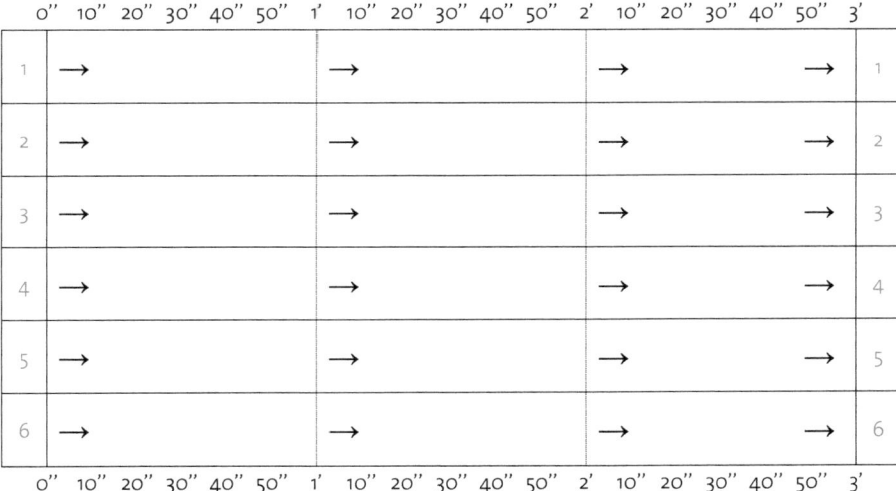

- Falls notwendig, weniger oder mehr Spuren.
- Wenn mehr als sechs Teilnehmer, -innen, dann verlängern auf fünf Minuten (auch abhängig von der Qualität der Gruppe und auch der musikalischen Vorstellung des gewünschten Ergebnisses – auch kleine Gruppen schaffen manchmal bei längerer Zeitdauer spannende/gute Musikstücke.
- Zeitvorgabe kann auch wegfallen bzw. die Gruppe entscheidet, ob sie sich daran hält oder nicht.

Manuel Gervink

Filmmusik als Bildungsgut?

Ist Filmmusik ein Bildungs- oder Kulturgut sui generis, für das eigene Verständnis- und Bewertungskategorien Gültigkeit beanspruchen? Und wenn dem so wäre, könnte man dann von Filmmusik noch als einem tradierten Bildungsgut sprechen? Steht die Popularität von Film und Filmmusik der Kategorisierung als Bildungsgut entgegen, oder ist die historische Kontinuität von Filmmusik Garant für eine solche Zuteilung?

In einer ersten Annährung an die Thematik ist es nicht ohne Reiz, stilistisch ähnliche Beispiele von Film- und Konzertmusik[1] miteinander zu vergleichen – idealerweise, ohne diese zu kennen. In einem ersten Selbstversuch, der zum Ziel hatte zu klären, ob sich Filmmusik hörbar erkennen lässt, erklangen Ausschnitte aus drei Werken, deren Titel bzw. Herkunft nicht genannt wurden:

- Uuno Klami (1900–1961), *Merikuvia* (Seebilder), Nr. 3
- John Williams (* 1932), *Star Wars: Episode I – The Phantom Menace*
- Richard Wagner (1813–1883), *Tristan und Isolde*, Vorspiel zum dritten Akt

Während das Werk von Klami – bewusst wegen seiner geringen Bekanntheit aber auch seiner Nähe zu filmmusiksprachlichen Mitteln ausgewählt – weder erkannt noch als Film- bzw. Konzertmusik kategorisiert werden konnte, gelang die Zuteilung des Ausschnitts aus der umfänglichen Musik zu *Star Wars* von John Williams durch das Wiedererkennen einzelner Motive schnell. Das Vorspiel zum dritten *Tristan*-Akt war durchaus nicht allen Teilnehmern bekannt, was diese zwar teilweise als peinlich empfanden, ihnen letzten Endes aber die Suche nach filmmusikalischen Kriterien erleichterte. Dagegen war die Kurzgliedrigkeit der einzigen »echten« Filmmusik offensichtlich; mehrere episodisch anein-

---

[1] Unter »Konzertmusik« soll hier jegliche Form von Kunstmusik verstanden werden, die in einer öffentlichen Aufführung erklingt, unabhängig von ihrer Gattung und Besetzung – Musik also, die um ihrer selbst willen vor einem Publikum aufgeführt wird.

andergereihte, teilweise bekannte Motive (darunter das allen bestens vertraute »Darth Vader«-Thema) sowie eine unvorbereitet eintretende Chorpassage ließen das Beispiel als Konzertmusik ausscheiden, obwohl die musikalischen Sprachmittel durchaus nachweisbar waren, wie umgekehrt auch *Merikuvia* eine nicht geringe Anzahl filmmusikalischer Merkmale lieferte. Das Ergebnis lässt sich in etwa in dieser Tabelle darstellen:

Werk	Musikalische Merkmale	Verwendbar als Filmmusik?	Reale Filmmusik?
Merikuvia	weiträumige symphonische Verarbeitung mit diversifizierter Thematik	ja	unsicher
Star Wars	motivische Reihung ohne Weiterentwicklung oder Verbindung	ja	ja (bekannt)
Tristan	ausgedehnte symphonische Verarbeitung	ja	unsicher

Da somit allen drei Werken die theoretische Anwendbarkeit in filmmusikalischer Hinsicht zugesprochen wurde, schien die Ausgangshypothese von Filmmusik als Bildungsgut eigener Provenienz und mit eigenem kategorialem Gerüst wenig haltbar. Hier bot sich ein zweiter Schritt an, der von der rein musikalischen Betrachtungsweise abging und der mehr auf die filmischen Zusammenhänge gerichtet war: Sechs kurze Filmausschnitte wurden vorgeführt, wobei zu entscheiden war, ob der musikalische Charakter im Nachhinein beschrieben werden könne. Dies richtete sich unmittelbar auf die Autonomie der Filmmusik im gesamten filmischen Zusammenhang: Inwieweit vermag sich die Musik vom Bild so weit zu lösen, dass aus der passiven eine aktive Rezeptionshaltung wird, und welches sind die Gründe dafür? Es wurden hierzu gezeigt und diskutiert:

- *Shining* (GB/USA 1980, Regie: Stanley Kubrick, Musik: Béla Bartók, Krzysztof Penderecki, Wendy Carlos, Rachel Elkind)
- *Twin Peaks: Fire Walk with Me* (F/USA 1992, Regie: David Lynch, Musik: Angelo Badalamenti)
- *Aviator* (USA/D 2004, Regie: Martin Scorsese, Musik: Howard Shore)
- *Lost Highway* (F/USA 1997, Regie: David Lynch, Musik: Angelo Badalamenti)
- *Vertical Limit* (USA/D 2000, Regie: Martin Campbell, Musik: James Newton Howard)
- *Schtonk!* (D 1992, Regie: Helmut Dietl, Musik: Konstantin Wecker)

Shining

Stanley Kubricks den Teilnehmern bestens bekannter Horrorfilm um einen Hausmeister, der mit Frau und Kind ein einsames Hotel in den Rocky Mountains über den Winter bringen muss und hierbei allmählich dem Wahnsinn verfällt, enthält eine große Menge präexistenter (vorbestehender) Filmmusik, wobei gerade Béla Bartóks *Musik für Saiteninstrumente, Schlagzeug und Celesta* eine prominente Rolle spielt, da einzelne Filmsequenzen auf die musikalische Struktur des Werks exakt zugeschnitten worden sind. Im Workshop wurde ein kurzer Ausschnitt gezeigt, in dem Danny, der Sohn des Hausmeisters, der über die Gabe verfügt, Dinge zu sehen, die in der Zukunft, aber auch in der Vergangenheit liegen (»Shining«), den Zwillingstöchtern des vorherigen Hausmeisters begegnet. Der Zuschauer weiß, dass diese von ihrem Vater bestialisch ermordet worden sind, der Junge natürlich nicht, wird nun aber mit dieser Vision aus der Vergangenheit jäh konfrontiert.

Während die Kamera dem Jungen auf seiner Dreiradfahrt durch die Hallen und Korridore des Hotels folgt, baut die Musik Spannung durch Cluster, Sforzati und schließlich einen machtvollen, geräuschhaften Orchesterakkord auf, der in dem Moment erklingt, in dem Danny die beiden Schwestern im Gang erblickt. Während in Sekundenbruchteilen Einblendungen der grauenhaft zugerichteten Leichen der beiden Mädchen zu sehen sind, steigert sich der Orchestersatz zu wild auffahrenden Kaskaden der Blechbläser und beruhigt sich erst wieder, als die Vision verschwunden ist.

Verglichen mit der Dominanz der eindringlichen Bilder war die Erinnerung an das musikalische Geschehen sehr präsent; es kam also nicht zu dem so oft erfahrbaren Effekt, dass die Zuschauer ab dem Zeitpunkt, zu dem eine Überrepräsentation des Filmbilds zu konstatieren ist, die Filmmusik nicht mehr rezipieren und sich folglich auch nicht an sie erinnern können. Natürlich war dies auch der Aufgabenstellung geschuldet, in jedem Fall aber wurde die extrem dissonante Textur der Musik als durchaus angemessen beurteilt, ohne dass ein Status musikalischer (Vor-)Bildung zum Verständnis der Szene hätte erwartet werden müssen.

Twin Peaks: Fire Walk with Me

Die durch ihren breiten Stilmix verstörende Musik Angelo Badalamentis passt sich der vermeintlichen Abkehr von jeglicher narrativen Logik der Filmhandlung in spezieller Weise an. Mit den Darstellern erfährt auch der Zuschauer eine Erschütterung der zeitlichen und gegenständlichen Wahrnehmung, die sich etwa darin zeigt, dass die Überwachungskamera eine Person noch in dem Moment zeigt, in dem diese sich bereits selbst im Monitor im Nebenraum sehen kann. Der Zuschauer wird sodann in eine irreale, bildgewaltige Traumwelt geleitet, wobei sich nach der Rückkehr herausstellt, dass eine Figur vollständig aus der Gegenwartshandlung verschwunden ist. Die genaue Parallelisierung durch die Musik Badalamentis bleibt dabei fast unbemerkt, zumal die stilistischen Mittel sich offenbar auf unterschiedliche Rezeptionsebenen beziehen: Dass die Traumsequenz durch ein zusätzlich in den grundierenden Klang gemischtes Jazz-Idiom charakterisiert wird, ist wahrnehmbar, die Faktur der umgebenden Bilder dagegen nicht. Das wird auch dadurch erreicht, dass die Musik allmählich aus einem kaum hörbaren Grund-»Geräusch« quasi herauswächst, das offensichtlich durch Manipulationen wie gegenläufiges Abspielen einzelner kurzer Passagen gewonnen wird, eine Entwicklung, die gleichzeitig einem Crescendo unterworfen wird. Dass dies praktisch unerkannt bleibt, dürfte ein von Regisseur und Komponist beabsichtigter Effekt sein; die Tatsache, dass Abstrakta und der Erfahrung entzogene Phänomene wie widersprüchliche Zeitverläufe und unerklärliche Vorkommnisse in der Musik parallelisiert werden, kann sich nicht mitteilen, sondern allenfalls höranalytisch deduziert werden.

Aviator

Testflug und unerwarteter Absturz eines Flugzeugprototyps werden in *Aviator* durch eine Orchesteradaption der Fuge aus Johann Sebastian Bachs *Toccata und Fuge in d-Moll* (BWV 565) untermalt. Die Beziehungen zwischen Musik und Filmbild werden auf diese Weise geteilt: Oberflächlich passt sich die Musik dem Bild an, ohne dass dieses weiter hinterfragt würde. Es erklingt polyphone Orchestermusik, und in dem Moment, in dem der Absturz der Maschine nach dem Ausfall eines Triebwerks beginnt, reißt die Musik jäh ab. Dies ist unmittelbar evident und hat Gründe, die sich auf rein akustische Phänomene reduzieren ließen: Der Absturz wird durch Computeranimation und sorgfältiges Sounddesign zu einer emotional mitreißenden Sequenz, in der die Geräusche des abstürzenden Flugzeugs dominieren und jegliche Musik nur stören bzw. kaum hörbar sein würde; außerdem teilt sich das unvermittelte Abreißen der Musik in deutlicher Parallele zur Handlung mit.

Nähert man sich dagegen der Filmmusik von ihrem Werkaspekt her, dann stellt sich zunächst die Frage, weshalb gerade eine Fuge zur Darstellung des Flugs verwendet wurde. Tatsächlich aber scheint es eher in der Absicht von Regisseur und Komponist gelegen zu haben, ein musikalisches Pendant zur technischen Vollkommenheit des Flugzeugs zu erzeugen, die in den Äußerungen, vor allem aber in den Bildeinstellungen eindeutig zum Ausdruck gelangt. Dieser technischen Vollkommenheit wird die kompositionstechnische Überlegenheit der anspruchsvollen Fugentechnik entgegengesetzt. Dieser spezielle Aspekt kann sich in der Tat ohne die entsprechende detaillierte Kenntnis des Werks, der Gattung und seiner Wirkungsgeschichte nicht mitteilen, weshalb *Aviator* in diesem Detail Filmmusik zum Bildungsgut erhebt – freilich ohne dass die Kommunikation von diesen Kenntnissen zwingend abhängig wäre.

Lost Highway

In einem weiteren Filmausschnitt des Regisseur-Komponisten-Duos Lynch/Badalamenti erweist sich deren Wirkungsmacht zur Darstellung unerkennbarer Bedrohung inmitten alltäglicher Situationen. Ein Paar, das von einer Party heimkehrt, die den Mann in aufgewühlter Stimmung zurücklässt, betritt seine Wohnung, in der sich zuvor bereits ungewöhnliche Dinge abgespielt haben. Von beiden unbemerkt, durchtost gleißendes Licht die Wohnung, begleitet von einem sich schnell aufbauenden Akkordcluster. Obwohl der Mann darauf besteht, zunächst allein die Wohnung zu durchsuchen, finden weder er noch der hochsensibilisierte Zuschauer irgendetwas Ungewöhnliches, das dennoch die Wohnung zu beherrschen scheint. Die Verbindung von Bild und Musik steigert im Zuschauer stets die Spannung, da – letztlich seit Filmbeginn – auf etwas gewartet wird, das die seltsamen Vorfälle, die bislang erlebt wurden, erklärt, oder aber die Katastrophe, auf die unbewusst gewartet wird, endlich eintreten lässt. Dass weder das eine noch das andere geschieht und stattdessen die Spannungssteigerung fortgesetzt wird, führt schließlich zu einer einheitlichen Wahrnehmung von Bild und Musik vor dem Hintergrund des permanenten Thrills. In dieser Verbindung ist die Filmmusik auf keinerlei »Vorkenntnisse« angewiesen; durch die weitgehend einheitliche Textur vermitteln sich Bild und Musik gegenseitig.

Vertical Limit

Im unterhaltsamen, aber auch einfältigen Spiel mit akrophobischen Ängsten im Hochgebirge sinkt die Bedeutung der Filmmusik – bedingt durch die Übermacht der Bilder – auf ein Mindestmaß ab. Allzu durchschaubar ist die dürftige Handlung um ein Geschwisterpaar, das auf jeweils eigene Weise die Mitschuld am Tod des Vaters bei einem Kletterabsturz sublimiert und schließlich am Ende seinen Frieden findet, auf permanente Spannung durch die Darstellung existentieller Grenzerfahrungen im Hochgebirge angelegt. Die Musik verfällt beinahe in »Mickey mousing«, was im dargestellten, sehr kurzen Beispiel erkennbar wird: Die Notwendigkeit, aus Zeitdruck einen gewaltigen Felsspalt einfach zu überspringen, wird in der spannungssteigernden Phase der Sequenz, in der Hauptperson und Zuschauer gleichermaßen klar wird, dass es keine andere Möglichkeit gibt, durch die crescendierende Wiederholung kurzer Phrasen untermalt. Diese Figur setzt sich, während der Held Anlauf nimmt, fort, geht während des gewagten Sprungs zur anderen Felsspalte zu stimulierenden Akkordschlägen über, deren letzter schließlich mit dem glücklichen Einschlag beider Handpickel in der Felswand zusammenfällt. Die Filmmusik erschöpft sich funktional derart in ihrer Begleitfunktion, dass ihre Rolle als Musik beinahe unwichtig wird; entsprechend ist zu ihrem Verständnis keinerlei Vorkenntnis erforderlich.

Schtonk!

Dass die Rolle der Musik in Komödien wesentlich komplexer ist, mag seinen Grund darin haben, dass so etwas wie Humor, gar hintergründiger, durch Musik kaum parallelisiert werden kann. Am Beispiel von *Schtonk!*, einer Satire um den Fälscher der Hitler-Tagebücher, ließen sich im Workshop die unterschiedlich deutlich konnotierten Aussagefelder der Musik nachverfolgen. Die Szene zeigt den Fälscher Fritz Knobel, der dem schwäbischen Nähmaschinenfabrikanten und Altnazi Karl Lentz ein Aktbild Eva Brauns von Adolf Hitler verkaufen will, das in Wahrheit von ihm selbst stammt. Als Lentz schon einwilligen will, erscheint dessen Frau mit einem weiteren Sachverständigen, dem Kunsthistoriker August Strasser, gleichfalls einem Altnazi, dessen Kennerschaft des malerischen Werks Hitlers in Knobel den Verdacht heraufdämmern lässt, dass sein Schwindel in wenigen Minuten auffliegen könnte. Tatsächlich aber zeigt sich die Inkompetenz Strassers darin, dass er das Gemälde als 100-prozentig echt einstuft und obendrein noch behauptet, er selbst sei bei der Entstehung zugegen gewesen.

Die Musik verhält sich zu dieser Sequenz überwiegend persiflierend: Den Weg Knobels durch die Fabrik in das gewaltige, mit Devotionalien des Dritten Reichs vollgestopfte Arbeitszimmer untermalt sie durch marschartige Rhythmen mit zusätzlichen Jagdhorn-Quinten – als wolle sie die Bereitschaft Knobles illustrieren, sich dem Kampf um den Verkauf eines gefälschten Hitler-Bildes zu stellen. Während des Dialogs schweigt sie und setzt erst mit idyllischem Streichersatz wieder ein, als Strasser seine spontan erfundene Geschichte erzählt, die mit einem an Heidi-Romantik erinnernden Jodler abschließt.

In diesem Beispiel wurde deutlich, dass die Komik der Handlung durch die unterschiedlichen Wissensstände der beteiligten Figuren aufgebaut wird (wobei der Zuschauer, gemeinsam mit Knobel, den größten Informationsvorsprung hat). Die Musik ist gleichzeitig so eindeutig nachahmend bzw. zitierend, dass zu ihrem Verständnis das Zitat bewusst wahrgenommen werden muss. Ein nennenswerter musikalischer Bildungsstand ist gleichwohl wegen der verwendeten musikalischen Stereotypen nicht vonnöten.

Zusammenfassend lassen sich die Beispiele in ihrer Beurteilung wie folgt darstellen:

Filmtitel	Genre	Musik vorbestehend/original (im gegebenen Beispiel)	Funktion	Bildungsvorprägung?
Shining	Mystery/Thriller	überwiegend vorbestehend	Spannungssteigerung	nicht notwendig
Twin Peaks	Kriminalfilm mit Mystery-Elementen	Stilmix	Grundierung, Unterscheidung der Bildwelten	gering (zur Wahrnehmung unterschiedlicher stilistischer Merkmale
Aviator	Biopic	vorbestehend. (Johann Sebastian Bach)	stimmungshaft untermalend	Kenntnis des Originals zum Verständnis der Aussage
Lost Highway	Mystery	Original (vielfältige Stilistik)	Grundierung, Spannungserzeugung	nicht notwendig, einheitliche Wahrnehmung von Bild und Musik stellt sich von selbst ein
Vertical Limit	Abenteuerfilm	Original	Begleitung der Handlung	nicht notwendig
Schtonk!	Komödie	Original	Zitate zur Unterstützung des Parodistischen	nicht notwendig, da Stilzitate, deren Bekanntheit vorausgesetzt werden kann

Textlektüre (Statements) zu einzelnen Bereichen

In einem anschließenden Schritt wurde nun versucht, anhand dreier, aus weit auseinander liegenden Entstehungszeiten und von sehr unterschiedlichen Zugangsweisen geprägten Texten (Anhang 1 bis 3) die gewonnenen Erkenntnisse von einer theoretischen Warte aus zu untersuchen.

- Theodor W. Adorno/Hanns Eisler, *Komposition für den Film* (1944)

Der kurze Ausschnitt dieses bereits »historischen« Texts vermittelt ein Detail der filmmusikalischen Untersuchungen Adornos und Eislers, die Erkenntnis nämlich, dass kurze musikalische Formen der avantgardistischen Musik wie der filmmusikalischen Praxis gleichermaßen entsprächen. Daher sei Neue Musik als Filmmusik in besonderer Weise geeignet. Diese Aussage ist letztendlich nur im Zusammenhang mit der Kernaussage der Schrift zu verstehen, dass es nämlich eine geradezu unnütze, beinahe »verschwenderische«, in jedem Fall aber sinnwidrige Praxis wäre, Filmmusik lediglich als Verstärkung der ohnehin im Bild sichtbaren Handlung zu verwenden; vielmehr solle sie dazu dienen, die bildliche Aussage zu ergänzen.

Durch die gravierenden Veränderungen in der Filmmusik seit der Entstehung des Buchs, dessen Kritik sich in erster Linie auf die symphonische, in großer Eile und in Teamarbeit entstandene Filmmusik der marktbeherrschenden Hollywoodstudios bezieht, ist die heutige Rezeptionshaltung mehr oder weniger die eines zustimmenden Verständnisses, aber auch in dem Bewusstsein, dass die grundsätzliche Kritik der Verfasser heute obsolet ist: Längst hat die Tonsprache der Neuen Musik Eingang in die Filmmusik gefunden, und die geforderte Kurzgliedrigkeit ist jedem Filmmusikkomponisten geläufig. Sicherlich würde sich die Kritik Adornos und Eislers gegen jegliche Stimmungsverdoppelung richten, die sich nach wie vor in den primär symphonisch orientierten Scores findet. Die Vielfalt des filmmusikalischen Aussagespektrums zeigt aber, dass wesentliche Forderungen der Schrift heute durchaus erfüllt sind. Dies trifft auch auf die besprochenen Beispiele zu, wobei sicherlich *Vertical Limit* noch am ehesten die Voraussetzungen für die Kritik Adornos und Eislers erfüllen dürfte.

Filmmusik wird durch die qualitativen Maßstäbe Adornos und Eislers implizit in den Rang eines Bildungsguts erhoben, was aber nicht der Funktionalität der Musik anhaftet, sondern seinen Grund eher in der Auffassung von Neuer Musik durch die Wiener Schule Arnold Schönbergs hat, durch die beide Verfasser in jeweils individueller Weise geprägt sind, und in der ein unbedingtes »L'art-pour-l'art«-Prinzip propagiert wurde, das sich zumindest teilweise auf den Kunstanspruch von Filmmusik beider Autoren übertragen hat.

- Hans-Christian Schmidt, *Musik als Einflussgröße bei der filmischen Wahrnehmung* (1976)

Durch die Übernahme der von Hansjörg Pauli entwickelten funktionalen Kategorien von Filmmusik (Paraphrasierung, Polarisierung und Kontrapunktierung) und den anschließenden Rekurs auf die Verwendung von Musik in informativen oder dokumentarischen Fernsehformaten gelangt Hans-Christian Schmidt zu einer weitgehend pessimistischen Sicht. Im »Alltagsgeschäft« der Fernsehproduktion, die mit der alltäglichen Rezeption gleichzusetzen war, überwog die unreflektierte Übernahme von Musik, die oberflächlich zu den gezeigten Bildern »passte«. Im Umkehrschluss bedeutet dies, dass Filmmusik ihre Botschaft in Abhängigkeit von der kulturellen Prägung des Rezipienten vermittelt und sich hieraus die negative Konsequenz ergibt, dass nur sehr oberflächliche Beziehungen hergestellt werden, um Bildungsdefizite in der Übermittlung spezieller Botschaften bei der Verbindung von Bild und Musik zu entschärfen.

Auch bei dieser Schrift darf nicht vergessen werden, dass zum Zeitpunkt ihrer Abfassung das Fernsehprogramm noch praktisch ausschließlich von den öffentlich-rechtlichen Rundfunkanstalten bestritten wurde, dass der Anteil an Spielfilmen im Fernsehen vergleichsweise gering war und dass schließlich die Eigenproduktion von Fernsehfilmen in Spielfilmlänge von unwesentlichem Anteil war. Dokumentationen kommt im aktuellen Fernsehprogramm eine beinahe völlig gewandelte Funktion zu, sie besitzen häufig eine weitgehend am Spielfilm orientierte Dramaturgie und bedienen sich gleichfalls einer Filmmusik, die sich funktional am Spielfilm orientiert. Noch deutlicher ist diese Verschmelzung im Bereich der Eigenproduktionen der Fernsehanstalten zu beobachten, bei denen im Übrigen der Unterschied zwischen öffentlich-rechtlichen und privaten Sendern (bis auf die unterschiedlich hohen Werbeanteile) kaum mehr wahrnehmbar ist. Wenn Schmidt somit eine Verflachung des filmmusikalischen Sensoriums beklagt, die in erster Linie durch das tagesaktuelle Produktionstempo des Fernsehens entstand, so ist dieser Umstand in der heutigen Medienlandschaft in dieser Weise nicht mehr gegeben. Aktuell bleibt aber sicherlich die kulturelle »Sozialisation« des Rezipienten, wenn sich auch die filmmusikalischen Inhalte geändert haben. Da Spielfilme durch die heutige mediale Präsenz und Verfügbarkeit einen gänzlich anderen Stellenwert im alltäglichen Konsum gerade von Jugendlichen einnehmen, dürfte unbestritten der Anteil von Filmmusik allgemein, aber auch von filmmusikalischen Inhaltszuschreibungen in signifikanter Weise zugenommen haben. Bedenkt man ferner die schnelle Verbreitung kurzer Musikstücke oder Videosequenzen über Online-Portale und -shops, dürfte deutlich werden, dass sich hier eine breitere Vermittlung auch filmmusikalischer »Inhalte« abzeichnet, die langfristig sowohl als Bildungsgut wirksam werden als auch auf filmmusikalische Bedeutungskategorien zurückweisen wird.

- Jörg Türschmann, *Semiotische Begründungen für die Lehre der Theorie und Analyse von Filmmusik* (2008)

Der jüngste der drei Texte transportiert eine zunächst vermeintlich provokante Botschaft, dass nämlich Musik in zeichentheoretisch orientierter Betrachtungsweise als »Augenblickskunst« auf das momentane Erleben gerichtet ist, wobei ihr gerade im Film die Entwicklung weiträumiger Bedeutungsfelder zwingend abgeht. Erst durch die gelungene und sinnhafte Verkettung solcher einzelner »Erlebnispunkte« im Ganzen entsteht eine filmmusikalische Dramaturgie. Dies korrespondiert mit der eingangs gemachten Erfahrung der drei Hörbeispiele, von denen nur eines originäre Filmmusik (John Williams, *Star Wars*) war. Zwar wurde es anhand der Themen erkannt; gleichzeitig aber war die Kurzgliedrigkeit der einzelnen Motive als filmmusikalisches Merkmal offensichtlich. Größeren symphonisch-motivischen Entwicklungen (Wagner, Vorspiel zum II. Akt von *Tristan und Isolde* und Klami, *Merikuvia*) wurde die Fähigkeit als Filmmusik zwar nicht abgesprochen, doch es blieb letzten Endes eine Unsicherheit, die – soweit könnte im Sinne Türschmanns argumentiert werden – durch filmmusikalisch eher ungeeignete weiträumige Gestaltung hervorgerufen wurde.

Dass Filmmusik ein Bildungsgut sui generis darstellt, dürfte nach den unterschiedlichen Zugangsweisen, denen im Workshop auch in unterschiedlicher Intensität nachgegangen wurde, unbestritten sein. Allerdings ist sie es sicher nicht im kanonischen Sinne eines »klassischen« Bildungsguts, das statisch angeeignet und reflektiert werden kann. Filmmusik ist, das hat auch die Betrachtung der aus unterschiedlichen Zeiten stammenden Theorietexte gezeigt, ein dynamisches Bildungsgut, das sich in komplexer Weise im Austausch mit kulturellen Entwicklungen, medialer Präsenz und semiotischen Präferenzen stets neu bildet.

Manuel Gervink

Anhang 1
Theodor W. Adorno/Hanns Eisler: Komposition für den Film (1944)
Musikalische Form

Die Praxis des Films kennt vorwiegend kurze musikalische Formen. Länge oder Kürze einer musikalischen Form stehen in bestimmter Relation zum musikalischen Material. Die tonale Musik der letzten 250 Jahre drängt auf längere, entwickelte Formen. Das Bewusstsein eines tonalen Zentrums kann hergestellt werden nur durch Entsprechungen, Entwicklungen, Wiederholungen, die eine gewisse Zeit beanspruchen. Kein tonales Ereignis ist als solches verständlich, sondern wird »tonal« erst durch entfaltete Beziehungen. Diese Tendenz wächst an mit dem Eigengewicht der Modulation: je mehr die Musik vom tonalen Ausgang wegstrebt, um so mehr Zeit braucht sie, um den tonalen Schwerpunkt wiederherzustellen. Alle tonale Musik enthält ein Moment des ›Überflüssigen‹ dadurch, dass jedes Ereignis, um seine Funktion im Bezugssystem zu erfüllen, öfter ausgesprochen werden muss, als es seinem eigenen Sinn nach notwendig wäre. Die kurzen Formen der Romantik (Chopin und Schumann) widersprechen dem nur scheinbar. Die liedähnlichen instrumentalen Kompositionen dieser Meister ziehen ihren Ausdruck aus dem Fragmentarischen, aus einem Abbrechen, ohne dass sie je beanspruchten, in sich selbst zu ruhen und »geschlossen« zu sein. Die Kürze der neuen Musik ist davon prinzipiell verschieden.

In ihr sind die einzelnen musikalischen Ereignisse, die Motivgestalten ohne Rücksicht auf ein vorgeordnetes Bezugssystem konzipiert. Sie sollen nicht »wiederholbar« sein und verlangen auch keine Wiederholung, sondern stehen zunächst für sich selbst. Wenn sie ausgesponnen werden, so geschieht das nicht durch symmetrische Entsprechungen, wie Sequenzen, Reprisen der ersten Periode einer Liedform und ähnliches, sondern durch entwickelndes Variieren der gegebenen Ausgangsmaterialien, ohne dass diese dabei überhaupt sinnfällig wiedererkannt werden müssten. All das bewirkt eine Kondensierung der musikalischen Form, die über das romantische Fragment weit hinausgeht. Es sei an die Schönbergschen Klavierstücke op. 11 und 19 und das Monodram »Erwartung«, an Strawinskys Quartettstücke und die japanischen Lieder, und an die Arbeiten von Anton Webern erinnert. Die besondere Qualifikation der neuen Musik zum Aufbau konsistenter, präziser kleiner Formen, in denen nichts Überflüssiges vorkommt, die sofort zur Sache kommen und keiner Verlängerung aus architektonischen Gründen bedürfen, liegt auf der Hand.[2]

---

[2] ADORNO, THEODOR W./EISLER, HANNS (2006): *Komposition für den Film*. Frankfurt am Main, S. 40/41.

Anhang 2
Hans-Christian Schmidt:
Musik als Einflussgröße bei der filmischen Wahrnehmung (1976)

Die wissenschaftliche Erörterung des Phänomens Filmmusik hatte bislang und vornehmlich den Spielfilm, überwiegend den Spielfilm mit künstlerischem Anspruch im Visier. Verständlich – denn erstens ist der Film, verglichen mit anderen künstlerischen Artikulationsformen, eine Gattung mit kurzen geschichtlichen Wurzeln, zweitens haben sich die filmischen Inhalte und vor allem die Darstellungsformen einschließlich der technischen Realisierungsmöglichkeiten innerhalb eines knappen Zeitraums von wenigen Jahrzehnten zu einer kaum noch zu überblickenden Fülle entwickelt, und drittens findet man gerade in der Entwicklungslinie des experimentierfreudigen, wagemutigen Films, der mit dem Geschmack und mit den Erwartungen des durchschnittlichen Kinobesuchers häufig in Kollision geriet, in der Tat die eindrucksvollsten Belege dafür, dass Musik in Verbindung mit dem filmischen Geschehen zu vielfältigen Aussagemöglichkeiten gelangen kann, die mitunter von spezifisch musikalischer Eigenständigkeit sind. Das erklärt die bevorzugte Rolle des Spielfilms als Untersuchungsobjekt derer, die auf der Suche nach gültigen, d. h. damals wie heute für den Produzenten wie auch für den Rezipienten anwendbaren ästhetischen Kategorien der Filmmusik sind. In jüngster Zeit unternimmt es Pauli, die zahllosen Verhältnisse, die Filmmusik mit Filmbildern eingehen kann, auf drei Kategorien zurückzuführen.
Er bezeichnet sie mit den Stichworten *Paraphrasierung, Polarisierung und Kontrapunktierung* (1975). Als paraphrasierend wird demnach eine Musik eingestuft, deren Charakter sich direkt aus dem Charakter der Bilder, aus den Bildinhalten, ableitet. Polarisierend wird eine Musik genannt, die kraft ihres eindeutigen Charakters mehrdeutige, ambivalente Bilder in eine bestimmte Ausdrucksrichtung schiebt. Kontrapunktierend ist dann eine Musik, deren eindeutiger Charakter dem ebenfalls eindeutigen Charakter der Bilder, den ebenfalls eindeutigen Bildinhalten, widerspricht. Für die ersten beiden Funktionen der Musik lassen sich zahllose Belege finden. Erscheint in einem Wildwestfilm eine Gruppe von Reitern in vollem Galopp, so erklingt als musikalische Paraphrase zumeist eine Begleitmusik, die mittels imitativer Symbolik die akustische Ebene musikalisch-rhythmisch verdoppelt. Eine polarisierende Rolle übernimmt die Musik z. B. während des Vorspanns zu einem Film, wo die Namen der Schauspieler und Produzenten genannt werden, wo aber gleichzeitig eine Art Gefühlseinstimmung auf die erste Szene musikalisch vorgenommen wird. Seltener sind Filme, in denen die musikalische Schicht in einem widersprüchlichen, kontrapunktierenden Verhältnis zur visuellen Schicht steht. Hier entsteht zwischen beiden Ebenen ein konstruiertes Spannungsverhältnis, das der Zuschauer als Bruch beider Schichten verstehen soll. In Stanley Kubricks Film »2001 – Odyssee im Weltraum« beispielsweise sieht man in einer Szenen-Sequenz, wie perfekt im Jahre 2001 der Weltraum-Personenverkehr mittels Raumschiff abgewickelt wird. Man

sieht eine Welt voller futuristischer Technologie, die uns zur Zeit als noch nicht realisierbar erscheint, man hört dazu Johann Strauß' »Donau-Walzer«-Melodie, ein musikalisches Zitat, das in dieser futuristischen Vision vollkommen fehl am Platze zu sein scheint, welches aber eben durch, seine Widersprüchlichkeit andeuten will, dass nur wir es als unpassend empfinden, dass hingegen die gezeigte Weltraumwirklichkeit banal und gewöhnlich ist – wie ein Walzer, wie ein »alter Hut«.

Filmmusik wird aber auch jene Musik genannt, die tagtäglich nicht nur in Spielfilmen, sondern vor allem in Informations- oder Dokumentationsfilmen, man muss sagen, zum Einsatz gelangt, mit der wir also, indem wir als Fernsehzuschauer auf Information und gesellschaftliche wie politische Analyse ausgerichtet sind, permanent konfrontiert werden, ohne dies bewusstseinsmäßig zu registrieren. Eine Anwendung filmmusikalischer ästhetischer Kategorien versagt hier im gleichen Maße wie der Versuch, musikalische Kategorien beispielsweise eines symphonischen Musikwerks auf gängige Unterhaltungs-Genres zu übertragen. Wohl zehrt das letztere substantiell vom ersten, ist aber doch nichts anderes als ein heruntergekommenes, ständig reproduzierbares Klischee, bei dem es nur zu wissen gilt, »wie man's macht«. Wie im Falle der Unterhaltungsmusik stellen solche kurzen, manchmal längeren Informations- und Dokumentationsfilme im Fernsehprogramm einen nicht unerheblichen quantitativen Anteil neben anderen Programmarten dar. Zusammen mit dem Serienunterhaltungsfilm besetzen sie vor allem das Nachmittags- und das frühe Abendprogramm; zuweilen sind sie in die regionalen Informationsprogramme (Nordschau, Hier und Heute etc.) eingebaut, zuweilen sind sie eigenständige Sendeformen mit festen, regelmäßig wiederkehrenden Ausstrahlungszeiten (Abenteuer Wildnis, politische Magazine, Länderspiegel etc.) Sendungen also, die in den sogenannten günstigen Zeiten liegen und damit den größten Teil der – zumeist jugendlichen – Zuschauer erreichen. Der Informationswert mancher Sendungen dieses Typs, der minimal eine Länge von zwei bis drei Minuten, maximal eine Ausdehnung von einer Dreiviertelstunde erreicht, ist von Fall zu Fall verschieden. In der Reihe »Abenteuer Wildnis« geht es vor allem darum, den Zuschauer auf eine nette Weise zu unterhalten, der Informationsgehalt ist relativ gering und tritt zurück hinter einer hübschen Story mit Tieren. Anders dagegen die Kurzfilme in den täglichen Regionalprogrammen, die sich – wir denken dabei an die ZDF-»Drehscheibe« – mit aktuellen Themen, Konflikten, Ausnahmeerscheinungen im sozialen Bereich, Wirtschaftsfragen, Bildungsproblemen, politischen Randnotizen und ähnlichem mehr befassen. Aufgelockert wird die »Drehscheibe«, um nicht in die Gefahr der Monotonie und der allzu strengen Sachlichkeit zu verfallen, oft mit einigen Prisen Humor und natürlich mit dem Schlagerstar des Tags, der dem ganzen den notwendigen Gefühlstouch gibt.

Es ist nun ein ganz schlichter Erfahrungswert, dass der Typ des dokumentarischen, informativen Kurzfilms stets oder zumindest in den meisten Fällen mit einem musikalischen Background versehen wird. Wir erwähnten bereits, dass der Versuch, diese Gepflogenheit mit einem kategorialen System der Filmmusikästhetik erfassen zu wollen, fragwürdig wäre, denn der Verfasser hat in Zeiten als gelegentlicher freier Mitarbeiter einer Fernsehsendeanstalt immer wieder diese gleiche Erfahrung machen müssen: Die Auswahlkriterien, nach denen für kurze Dokumentations- und Informationsfilme ein musikalischer Hintergrund erstellt wurde unbeschadet des filmischen Sujets, unterlagen stets dem Zufall, soll heißen: dem ganz individuellen Geschmack des verantwortlichen Redakteurs oder dem seiner Mitarbeiter. Oft war auch die individuelle Musikkenntnis bzw. -neigung der für die musikalische Zutat begrenzende Horizont, nicht etwa ein von grundsätzlichen ästhetischen Überlegungen gestütztes Prinzip der Zuordnung von ganz bestimmten Filminhalten zu ganz bestimmten musikalischen Charakteren. Entscheidend war vielmehr stets die Frage, ob eine Musik als akustischer Hintergrund nach Meinung aller an der Produktion Beteiligten als »passend« empfunden wurde oder nicht. Von einer musikalischen Paraphrase wird man also hier kaum sprechen dürfen, denn das setzte voraus, einen Begründungszusammenhang zwischen Filmsujet und begleitender Musik formulieren zu können, und zwar vor der Produktion, nicht erst hinterher. Ebenso schwer wäre hier Lissas Begriff Synchronismus anzuwenden, denn zur Spezifik der synchronen Methode, Film und Musik zu einer gleichsinnig auf den Zuschauer einwirkenden Ganzheit zu verklammern, gehört eine Art »musikalisches Drehbuch«, das die Musik als der Handlung zugehörig einsetzte, sodass sie zusammen mit der Klangquelle, organisch mit der Filmfabel verbunden, im Bild erklingen kann. »Auch überall, wo das Bild den Ton motiviert, oder umgekehrt, überall wo die Motivierung zeitlich, räumlich, kausal, emotional ist oder ›ex post‹ oder als Antizipation kommentiert, haben wir es noch mit ... Synchronismus zu tun« (Lissa, 1965, S. 105). Wo aber lediglich über den Daumen gepeilt wird, bleibt die Kausalität auf der Strecke, vom Entwurf eines »musikalischen Drehbuchs« ganz zu schweigen.[3]

---

[3] SCHMIDT, HANS CHRISTIAN (1976): *Musik als Einflussgröße bei der Filmischen Wahrnehmung*, in: DERS. (Hg.): *Musik in den Massenmedien Rundfunk und Fernsehen. Perspektiven und Materialien.* Mainz, S. 126–128.

Manuel Gervink

Anhang 3
Jörg Türschmann:
Semiotische Begründungen für die Lehre der Theorie und Analyse von Filmmusik (2008)

4. Das Sprechen über Filmmusik im Unterricht

Es sollen zum Abschluss einige Bemerkungen folgen, die in eine andere Richtung gehen. Sie haben mit dem Problem zu tun, die Funktionen von Filmmusik in Lehrsituationen zu vermitteln bzw. sich über den Kunstcharakter von Filmmusik in einer schulischen oder universitären Situation zu verständigen. In diesem Zusammenhang können sich die oben genannten zeichentheoretischen Überlegungen als nützliche Reflexionsstufe auf dem Weg zur Unterrichtspraxis erweisen. Wenn in der Exemplifikationsfunktion zugleich eine Analogie zwischen Zeichenkörper und Signifikat und eine Verweisfunktion gegeben sind, wenn also das Zeichen zugleich motiviert und arbiträr ist, dann ist damit auch eine Spannbreite zwischen unmittelbarem Erleben und Rationalisierung in Sinne eines verstehenden Nachvollzugs der Ähnlichkeitsbeziehung gemeint.

Eine Musik, die unheimlich wirken soll, dies aber auf so durchsichtige Weise tut, dass ihre Wirkung nicht gesichert ist, wirkt wahrscheinlich lächerlich. Es kommt zur Rationalisierung und zu einem Verständnis von Musik als unfreiwilliger Parodie. Diese Bewegung nun lässt sich in der Lehrsituation forcieren. Durch den nachhaltigen Hinweis auf die Ausdrucksfunktion lassen sich Formulierungen zu ihrer Beschreibung erzwingen, die den betreffenden Schülern oder Studenten regelrecht peinlich sind, da sie auch ein Stück weit die intime Rezeptionserfahrungen zu enthüllen drohen. So ist die Ironie in einer Formulierung wie »hier habe ich Rotz und Wasser geheult« zugleich Schutz und Eingeständnis.

Die Zuschauer müssen hier auf die Metaphorik ihrer Worte vertrauen wenn sie ihre Eindrücke schildern möchten. Die Intimität der geäußerten Erfahrungen rührt aus einem durchaus sozial konventionellen Verständnis einer historischen Semantik von sprachlichen Gefühlsattributen her. Man denke hierbei vor allem an den Einsatz von Filmmusik als Mood Score, also ein ganz gewöhnlicher Fall, aber eben auch der verbreitetste. Als Augenblicksmusik besetzt Musik im Film den Erlebnishorizont auf absolute Weise: zu den Bildern des Meeres die liegenden Moll-Akkorde oder zu wilden Tieren ein tiefes Register. Die momentane Versammlung des Gefühls auf einen Eindruck hin ist letztlich der Sinn eines Films. Erst die Verkettung solcher Erlebnisse darf als die Dramaturgie eines Films bezeichnet werden. Die Erfahrung solcher Erlebnisse muss auch als der Versuch der Wiederherstellung einer Identität des Individuums verstanden werden, die in einer modernen ausdifferenzierten Gesellschaft eigentlich nicht mehr existiert. In diesem Sinn wird die Kunst als Unterhaltung definiert. Sie hat ausschließlich interessant zu sein, von Moment zu Moment, und ›interessant‹ heißt nichts anderes, als im Moment des Erlebens und der Wahrnehmung ein solches Identitätsgefühl zu stiften.

Vor diesem Hintergrund treten geistesgeschichtliche Orientierungswerte der Romantik vom Beginn der Moderne am Ende des 18. und zu Beginn des 19. Jahrhunderts auf den Plan, nämlich die Wahrnehmung zu kanalisieren und vom höchsten Glück ins tiefste Unglück zu stürzen und sich umgekehrt vom tiefen Fall aus wieder emporzuschwingen und so das ungeteilte, aber verlorene Ich noch einmal zu erfahren. Es kommt immer auf den Moment an, nicht auf die vollständige Wiedergabe einer Symphonie, nicht auf die angemessene Interpretation einer Partitur oder Ähnliches. Fragment, Stückelung, Zitat, Plagiat sind die Beispiele für Exemplifikation, die in der Ausdruck münden können. Sie dienen einer augenblicklichen ganzheitlichen Sinneswahrnehmung. Die historische Dimension dieser Erfahrung ist eine vormoderne. Deshalb wird sie so kritisiert von der Musikwissenschaft und von der politischen Ideologiekritik, die entweder der Gleichung ›Wahrhaftigkeit gleich Schönheit der Konstruktion‹ oder einer weitsichtigen Moral verpflichtet sind, beides kunstexterne Kriterien. Kunst dient der Unterhaltung. Dies hat nichts mit der Dichotomie von E- und U-Musik zu tun. In der musikalischen Praxis, selbst in der technisch reproduzierten in Film, Radio und Fernsehen, geht es immer um Kurzweil und nicht um wohlgeformte Werke. Kunst kann selbstverständlich Leistungen gegenüber den Ansprüchen auf programmatische Ästhetiken oder Moral erbringen, so wie sie sich auch ständig als kommerziell einträglich erweisen muss. Dies funktioniert aber nur, so lange das Ergebnis auf Interesse stößt und in der Kunst Faszination erzeugt. Dafür ist der Kunst jedes Mittel und jeder Import recht, der dann umkodiert wird.

So wie der Tierfilm oft nur Bilder von Kopulation und Fressen bzw. Gefressen-Werden und nicht ein Rundumbild der Tierwelt bietet und der Einspruch der Biologie nicht zählt, so ist Musik im Film als ausdrückliches Thema oft nur das romantische Bild eines Musiker-Genies ohne Rücksicht auf musikgeschichtliche und musikästhetische Einwände. In jedem Fall funktioniert Musik als Exemplifikation im vorgenannten zeichentheoretischen Sinn, deren offensichtliche metaphorische Versprachlichung dann wiederum Ausdruck dafür ist, dass eine Musik in einem Film an einer bestimmten Stelle interessant und faszinierend war und in diesem Sinn sogar Kunst genannt werden kann. Hier ist in der Tat der Ort, wo etwa die Untersuchung von Repetition und Variation mit Hilfe musikwissenschaftlicher Terminologie den Spannungsverlauf eines Films beschreiben helfen kann.[4]

---

[4] TÜRSCHMANN, JÖRG: *Semiotische Begründungen für die Lehre der Theorie und Analyse von Filmmusik. 4. Das Sprechen über Filmmusik im Unterricht*, in: PIEL, V./HOLTSTRÄTER, K./HUCK, O. (Hg.) (2008): *Filmmusik. Beiträge zu ihrer Theorie und Vermittlung.* Hildesheim, S. 158–160.

Joachim Kremer

Bildung ohne Wissen und Inhalte?
Oder: Worum geht es bei der Beschäftigung mit Musik?

1 Musikalische Wirklichkeit oder »Quid est musica?«

Unterrichtslehren aus der Zeit des Humanismus beginnen oft mit der grundsätzlichen Frage »Quid est musica?«. Auch wenn die damals gegebenen Antworten unserem heutigen, immer noch oft vom 19. Jahrhundert geprägten Verständnis von Musik nicht mehr genügen mögen, so widmen sie sich genau jener Frage, der sich im Grunde die Münchner Tagung »Musikalische Bildung – Ansprüche und Wirklichkeiten« widmete: Was ist eigentlich die ›Sache‹ (mit Bedacht ist dieses blasse Substantiv gewählt), derenwegen man pädagogisch tätig wird, die uns alle – wenn auch in unterschiedlicher Weise und Intensität – begeistert, beschäftigt, gleichgültig lässt oder sogar abstößt. Geht es vorwiegend (oder ausschließlich?) um das, was Musik im Hörer als einem empfindenden und erlebenden Individuum bewirkt? Oder liegt diese ›Sache‹ in dem, was das Klingende in sich trägt, also auch in den kontextuellen und historischen Anteilen, die gemeinsam das bilden, was Stefan Orgass »Sinnzusammenhang« nennt? Wäre Musik nur ein Mittel, um Bestimmtes zu erreichen, um etwa ein Wohlgefühl zu erzeugen, um beispielsweise die eigene Gefühlswelt zu erleben oder um z. B. ›bessere Menschen‹ zu bilden, dann setzte sie sich dem Vorwurf aus, ausschließlich ›Mittel zum Zweck‹ zu sein. Einem so verstandenen Musikunterricht ginge es im Grunde nicht um die Musik. Musik wäre nämlich nur Mittel zur Erlangung außermusikalischer Ziele, also eine Art Therapeutikum, und folglich dürfte auch nicht mehr von »Musik«-Unterricht gesprochen werden, weil ja nicht die Methode die Fächer benennt. Eine gewisse Beliebigkeit und auch Oberflächlichkeit im Umgang mit Musik müsste die Folge sein (und wäre sogar unvermeidbar), denn es wäre gleichgültig, ob eine Sonate von Haydn, Mozart, Beethoven, Liszt oder Hindemith den Gegenstand abgäbe. Die Undifferenziertheit im Umgang mit Musik würde letztlich nur wahrnehmen, was bei Tausenden von Kompositionen zu finden ist: Thematische Gestalten, die verändert werden und zu denen – in irgendeiner Weise – zurückgekehrt wird. Das hat in bestimmten Kontexten sicherlich seine Berechtigung, aber es kann nicht das Ideal einer musikbezogenen Beschäftigung mit Bildungsanspruch darstellen.[1] So lange Artefakte mit ästhetischem Anspruch Gegenstand des Unterrichtens darstellen, ist der Gedanke, dass eine Komposition als etwas bewusst Gestaltetes, als etwas Individuelles und als auf bestimmte Kontexte Reagierendes wahrgenommen werden kann, nicht hinfällig, und gerade diese Blickrichtung bliebe im Falle der ausschließlich befindlichkeitsorientierten Wahrnehmung unthematisiert. Der stattdessen zur Sprache gebrachte Allgemeinplatz kann indes unbestritten eine gewisse Gültigkeit beanspruchen, aber in solch' einem allgemeinen Maß, dass er eben unspezifisch und beliebig ist. Ein solcher Umgang mit Musik wäre grobschlächtig, und primär nicht etwa, weil er tradierte Bildungsgüter und Bildungsideale einebnet und preisgibt, sondern weil Vielfalt und Reichtum der Musik nivelliert werden, weil damit auch die Vielfalt der Begegnungen und der Auseinandersetzungen verhindert werden (ein Potential, das jedem, der Musik in irgendeiner Weise unterrichtet, wertvoll sein muss). Denn Wissen als Teil eines Bildungsprozesses kann – obwohl immer unvollkommen – überraschen, verunsichern, es kann Wahrnehmungshorizonte eröffnen und zugleich für eine weitere differenzierte Wahrnehmung sensibilisieren.[2] »Der Bildungsprozess impliziert das Sichfremdwerden im Zwischenraum von Eigenem und Fremdem, und nur in diesem Spielraum sind für den Menschen Erfahrungen möglich.«[3] Für dieses Sichfremdwerden bedarf es einer über die eigene Subjektivität hinausgehenden Kategorie, die außerhalb des Individuums liegt und die in idealer Weise die Sachebene der Musik liefern kann. Wenn aber im Gegensatz dazu Einschätzungen und Urteile auf dem Usus der Unkenntnis beruhen, dann kann »der Usus der Unkenntnis den falschen Blick als faktisch legitimieren«, in seiner Borniertheit weitere Erkenntnismöglichkeiten,[4] und damit letztlich auch »Bildung« vereiteln, weil Bildung zu verstehen ist als »Fähigkeit zu Urteil und Kritik auf einem adäquaten Wissensstand«.[5]

[1] Ob Oberflächlichkeit und Falschheit eine spätere intensive Beschäftigung behindert oder gar verstellt, sei hier nicht diskutiert.
[2] NOLTZE 2010, S. 41 und KREMER 2011, S. 63.
[3] DÖRPINGHAUS 2009, S. 9.
[4] Es ist einzuräumen, dass Entdeckungen auch aus Zufall erfolgen können und dass auch Fehlurteile als produktives Missverständnis wirken können. Beides als Prinzip des Lernens zu verstehen, ignoriert jedes kulturelle Gedächtnis, wie es das im Fortgang angesprochene Beispiel der Werbung für die Berliner Aufführung der *Schöpfung* im Jahre 2011 belegt. Die Bedeutung kulturellen Gedächtnisses für jede Art von Bildung unterstreicht Dörpinghaus, weswegen Wissenschaften das kontextfreie Lernen nicht als Standardform pflegen.
[5] WAGNER 2000, S. 151f.

Diese Problematik besteht grundsätzlich und ist unabhängig von den Kulturkreisen, die in den Blick genommen werden.⁶ Das ›Ausweichen‹ auf außerhalb des eigenen Kulturkreises liegende Musik als einer andersartigen Art des Umgangs mit dem Phänomen »Musik« ist nämlich nicht per se ein Königsweg. Die Vorteile eines sachlich präzisen Vorgehens zeigt gerade das Phänomen des musikalischen Exotismus: Erst die Differenz zwischen Vorlage und dem darauf aufbauenden Produkt lässt den Transferprozess und die jeweilige selektive oder verzerrende Rezeption und damit auch Motive erkennen.

Was aber ist die Sache und worin bestehen »Vielfalt und Reichtum der Musik«, wenn nicht in der subjektiven Betroffenheit des Hörers? Sicher ist der Reichtum der Musik – um beim Beispiel der Sonate zu bleiben – nicht gleichzusetzen mit dem ›Einpauken‹ des Sonatenprinzips. Denn: Welche Sonate sollte auch als Modell dienen, wo doch die oben genannten Komponisten derart unterschiedliche Sonatenkonzeptionen repräsentieren, dass kaum Verbindlichkeit herzustellen ist? Ein bestimmtes Modell zu postulieren, wäre ein im Grunde grobschlächtiges Nivellieren, weil damit ein ganz bestimmtes Ideal der Sonate als verbindlich transportiert werden würde. Vielleicht fristet solch ein normatives Verfahren seine Existenz noch in einem Lehrbuch, bemerkenswerterweise richtet sich aber die musikalische Realität selten nach den Lehrbüchern und ist weit vielgestaltiger. Im Grunde wäre es eine Art »schwarzer Pädagogik« im Sinne Alice Millers, indem standardisierte Vorstellungen und Modelle normativen Anspruch erhöben.⁷ Die Vielfalt der Musik (die ein Abbild der Vielfalt unserer Welt darstellt) ist aber mit einer Schwarz-Weiß-Malerei ebenso wenig zu fassen, wie mit den dichotomischen Kategorien »gut« und »schlecht«, »richtig« oder »falsch«, »Dur« oder »Moll«.⁸ Musik ist – das lehrt dieses Nachsinnen – weit mehr als das klangliche Nachzeichnen standardisierter Modelle, sondern Musik ist eine jeweilige künstlerische Reaktion auf gegebene ›Themen‹. Deshalb ist Musikgeschichte nicht minder polyphon zu verstehen als die Musik selbst, nämlich als die Summe unterschiedlicher und zuweilen auch nicht zu vereinender kompositorischer Lösungen. »Hören« wird deshalb in diesem ›Dickicht‹ musikalischer Lösungen immer zum Erlebnis, weil bei unbekannter Musik im Grunde nicht vorhersehbar ist, was dem Hörer begegnen wird. Was also eine Komposition ausmacht und wesentlich be-

---

6   Dazu ORGASS 2007, S. 159ff. Die Zeiten eines normativen heroisch-emphatischen Werkbegriffs sind ohnehin vorbei, sodass auch nicht mehr gegen ihn angeschrieben werden muss.

7   Vgl. dazu MILLER 1980.

8   Es ist etwas in Vergessenheit geraten, dass Carl Dahlhaus' grundlegende Überlegungen zu diesem Problemkomplex erstmals in einer musikpädagogischen Schriftenreihe erschienen war; vgl. DAHLHAUS 1970.

stimmt (also: Quid est musica?) ist trotz eines hinter der Individualität der Komposition wirkenden ›Themas‹ offen.

In ihrer Gänze kann diese Vielfalt niemals erfasst werden und jedes pädagogische Handeln muss deshalb entscheiden, wie es sich gegenüber diesem Sachverhalt verhält. Der Schlussbericht der Enquete-Kommission »Kultur in Deutschland« des Deutschen Bundestags hatte 2007 die Pluralität als ein Grundprinzip der musikalischen Welt auch im Blick, als er von einem wesentlichen Teilaspekt kultureller Bildung sprach, dass es nämlich darum gehe, »Beurteilungskriterien für das eigene Tun und das Tun Anderer« zu erwerben.[9] Die Auseinandersetzung mit dem Fremden ist in der Musikgeschichte immer ein Thema gewesen, aber es stand nie absolut fest, was als ›fremd‹ zu gelten hat. Bezeichnenderweise wies schon 1970 der Musikwissenschaftler Carl Dahlhaus in seiner Abhandlung *Analyse und Werturteil* (die damals in einer musikpädagogischen Schriftenreihe erschien) auf die Bedeutung hin, die der Auseinandersetzung mit dem Fremden zukommt. Jede Meinung, die Klingendes als Nicht-Musik, als »Krach«, als »Kakophonie«, als »Geräusch«, »Geplärr« oder »Geleyer« verwirft, ist damit ein Dokument des Unverständnisses und des Missverstehens, das zeigt, wie sehr die Musik im Wertesystem der Menschen eingebunden ist. Und damit ist – um auf den Beginn dieses Texts zurückzukommen – offen, was als Musik im Sinne von »Musik-würdig« betrachtet wird. Aber wird die Auseinandersetzung mit Musik dadurch nur zu einem argumentativen Gedankenspiel, das ausschließlich mit »Beurteilungskriterien« operiert?

2 Kartoffel, Radieschen oder Salat? Komplexität und Kontextualität

In einer Berliner U-Bahn-Station erblickte der Autor dieser Zeilen im Jahre 2011 ein Werbeplakat für die Aufführung von Haydns *Schöpfung* im Berliner Dom. Das Plakat zeigte ein junges Paar (Mann/Frau), eher knapp bekleidet, wobei die junge Frau ihrem Partner einen Apfel überreichte. Eine Schlange vervollständigte das Personal. Die Eindeutigkeit dieser Szene mit erkennbar biblischer Verweisfunktion frappierte auf Grund der Allgemeinheit der Darstellung, die keine offenen biblischen Bezüge erkennen ließ. Und trotzdem funktioniert diese Art Werbung, sonst wären nicht auch zahlreiche andere U-Bahn-Stationen damit plakatiert worden. Aber eine Gedankenspielerei drängte sich auf: Würde diese Werbung auch funktionieren, wenn die junge Frau ihrem Partner eine rohe und unge-

---

[9] DEUTSCHER BUNDESTAG 2007, S. 379.

waschene Kartoffel überreichte? Oder einen Bund Radieschen? Einen Salatkopf? Das gewählte Beispiel mit dem Apfel appelliert offenbar an ein latentes kulturgeschichtliches Wissen, von dessen Präsenz ausgegangen wird und das aktiviert werden sollte.

Diese kleine Begebenheit zeigt Grundsätzliches: Nichts kann – Werner Jank unterstrich dies im Rahmen der Münchner Tagung in einem Diskussionsbeitrag – voraussetzungslos und ohne Kontext entstehen und bestehen. Und vor allem: Auch der Betrachter oder der Hörer von Musik trägt latent ein Bündel an Erfahrungen, Meinungen, Kenntnissen, Prägungen, Urteilen und Vorurteilen mit sich herum, und dieses Bündel (oder Teilelemente daraus) beeinflusst, behindert und lenkt seine Wahrnehmung und Bewertung. Daraus folgt, dass die eigene Erfahrung zwar nicht gänzlich ausgeschaltet werden kann, dass sie aber immer eine jeweilige und keine absolute ist: Einerseits also kollektive Verbindlichkeit im Sinne eines kulturellen Gedächtnisses, andererseits Individualität und Subjektivität, die bestimmt, was wahrgenommen, was gesehen oder was gehört wird!

Um so mehr also stellt sich die Frage nach der ›Sache‹: Was sind die Inhalte und Themen? Oder gibt es vielleicht gar keinen Unterschied zwischen Thema und Inhalt? Manfred Wagner beschreibt den Zusammenhang von Inhalt und Thema am kunsthistorischen Sujet der Kreuzigungsdarstellung und unterstreicht, dass Inhalte verändert werden, wenn »verschiedene formale Strukturen oder Gesetzmäßigkeiten verändert« werden.[10] Bei aller berechtigten, aber kaum mehr neuartigen Kritik gegenüber einer Bildung von Wissen »durch Auswendiglernen, durch Festhalten, durch Wiederholen«, können solche von Wagner benannten strukturellen Veränderungen nur durch Wissen erkannt werden, und je differenzierter Veränderungen wahrgenommen werden sollen (oder wollen) desto differenzierter muss auch die Basis der zugrunde gelegten Kenntnis sein. Subjektive Erfahrung auf der einen Seite und Kenntnis (bzw. Erkenntnis) der Sache auf der anderen Seite sind also eng miteinander verbunden, sind in Form einer Rückkopplung sogar aufeinander angewiesen. Kontexte, Meinungen der Komponisten und Zeitgenossen, analytische Befunde, Kenntnisse über medizinische und psychologische und soziale Wirkung von Musik bestimmen also fundamental das, was wir als ›Sache‹ wahrnehmen.

Es ist zu unterstreichen, dass auch das eigene Wahrnehmen eine komplexe Angelegenheit darstellt, und deshalb haben Bildungskonzepte stets die »menschliche

---

[10] WAGNER 2000, S. 162.

Persönlichkeit« als Ganzes im Blick.[11] Die Wahrnehmung ist nicht auf eine bestimmte Schicht des Werks und auch nicht auf eine bestimmte Art der Wahrnehmung festgelegt, sie hängt zudem von individuellen, psychischen oder situativen Momenten ab und ist nie gleich. Holger Noltze steckte jüngst das Feld der Musikwahrnehmung ab, das für ihn zwischen oberflächlichem Scheinwissen und unbegrenzter Ich-Bezogenheit liegt: »Wesentlich für die ästhetische Erfahrung eines Kunstwerks sind weder Anekdoten aus dem Leben des Künstlers noch die Verengung auf das eigene Empfinden im Sinne eines ›Was macht das mit mir?‹«[12] Ähnlich hatte der Deutsche Musikrat 2005 in seinem *Berliner Appell zur Musikalischen Bildung in Deutschland* unverblümt festgestellt, dass es nicht nur um ein beliebiges Platzieren in diesem Spannungsfeld geht, sondern dass Bildung diese unterschiedlichen Erfahrungsmöglichkeiten in sich vereint: »Musikalische Bildung ist [...] ein entscheidender Bestandteil allgemeiner Bildung, da sie Herz, Hand und Verstand gleichermaßen ausbildet.«[13] Mehrfach wird diese umfassende Möglichkeit der Begegnung mit Musik in den Erklärungen des Musikrats wieder aufgenommen, aber bemerkenswert und vor allem bedenkenswert ist, dass das genannte Papier des Deutschen Musikrats die unterschiedlichen Begegnungsweisen als gleichrangig betrachtet: »Gleichermaßen« werden nämlich Herz, Hand und Verstand ausgebildet! Es wäre ein interessantes Unterfangen, nachzuprüfen, ob diese Gleichrangigkeit das heutige Tun bestimmt. Aufschlussreich wäre ein Blick in die Programme musikpädagogischer Kongresse und auch in die Programme des »Aktionstags Musikalische Bildung« vom 19. November 2009, entstanden aus der auf Anregung der Kultusministerkonferenz seitens der deutschen Musikhochschulen ins Leben gerufenen »Initiative Musikalische Bildung«.

Wie wenig neu, gleichwohl immer wieder aktuell die erst kürzlich vom Deutschen Musikrat formulierte Einsicht der Gleichrangigkeit ist, zeigt ein Blick in die Geschichte: Friedrich Zimmer stellte 1882 als Motto seiner Kindermusikschule das folgende Motto voran: »Bloßes Klavierspiel ist keine musikalische Bildung«.[14] Aber was folgert aus den bisherigen Überlegungen? Im Grunde spitzen sie doch die bereits gestellte Frage zu, ob es um ein Primat der Sache oder um das individuelle Erlebnis geht und welche Rolle den Inhalten im Bildungsprozess zukommen kann.

---

[11] BACHER 2009, S. 11, verweist auf Artikel 26, Absatz 2 der 1948 deklarierten Menschenrechte.
[12] NOLTZE 2010, S. 229.
[13] *Berliner Appell*, in: DEUTSCHER MUSIKRAT 2005, S. 5.
[14] ZIMMER 1882.

Joachim Kremer

3 Gibt es Bildung ohne musikbezogene Inhalte?

Welche Rolle kommt der Musik im musikalischen Bildungsprozess zu? Soll sie Ausgangspunkt, Mittel zum Erwerb außermusikalischer Fähigkeiten oder – in welcher Form und in welchem Maße auch immer – Gegenstand sein? Im Grunde ist es die Frage, was gelehrt werden soll und welche Rolle im Prozess des Bildungserwerbs den Inhalten zukommt. Wenn es dem Deutschen Musikrat folgend gilt, dass »Herz, Hand und Verstand« gebildet werden und wenn es darum geht, »den ganzen Menschen [zu] bilden«, und zwar wie der damalige Bundespräsident Johannes Rau betonte »wider den Nützlichkeitszwang«,[15] dann muss auch über die Inhalte und vor allem über ihre Rolle im Prozess der Bildung nachgedacht werden. Um es unverhohlen auszusprechen: Wir reden hier nicht über das Zerrbild von Faktenwissen, wie es zuweilen gelehrt wurde. Ein 1886 veröffentlichter *Katechismus der Musik*[16] vermittelt musikgeschichtliches und musiktheoretisches Basiswissen, immer noch in der seit der Antike ›bewährten‹ erotematischen Form. Damit können Informationen und Daten abgeprüft werden, klare Definitionen und positivistisch-normative Auflistung von Fakten erfordern ein Nachzeichnen und streben keine eigene Stellungnahme an: Die musikalisch relevanten Bildungsinhalte gelten hier als derart abgesichert, dass sie als Katechismus fungieren können. Auch eine andere Form des Musiklernens gilt heute kaum noch als Garant für musikalische Bildung: Arnfried Edler wies in seinen Ausführungen über die virtuose Klaviermusik im 19. Jahrhundert darauf hin, dass das emsige und unablässige Üben pianistischer Probleme auch im Dienste der Vermittlung bürgerlicher Tugenden stand: Fleiß, Zuverlässigkeit, Pünktlichkeit und Ordnungssinn sollten so geübt und trainiert werden.[17] Das mag uns heute als Inbegriff der Gesellschaft des 19. Jahrhunderts und einer ›schwarzen Pädagogik‹ gelten, aber auch heute wieder gibt es die Diskussion, ob Musiklernen nicht auch außermusikalische ›Nebenwirkungen‹ habe, etwa positive Auswirkungen auf die intellektuelle Leistungsfähigkeit. Die Soft-Skill-Diskussion ist die moderne Variante.[18]

Einen Konsens der Fachdidaktiken und zudem eine Alternative zu dem Miss-

---

[15] RAU 2004.
[16] AIBLINGER 1886.
[17] EDLER 2002, S. 705ff.
[18] MORITZ / RIMBACH 2006, z. B. S. 298, wo Künste als »Ausgleich« beschrieben werden. Wenn dies die einzige Funktion der Kunst sein soll, kann man sich noch ›spaßigere‹ und kostengünstigere Vergnügungen vorstellen. Vgl. dazu BASTIAN 2000.

verständnis, Inhalte erschöpften sich in Faktenwissen, hat Eckart Liebau jüngst beschrieben:

> »Es ist völlig unbestritten, dass Wissen und Wissenschaft zugleich als Grundlage, Ziel und Methode zur pädagogischen Praxis gehören: Wer, wie, was wieso, weshalb, warum … Und es ist völlig eindeutig, dass Wissenschaft nicht nur als fertiges Wissen vermittelt werden kann und darf, wenn man will, dass Kinder und Jugendliche ihren Sinn und ihre Möglichkeiten erfahren sollen. Wissenschaft bietet in allen ihren Bereichen zahllose Abenteuer, wenn man sich selber, in der Zusammenarbeit mit anderen auf die Suche macht.«[19]

Im Gegensatz zum Tradieren toten Wissens in der Art eines Katechismus kann jedes Wissen-Wollen (ob in Schule, Hochschule oder Universität) im Sinne Liebaus »Abenteuer« und Entdeckung sein. Und mit der kritischen Haltung, mit dem eigenen Bewerten und der eigenen Stellungnahme ist auch Individualität und subjektives Erleben untrennbar verbunden. Eine solche Form der Bildung auf der Basis eines lebendigen Gedächtnisses (im Grunde immer eine Selbstbildung) ist auf Inhalte angewiesen, ohne sich allerdings darin zu erschöpfen: Denn gerade in der Auseinandersetzung des Individuums mit der Welt (und das heißt auch immer mit der außerhalb des Subjekts liegenden Musik und dem, was sie in sich trägt) ereignet sich das, was Bildung ausmacht: Die Musik stellt »Menschen in einen gemeinsamen lebendigen Kulturzusammenhang«, und in dieser Situation muss er Position beziehen.[20] Eine gewisse Widerständigkeit gegenüber dem faktisch Gegebenen ist damit Grundvoraussetzung der Bildung, weswegen Andreas Dörpinghaus gerade die Anpassung an die aktuelle Lebenswelt scharf kritisiert: »Die zeitgemäße Bildung gehört in dieser Anbindung in den Kontext der Verdummung.«[21] Davon ausgehend drängt sich die Frage geradezu auf, wo die kritische Widerständigkeit von musikalischer Bildung bleibt, wenn man – wie zuweilen gefordert – sogenannte Klassische Musik konsequent meidet und sich nur an der musikalischen Lebenswelt der Schüler ausrichtet.[22] Wenn es nicht zu der kritischen Haltung kommt, die Dörpinghaus, der Enquetebericht des Deutschen Bundestags und Liebau als grundsätzlich für den Bildungsprozess betrachten, dann werden nämlich »Sinnzusammenhänge« auf der Basis selektiven oder fehlerhaften Wissens konstruiert. Es werden möglicherweise fernab jeglicher (historischer) Realität Bilder und Vorstellungen konstruiert, als stünde es beispielsweise unwiderruflich fest, wie eine Sonate um 1850 zu sein habe.

---

[19] Liebau 2008, S. 65f.
[20] *Berliner Appell*, in: Deutscher Musikrat 2005, S. 6.
[21] Dörpinghaus 2009, S. 3
[22] Hess 2005, S. 208.

(Natürlich ist dies nur dann zweifelsfrei, wenn man den intensiven Diskurs um das Problem eines »Komponierens nach Beethoven« ausblendet und wenn man Komponieren als Abbilden von Vorgaben versteht.) Die Künstlichkeit dieser als Wirklichkeit verstandenen Bilder stünde dem Anspruch von Bildung zur kritischen Mitgestaltung[23] zuwider; jede Didaktik – ob in Schule oder Hochschule – muss sich deshalb entscheiden, ob sie inhaltlichen Anspruch aufgibt, die irrende Subjektivität und die darauf konstruierten Bilder höher schätzen will als das, was fundierte und differenzierte Erfahrung im Sinne Liebaus gewährleistet.

Das Plädoyer für die Kontextualität der Musik bedeutet indes kein Plädoyer gegen die Individualität des Musikerlebens. Natürlich ist es legitim, über die Beschäftigung mit Musik etwas über sich selbst oder kollektive und gruppenspezifische Dynamiken zu erfahren. Dass es also die Vorstellung gibt, persönliche Betroffenheit könne den Ausgangspunkt für pädagogisches Handeln abgeben, ist keinesfalls irrig. Aber die Beschäftigung muss sich nicht in der persönlichen Betroffenheit erschöpfen und muss nicht auf sie beschränkt sein, denn das schlösse andere Möglichkeiten des Zugangs, der Erkenntnis und der Erfahrung aus. Denn jede Erfahrung erfolgt in Kontakt mit dem Anderen, mit dem Unbekannten, also mit dem, was nicht schon das Eigene, Bekannte und Vertraute ist. Indem differenziertes Wahrnehmen des Anderen auch differenzierte Wahrnehmung des Selbst ermöglicht, stellt die Kontextualität der Musik eine immense Qualität zur Weitung von Horizonten dar (also: von Erfahrungshorizonten), die zu ignorieren es keinen Grund gibt. Deshalb sprach der Schlussbericht der Enquete-Kommission »Kultur in Deutschland« in einem Atemzug von den Beurteilungskriterien für das »eigene Tun und das Tun Anderer«.

Man kann indes der Meinung sein, die Musik sei eine allgemeinverständliche und ohne Worte zu verstehende Kunst;[24] aber man bekräftigt damit wahrscheinlich das normative (aber irrige) Denken, eine verbindliche Sonatendefinition gebe die historische Realität wider, weil man sich über die Herkunft und das Entstehen einer solcher Selektion und der damit einhergehenden Wertmaßstäbe keine Rechenschaft ablegt. Der Autor dieser Zeilen mag es sich nicht leisten, eine solche normative Konservatoriums-Didaktik zu vertreten oder gar zu postulieren, zumal es keinen Grund gibt, grundsätzliche Fragen aus Furcht vor einem trockenen und öden Lernen zu meiden. Es gibt kaum etwas Trockenes, Ödes und Langweiliges, weil Trockenheit, Ödheit und Langeweile in der fehlenden Fantasie begründet ist, mit der man sich einer Sache widmet und mit der man sie

---

[23] DÖRPINGHAUS 2009, S. 5
[24] Vgl. dazu NOLTZE 2010, S. 229 und passim.

Anderen nahebringt.[25] Die in der Sache liegenden Potentiale zu erkennen, sie im Gespräch der verschiedenen Disziplinen (Musikpädagogik, Musikwissenschaft, Musiktheorie, Geschichtswissenschaft, Philosophie, Kunstgeschichte u. a.) auszuloten und daraufhin zu nutzen, ist immer noch ein viel zu wenig genutztes Potential.[26] Die intensive und zuweilen stark von Vorwürfen durchsetzte Diskussion über das Verhältnis von Musikpädagogik und Musikwissenschaft der letzten Jahre[27] war schon deshalb weitgehend überflüssig (als hoffentlich überholtes zeitbedingtes Dokument eines Missverstehens mag es seine Daseinsberechtigung haben), weil sie das gemeinsame Ausnutzen dieses Potentials ignoriert und zudem erschwert hat: Nachdem 1987 der Anschluss zwischen den Fächern angestrebt wurde, indem die damals neueren Ansätze musikwissenschaftlicher Forschung in Bezug zur Musikpädagogik gesetzt worden waren,[28] ist heute die Kooperationen der Fächer im Rahmen der Erarbeitung von Unterrichtsmaterialien, der von den Verbänden initiierten Projekte oder bei Kongressen wie der Bundesschulmusikwoche allerdings ein noch immer unterentwickeltes Terrain.

Freilich kann eingewendet werden, dass es heute strukturelle und situative Erschwernisse für die schulische Unterrichtssituation gibt. Die von den Mitgliedern des Bundesfachausschusses Musikalische Bildung des Deutschen Musikrats formulierten *Sieben Thesen zur Musik in der Schule* beschreiben dies kurz, aber anschaulich.[29] Aber im Grunde ist die Frage der Inhalte nicht abhängig von den »Bedingungsfeldern von Musikunterricht«. Die Bedingungsfelder, die in der Tat schulische und unterrichtliche Realitäten und Probleme im Blick haben und deren Relevanz in keiner Weise ignoriert oder verniedlicht werden soll, werfen vielmehr (ebenso grundsätzlich wie eingangs formuliert) die Frage auf, in welcher Form die inhaltliche Ebene Ausgangspunkt oder Gegenstand sein kann und sein soll. Vom assoziativen, wirkungsrezeptiven bis hin zum sachlich-informativen reichen die Möglichkeiten und hier ist eine kreative Pädagogik gefordert, weniger im Sinne einer ausschließenden Entscheidung als im Sinne eines Ausnutzens der vielfältigen Herangehensweisen, im Sinne des vom Deutschen Musikrat formulierten »gleichermaßen«. Eine bloße Vermeidungsstrategie verschenkt solche Möglichkeiten.

Den genannten unterrichtlichen Erschwernissen muss das Ideal, dass musik-

---

[25] Vgl. dazu auch: KREMER 2009b, S. 4–10.
[26] Vgl. KREMER 2009a, S. 12–13.
[27] Vgl. dazu die Beiträge in: DISKUSSION MUSIKPÄDAGOGIK 2009.
[28] EDLER 1987.
[29] *Sieben Thesen*, in: DEUTSCHER MUSIKRAT 2005, S. 10–19, besonders S. 18–20.

bezogenes Lernen eine Art Experimentallabor sein könnte, dass das multisensorische Lernen ein Abenteur sein kann, etwa – wie Stefan Orgass unterstreicht – als »Rekonstruktion eines Sinnzusammenhangs«,[30] nicht geopfert werden. Zur Verwirklichung dieses Ideals bedarf es der Aktivierung vieler Sinne, und deshalb erscheint es dem Autor fraglich, ob es ausreicht, nur »Analyse und Hermeneutik« zusammenzubringen, und er fragt sich, ob musikbezogene »Bedeutungszuweisungen« nicht noch mehrerer Aspekte bedürfen, vor allem wenn es – wie Orgass beschreibt – um »Differenzierung, Relativierung oder Korrektur« geht.[31] Die Art und Weise, wie komplexe Fragestellungen heruntergebrochen werden und damit auch welche Fragestellungen und Disziplinen über jede Deutungshoheit hinaus zusammengebracht werden müssen, tangiert wesentlich den Bildungsbegriff und legt offen, welcher Begriff vorausgesetzt wird und inwieweit er angestrebt wird.

4 Konzept gesucht! Sein Name: »Musikalische Bildung«

»Für von Humboldt besteht die Bildung des Menschen darin, alle seine individuell verschiedenen Kräfte, Verstand und Vernunft, moralisches Handeln, Emotionen, künstlerische Gestaltungen und Phantasie so zu fördern, dass kein Vermögen ein anderes behindert oder gar unterdrückt.«[32] Künstlerisches Handeln und künstlerische Produktion ist in idealer Weise ein Gegenstand für diesen hohen, sogar ethisch zu nennenden Anspruch, weil in der Musik diese »verschiedenen Kräfte« wirken und dazu führen, dass unterschiedlichste Potentiale der Musik erfahren werden können. Auch der *Berliner Appell zur Musikalischen Bildung in Deutschland*[33] versteht sich in dieser Tradition. Sicher ist legitim und notwendig, einzelne Teilaspekte der Musik in den Blick zu nehmen; im Blick auf die Komplexität und Ganzheit der Musik wäre aber zu überlegen, ob dann von musikalischer Bildung gesprochen werden kann und darf, ob (und in welchem Sinn) also die Kenntnis vom Tristan-Akkord oder die Mitwirkung in einer Bläserklasse bereits »Bildung« garantieren kann. Und aller modischen Aktualität dieses Begriffs zum Trotz ist diese Skepsis angebracht, weil Oberflächlichkeit und Schludrigkeit im Umgang mit Begriffen Hand in Hand gehen können mit inhaltlicher und konzeptioneller Oberflächlichkeit und Schludrigkeit. Auf pä-

---

[30] ORGASS 2007, S. 571ff.
[31] Vgl. dazu Kapitel 11, in: ORGASS 2007, S. 605ff.
[32] DÖRPINGHAUS 2009, S. 3ff.
[33] *Berliner Appell*, in: DEUTSCHER MUSIKRAT 2005, S. 5–9.

dagogisches Handeln bezogen bedeutet das kein Plädoyer für oder gegen einen Teilaspekt, für oder gegen Praxisorientierung oder für bzw. gegen sachorientiertes (etwa musikhistorisches) Wissen. Im Grunde ist damit gemeint, dass einem Etikettenschwindel nur zu entgehen ist, wenn das Ineinanderwirken der im von Humboldtschen Bildungsbegriff angelegten und vom Deutschen Musikrat bekräftigten Teilmomente thematisiert wird, also die Frage, ob und inwieweit in der Begegnung mit der Musik sich die »verschiedenen Kräfte«, nämlich »Verstand und Vernunft, moralisches Handeln, Emotionen, künstlerische Gestaltungen und Fantasie« ergänzen können.

Sicher: Der Begriff der Bildung und auch der Musikalischen Bildung wird oft beschworen. Weit seltener wird dagegen das Zusammenwirken der unterschiedlichen »Kräfte« diskutiert, eben die Grundbedingung, dass – wie es der Deutsche Musikrat formulierte – im Falle musikalischer Bildung »Herz, Hand und Verstand gleichermaßen« wirken. Ohne in unterrichtspraktische Ratschläge abzugleiten, soll nur gesagt sein, dass es für einen in fachwissenschaftlicher (also musikwissenschaftlicher) Hinsicht solide ausgebildeten, kreativen und einen zugleich pädagogisch-didaktisch versierten und erfindungsreichen Lehrer leicht sein kann, inhaltliche, affektive und subjektive Aspekte zu verbinden. Die Notwendigkeit dazu ist offensichtlich, denn ohne sachliche Präzision können Unterschiede (auch der Lebenswelten) nicht erkannt werden und das hehre Ziel des Enqueteberichts kratzt nur an der Oberfläche.

Aber es ist zuzugestehen, dass es zu wenig solcher »Experimentallabore« gibt, in denen die Auseinandersetzung mit dem komplexen Phänomen Musik erprobt und das Zusammenwirken eingeübt und realisiert wird. Vollständig erreicht wird dieses Ideal ohnehin weder in Schule noch Hochschule. Aber wenn »Bildung« als soziales Phänomen ein »Wartenkönnen« ist, wenn sie eine »Transformation des Selbst« bewirken soll und wenn überhaupt die Verschiebung von Prozessen und Inhalten auf das außerschulische und außerhochschulische »lebenslange Lernen« überhaupt eine Legitimation haben soll (außer der, bestehende Lehrpläne zu ›entfrachten‹ und zu ›verschlanken‹)[34], dann braucht es eine solide Basis, die die Breite der musikalischen Bildung nicht nivelliert und ignoriert, sondern respektiert und zudem einübt. Damit wird ein möglichst breites Feld an Entwicklungs- und Erlebnisfähigkeit begründet, das dann auch in der Folgezeit breit nachwirken kann. Dieser Anspruch ist gewiss nicht in den wenigen Semestern eines Hochschulstudiums einzulösen, eine Methode der Annäherung an »Bildung« zu lehren, ist aber ureigenste Aufgabe aller Bildungsanstalten, im Sinne

---

[34] DÖRPINGHAUS 2009, S. 9f.

eines experimentellen Lernens. Insofern ist das »gleichermaßen« des Deutschen Musikrats ein noch einzulösender Auftrag.

Aber der Umgang mit der Vielfalt, die in der Sache liegt, ist nicht einfach, denn im Grunde geht es bei der Bestimmung dessen, was Bildung ausmacht, nicht um die Superiorität einzelner Teilaspekte und Fächer. Ein gegeneinander Ausspielen von Klassenmusizieren und Vermittlung von Wissensinhalten wäre selbst ein Zeugnis zu geringen Bewusstseins von Bildung und würde deshalb nie zur Komplexität von Bildung führen können. Dieselbe Kritik müsste das einseitige Postulieren theoretischer Aspekte treffen, und zwar schon deshalb, weil z. B. musiktheoretische Kenntnis nie die sinnliche Erfahrung ersetzen kann.[35] Die Schulmusikstudierenden unserer Hochschulen kennen seit langem dieses Problem der überbordenden Vielfalt ihres Studiengangs, und nötig wäre, seitens der Organisatoren der Studiengänge, diese im studentischen Alltag auch belastende Vielfalt und vor allem ihre Verbindung zu thematisieren. Die vage Hoffung, irgendwie werden sich alle Teilaspekte schon verbinden, entbehrt jeder Rechtfertigung und ist als Grundüberzeugung einer Ausbildung mit akademischen oder gar universitärem Anspruch ungeeignet (und zudem unwürdig).[36]

Stattdessen wären sowohl in schulischer Musikpädagogik wie auch in der Hochschuldidaktik Schnittstellen zu schaffen, wo die Verbindung der einzelnen Teilaspekte auf den Weg gebracht wird, etwa in der Form interdisziplinärer Module oder fächerübergreifender Projekte,[37] womit weniger von Bildung gesprochen wird als vielmehr ein Beitrag zur Erlangung von Bildung geleistet wird (und zwar in dem umfassenden Sinn, den viele Bildungskonzepte meinen). Solche Schnittstellen werden indes nur produktiv sein können, wenn sie auch inhaltlich ausgerichtet sind, womit sie dem entgegenwirken, was Dörpinghaus als »Verdummung« bezeichnet, also einem formalen, nur auf Verwaltung des Wissens bezogenen Umgang. Diese Art des Umgangs wäre aber im Grunde eine inhaltliche Verdummung, weil aus der Kultivierung von Unkenntnis entweder unhinterfragt agiert wird oder in beliebiger Weise Setzungen erfolgen.

Mit Bedacht wurde bisher auf bereits vorhandene Literatur Bezug genommen, denn solche Haltungen sind keineswegs als pauschale Modernitätskritik zu verstehen (mit den in vielerlei Hinsicht meist wenig sympathischen Kulturpessimisten

---

[35] Auch das ist übrigens ein »alter Hut«: Schon 1682 spricht Johann Sigismund Kusser von der »todten Composition« und der »ergötzenden« Aufführung der Musik.

[36] Solch einen »optimisme béat« hat schon Voltaire in seinem *Candide* bitter-sarkastisch beklagt.

[37] Solche Elemente können dem Studiengang »Schulmusik« Profil verleihen, und angesichts der traditionell hohen Quote an Abwanderungen in andere Berufe scheint hier auch eine Notwendigkeit zu bestehen.

soll keine Verbrüderung stattfinden), sondern hinter diesen kritischen Äußerungen steht die Suche nach der Ernsthaftigkeit des Bildungsbegriffs, im Grunde die Frage nach dem Inhalt des Begriffs. Gerade Bildungsanstalten müssen sich – wenn sie nicht ›Aus‹-bildungsanstalten sein wollen[38] – dieser Frage stellen, und die Art und Weise, wie kreativ, wie fantasielos und wie traditionell sie dies tun, könnte interessante Kontrapunkte zu den blumig formulierten Leitbildern ergeben. Holger Noltze hat allerdings eminente Zweifel daran, dass »die didaktische Reduktion der komplexen Sachverhalte der Musik, Literatur, Kunst« gelingt. »Die Reduktion auf einfache Gesetze befriedigt den Ordnungssinn. Nur: Das Leben ist nicht so.«[39] Unabhängig von der Einschätzung der Sachlage muss sich aber jede Musik vermittelnde Tätigkeit (in welcher Institution auch immer) fragen lassen, ob auch ihr »schnuppe ist, was aus den hochtönend gepriesenen Inhalten wird«, und inwiefern sie sich von den »kommerziell orientierten Vermittlern« unterscheidet.[40]

Hier wird die Aufgabe für alle erkennbar, die »Musikalische Bildung« auf ihre Fahnen schreiben und den Begriff im Munde führen: Auch wenn Bildung immer eine gewisse Widerständigkeit im Sinne einer Überzeitlichkeit braucht, ist der Bildungsgedanke nicht starr oder inhaltlich in der Vergangenheit begründet. Eine auf die Aktualität Rücksicht nehmende Entwicklung des Bildungsgedankens bereitet auch die Zukunft vor (auch die künftige Konkurrenzfähigkeit des Bildungssystems). Deswegen plädiert Sandra Mitchel dafür, Komplexitäten nicht aus dem Erkenntnisinteresse zu verbannen, sondern schlägt andere Modi der Erkenntnis vor, darunter auch die Dynamik des Wissens ernst zu nehmen. Wenn Inhalte als normierte und statische Pattern verstanden würden, deren Attraktivität sich darin erschöpfte, etwas absolviert zu haben (man denke an den erwähnten Katechismus der Musik), dann wäre jede Dynamik grundsätzlich ausgeschlossen, obwohl doch der Zusammenhang von sich verändernder Wissenslage und sinnlicher Erfahrung der Musik einen spannenden Lern- und Erfahrungsprozess darstellen kann.[41] Deshalb ist die Entwicklung eines Bildungskonzepts, das verschiedene Formen des Lernens und der Erkenntnis verbindet und somit »Herz, Hand und Verstand gleichermaßen ausbildet«, die eigentliche Aufgabe, nicht das Beschwören, dass es Bildung geben müsste und

---

[38] BACHER 2009, S. 18ff.
[39] NOLTZE 2010, S. 252.
[40] Ebd., S. 229 und zur für Noltze misslungenen didaktischen Reduktion S. 228.
[41] MITCHEL, SANDRA (2008): *Komplexitäten. Warum wir erst anfangen, die Welt zu verstehen*, Frankfurt am Main, S. 61; zitiert nach NOLTZE 2010, S. 255.

auch nicht das Partizipieren am inflationären Umgang mit dem Begriff.[42] Die viel beachtete Konrad Adenauer-Studie hat gerade diese Notwendigkeit gezeigt, indem sie mit der bloßen Diskussion um Werktitel zu kurz greift und nicht diskutiert, was an den kanonwürdigen Werken über reine Daten (oder mit den Worten Liebaus: »fertiges Wissen«) hinaus gelehrt, gelernt, gewusst und erfahren werden soll.[43]

Über solche Fragen eines Bildungskonzepts wäre zu diskutieren, zu ringen und mit allem Respekt und ohne Anspruch auf Deutungshoheit zu streiten, damit die Idee von Bildung nicht zu einer Worthülse verkommt, die im aktuellen politischen Diskurs nur noch Funktionen übernimmt. Und es gibt eine Notwendigkeit dafür, die abschließend unverhohlen ausgesprochen sein soll: In der Geschichte deutscher Universitäten gab es auch Beispiele und Phasen, wo ›dünne Brettchen gebohrt‹ wurden und wo der hohe Anspruch von *universitas* nur ansatzweise eingelöst wurde. Wenn also heute Chancen verspielt werden, wird das auch die Idee von Bildung überleben. Aber dass Generationen von Studierenden und von Schülern um Musikalische Bildung in dem Sinne gebracht werden, dass »Möglichkeiten für sich zu entdecken und zu verwirklichen [sind], um aus seinem Leben etwas zu machen, was man sich zu machen wünscht«[44], das sollte nicht hingenommen werden. Aber wenn die konstruktiven Diskussionen der Münchner Tagung im Sinne des vom Deutschen Musikrat formulierten Ideals eines gleichrangigen Zusammenwirkens von »Herz, Hand und Verstand« weiterwirken und ein lebendiges und solides Konzept Musikalischer Bildung entwickeln, dann wird es nicht dazu kommen.

Literatur

AIBLINGER, LUDWIG (1886): *Katechismus der Musik. Eine kurzgefaßte Darstellung der Entwickelung der abendländischen Musik.* Regensburg

BACHER, ANGELIKA (2009): *Pädagogische Potenziale der Musik.* Frankfurt am Main

BASTIAN, HANS GÜNTHER (2000): *Musik(erziehung) und ihre Wirkung. Eine Langzeitstudie an Berliner Grundschulen.* Mainz

DAHLHAUS, CARL (1970): *Analyse und Werturteil*, in: *Musikpädagogik. Forschung und Lehre*, Band 8. Mainz

---

[42] Auf letzteres verweist BACHER 2009, S. 18.

[43] Ein Versuch diese Frage zu befördern wurde am Beispiel von Monteverdis *Cruda amarilli* unternommen in: KREMER 2011, S. 6-8. Vgl. dazu auch: NIESSEN 2002.

[44] DÖRPINGHAUS 2009, S. 7

DEUTSCHER BUNDESTAG (2007): *Schlussbericht der Enquete-Kommission »Kultur in Deutschland«*, Drucksache 16/7000. Berlin. Online verfügbar unter: dip.bundestag.de/btd/16/070/1607000.pdf (zuletzt geprüft am 27.09.2011)

DEUTSCHER MUSIKRAT (Hg.) (2005): *Musik bewegt. Positionspapiere zur Musikalischen Bildung*. Online verfügbar unter: www.miz.org/artikel/Deutscher_Musikrat_Positionspapiere_Musikalische_Bildung.pdf (zuletzt geprüft am 21.09.2011)

DERS. (2005): *Berliner Appell zur Musikalischen Bildung in Deutschland*, in: DEUTSCHER MUSIKRAT (Hg.) (2005): *Musik bewegt*.

DERS. (2005): *Sieben Thesen zur Musik in der Schule*, in: DEUTSCHER MUSIKRAT (Hg.) (2005): *Musik bewegt*.

DISKUSSION MUSIKPÄDAGOGIK (2009): *Musikgeschichte in der Musiklehrerausbildung*, Heft 43, 3. Quartal

DÖRPINGHAUS, ANDREAS (2009): *Bildung. Plädoyer wider die Verdummung*, in: *Forschung & Lehre*. Nr. 9, Supplement. Online verfügbar unter: www.iol.uni-bonn.de/pdf/fuLsupplement_ful_9-2009.pdf (zuletzt geprüft am 27.09.2011)

EDLER, ARNFRIED (Hg, u. a.) (1987): *Musikpädagogik und Musikwissenschaft*. Wilhelmshaven

DERS. (2002): *Virtuose und poetische Klaviermusik*, in: EHRMANN-HERFORT, SABINE/FINSCHER, LUDWIG/SCHUBERT GISELHER (Hg.) (2002): *Europäische Musikgeschichte*, Band 1; Band 2, S. 705ff. Kassel

HESS, FRAUKE (2005): *»Klassik« und Musikgeschichte im Unterricht*, in: JANK, WERNER (Hg.): *Musik-Didaktik. Praxishandbuch für die Sekundarstufe I und II.* 5. Auflage, Berlin

KREMER, JOACHIM (2009a): *Das Erkennen und Nutzen von Potentialen. Die Musikwissenschaft im Studiengang Schulmusik*, in: *TransPositionen*, Heft 3, September 2009, S. 12–13

DERS. (2009b): *Von der Geschichtlichkeit der Musik oder: Bildungsanspruch und Musikunterricht*, in: *Diskussion Musikpädagogik*, Heft 43, S. 4–10

DERS. (2011): *Von Schönberg über Monteverdi zu Plato, oder: Was ist das Neue der neuen Musik?*, in: MEYER, ANDREAS (Hg.): *Was bleibt? 100 Jahre Neue Musik* (Stuttgarter Musikwissenschaftliche Schriften, 1). Mainz u. a., S. 63ff.

LIEBAU, ECKART (2008): *Wie ästhetische und kognitive Bildung zusammengehen*, in: SCHWEIZER, M. (Red.): *Kinder zum Olymp! Kunst vermitteln: Der Bildungsauftrag der Kultur*. O. O., S. 65f.

MILLER, ALICE (1980): *Am Anfang war Erziehung*. Frankfurt am Main

MORITZ, ANDRÉ/RIMBACH, FELIX (2006): *Soft Skills für Young Professionals. Alles, was Sie für Ihre Karriere brauchen*. Offenbach

NIESSEN, ANNE (2002): *Allgemeinbildung in Musik? Ein Plädoyer für Reflexion im Musikunterricht*, in: VOGT, JÜRGEN (Hg.): *Zeitschrift für Kritische Musikpädagogik*. Online verfügbar unter: home.arcor.de/zfkm/niessen1.pdf (zuletzt geprüft am 27.09.2011)

NOLTZE, HOLGER (2010): *Die Leichtigkeitslüge. Über Musik, Medien und Komplexität*. Hamburg

ORGASS, STEFAN (2007): *Musikalische Bildung in europäischer Perspektive. Entwurf einer Kommunikativen Musikdidaktik (Folkwang Studien,* Band 6). Hildesheim

RAU, JOHANNES (2004): *Den ganzen Menschen bilden – Wider den Nützlichkeitszwang. Plädoyer für eine neue Bildungsreform.* Weinheim/Basel

WAGNER, MANFRED (2000): *Stoppt das Kulturgeschwätz! Eine zeitgemäße Differenzierung von Kunst und/oder Kultur.* Wien/Köln/Weimar

ZIMMER, FRIEDRICH (1882): *Kindermusikschule. Der erste Klavier- und Gesang-Unterricht.* Quedlinburg

Franz Niermann

Gegen-Stände
Gedanken im Anschluss an die Münchner Tagung über musikalische Bildung

Die Münchner Tagung, die den Ausgangspunkt für das vorliegende Buch bildet, hatte zwei Anliegen. Im Vordergrund stand das Tagungsthema: Es sollten ganz unterschiedliche Argumente und Gedanken zur musikalischen Bildung präsentiert und zur Debatte gestellt werden, nicht zuletzt zum Zweck der Weiterentwicklung der Musiklehrerbildung. Auf einer anderen Ebene stand diese Tagung unter dem Zeichen der Begegnung zwischen Musikwissenschaftlerinnen und Musikwissenschaftlern auf der einen Seite und Musikpädagoginnen und Musikpädagogen auf der anderen. Damit reihte sie sich ein in eine seit Jahrzehnten immer wieder initiierte Begegnung von Repräsentanten dieser beiden benachbarten Wissenschaftsbereiche, von denen man stets glaubt, sie sollten mehr mit einander zu tun haben, mehr auf einander zugehen, sich besser verständigen und gegenseitig bereichern.

Vielleicht war es gut, dass die historischen Meilensteine etwa der Tagungen von 1971 (Hannover, *Gesellschaft für Musikforschung*), der Gießener BfG-Tagung von 1977,[1] der viel zitierten, von Edler, Helms und Hopf herausgegebenen Publikation *Musikpädagogik und Musikwissenschaft* von 1987,[2] der im Titel provokanten Salzburger Konferenz von 1997 (*Artgenossen und andere Feinde*)[3] sowie die Artikel in *Diskussion Musikpädagogik* aus dem Jahr 2009[4] gar nicht weiter in den Vordergrund gerückt wurden. Sie alle wären eher als Belastung empfunden worden. Und wo es im Verlaufe der Münchner Tagung Anklänge an die Geschichte des schwierigen – zumindest früher von »offenbar unauflöslich unklaren Beziehungen«[5] geprägten – Verhältnisses der beiden Wissen-

---

[1] GIESELER/KLINKHAMMER 1978.
[2] EDLER 1987.
[3] KRAKAUER 1997.
[4] DISKUSSION MUSIKPÄDAGOGIK 2009A und 2009B.
[5] So Enders und Richter mit Blick auf »alle einschlägigen Lexika und zahlreiche Erörterungen wissenschaftsgeschichtlicher und -theoretischer Art«, in: ENDERS/RICHTER 2009, S. 8.

schaftsdisziplinen zueinander gab, wurde schnell klargestellt, wie grundlegend Arbeitsweisen, Personen und Positionen sich im Laufe der letzten Zeit doch geändert hätten und wie viel leichter und selbstverständlicher es geworden sei, sich zu verständigen.

Andererseits war diese über Generationen hinweg gemeinsame Geschichte im Hintergrund natürlich doch präsent. Im Nachhinein fragt es sich, ob es gut war, sie nicht explizit zu thematisieren. Oder ob es konstruktivere Möglichkeiten der direkten Beziehungsaufnahme hätte geben können, z. B. in Form zweier Referate zu jeweils einem gemeinsamen, prägnanten Thema, zum einen argumentiert aus der Perspektive einer Musikwissenschaftlerin und zum andern aus der eines Musikpädagogen; oder in Form der Reflexion eines konkreten Projekts, in dem die Zusammenarbeit von Kollegen beider Wissenschaftsdisziplinen bedeutsam war ... Aus der Sicht der Musikpädagogen, besonders auch der anwesenden Schulmusik-Studierenden und der aus den bayerischen Schulen anwesenden Lehrerinnen, wären dabei, so wurde angemerkt, bestimmte Perspektiven der sogenannten Systematischen Musikwissenschaft von besonderem Interesse gewesen, möglicherweise speziell einer modernen Ethnomusikologie mit ihrem zentralen Interesse an »Menschen, die Musik machen«, sei es in weit entfernten Kulturen, sei es gleich in unmittelbarer Nähe. – Aber darum kann es hier nicht gehen: Die Frage, welcher Bereich der Musikwissenschaft, der sogenannten historischen oder – unter Musikpädagogen mehr in Mode – dieser oder jener sogenannten systematischen, für die Musikpädagogik und den Musikunterricht eher »relevant« sei, scheint mir zumindest angesichts der Münchner Tagung ganz irrelevant und unergiebig zu sein.[6] Ich gehe weiter unten zum Stichwort »Abbild-Didaktik« auf diese Fragestellung näher ein.

Während der Tagung schwankte ich beim Zuhören und Mitreden in meiner inneren Orientierung und Zuwendung. Einerseits konzentrierte ich mich auf die jeweiligen singulären Beiträge der Kolleginnen und Kollegen zum Thema »Musikalische Bildung« mit ihren unterschiedlichsten Positionen und Sichtweisen. Die Zuordnung der Referentinnen und Referenten zum Bereich der Musikwissenschaft oder der Musikpädagogik war dabei für mich nicht wichtig. Sondern

---

[6] In Wirklichkeit war die Hoffnung darauf, eine andere Wissenschaft – die Musikwissenschaft – könne als Zuarbeiterin für die eigene – die Musikpädagogik – dienen, schon immer falsch. Dahlhaus spricht in diesem Sinne auf der Gießener BfG-Tagung 1977 süffisant davon, dass »nicht wenige Musikpädagogen dazu neigen, zwischen der Musikwissenschaft, wie sie ist, und einer ganz anderen, die man sich ausmalen kann, zu unterscheiden«; die »›ganz andere‹ der Musikpädagogik nützliche Musikwissenschaft«, ersehnt in der systematischen Musikwissenschaft, sei schlicht ein Wachtraum (DAHLHAUS 1978, S. 57).

mich interessierten die jeweils angebotenen Informationen, Gedankengänge und Anregungen. Andererseits nahm ich das Ganze unweigerlich auf der Hintergrundfolie der Begegnung zwischen Musikwissenschaftlern auf der einen Seite und Musikpädagoginnen auf der anderen wahr. – Vielleicht gibt es für manchen Leser bzw. manche Leserin des vorliegenden Buchs ein ähnliches Schwanken.

Nimmt man die Beiträge – hier zunächst die Kurzvorträge der Tagung – als singuläre Impulse, findet man die vielfältigsten Anregungen zum Nachdenken. Ein paar Blitzlichter:

- Was bedeutet uns Franz Körndles skeptische Frage – ausgehend von Schiller, aber auf heute bezogen –, ob es überhaupt realistisch sei, »Bildung für die große Masse zu erreichen«?
- Wie prägt es die Praxis des Lehrens und Lernens, wenn man, Constanze Rora folgend, als Ziel alltäglicher musikalischer Bildung für alle die »Fähigkeit zum Grenzwechsel« benennt und damit die Erweiterung der Möglichkeiten musikalischer Alltagspraxis?
- Bernd Clausen plädiert dafür, den Musikunterricht als »Ort des Aushandelns von Bedeutungen« zu begreifen, und betont, was eigentlich die Haltung und die Vorgehensweisen von Lehrern grundlegend bestimmen sollte: dass Schülerinnen und Schüler nie voraussetzungslos, nie als »Tabula Rasa« in den Unterricht kommen, sondern immer schon vorerfahren, (vor-)gebildet (!), als kulturelle Wesen. Wie können wir diesem Sachverhalt besser Rechnung tragen?
- Silke Leopold warnt davor, bei der »Musikalischen Bildung in einer globalisierten Welt« in den Bemühungen um gegenseitige Verständigung stecken zu bleiben, ohne zum wirklichen, nämlich sachangemessenen Verständnis von Musik zu führen. Und Stefan Orgass stellt andererseits den Aspekt der Kommunikation ins Zentrum seiner Musikdidaktik: Wie vertragen, ergänzen oder widersprechen sich diese beiden Positionen?
- Bei Susanne Fontaines und Christian Rolles Statements kann man einen bedenkenswerten Treffpunkt ausmachen – der überraschend ist, weil beide aus ganz verschiedenen Gedankenwelten heraus argumentieren: Es ist die Skepsis oder gar Zurückweisung zentraler, allgemein benutzter Begriffe wie »Kompetenz« (bei Fontaine) und »Musikalische Bildung« (bei Rolle) und das Plädoyer für Bescheidenheit. Die Vermittlung umfassender musikalischer Kompetenz, erst recht ihre Überprüfbarkeit und Messbarkeit, gehöre ins Reich der Illusion, man solle sich sachlich auf das konzentrieren, was realistischer Weise »lehr- und lernbar ist«, z. B. wissen, was es mit Musik auf sich hat. Und

Franz Niermann

»Musikalische Bildung« sei ein völlig überhöhter, ein praktisch unbrauchbarer Feiertagsbegriff. Vielleicht könne musikalische Bildung sich im Unterricht ereignen (»… wenn …«), aber als Postulat für den Musikunterricht sei der Begriff untauglich.

Solche und ähnliche Anregungen zum Nach- und Weiterdenken gab es, genau besehen, unzählige. Sie bekamen auf der Tagung nur wenig Raum. Dies nicht nur wegen der Knappheit der zehnminütigen Beiträge und der sehr beschränkten Diskussionszeit. Vor allem waren die Statements inhaltlich jeweils »zu groß« – und sie waren nicht aufeinander bezogen. Die Möglichkeit zur Auseinandersetzung, zur Klärung von Unterschieden oder Übereinstimmungen in der Argumentation, zum konstruktiven Streitgespräch waren nicht angelegt. Und doch fällt es mir leicht, bedeutsame Aspekte zu benennen, die mir persönlich beim Zuhören und in den (besonders produktiven) »Pausengesprächen« wichtig erschienen sind und wie ich sie im Konsens oder in der Unterschiedlichkeit wahrgenommen habe.

Im Folgenden werde ich auf zwei Aspekte genauer eingehen, die auf der Tagung zwar nicht im Mittelpunkt standen, die mich aber im Nachhinein bewegt haben. Denn sie scheinen mir zentral für die Beziehung zwischen der Musikwissenschaft und der Musikpädagogik zu sein: »Abbild-Didaktik« und der »Gegenstand«. Bevor ich darauf näher eingehe, ein paar kurze Anmerkungen zu drei Themenbereichen, die mehr oder weniger explizit im Raum standen, wenn auch nicht im Vordergrund der Beiträge und Gespräche: »Transfer«, »Ästhetische Erfahrung« und »Sich-Bilden«.

Transfer

Es war erleichternd und befreiend, dass hier völliger Konsens herrschte: Mögliche Transfereffekte des Musikunterrichts wie die Steigerung der generellen Konzentrationsfähigkeit, die Erhöhung der sozialen Kompetenz, die Verbesserung der Leistungsfähigkeit auch in den anderen Schulfächern und so weiter wurden als nicht legitime Argumente für musikalische Bildung angesehen. Insbesondere Susanne Fontaine und Christian Rolle nahmen in diesem Sinne dezidiert Stellung.

Immer wieder werden Diskussionen über die Bedeutung des Musikunterrichts im Kontext der schulischen Bildung von diesen »aufgesetzten« Behauptungen überlagert. Hierbei spielen sowohl entsprechende empirische Untersuchungen, die mit dieser Hypothese agieren, eine Rolle als auch solche Kollegen, die zwar intern nicht für die Transfereffekte-Behauptung einstehen, nach draußen hin aber glauben, sie im politischen Kampf für die Erhaltung oder Ausweitung des Musikunterrichts einsetzen zu müssen. Auf der Münchner Tagung wurde der spezifische Wert der Musikalischen und Ästhetischen Bildung als so hoch eingeschätzt, dass die heiklen Transfereffekte-Unterstellungen als eher kontraproduktiv angesehen wurden.

Ästhetische Erfahrung

Das musikdidaktische Konzept, nicht primär das Bemühen um das angemessene Verstehen dieser oder jener Musikwerke oder Musikstücke in den Mittelpunkt des Unterricht zu stellen, sondern die musikalische oder – weiter gefasst – die ästhetische Praxis der Schülerinnen und Schüler selber, wurde von den auf der Tagung anwesenden Musikpädagogen einhellig befürwortet. Besonders Christian Rolle und Stefan Orgass haben sich argumentativ immer wieder dafür engagiert. Und es spielte implizit eine große Rolle im Eröffnungsreferat von Jörg Zirfas. Die Kolleginnen und Kollegen von der Musikwissenschaft sind da, wenn ich das richtig wahrgenommen habe, nicht mitgegangen. – Auf diesen Punkt gehe ich am Ende dieses Beitrags noch einmal ein.

Die Begegnung mit »der anderen Seite«, der Musikwissenschaft, hat auf dieser Tagung gut getan, weil die Konzeption der ästhetischen Praxis bzw. Erfahrung unweigerlich ein kritisches Gegenüber hatte. Es wurde in dieser Situation deutlich, dass das Konzept noch schwach wirkt, wenn es sich an der Praxis und in der Praxisreflexion bewähren muss. Aufschlussreich in diesem Sinne war vor allem das Gespräch im Anschluss an die Präsentation der Ergebnisse des von Werner Jank geleiteten Workshops – hier extrem stark verkürzt auf den Punkt gebracht: Es ging um die Frage, ob die spielerische Arbeit mit Elementen aus »Step by Step« bei den beteiligten Studierenden zu ästhetischer Praxis bzw. zu ästhetischen Erfahrungen geführt habe. Die Studierenden wirkten ein wenig überrascht und irritiert; sie äußerten dann, die Arbeit sei intensiv gewesen und hätte Spaß gemacht; sie hätten durchaus gewinnbringende ästhetische Erfahrungen dabei gemacht. Christian Rolle konnte da letztlich doch nicht mitgehen: Um das so sagen zu können, müsse schon noch einiges dazukommen … – So blieb das Gespräch wie in einer Sackgasse stecken. Wer ist die Instanz, eine solche Frage zu stellen, wer kann sie – wann, in welchem Kontext – beantworten? Welche Kriterien oder Indikatoren müssten der Frage wie auch der Antwort zugrundeliegen?

Franz Niermann

Sich-Bilden

Wir müssen das Bildungssystem stärken, die jungen Menschen müssen besser gebildet werden, die Bildungsanstrengungen müssen intensiviert werden, wir müssen mehr Geld in die Bildung investieren, die Bildungsziele müssen klarer definiert und die dabei erworbenen Kompetenzen entschiedener geprüft und zuverlässiger evaluiert werden, die Bildung in unserer Gesellschaft muss einen höheren Stellenwert bekommen, auch das Fach Musik muss seine Bildungsrelevanz unter Beweis stellen ... Da steckt viel Druck und Ungeduld in den Bildungsbemühungen in allen möglichen kulturellen und politischen Kontexten unserer Gesellschaft. Und dieser Druck erreicht in Form von Postulaten vor allem die Schulfächer und die damit befassten Personen, auch die Musikpädagogen. Aber gleicht dieser Kampf nicht dem von Don Quijote, zum Beispiel dem gegen die Windmühlen? Ist es überhaupt möglich, zuverlässige, funktionierende und erfolgreiche Bildungssysteme zu organisieren? Kann überhaupt ein System mit seinen Funktionären, zu denen auch die Lehrerinnen und Lehrer gehören, andere Menschen, die jungen Leute, bilden? Sind die Lehrenden zuständig und verantwortlich für die Bildungserfolge der Lernenden?

Oder ist, wenn so gesprochen und gefragt wird, etwas anderes gemeint als Bildung? Ist es im Widerspruch zu all dieser Begrifflichkeit nicht so, dass Bildung nur reflexiv zu denken ist: dass nur Jede und Jeder sich selbst bilden kann – oder eben auch nicht –, wenn er oder sie die Möglichkeit dazu bekommt? Können Lehrer und Lehrerinnen nicht schlicht nur Ermöglicher – oder Verhinderer – des Sich-Bildens anderer Menschen sein, sie aber niemals ihrerseits bilden?

Wir können natürlich zur Kenntnis nehmen, dass der Bildungsbegriff sich in unserer Sprache gewandelt habe, dass der Aspekt der Reflexivität darin obsolet geworden sei und dass wir praktikabler Weise den Begriff benutzen sollten, wie er in allen einschlägigen Dokumenten benutzt wird, wie er eben zu verstehen ist, wenn von Bildungssystem, Bildungsanstrengungen, Bildungserfolg und so weiter die Rede ist. – Oder können wir für unseren Teil, wenn uns daran liegt, einfach auf den Gebrauch des Begriffs der musikalischen Bildung verzichten? Christian Rolle hat dies in München vorgeschlagen.

Aber wo bleibt dann begrifflich und in unserem Denken und Handeln die Tatsache, dass wir eben nicht andere Menschen formen oder prägen oder »machen« können? Sondern dass das, wie jemand »sich macht«, die Entscheidung und Tat des Individuums ist. Das macht doch einen totalen, alles bestimmenden Unterschied: Ob ich davon ausgehe, ich könne andere Menschen bilden, oder ich könne ihnen nur (?!) behilflich sein, Möglichkeiten zu finden, sich zu bilden.

Aber was bedeutet das in der gedanklichen, begrifflichen Konsequenz und in der Tat wirklich?

Die Münchner Tagung zur musikalischen Bildung hat dieses Problem mehrfach flüchtig angesprochen, aber leider – natürlich – nicht gelöst. Wir bräuchten viele, inhaltlich gut fokussierte Konferenzen dieser Art, um damit ein Stück weiter zu kommen.

Abbild-Didaktik

Es hat die Tagung in München positiv geprägt, dass die Idee keine Rolle gespielt hat, die Musikpädagogik sei die Instanz und der Musikunterricht der Ort, die Forschungsergebnisse und Erkenntnisse der Musikwissenschaft aufzuarbeiten, sie didaktisch zu reduzieren, methodisch zuzubereiten und den Schülern zu vermitteln, die jungen Menschen darin zu unterweisen ... – und wie immer die Formulierungen um diese Idee der sogenannten Abbild-Didaktik herum lauten.

In der Beziehungsgeschichte der beiden Fachdisziplinen ist diese Idee von zentraler Bedeutung gewesen und ein Thema auch in anderen Fachgebieten wie der Chemie, der Geographie, der Biologie oder der Politikwissenschaft. In Bezug auf Musik aber verlief diese Beziehungsgeschichte auf ganz besondere Weise. Neben vielen anderen Gründen lag das daran, dass in den vergangenen Generationen viele profilierte Musikpädagogen zunächst und zumeist aus der Musikwissenschaft kamen; sie hatten in diesem Bereich studiert, promoviert und publiziert. Von hier aus profilierten sie sich dann in der Musikpädagogik.[7] Ganz anders auf der Münchner Tagung: Es hatten sich zum Thema »Musikalische Bildung« genuine Repräsentantinnen und Repräsentanten ihres jeweiligen Fachgebiets getroffen, voller Respekt für die jeweils ganz und grundlegend andere Fach- und Denkdisziplin. Kein Musikpädagoge wäre auf die Idee gekommen zu postulieren, *die* Musikwissenschaft müsse eigentlich ganz anders sein, in ganz anderen Inhaltsbereichen forschen, mit anderen Fragestellungen arbeiten und so weiter

---

[7] Dies hat nicht selten zu einem stark verengten, verkürzten, von musikwissenschaftlichem Denken geprägten Unterricht in Musik geführt. Hierzu RICHTER im Jahre 1987: »Die Abhängigkeit des Musikunterrichts von der Musikwissenschaft führte im Verlauf der Geschichte der Musikerziehung bisweilen zu einer Verkürzung des Unterrichts auf einen Unterricht in Musikwissenschaft.« (Richter 1987, S. 89). In ähnlich kritischem Sinn weist Maria Spychiger darauf hin, dass die wissenschaftliche Musikpädagogik »die Musikwissenschaft als ihre Mutterdisziplin versteht, bzw. Musikpädagogen und -pädagoginnen meistens Musikwissenschaften in ihrem Haupt- oder Nebenfach studiert haben und nicht Pädagogik« (SPYCHIGER 2011, S. 19).

Auch umgekehrt: Keine Musikwissenschaftlerin hätte den Anspruch gestellt, wir Musikpädagogen müssten uns mehr an die Ergebnisse der Musikwissenschaft halten und diese, didaktisch und methodisch aufbereitet, an die jungen Menschen in der Schule weitergeben.

Wohl hat etwa Bernd Clausen diesen Problembereich gestreift und insbesondere die »Abbild-Didaktik« als falsche und unbrauchbare Idee zurückgewiesen. Aber es gab keinerlei Anklänge zum Beispiel an den unseligen Disput zwischen Norbert Schläbitz und Jürgen Heidrich, erst gut ein Jahr zuvor in der Zeitschrift *Diskussion Musikpädagogik*, in dem das alte Dilemma rund um diese Abbild-Didaktik, in praktisch gleicher Weise von beiden Streitenden vertreten, noch einmal hochgekocht wurde. Schläbitz hatte argumentiert, dass die Musikpädagogik eine ganz andere Musikwissenschaft bräuchte, und »für eine musikpädagogisch relevante Musikwissenschaft« plädiert.[8] Und Heidrich hatte ihm daraufhin nahegelegt, den Mund zu halten (»Si tacuisses ...«), weil er völlig unqualifiziert sei mitzureden (»Fehldiagnose«, »absurd«, »grotesk«, »restlos entlarvend«, »naiv«, »redet wie ein Blinder von der Farbe« und so weiter), – um gleichzeitig die Musikpädagogen darauf hinzuweisen, es »sollten diese Ergebnisse [der musikhistorischen Wissenschaft und Forschung, FN] pädagogisch-didaktisch aufbereitet und für den Schulunterricht handhabbar gemacht werden«.[9]

Das völlige Ausbleiben derartiger Grenzüberschreitungen, erst recht in solch destruktivem Tonfall, war auf der Münchner Tagung angenehm und förderlich. Es hilft, den Weg weiterhin – wie es vielfach seit langem geschieht – frei zu machen für den wechselseitigen Respekt gegenüber der jeweils ganz anderen Art zu forschen und zu denken, in Anknüpfung an Carl Dahlhaus, der 1978 von »von einander ebenso unabhängigen wie wegstrebenden Disziplinen« sprach.[10] Auf diesem Weg werden sich konstruktive und produktive Kooperationen ergeben können.

Geht es um den Musikunterricht, dann kommt es auf uns Musiklehrer an, nicht auf die Musikwissenschaftler. Denn die arbeiten sinnvoller Weise auf der Grundlage der für diese Disziplin eigenen Fragestellungen und Methoden; es wäre völlig unangemessen, in ihnen Zuarbeiter für den Musikunterricht in der Schule oder Hochschule zu sehen. Wir Musikpädagogen bzw. Musiklehrer aber müssen in jeder Situation neu entscheiden, wie wir von unserer ganz anderen, ebenfalls autonomen Position aus Informationen, Forschungsergebnisse und

---

[8] SCHLÄBITZ 2009a, S. 23ff.
[9] HEIDRICH 2009, S. 59ff.
[10] DAHLHAUS 1978, S. 57. Vgl. auch CLAUSEN im vorliegenden Band, S. 78.

Erkenntnisse aufgreifen – oder nicht. Ganz ähnlich, wie wir uns anregen und im günstigen Fall bereichern lassen von den Forschungs- und Denkwelten der Erziehungswissenschaft, der Soziologie und empirischen Sozialforschung, der Kommunikationswissenschaft, der Psychologie, den Medien- und Kulturwissenschaften, den Neurowissenschaften und so weiter.

Natürlich, die Musik, um die es als Gegenstand des Lehrens und Lernens geht, scheint uns auf den ersten Blick mehr auf die Musikwissenschaft zu verweisen. Und tatsächlich wird es oft sinnvoll sein, diese oder jene Information, Deutung und Sichtweise aus der Musikwissenschaft unseren Schülerinnen und Schülern, mit aller Vorsicht, anzubieten. Aber diese Perspektive kann auch irreführend sein;[11] sie darf zumindest nicht darüber hinweg täuschen, dass es sich um eine von Hause aus ganz andere Wissenschaft handelt, eine ganz spezifische Art, die Musik und »die Welt« wahrzunehmen, zu betrachten und zu deuten.

Der Gegenstand

Der Gegenstand des Unterrichts im Fach Musik ist die Musik. Das ist die weithin übliche Sprachregelung. Aber darin ist völlig offengelassen, was mit »Musik« gemeint ist:[12] Sind das »Musikwerke«? Oder »Musikstücke«? Oder ist es »die musikalische Praxis« oder einfach alles, was erklingt, wenn jemand »Musik macht«?

Der Begriff »Gegenstand« lässt Bilder entstehen. Auf der einen Seite stehen die Personen: Lernende und Lehrende; ihnen gegenüber – in gewisser Weise ihnen entgegen – steht die Sache Musik. Manche benutzen eine andere bildliche Vorstellung: Lehrer einerseits und Schülerinnen und Schüler andererseits stehen sich gegenüber; die Musik ist in der Mitte. Sie, der Lerngegenstand, wird

---

[11] Es sei daran erinnert, dass auf der Salzburger Tagung 1996 zur programmatischen (aus heutiger Sicht in sich bereits höchst problematischen) Frage nach der »Musikwissenschaft für die Musikpädagogik?« Wilfried Gruhn warnend darauf hingewiesen hatte, dass man sich »vor falschen Erwartungen hüten« müsse – vor falschen Erwartungen im Hinblick auf ein Zusammenwirken der Musikpädagogik mit der Musikwissenschaft in Richtung »Unterricht in Musik«. Gruhn sagt dies angesichts sowohl der »folgenlos verklungen(en)« Dialoge seit den 70er Jahren als auch angesichts der zunehmenden Etablierung der Musikpädagogik als eigenständiger Wissenschaft, nachdem sie sich »lange Zeit als abbildende Musikwissenschaft verstanden« habe (GRUHN 1997, S. 13f.).

[12] Vgl. hierzu WALLBAUM 2006, S. 141: »Auf den ersten Blick scheint klar, was Gegenstand des Schulfachs Musik sein soll: Musik. Aber was ist Musik oder, anders gesagt: Was meinen wir mit Musik?«

vom Lehrenden an die Lernenden vermittelt. Das Gespräch, der Dialog, spielt, über alle Information und Sachdarstellung hinaus, eine entscheidende Rolle in diesem Vermittlungsprozess: der Dialog der Beteiligten untereinander, vor allem aber derjenige der handelnden Personen mit der »Sache Musik« (soweit man dies wirklich als Dialog bezeichnen mag). Sie ist jedenfalls im Unterricht die Hauptsache, um die sich in diesem Fach alles Lehren und Lernen dreht, und die letztlich auch als die Grundlage Musikalischer Bildung anzunehmen ist.

Das vielleicht wichtigste Ziel der Lehr- und Lernbemühungen ist das Verständnis, oder, tiefergehend formuliert, das Verstehen der Musik – der Musikwerke oder Musikstücke oder der musikalischen Praxis, sei es die anderer Menschen oder die eigene. Dieses Verständnis oder Verstehen der Musik dient uns dazu, ein Stück weit mehr »die Welt« – und uns selbst in der Welt – zu verstehen: musikalische Bildung.

Wenn diese »Sache Musik« allzusehr in den Hintergrund gerät, droht die Gefahr, dass die beteiligten Personen um sich und in sich kreisen, nichts lernen, nicht von der Stelle kommen, sich nicht weiterentwickeln, vor allem nicht als Sachverständige in Musik. Sie bleiben – soweit – letztendlich Ungebildete. – Das ist die zentrale Denkfigur, die vor allem die Kolleginnen und Kollegen der Musikwissenschaft ins Gespräch einbringen – ein Gespräch, das wir gewinnbringend auch auf der Münchner Tagung lange, aber nicht erschöpfend geführt haben.

In den Gesprächen ist mir die Diskrepanz aufgefallen, dass wir implizit alle einvernehmlich mit einem »offenen Musikbegriff« operiert haben, dass aber de facto als Bespiele fast ausschließlich Werke aus demjenigen Bereich genannt wurden, den wir – erschütternd hilflos – meistens als »abendländische Kunstmusik« deklarieren. – Als Ausnahmen fallen mir zum einen die von Silke Leopold genannten (in kolonialistischer Haltung »entfremdend« vierstimmig gesetzten) Lieder vieler Nationen ein und zum anderen die Ergebnisse der zwei Workshops (bei Werner Jank: Übungsbeispiele aus *Step by step*, bei Hans Schneider: Gruppenimprovisationen im Sinne der sogenannten Neuen Musik).

Auch aus der Musiklehrerbildung kennen wir diese Diskrepanz: Es gibt den hohen Anspruch, sich im Hinblick auf den Lehrberuf die Fähigkeit zur Offenheit gegenüber tendenziell allen Musikstilen und -praxen zu erwerben. Um dafür professionell gerüstet zu sein, sehen die Studienpläne und die Studienpraxen von der Zulassungsprüfung bis zum Abschlussexamen die Fokussierung auf ein oder wenige Instrumente sowie – im Instrumentalunterricht, in Musikwissenschaft, Musiktheorie und so weiter – die Konzentration auf einen Bereich von Musik vor. Das ist in der Regel der Bereich der abendländischen Kunstmusik einschließlich der mit ihr verbundenen normativen Vorstellungen von künstlerischer Qualität, Aufführungspraxis und Verhaltensweisen. In zunehmendem Maße wird daneben auch der Bereich der sogenannten Populären Musik respektiert – diese aber in enger Auswahl und in »weiß gewaschener« Form: Niemand kann in der Zulassungs- oder Abschlussprüfung den Rock 'n' Roll, den Punk, den Hip-Hop oder Stile rund um die Technomusik so spielen »wie's gehört«, sondern nur in Verbindung mit den üblichen »klassischen« Normen.

Aber spielen Musikwerke aus der »Klassik« bzw. der »abendländischen Kunstmusik« für uns Musikpädagogen, im Unterricht an Grund-, Haupt-, Gesamt- und gymnasialen Oberschulen, eine so wichtige Rolle? Ist der Notentext, der den Charakter des objektiven Sachverhalts von Musikwerken untermauert, als gemeinsamer Bezugspunkt von so großer Bedeutung? Wir Musikpädagogen sind da, vorsichtig formuliert, unsicher und eher skeptisch.

Der Werkbegriff, und was damit gemeint ist, ist zu eng; er trifft auf die meiste Musik der Welt insgesamt – historisch und geographisch gesehen – und im Besonderen der Welt der Schülerinnen und Schüler nicht zu. Und er spielt vermutlich real im Musikunterricht alles in allem eine eher geringe Rolle. Wir bräuchten einen Begriff der auch ein Proprium des Gregorianischen Chorals, ein Stück mittelalterlicher Spielmannsmusik, des Rhythm & Blues, einen Schlager, eine improvisatorische Gestaltung nach »Sticks and Stones«, den Free Jazz, einen Folk-Song, den Hip-Hop, die Techno-Musik und einen Werbe-Jingle mit einschließen. In einem Gespräch auf der Münchner Tagung haben wir uns vorläufig – vielleicht zu einfach, aber erst einmal praktikabel – darauf geeinigt, statt von »Werk« vom »Musikstück« als dem zentralen Bezugspunkt des Unterrichts zu sprechen: Ein »Stück«, Ausschnitt, Teil aller musikalischen Praxis bzw. aller Musik als einer fiktiven Gesamtheit. Oft sagen wir auch »Musiken«, weil das Wort »Stück« hässlich klingt und möglicherweise sogar abwertend; denn es benennt nicht das Eigentliche, die Musik, sondern nur ein herausgeschnittenes Stück. Die zahllosen einzelnen Musiken wären dann in ihrer Gesamtheit »die Musik«.

Das Musikstück oder das einzelne Exemplar aus der Vielfalt der Musiken ist etwas von Menschen Gemachtes, zumeist von Sachverständigen der Musik, komponiert, auf improvisatorische Weise oder sonstwie entstanden. Es existiert jetzt. Es ist präsent im Kopf von Musikerinnen und Hörern, meistens auch als Tonaufnahmen oder wie auch immer. Es steht uns als Sache und damit als Lerngegenstand und zum Zweck der möglichen musikalischen Bildung zur Verfügung. Wir können es hören, vielleicht selber spielen, darüber sprechen, es im günstigen Falle häufiger hören und genauer »hineinschauen«, um herauszufinden, wie es gemacht ist, vielleicht Erklärungen finden, warum es so wirkt, wie es wirkt und so weiter. Wir kommen der Sache näher.

Gleichzeitig verschwimmt sie uns als solche: als Sachverhalt, als objektiver Bezugspunkt. Je mehr wir in sie eindringen, desto mehr verändert sich das Hören und damit der Eindruck von der Sache in uns und damit unsere »Sache« selbst, wenn sie denn überhaupt je eine, nämlich eine äußere, war. Und soll ich als Musiklehrer nun wirklich meinen eigenmächtigen Hörerinnen in der Klasse sagen, wie diese Sache angemessen zu hören und zu verstehen ist? Und dass ihr Hören nicht in die Subjektivität und Beliebigkeit abdriften darf, weil sie, die Hörer, dann sachfremd mit der Musik umgehen und nichts lernen, ungebildet bleiben? Ich, der Lehrer, gebe ihnen möglicherweise Informationen über die historischen und kulturellen Kontexte, in denen diese Musik entstanden ist, vielleicht über die Intentionen und das Selbstverständnis des Komponisten oder der Musiker, über den Stil dieser Musik und ihre Bedeutung für die Menschen in deren Kulturkreis. So biete ich ihnen Anregungen zum veränderten Hören an. Aber ich bin mir nicht sicher, ob es ihr Hören »sach-angemessener« macht.

Genau diese Irritation begann schon viel früher, beim Gespräch nach dem ersten Hören, als es so schien, dass wir alle etwas Anderes gehört hatten. Die objektive Sache als gemeinsamen Bezugspunkt hatte es offensichtlich gar nicht gegeben; denn sie war ja erst als Musik lebendig geworden, als sie erklang: als so unterschiedliche in unseren verschiedenen Ohren und Köpfen.

Silke Leopold hat in einer Diskussion betont, ein Musikstück oder Werk sei auch für sie persönlich keine feststehende Sache. Natürlich verändere sich ihr Hören zum Beispiel der *Kleinen Nachtmusik* beim zweiten Mal und erst recht und mehr beim dritten, vierten und fünften Mal. Mancher hätte hier vielleicht vom hermeneutischen Zirkel gesprochen. Wichtig erschien es auf jeden Fall, das Dynamische und immer Prozesshafte im Umgang mit Musik hervorzuheben – zumal im lernenden Umgang, bei dem Veränderungen geschehen (sollen).

Je mehr wir im Unterricht dieser Dynamik und damit auch der Subjektivität des Hörens Raum geben, also der Musik »in uns«, desto mehr relativieren wir den Sach-Charakter eines »äußeren« Gegenstandes. Damit eröffnen wir uns große Chancen: Wir können uns über unsere – ähnlichen oder unterschiedlichen, in jedem Falle respektablen und in diesem Sinne »richtigen« – Höreindrücke verständigen. Und das wiederum verändert und bereichert unser Hören und unseren Bezug zur Musik. – Aber sind wir noch bei der Sache? Oder haben wir sie aus dem Auge verloren?

Alles in allem kommen wir in der alltäglichen Praxis des Unterrichtens nicht umhin, immer neu zu experimentieren und dabei gemachte Erfahrungen zu nutzen: Mal wird es konstruktiver sein, hauptsächlich dem Austausch der verschiedenen individuellen Höreindrücke angemessenen Raum zu geben. Mal können wir ergänzend Informationen, Analyse-Ergebnisse, Deutungen und Interpretationen anbieten, die uns die Musikwissenschaft (zumindest in bestimmten Bereichen der Musik) zur Verfügung stellt – wohl wissend, dass auch dies Sichtweisen und keine Wahrheiten sind.

Vielen Musiklehrerinnen und Musiklehrern und damit auch den Lehrerausbildnern und den forschenden Musikpädagoginnen scheint das Fokussieren des Sachgegenstandes im Sinne von Musikwerk oder Musikstück zunächst einmal gar nicht so wichtig zu sein. Ihnen geht es um die musikalische Praxis an sich, diejenige, die sie leitend mit ihren Schülerinnen und Schülern realisieren können, und diejenige, welche die jungen Leute von draußen in den Unterricht mit hineinbringen. Es geht nicht um dieses oder jenes spezifische, »individuelle« Stück Musik, sondern um das Musikmachen auf diese oder jene bestimmte Art und Weise: wie Instrumente gespielt und überhaupt Klänge erzeugt werden, wie sinnvolle vertikale und horizontale klangliche Strukturen und Formen entstehen können, welcher Ausdruck damit erreicht wird, in welchen kulturellen Kontext diese Musik gehört, wie man sich stilistisch stimmig dazu verhalten kann (Stimme, Sprache, Körpersprache, Habitus, Auftreten, Verhalten, Kleidung und so weiter).

War auf der Münchner Tagung die Frage nach dem Gegenstand musikalischer Bildung implizit von großer Bedeutung, so ging es doch hauptsächlich um die Bedeutung von Musik im Sinne von Musikwerken oder Musikstücken, kaum um die musikalische Praxis. Sobald von dieser die Rede war – einige Male im Kontext der Gespräche um den Topos der »ästhetischen Erfahrung« –, verlief sich dieses Thema schnell im Sand.

Die musikpädagogische Literatur dagegen ist voll von Fragestellungen rund um dieses Paradigma: Musikalische Praxis als Unterrichtsgegenstand. Ging es darin lange Zeit hauptsächlich um Problemlösungen für die Realisierung des Musik-Machens im Unterrichtsalltag, also stark um methodische und Material-Fragen, rückten dann zunehmend grundsätzlichere Fragestellungen nach dem didaktischen Sinn der musikalischen Praxis und ihrem Wert für die musikalische Bildung in den Vordergrund. Man kann dabei im Wesentlichen drei (sich überschneidende) Bereiche unterscheiden:

- Das Klassenmusizieren als musikalische Praxis und ihre Bedeutung für die musikalische Bildung.
  Der *Arbeitskreis für Schulmusik* (AfS) hat diesem Thema den Kongress 2011

gewidmet. Hierzu ist eine umfangreiche Ausgabe von *Diskussion Musikpädagogik* (S3, Sonderheft 2011) erschienen. Interessant in dieser Debatte ist die häufige Bezugnahme auf Hermann J. Kaisers schöne und förderliche Formulierung von der notwendigen Überführung einer »usuellen Musikpraxis« in eine »verständige Musikpraxis«.[13]

- Das Musizieren im Bereich der Populären Musik
  Hier ist insbesondere auf die Schriften zu verweisen, die von Jürgen Terhag herausgegeben wurden. Wie sehr die Musikpädagogen und -lehrer auf der alltäglich-praktischen Ebene hängen geblieben sind und die theoretische, also die wissenschaftliche und didaktische Arbeit in ihren Anfängen stecken geblieben ist, beschreibt Terhag z. B. in seinem Überblick über »50 Jahre Populäre Musik in der Schule«.[14]

- »Ästhetische Praxis« und »Ästhetische Erfahrung«
  Deutlicher als alle anderen stellen diejenigen Kollegen, in deren didaktischem Denken die musikalische Praxis als eine ästhetische den zentralen Stellenwert hat, nicht so sehr bestimmte Musikwerke, Musikstücke oder das Musizieren »an sich« konzeptionell in den Mittelpunkt. Vielmehr definieren sie den Unterrichtsgegenstand Musik mit Hilfe des Konzepts »Ästhetischer Praxis« und nehmen diese als die ideale Handlungsform für Bildungsprozesse an. Hier steht der Prozesscharakter des Sich-Bildens, von dem bereits die Rede war, ganz im Zentrum.

> »Der Unterrichts*gegenstand* Musik lässt sich treffend als eine Form von ästhetischer Praxis beschreiben (Seel 1991 u. a.) und ästhetische Praxis ist eine ideale *Handlungsform* für Bildungsprozesse (Kaiser 1995 u. a.). Demnach sprechen zwei Gründe dafür, ästhetische Praxis im Musikunterricht erfahrbar zu machen: Erstens eröffnet sie Bildungsprozesse im Umgang mit jedem Gegenstand, den sie thematisiert (Rolle 2004), und zweitens ist sie zentraler Gegenstand von Musikunterricht, der sich im Unterricht zeigen und bewähren muss (Wallbaum 2005; 2006).«[15]

Mit diesen letzten Gedanken zum Gegenstand des Musikunterrichts habe ich die gemeinsame Gesprächsbasis zwischen den Repräsentantinnen und Repräsentanten der Musikwissenschaft, wie sie sich mir auf der Münchner Tagung gezeigt hat, vermutlich verlassen. Je stärker wir Musikpädagogen von Musikwerken oder

---

[13] Die vollständige Formulierung dieses Topos lautet: »Überführung (Transformation) einer real oder verdeckt in die Schule hineinreichenden usuellen Musikpraxis, wie sie durch die Kinder und Jugendlichen in die Schule hineingetragen wird, *in eine Verständige Musikpraxis*«, Kaiser 2011, S. 85, siehe auch Kaiser 2001 und Kaiser 2010.
[14] Terhag 2009.
[15] Wallbaum 2007, S. 23.

Musikstücken sprechen, desto eher können wir immer wieder Verbindungen zur Musikwissenschaft aufnehmen. Die Ideen rund um die ästhetische Erfahrung und Bildung sind dagegen eher von der Philosophie genährt.[16] Damit schließt sich der Kreis zum Beginn der Münchner Tagung, zum Eröffnungsreferat des Philosophen und Erziehungswissenschaftlers Jörg Zirfas mit dem Thema »Die Kunst der Ästhetischen Bildung«.[17] Seine Ausführungen, die mich in dieser Eröffnungssituation sehr fasziniert haben, wurden während der Tagung mehrfach kurz aufgegriffen – andererseits aber auch schnell überlagert durch die vielen anderen, jeweils für sich stehenden Anregungen.

Literatur

DAHLHAUS, CARL (1978): *Abkehr von der Musikwissenschaft?*, in: GIESELER/KLINKHAMMER, S. 57–62

DISKUSSION MUSIKPÄDAGOGIK (2009a): *Musikgeschichte in der Musiklehrerausbildung.* Heft 43, 3. Quartal

EBD. (2009b): *Die Systematische Musikwissenschaft in ihrer Bedeutung für die Musikpädagogik.* Heft 41, 1. Quartal

EDLER, ARNFRIED/HELMS, SIEGMUND/HOPF, HELMUTH (Hg.) (1987): *Musikpädagogik und Musikwissenschaft* (= *Taschenbücher zur Musikwissenschaft*, Band 111). Wilhelmshaven

EHRENFORTH, KARL HEINRICH (Hg.) (2001): *Musik – unsere Welt als andere. Phänomenologie und Musikpädagogik im Gespräch.* Würzburg

ENDERS, BERND/RICHTER, CHRISTOPH (2009): *Über die Bedeutung der Systematischen Musikwissenschaft für den Musikunterricht*, in: *Diskussion Musikpädagogik*, Heft 41, S. 4–8

---

[16] Ganz andere Themen tauchen auf, wenn man, wie Maria Spychiger dies in ihrem Plädoyer für die Entwicklung der Musikpädagogik als einer empirischen Wissenschaft tut, weder »die Musik« noch die »musikalische Praxis« als Gegenstand der Musikpädagogik definiert, sondern den Menschen: Gegenstand der Musikpädagogik sei, sagt sie, »anders als in der Musikwissenschaft nicht die Musik, sondern der musizierende Mensch [und hier insbesondere ...] die Frage, wie dieser Mensch lernt« (SPYCHIGER, S. 21). Die daraus resultierenden Fragen stellen sich für die Musikpädagogik als Wissenschaft wohl noch einmal anders als für den Musikunterricht: Die musizierenden Menschen sind dort die Schülerinnen und Schüler sowie die Lehrer bzw. Lehrerinnen. Können sie sich selbst als Gegenstand ihrer Lehr-/Lern-Prozesse begreifen – zu sich selbst »gegen-ständlich« sein? Und: Ist es förderlich, den Gegenstand der Musikpädagogik anders zu definieren als den des Musikunterrichts? Diese Diskussion war nicht im Horizont der Münchner Tagung und soll daher hier auch nicht vertieft werden.

[17] ZIRFAS 2011.

GIESELER, WALTER/KLINKHAMMER, RUDOLF (Hg.) (1978): *Musikwissenschaft und Musiklehrerausbildung – Inhaltliche, bildungspolitische und institutionelle Perspektiven. Dokumentation einer Wissenschaftlichen Tagung der Bundesfachgruppe Musikpädagogik vom 29. 9. bis 2.10.1977 in der Justus-Liebig-Universität Gießen* (Forschung in der Musikerziehung). Mainz

GRUHN, WILFRIED (1997): *Anspruch und Auftrag musikpädagogischer Forschung. Zur Emanzipation der Musikpädagogik von der Musikwissenschaft*, in: KRAKAUER, S. 13–22

HEIDRICH, JÜRGEN (2009): *Si tacuisses ...*, in: Diskussion Musikpädagogik, Heft 43, S. 59–62

HELMS, SIEGMUND/SCHNEIDER, REINHARD/WEBER, RUDOLF (Hg.) (1995): *Kompendium der Musikpädagogik*. Kassel

KAISER, HERMANN J. (1995): *Musikerziehung/Musikpädagogik*, in: HELMS (u. a.), S. 9–41

DERS. (2001): *Auf dem Wege zu verständiger Musikpraxis*, in: EHRENFORTH (2001), S. 85–97

DERS. (2010): *Verständige Musikpraxis – Eine Antwort auf Legitimationsdefizite des Klassenmusizierens*, in: Zeitschrift für Kritische Musikpädagogik (2010), S. 46–68. Online verfügbar unter: http://www.zfkm.org/10-kaiser.pdf (zuletzt geprüft am 27.09.2011)

DERS. (2011): *Konstitutive Bedingungen Verständiger Musikpraxis in der Schule*, in: Diskussion Musikpädagogik, S 3 – Sonderheft 2011, S. 85–88

KAISER, HERMANN J./BARTH, DOROTHEE/HESS, FRAUKE/JÜNGER, HANS/ROLLE, CHRISTIAN/VOGT, JÜRGEN/WALLBAUM, CHRISTOPHER (2006): *Bildungsoffensive Musikunterricht? Das Grundsatzpapier der Konrad-Adenauer-Stiftung in der Diskussion*. Regensburg

KRAKAUER, PETER MARIA (Hg.) (1997): *Artgenossen und andere Feinde. Musikwissenschaft für die Musikpädagogik? Beiträge zum ersten Symposion »Musikwissenschaft und Musikpädagogik«. Salzburg 1996*. Regensburg

RICHTER, CHRISTOPH (1987): *Musikunterricht und Musikwissenschaft – eine Problemskizze*, in: EDLER/HELMS/HOPF, S. 82–115

ROLLE, CHRISTIAN (2004): *Bilden mit Musik. Zwischen der Inszenierung ästhetischer Erfahrungssituationen und systematisch-aufbauendem Musiklernen*, in: LANDESVERBAND DER KUNSTSCHULEN NIEDERSACHSENS (Hg.): *bilden mit kunst*. Bielefeld, S. 197–215

SCHLÄBITZ, NORBERT (2009a): *Für eine musikpädagogisch relevante Musikwissenschaft*, in: Diskussion Musikpädagogik, Heft 41, S. 23–30

DERS. (2009b): *Die Historische Musikwissenschaft. Schwanengesang der Disziplin und Plädoyer für eine grundlegende Reformierung*, in: Diskussion Musikpädagogik, Heft 44, S. 52–57

SEEL, MARTIN (2001): *Vom Handwerk der Philosophie. 44 Kolumnen*. München

SPYCHIGER, MARIA B. (2011): *Entwicklungsperspektiven einer aufgeklärten Musikpädagogik*, in: Diskussion Musikpädagogik, Heft 49, S. 17–27

TERHAG, JÜRGEN (2009): *50 Jahre Populäre Musik in der Schule. Zum Stand der Popdi-*

daktik zwischen Rockklassikern und Eintagsfliegen, in: *Diskussion Musikpädagogik,* Heft 41, S. 41–47

VOGT, JÜRGEN (u. a.) (Hg.): *Zeitschrift für Kritische Musikpädagogik (ZfKM).* Online verfügbar unter: http://www.zfkm.org (zuletzt geprüft am 12.10.2011)

WALLBAUM, CHRISTOPHER (2005): *Relationale Schulmusik – eine eigene musikalische Praxis und Kunst,* in: *Diskussion Musikpädagogik 26,* S. 4–17

WALLBAUM, CHRISTOPHER (2006): *Was soll Gegenstand von Musik in der Schule sein?,* in: KAISER (u. a.) (2006), S.141–153

DERS. (2007): *Jugend-Kultur und ästhetische Praxis im Musikunterricht,* in: *Zeitschrift für Kritische Musikpädagogik,* S. 21–38. Online verfügbar unter: http://home.arcor.de/zfkm/07-wallbaum1.pdf (zuletzt geprüft am 27.09.2011)

ZIRFAS, JÖRG (2011): *Die Kunst der Ästhetischen Bildung,* im vorliegenden Band, S. 19–40

Hinweise zu den Autorinnen und Autoren

Dr. Bernd Clausen promovierte 2003 mit einer Arbeit zur interkulturellen Musikpädagogik. 2003 Juniorprofessur für Musikdidaktik an der Universität Bielefeld; 2008 Habilitation in Musikpädagogik/Musikethnologie, seit 2008 Professor für Musikpädagogik an der Hochschule für Musik Würzburg. Forschungsschwerpunkte liegen in der komparativen musikpädagogischen Forschung, der inter-/transkulturellen Musikpädagogik sowie in der Musik und Musikpädagogik Japans.

Dr. Susanne Fontaine studierte Schulmusik, Germanistik und Musikwissenschaft, Promotion an der Universität Hamburg, lehrte in Wien, Stuttgart und Heidelberg, 2003 Professorin für Musikwissenschaft an der Universität Potsdam, seit 2004 an der Universität der Künste Berlin. Arbeitsschwerpunkte: Musik und Musikleben der Weimarer Republik, Musik im Wechselspiel mit anderen Künsten.

Dr. Manuel Gervink war nach dem Studium der Musikwissenschaft, Germanistik und Philosophie (Promotion 1984) wissenschaftlicher Assistent am Musikwissenschaftlichen Institut der Universität zu Köln (Habilitation 1994). Seit 2002 ist er Professor und Leiter des Instituts für Musikwissenschaft der Hochschule für Musik Carl Maria von Weber Dresden. Seine Arbeits- und Publikationsschwerpunkte liegen in der Musiktheorie der Renaissance, der Musik des 19. und frühen 20. Jahrhunderts und der Filmmusik.

Dr. Franz Körndle studierte an den Universitäten München und Augsburg. Nach der Habilitation 1996 Vertretungen in Tübingen, Regensburg, München und Augsburg, seit 2001 Hochschuldozent am Institut für Musikwissenschaft Weimar-Jena. Seit April 2010 Professor für Musikwissenschaft an der Universität Augsburg. Forschungsschwerpunkte und Publikationen in den Bereichen Kirchenmusik, Instrumentenkunde, Jesuitendrama und Landesgeschichte.

Dr. Joachim Kremer machte 1986 das Staatsexamen (Lehramt an Gymnasien). Nach dem Erhalt des Musiklehrer-Diploms, 1993, Promotion (Universität Kiel), 2001 Habilitation (Musikhochschule Hannover). Seit 2001 Professor für Musikwissenschaft an der Musikhochschule Stuttgart. 2003–2006 Leiter der Studienkommission Schulmusik, 2007 bis 2011 Leiter der Fachgruppe »Musikwissenschaft in den Musikhochschulen« der GfM, seit 2007 Mitglied im Bundesfachausschuss »Musikalische Bildung« des Deutschen Musikrats, seit 2009 Präsident der *Gesellschaft für Musikgeschichte* in Baden-Württemberg e. V., seit 2011 Mitglied im Vorstand des VDS Baden-Württemberg.

DR. FRANZ NIERMANN studierte Musikpädagogik, Geschichte und Erziehungswissenschaft. Als Gymnasiallehrer in Berlin-Wedding und als Wissenschaftlicher Assistent an der Hochschule der Künste Berlin tätig. Seit 1988 Professor an der Musikuniversität Wien. 1990 bis 2010 Leiter des Instituts für Musikpädagogik Wien. Langjährige Vorstandstätigkeit in EAS und ISME. Initiator und Ko-Koordinator des »music education Network (meNet)«.

DR. STEFAN ORGASS studierte Musik und Geschichte in Essen und Bochum, lehrte an zwei Gymnasien (1990 bis 1997). Promotion 1995 (Dissertation über Bach), seit 1998 Professor für Musikpädagogik/Musikdidaktik an der Folkwang Universität der Künste. Seit 2010 erster Vorsitzender der Bundesfachgruppe Musikpädagogik und Sprecher des Forum Europäische Musikpädagogik. Arbeitsschwerpunkte: bedeutungstheoretische Entfaltung der Konzeption „Kommunikative Musikdidaktik", Studien zur Theorie musikalischer Bildung, Unterrichtsforschung. Arbeitsschwerpunkte: bedeutungstheoretische Entfaltung der Konzeption »Kommunikative Musikdidaktik«, Studien zur Theorie musikalischer Bildung, Unterrichtsforschung.

DR. CHRISTIAN ROLLE ist Professor für Musikpädagogik/Musikdidaktik an der Hochschule für Musik Saar und leitet dort den Studienbereich Schulmusik. Vor seinem Ruf nach Saarbrücken war Christian Rolle fünf Jahre als Musiklehrer an einem Hamburger Gymnasium sowie als Lehrbeauftragter an der Universität der Hansestadt tätig, wo er mit einer Dissertation zur Bedeutung ästhetischer Erfahrung für musikalische Bildungsprozesse promovierte; Präsident der Föderation musikpädagogischer Verbände.

DR. CONSTANZE RORA studierte Schulmusik, Germanistik, Theaterpädagogik; Studienrätin; Wissenschaftliche Mitarbeiterin an der Universität der Künste Berlin, Univ.-Professorin für Musikpädagogik und Musikdidaktik an der Universität Leipzig, seit 2009 an der Hochschule für Musik und Theater »Felix Mendelssohn Bartholdy« Leipzig. Forschungsschwerpunkte: Ästhetische Grundlagen des Musikunterrichts, Qualitative Forschung in der Musikpädagogik

DR. HANS-ULRICH SCHÄFER-LEMBECK studierte Musik, Erziehungswissenschaften und Germanistik in Hannover, Gesang/Musiktheater (Berlin) und Musikwissenschaft (Hannover). Zehn Jahre Schuldienst, 1998 Berufung auf eine Professur für Musikpädagogik an der Hochschule für Musik und Theater München, dort seit 2004 Leiter des Musikpädagogischen Instituts für Lehrerfortbildung und Unterrichtsforschung (MILU), seit 2007 Vorsitzender der *AG Schulmusik* in der *Rektorenkonferenz der Musikhochschulen* (RKM).

Dr. Hans Schneider, Professor für Musikpädagogik an der Hochschule für Musik Freiburg im Breisgau. Mitarbeit an der Konzeption »die kunst der stunde«, Leiter des Projekts »Klangnetze« in Österreich, leitende Tätigkeit bei »Klangserve« in der Schweiz und beratende Unterstützung des Berliner Projekts »Querklang«, Entwicklung des Moduls »Didaktik und Methodik des experimentellen Komponierens und Improvisierens im schulischen und musikschulischen Kontext« am Konservatorium Bozen.

Dr. Jörg Zirfas, Professor am Institut für Pädagogik und Vorstandsmitglied des Interdisziplinären Zentrums Ästhetische Bildung an der Friedrich-Alexander-Universität Erlangen-Nürnberg. Vorsitzender der *Gesellschaft für Historische Anthropologie* an der Freien Universität Berlin. Arbeitsschwerpunkte: Allgemeine Pädagogik, Kulturpädagogik, Qualitative Bildungs- und Sozialforschung.